黒潮文明論

民族の基層と源流を想う

稲村公望　著

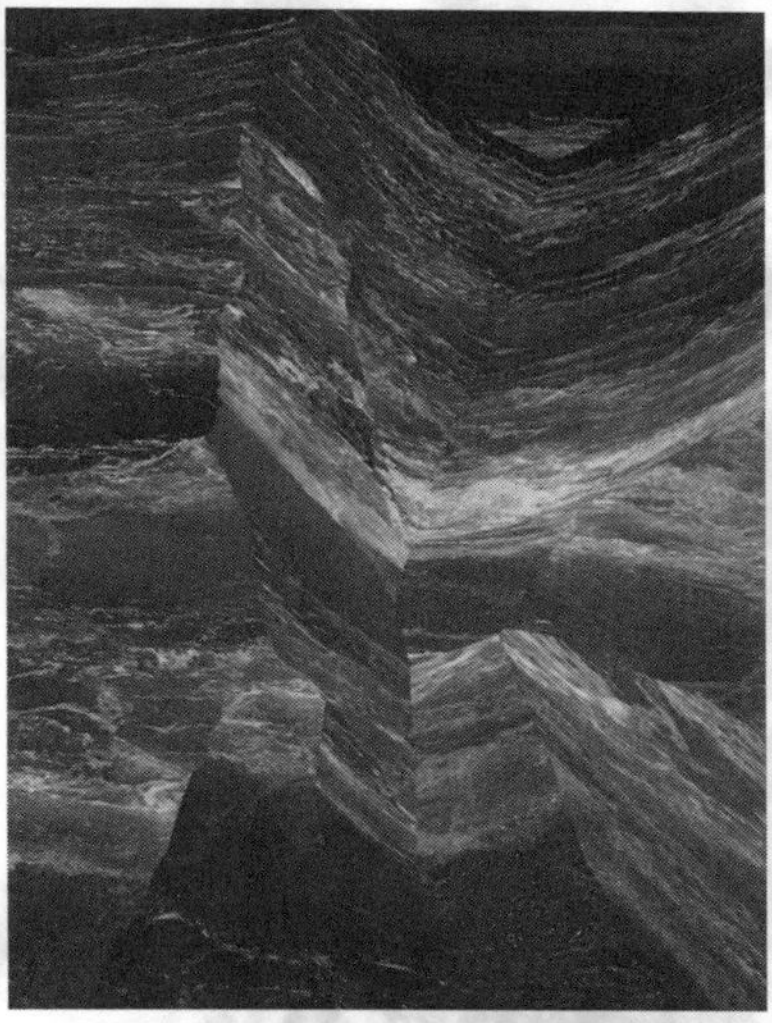

目次

推薦のことば

本書は、筆者が代表を務めている「文明地政学協会」が発行している小誌『みち』(旬刊、年二二回発行)に連載された「黒潮文明論」を、集約して一冊にまとめた書である。

「文明地政学」という用語は筆者の造語で、一般的には容認されていない。その造語の所以は、米国の国際政治学者サミュエル・P・ハンティントン教授が一九九六年に著した「文明の衝突と世界秩序の再創造」に由来している。同著は、ブッシュ父米政権が主導した、湾岸戦争(一九九一年)の意義付けを文明論に託したものである。

同著では、東西冷戦対立構造が終焉した後の世界情勢位相は、日本文明を含む世界の八大文明の衝突が多対立の主要な軸になると述べられている。同著は、国際政治学者の予測分析の体裁を整えている。だが、その内実は、東西冷戦対立に勝利した米国が、その後に想定した世界戦略の基本構想を内外に布告する役割を果たすものであった。湾岸戦争はイスラム文明とユダヤ・キリスト教文明の衝突を誘発する契機となり、その勢いは現在も続いて中東情勢の不安定化を演出し続けている。

米国の世界戦略は、世界情勢を「文明の衝突」という大混乱位相に引きずり込むことで、最終的にはユダヤ・キリスト教的な文明価値規範で世界を一元化することにある。いわゆるグローバリズム攻勢で、現在、わが国は、米国が仕掛けるTPP攻勢、すなわち、文明の衝突位相にあえいでいる。

筆者は、国際社会がより緊密化していくことは、人類文明発展の歴史的な必然性に裏付けられた趨勢だと認識している。しかし、その究極位相が特定の文明価値規範で一元化されるのではなく、わが国古来の世界観である「八紘為宇」となるべきだとの認識から「文明地政学」なる用語を造語した。そして、日本文明の本質的な解明の必要性を痛感し、その基層を為している「黒潮文明」を論じるにふさわしい人物を求めていた矢先に、本書の著者である稲村公望氏と再会した。

公望さんは、奄美・徳之島の生まれである。小学生まで黒潮文明に育まれ、中学・高校は鹿児島の名門ラ・サールで学び、東京大学に入学。卒業後は郵政省に勤め、郵政民営化に抵抗して公職を去るほどの憂国の至情に燃える逸材である。筆者は、学生時代に、東大生の公望さんと知己を得たが、郵政公社を辞めた後、親しくお付き合いさせてもらっている。

郵政省時代の公望さんは、同省では最優秀の英語通で、在タイの日本大使館に勤務していたときには、外務省が引き抜きたいとされたほど国際通である。現在でも、米国事情に精通していて、ショック・ドクトリン（惨事便乗型資本主義の正体）やフーバー元大統領の回想録などの貴重な出版を、筆者が論説委員を務めている『月刊日本』で、わが国に真っ先に紹介する役割を果たしている。また、公望さんは『月刊日本』の「気炎万丈」欄で健筆をふるって、読者に貴重な情報と叡智を提供している。

公望さんが『みち』に「黒潮文明論」を書き始めて、約三年（平成二四年二月一五日時点）が経過した。この間、公望さんは原稿執筆のため現地調査に出かけ、また、様々な文献を読んだ成果を簡潔に紹介しながら、独自の「黒潮文明論」を展開してこられた。様々な発見を、彼の流儀でまとめた一連の連載は、あたかも天の啓示をうけて執筆されたかの印象を与えてくれている。

日本民族は、「言霊民族」ともいわれている。公望さんは一連の連載で、知らずして彼流儀の言霊学を展開している。キリスト教の教典に「初めに言葉ありき。言葉は神なりき」という天啓的な教えがあるが、「黒潮言霊学」こそ「黒潮文明論」の究極的な叡智となる。その叡智が隆々とわき起こることが、「八紘為宇」知性の発露を促す源泉となる。
読者の皆様は、その叡智を本書から読み解かれるだろう。

文明地政学協会代表
藤原源太郎
平成二四年二月一九日記

〝黒潮〟を知ることは、日本を知ること。奄美生まれの公望《こうぼう》さんの想いは「ふるさとは心も姿も美しく」に尽きる。本書は、黒潮が洗う島々の文化と伝統に「味と力」があることを、分かりやすく解き明かしてくれる。まさに奄美との架け橋となる好著だ。

東京奄美会会長
英辰次郎
平成二四年四月記

はじめに

黒潮の流れに乗ってとぼとぼと、しかし、はるばると旅を続けてきた実感がある。毎月二回の原稿を書いて、その66編をまとめて一冊の本にして、故郷の奄美の関係者が中心になって、出版記念会を開いて頂いた。三味線と踊りもあって賑やかだったし、政治家、亀井静香先生の憂国のご挨拶、政治評論家、森田実先生の激励も頂戴して、擦り切れた役人人生の慰めにもなった。途中大病を患って大手術をする羽目に陥り、足を引き釣り杖をついて歩くようになったこともあったが、一回休載しただけで何とか書き続けた。一三二回目の原稿を書き終えたときに更に一巻をまとめることにした。南東アジアの漂海民にも関心が及び、内外の参考書籍を読みあさった。気候変動があって海面の上下があって、海岸線が変わったことなどもようやく理解するようになった。縄文時代の海浸についても興味をそそられた。スンダランドのことについては、ロンドンからわざわざ研究書を取り寄せて読むほどに熱中した。いつかはカリマンタンの海岸を訪ねてみたいと思い、フィリピンの多島海の旅も生きて実現してみたいと思うこの頃だ。鉄や真珠のことについては新発見があった。想像は、新大陸のアメリカから、アマゾンの密林にまで及んだ。鉄を持たずに、滅ぼされた赤銅色の住民の悲哀についても理解することができるようになったし、西洋と邂逅した時の日本の刀鍛冶の伝統と背景についても想いを巡らせることができるようになった。前著と混同をさける為、「新」とか「続」とかつけて区別するかとの意見もあったが、「黒潮文明論」という正面からの題を維持することにして、副題を、「民族の基層と源流を想う」として区別することにした。馬齢を重ねるのみではあるが、意外と意外や黒潮文明の基層と源流を探し求めることによって、日本国家の安寧のみならず、近隣諸国や世界の秩序のありように関心が及ぶようになったのは、セレンディビティーともいうべき予期せぬ副産物である。文明地政学協会の、「世界戦略情報　みち」発行人の藤原源太郎氏と、編集人の天童竺丸氏をはじめ同志諸兄諸嬢からはいつも励ましを頂戴しているから、心からの感謝を申し上げ、今回、新たに出版の労を執られた彩流社の皆様に、お礼を申し上げる。黒潮に乗ってたゆとう旅は続く。

1　黒潮洗う大日本の島々に神は宿る①

九州から台湾に連なる島々を南西諸島と呼んでいる。平成二一年は薩摩藩が琉球侵攻に乗り出してから四〇〇年目にあたる。琉球侵攻の結果、与論島までの奄美は、激しく抵抗したが空しく薩摩の直轄地となった。薩摩の実質的な支配の下で、支那の帝国との朝貢関係を続ける王朝は温存され、奄美は沖縄島以南の宮古、八重山などとも切り離された。奄美の島々は明治維新の後も、鹿児島県に帰属することとなる。大東亜戦争の後も沖縄が米軍占領下にあり続ける中で、昭和二八年に本土復帰を果たし、奄美と沖縄などの南部琉球とは、三度切り離された。奄美の本土復帰運動は、日本人の民族自決の民族運動で、異民族支配に対する抵抗であったことは疑いの余地がない。

天皇皇后両陛下をお迎えして、平成一五年一一月一六日に「奄美群島日本復帰五〇周年記念式典」が、鹿児島県の主催で名瀬市(当時)で開催されている。

そのときの、「奄美大島訪問」と題された御製。

復帰より五十年《いそとせ》経るを祝いたる
　式典に響く島唄の声

皇后陛下の御歌《みうた》には、「日本復帰を迎えし奄美にて」という御題がある。

紫の横雲なびき群島に
　新しき朝《あした》今しあけゆく

式典にご臨席になった翌日早朝に、奄美北部の土盛海岸にお出ましになり、日の出をご覧になったその折の御歌である。

ちょうどその式典当日の記憶だが、米国のラムズフェルド国防長官が沖縄を訪れ、当時の稲嶺沖縄県知事は接遇のために、那覇に留まらざるをえず、式典に参列できなかった。奄美と沖縄との象徴的な再会は復帰五〇年にしても成らなかった。沖縄の復帰式典では、式辞を内閣総理大臣と沖縄県知事が読み、三権の長が出席、内閣が主導する式次第であったが、奄美の式典には、総理大臣(当時の小泉純一郎総理)や外務大臣の姿もなかったし、ましてや、駐日米大使も国防長官随行を優先しただろうから、そんなことはお構いなしに、自国代表がいないことを心配する日本研究の米国人がいたにせよ、参列者は些事にこだわる必要がなかった。文字通りに、紫の横雲がたなびいて、「御言葉」に式場全体が憚ることなく感涙にむせんだ。

琉球弧の島々と日本全土の地図とを同じ縮尺にすると、日本列島の半分の長さがあるという事実は重要である。復帰運動も、奄美から密航を果たした、為山道則氏(故人)が宮崎市で開始している。市内には奄美に縁のある人々が今も居住している波島地区がある。奄美の祖国復帰運動は、鹿児島県当局からは冷たく遇されたようであるが、それは薩摩と奄美の微妙な軋轢が原因であったことは、通婚も儘ならぬような当時からすれば、容易に想像できることである。大東亜戦争中の疎開も、奄美人はどちらかというと薩摩より日向の方が好みで、東京と阪神の大都会は別にして、都城や宮崎、遠くは大分に疎開している。

日本語圏には大和方言と琉球方言の二大体系しかない。大和方言が枝葉に分かれて、東北と九州の方言が相互になかなか通じないように、琉球方言でも奄美と沖縄ではゆっくり話すと何とかお互い理解できても、宮古や与那国になると異語かと思うほどの違いで、むしろ台湾の原住民や、近場の花蓮はもとより、もっと遠くの南洋の島々との関係を想像させる。

琉球弧の島々は黒潮の流れで南側に切り取られた亜熱帯にある。海中から隆起した珊瑚礁の島もあり、地球上で最も古い古生代の地層で成り立っている島もある。沖縄本島などは、南部が珊瑚礁の石灰岩で、北部が古生代で、ヤンバルクイナの飛べない鳥がいて、奄美には耳の短い黒ウサギや、猛毒のハブが生息している。西表島にはイリオモテヤマネコがいる。伊江島の塔頭は、古い溶岩の塔である。先帝陛下が、尖閣諸島には蘇鉄があるかとご下問になったとの話も知られている。黒潮は台湾と与那国の間の海峡を北に抜け、東支那海で東進する。八重山・宮古・久米の北方を抜けて奄美の西方を流れ、トカラの島の近辺で二股に分かれる。一方の大きな流れは太平洋に抜けて、もう一方は朝鮮半島へ向かい、済州島の岸を洗って対馬海峡を渡り、日本海に入る。蔚山近郊には椿の島もある。九州から紀州にかけては、檳榔の島が所々にある。日向の青島などは有名だ。伊良湖の浜で椰子の実を拾うことは、珍しいことではない。

黒潮はさながら海中の大河であって、輸送船が機関を絞っても高速で走れる。帆船の時代なら尚更で、ペリー提督が江戸湾に入る前に琉米和親条約を結んだのも、西表島の石炭だけではなく、洋上の道としての黒潮に着目したからであろう。沖縄の領事館は今なお奄美を含めた琉球を管轄対象にしている。

黒潮の反流は、南へも流れる。南北大東の祖先は八丈からの入植が大半であるから洋上往来は確かで、伊豆七島の高倉は奄美の高床式倉庫とまったく同じ建築である。黒潮の洗う浜辺には必ず神宮の森がある。神々の往来も、また確かなのである。

2　黒潮洗う大日本の島々に神は宿る②

黒潮はトカラの島の近辺で太平洋に抜け、大隅の佐多岬をかすめて北東に流れる。足摺岬と室戸岬の沖を経て、紀州の潮岬にぶつかる。そこから尾鷲、熊野の沖を流れ大王崎を経て東進する。遠州の沖からは石廊崎をかすめ、伊豆の島々を抜けて九十九里の浜に寄せ、銚子の犬吠埼の辺りから漸く日本列島を離れる。

黒潮の流れが洗う岸辺の東端にあるのが鹿島と香取の神宮である。香取と鹿島の明神はそれぞれ上総一宮と常陸一宮となっているが、二社でひとつの信仰をなしている。熊野三山や後述の大洗《おおあらい》と酒列《さかつら》の磯前《いそざき》神社と同様である。香取と鹿島の社は神宮と呼ばれるからには、天津神の東の端の守りであり、おそらく夏場の南の風を得ることに限られるとはいえ、黒潮に乗って比較的容易に順風で航海できる東の限界なのである。

黒潮の流れの本州の東の端を観察してみることにする。さて、鹿島を過ぎれば、海流の向きが変わる。親潮が北から南に流れてくるからだ。鹿島灘で、暖流と寒流がぶつかり、波が逆巻く。冬場には、寒流の鰯・鯖が、夏場には暖流の鰤・鰹が獲れる豊饒の海である。北は那珂川、南は利根川で区切られる。銚子の犬吠埼から北方の大洗辺りまでは砂浜が続く。那珂川にたどり着けば、そこから常陸の内陸山間部を抜け阿武隈や磐梯の山につながる街道に入ることができる。銚子であれば、利根川の水運を利用して、関東の要所に行き着くことができる。上流にダムができて水量の減ってしまった今の川面と異なり、かつて満々たる水が奔放に流れていたものと思われる。『利根川図誌』の挿絵は白帆の船が堂々と遡航する姿を描く。武蔵国の山からは木材が筏を組んで流され、我孫子のあたりには、その木材を陸揚げしたことから、今も木下《きおろし》の地名が残る。

ところで、大河の河口は風と波の向きによっては三角波が逆巻く海面ともなる。大雨が降れば濁流となるから、河口から直接遡航することは難儀である。湊は河口に直接位置することなく、少し離れたところに位置するのが安全である。そこに船を繋いで風の強弱、波の高低を見て、凪いだときに一挙に船を進める。鹿島灘であれば潮はもう北から南へ流れているから、夏の南風が強ければ却って波と風がぶつかり、操船は至難の業となり、難所であることは間違いない。銚子の場合は利根川の右岸が発達し、那珂川の場合は左岸に那珂湊の町ができあがって、そこで波風を見極めたに違いない。

香取と鹿島の場合には、犬吠の先を廻って一息ついた所で、しかも古い時代には香取海という大きな湖があったようであるから、その両岸に大社が一体となって建立されたものと想像する。香取から眺めて鹿島のお社は正確に北東の位置にあるといい、その誤差もわずかに五メートルであるという。北東といえば、鹿島灘では河口に打ち込む波が低くなり、航海がたやすくなることも確かめられるから、常陸と下総の往来の简便も想像できる。

視点を逆にすれば、大洗と酒列の社は北方からの親潮の流れの南端と考えられる。日本海を流れる黒潮の支流が津軽海峡を抜け、そこから親潮の南流に乗る往来も想像できる。大奈母知命《おおなもち》が大洗の主祭神、酒列の方は少比古奈命《すくなひこな》が主祭神となり、しかし一体となって創建されたという。大黒様が大洗で、えびす様が酒列の主祭神となり、それぞれ力を合わせる。何れの磯前神社も南北七キロ離れてはいるが、岬の丘の上に鎮座まします。大洗の社は岩礁の海に面しており、酒列の社殿は磯崎の丘の上に西を向いている。文徳天皇の斉衡三年(皇紀一五一六)に建立された記録があるが、祭神は「昔、この国を造り終えて、東の海に去ったが、今人々を救うために再び帰って来た」と託宣されたという。えびす様と大黒様とが共に出雲の美保の岬に降臨して国造りを行ない、それを終え出雲の熊野の岬から常世郷に去ったとしている。津軽海峡を廻って戻った故地が那珂川を中心として、大洗から阿字ヶ浦までの土地だったのかも知れない。那珂川を遡れば水戸で、纏まりのある豊饒の平野である。北関東にも抜ける。山は金銀の宝の山もある。酒列の磯前神社から北方の海は関東平野の砂浜の海とは様相が異なり、山が海に迫ることとなる。時々は黒潮と親潮が混じり合うから、時折の海の霧も深く、また潮の色と香りも違うので、特に大和からの航海であれば、異境に差し掛かったと感じたことだろう。親潮からの南行であれば、水温が変わり木々の様相が色濃くなったことに驚いたはずだ。

余談ながら、北畠親房は、筑波山の麓の小田城で神皇正統記を記している。領地の伊勢から海上の道を経て筑波嶺の麓にたどり着き、北方の国津神の世界と高天原との往来交流に思いを馳せながら、「大日本は神の国也」と断じることができたものと思う。

遠く琉球の島々にある浜下りの行事は、相模にもあり、津々浦々の祭りとして、福島から茨城にかけても残る。山海の民の交流の証であり、黒潮の民が先祖の上陸地点を確かめる儀式とも思われる。

3　黒潮に乗って蝶が渡る

田中一村《いっそん》という、孤絶孤高の画家がいた。明治四一年生まれ。東京の画壇と関係を絶ち、昭和三三年から、昭和五二年九月一一日に六九歳の生涯を終えるまで、奄美大島の名瀬で亜熱帯特有の多彩な動植物や風景を描き続けた。七歳の時に児童画で天皇賞を受賞し、弱冠一九歳で当時の国民新聞社で奉賛会が開かれ、全国美術家名鑑にも掲載されるほどだったと言うが、画壇の諍いがあったらしく、東京を離れ、奄美に移り住み紬工《つむぎこう》で生計を立てながら、亜熱帯の自然を描ききった。その死後、作品が注目されることになり、黒潮の画譜を収集した美術館が、奄美大島の地に建設されている。蘇鉄やあだん、ダチュラと言った植物や、アカショウビン、虎ツグミなどの鳥、伊勢エビやベラなどの魚を精密なデッサンを基に描いている。ツマベニ蝶がデイゴの花に群がる「奄美の杜」と題する大作もある。画壇の虚飾を捨てて、黒潮の風景を切り取ろうとした迫力が伝わる。杜の林の切れ目から奄美の海が見える。西日が潮に反射している。亜熱帯の陽光の色彩が田中一村の作品の中に凝縮されているかのようだ。

沖縄の与那覇朝大《よなはちょうたい》画伯がまだ存命のころ、田中一村が沖縄に来ていたらどんな絵を描いただろうかと聞いたことがある。与那覇画伯の絵は琉球の城の石積みや、ガジュマルの木のまつわり具合や、赤瓦の琉球の家屋、髭を蓄えた沖縄のサムライや凛とした女を数多く描いている。ハーバービューホテルの玄関近くに掲げられていたのは琉球の小型の船のサバニがコバルトブルーの海に浮かんでいる、沖縄の海を象徴する油絵だった。与那覇画伯は石垣島出身で、若い時には独学で肖像画などを米軍基地の前で書いたりしながら絵を習ったとかで、田中一村のように南画系統の日本画ではないから、別世界かも知れないが、島々の光の量が変わるだけで、共通の色彩のように思う。東京の有名建築家が建てた役所の高層建築を見ながら、珊瑚礁の石垣に遠く及ばないコンクリの粗雑な壁を二人で蹴って爪先を痛めたことがある。与那覇朝大氏は伊平屋島にある念頭平松(琉球松の名木)を描いているが、松の近くに寄るばかりではなく、松の幹を抱きしめて松の精気を吸収して描くのだと言っていた。与那覇画伯は沖縄限定の切手のデザインを何種類かしたが、切手印刷の色合わせはいつも手間暇がかかった。その理由は、東京の印刷局の色は黒潮の色と比べるとくすんだ色が好みで、また逆に黒潮の色が鮮やかすぎるからであった。

名嘉睦念《なかぼくねん》氏も沖縄の版画家であるが、世界環境会議が開かれたときに、その記念切手をデザインした。切手の枠に、珊瑚のペンダントを淡くしたような、かすかに桃色の気配を含んだ色がなかなか出せなくて、担当も苦労したようであるが、黒潮の色合いが籠もって、後世に残る記念切手となっている。

田中一村の陽の光が西日であるのは、黒潮が島々の北側を流れているからである。南西諸島東岸は太平洋の荒波を受けて断崖絶壁になっているところが多い。人の住居は太陽の沈む西側に集まり、那覇や名瀬、宮古でも石垣でも与那国でも、大きな集落は「いり」側にある。日の昇る方角が「あがり」、沈む方が「いり」、

「にし」が北である。家々の玄関もいり向きだ。夜寝るときの枕の向きは、あがりか南で、北枕は凶とされる。南風原は「はいばる」と訓むが、南は「はえ」または「はい」である。田端義男の歌う「島育ち」に朝はにし風、夜は南風とあるが、そのにし風は北風のことで、はえの吹く夜は眠られぬともある。じくじくと湿っぽい熱風が南から吹くと耐え難い暑さの夜となる。浜辺で潮騒を聞きながら、月が昇るのを待って夕涼みをする時の三味線の音は月影に吸い込まれるかのようだ。北からの季節風もきっと幾分和らげられている。一一月の初めころ吹く「みーにし」はみーが新しいとの意味で、初めての寒風であるが、九州や本州の沿岸のように厳しい季節風ではない。渡り鳥は黒潮の上の風を捕まえて渡りをする。新潟大地震の山古志村の鳥がアカショウビンであったことには驚かされた。宮古島の元高等農林学校の植物園の鳥がワタリをしたのかと思ったものだった。

田中一村も嘴が朱色で眼が不均衡に大きく鮮やかなこの鳥を好んで描いている。さしばも島伝いに渡る。伊良部島の止まり木が少なくなったが、それでも季節になれば渡る。ツグミの類は昔は月のない暗闇の空を、おそらくは天敵に見つからないため好んで渡ったから、しかも空が真っ黒になるくらいの大群であるから、羽音だけでも不吉である。ユワトゥシといって、大人も子供も渡り鳥の通り過ぎる夜に戦《おのの》いた。羽音の大きさからすれば黒潮の流れと同じ北向きに渡る鳥の数が多いように思う。蝶も渡る。テフテフは、黒潮の世界では「はべら」である。神々の御拝所には蝶々の大好物の木があって、蝶の長旅の休息所になっている。田中一村の絵の構図のように、蝶は花蜜を求めて鳥か人の魂のように木に群がる。おそらく蝶は、黒潮が造る大気の上昇下降の気流に乗って、長距離の海上を鳥のように渡るのだ。

4　黒潮が作った伊豆の結界

紀伊半島の潮岬にぶつかり東進する黒潮に立ちはだかるのが伊豆の島々である。伊豆半島は太平洋に突き出した石斧のような形で、その先端が石廊崎である。駿河湾は富士山を逆さにしたような深海で、大構造線の延長線上にある。その縁に点々と火山が噴き出し、海面上に顔を出しているのが、伊豆の島々である。伊豆国一宮は三島大社で、その縁起によれば、三島明神は天竺に生まれたが追放され、唐・高麗を経て日本にやってきて、富士山の神に出会って一緒に一〇の島を作ったという。初めに作ったのが初島で、「第二の島をば島々の中程に焼きだし、それに神達集まり給いて詮議ありし島なれば神集島（神津島）と名付け給えり。第三の島をば大なる故大島と名付け、第四の島は塩の泡を集めてわかせ給えば島の白き色故に新島と名付け、第五の島は家三つ双びたるに似たりとて三宅島と名付け、第六の島は明神の御倉とおっしゃって御蔵島と名付け、第七の島は遙かの沖にありとて沖の島（八丈島）と名付け、第八の島は小島（八丈小島）と名付け、第九の島は卯の花に似たりとてヲゥゴ島（青ヶ島）、第十の島をば十島（利島）と名付けた給う」とある。源実朝は「箱根路を我が越えくれば伊豆の海や沖の小島に波のよる見ゆ」（金槐和歌集）と詠んだ。その初島には初木神社がある。御祭神は大海津見命、豊玉姫命、初木姫命で、創建は観応二年（一三五一）。第五代孝昭天皇の御代に、初木姫は日向から東国の順撫に赴く途中に遭難してこの小島に漂着したという。孝昭天皇の事蹟は伝わっていないが、第一〇代崇神天皇の時代には、豊城命に東国の上野、下野に赴き治めることを仰せられ、朝鮮半島に任那府を設けられたほどだから、神武天皇の故地である日向から東国平定に出る為の造船・航海の術も蓄えられていたのだろう。初木神社の社殿の下からは古墳時代の祈りの場所である磐倉の遺跡も発見されている。また、現在も例大祭には鹿島踊りが奉納されるというから、鹿島の大社との繋がりも明白にある。初木姫は対岸の伊豆山小波戸埼に渡り、伊豆山彦という男神に出会い、木の中に住む日精・月精という二人の子供を見つけて姥として育てた。日精・月精が夫婦となり、伊豆山権現の祖先となったという。

伊豆山権現は明治の神仏分離で伊豆山神社となった。典型的な神仏習合の地である。伊豆山権現像と若干の相違はあるが、南北朝時代に制作されたという伊豆山神社に残る走湯権現立像も本地垂迹神像の特色を持っており、烏帽子に袈裟をつけた形である。役小角が六九九年に謀反の疑いをかけられ、伊豆大島へ流刑となっているが、大和から伊勢を通って黒潮の流れに乗って伊豆大島に遠島になったのであれば、対岸の伊豆山権現に詣でたことも容易に想像できるし、そうなれば吉野の金峰山などとの交流も想像できる。役小角は、七〇一年に疑いが晴れて大和に帰ることができたとされる。伊豆山神社の本殿脇には、高野槇の大木があり、山岳仏教の影響も考えられる。また、梛《なぎ》の木の一対もある。梛は熊野神社と熊野三山系統の社では神木とされ雌雄一対が参道に植えられるが、伊豆山神社には何れも雌木が参道両側にある。針葉樹だが葉脈がないので、広葉樹のように見える。海南島から台湾、南西諸島を経て九州四国、本州南岸に分布するが、紀伊半島や伊豆半島に生育するものは史前帰化植物と呼ばれるように、古い時代に人の手によって移植されてきた植物である。奈良の春日大社にもあるが、千年以上も前に植栽されたと伝えられているから、伊豆山神社の梛の木も紀州の熊野との交流の証ともなっている。伊豆山は熱海市東部に位置するが、今もなお轟音を立てながら海岸に走るがごとく温泉が湧き出しており、古くから伊豆山権現が走湯山とも走湯権現とも呼ばれたのも納得できよう。そうした温暖の地であるから、南方を原生とする梛の木が大海原を渡って神木として移植されたことに不思議はない。

源頼朝が治承四年(一一八〇)源氏再興を期し旗揚げしたときには、まず伊豆山権現に祈願している。石橋山の戦いで敗北し命からがら、真鶴岬から安房の国に逃げた。黒潮の民が頼朝に味方していることがわかる。

建久三年（一一九二）鎌倉に幕府を置いたときには、伊豆山権現を関八州の総鎮守に定めている。そもそも、源頼朝は伊豆韮山で幼少期より二〇年を流人として過ごし、走湯権現の僧に師事している。鎌倉尼将軍と呼ばれた北条政子は頼朝が流された蛭ヶ小島の近くの小豪族の娘だが、父時政が政子を伊豆国目代の山木判官平兼高に嫁がせることとしていたものを、婚礼の夜に七里の山路を逃れ頼朝の住む伊豆山を目指して夫婦となった経緯がある。頼朝の一周忌に自らの髪を除髪して、それを刺繍し、梵字四六文字を曼荼羅にした阿字一幅が残っているが、伊豆山権現の法華堂の本尊となっている。頼朝との愛憎は本物である。神皇正統記にも「頼朝の死後は未亡人がその後を指揮し、義時政治に当たって人望に背かなかった」とある。黒潮が伊豆にも結界を造ったと言うべきであろう。

5　久松五勇士と黒潮の薬草

陸奥の金華山あたりの漁師は黒潮を桔梗水《ききょうすい》と名付けている。親潮の冷水の栄養を豊富に含んだ海色に比べると、あくまで透明な海の青を花の色に例えたのだ。しかし、エメラルドグリーンの黒潮は紺碧《こんぺき》の形容が似つかわしい。石垣島の川平《かびら》湾の鮮やかさが典型だ。

その石垣島を目指して、明治三八年五月二六日に宮古島の久貝原《くがいばる》と松原の白砂青松の美しい海岸から五人の漁師が漕ぎ出した。去る二三日に奥浜牛《おくはまうし》という青年の操縦する帆船が、北上するバルチック艦隊に遭遇、二六日宮古島の今の平良の港に着いて駐在警察官と一緒に役場に駆け込んだから、石垣島に使いを出し大本営に通報することになったのである。

奥浜の船をロシアの艦隊は視認したようだが、乗っていた帆船が沖縄独特の、支那のジャンクのような形をしたやんばる船かマーラン船で、龍の旗を掲げていたために咎められなかったという。奥浜牛は元々粟国《あぐに》島の人であり、赤銅色に日焼けした生粋の船乗りで、また髪も巻毛で髭を生やし、王朝風の髷でも結っていたのか、ロシア艦隊の誰何を免れている。

さて、松原の集落からは、垣花善、垣花清、与那覇松、与那覇蒲の四人、久貝原からは与那覇蒲の計五人が選抜された。ちなみに与那覇蒲は同姓同名で、当時琉球の島々ではカマとかナベ、ナビィとかいう名前が普通にあった。久米島を舞台にした老いらくの恋物語の映画が『ナビィの恋』という題名だったのは記憶に新しい。沖縄振興に熱心だった故小渕恵三総理も、日本橋の三越劇場で鑑賞した。那覇の軍港近くの集落にも、垣花《かきのはな》の地名が残るから、五名とも糸満《いとまん》チュの屈強なウミンチュであったに違いない。

五人は石垣島東海岸の伊原間《いばるま》に着いている。伊原間は石垣島の半島がくびれたところで、舟を担いで東海岸から西に渡れるような地峡だが、垣花善が八重山《やえやま》郵便局のある石垣まで二〇キロの山道を歩いている。一五時間の力漕の後で、時は五月も末で、梅雨も完全に上がった炎熱の直射日光を夜間航海で避けたにしても、疲労困憊の極みにあったに違いない。電信はまず沖縄本島の那覇郵便局に打電され、沖縄県庁を経由して大本営に伝えられた。

漕いだ舟はウミンチュの舟だから、当然サバニである。サバニは凌波性のよい細長い船型を持ち、帆をかければ、どこまででも航海できるほどで、時化《しけ》の時には舟をひっくり返し波風を凌ぐことができると言われたほどの優れた性能を持つ舟である。サバニの船型は現代のヨット製造の技術にも応用され、横浜の故横山晃氏が色々なヨットの設計に具体化している。サバニは伝統的な丸木舟、刳《く》り舟が進歩したもので、ウーシマハギ、ウチナーハギ、ヤイマハギと三つの型があるが、一番大型はやはり本島沖縄の舟型で、ヤイマハギは珊瑚礁の海で漁撈するために船底が平たく作られている。ウーシマハギも中間の宮古島のサバニも丸木舟の面影を残した大きさである。

琉球の漁民にとってサバニは、東の太平洋から西の支那海まで黒潮を縦横無尽に渡るための道具であった。久松五勇士が漕いだ舟も、黒塗りのサバニであろう。八重山郵便局にたどり着くまで、途中の多良間《たらま》島と水納島《みんなじま》との間の水道を通り抜け一七〇キロの命がけの航海をしたのであるが、東京と通信できる施設が宮古島にはなく、軍用の海底通信施設が石垣島にしかなかったからである。

日本は日清戦争後すぐに、台湾との通信を確保しようとして、明治二九年鹿児島と沖縄本島に海底電信線を敷設し、翌年には石垣島を経由して台湾との間に通信回線を完工させた。石垣島の海底電信線の陸揚地点には、現在もデンシンヤーと呼ばれる建物が残っている。宮古の久松五勇士の故地には、サバニを五本の柱で支えるという形の碑が建てられているが、近くの浜辺には昔ながらの小型サバニが係留され、紺碧の海の中には沖縄でナチョーラと呼ぶ薬用の海草が今では採取する人もなく繁茂している。

ナチョーラとは、まくり(海人草＝かいにんそう、ムィージモイとも)で、日本薬局方の回虫や蟯虫の虫下しとして古くから使われてきた。琉球の島々はもとより、温暖な天草五島、紀伊串本あたりまで黒潮の影響で生育する。南支那海の東沙島は金門・馬祖のように台湾が領有しているが、大東亜戦争前にはまくりの大産地として知られ、大部分を本邦に輸出していた。大阪大学の竹本常松博士などが一九五三年一月に有効成分カイニン酸の純粋分離に成功してから合成製剤が行なわれ、また環境衛生の向上で寄生虫保有者が減少、まくりの需要は激減した。現在は那覇の市場や食堂あたりで、伝統食のナチョーラ汁の定食や、ゼリー状に溶かした食品のメニューを見るくらいである。回虫の神経細胞を興奮させる作用があるので毛髪や頭皮の再生にも効くのではないかとする好事家の指摘もある。以前、海草のもずくが〇《おー》一五七という食中毒に効くということを聞いたことがあるが、ナチョーラは典型的な黒潮の海の薬草であり、東亜の全域にわたる交易産物でもあったのだ。

6　口噛みの酒と泡盛の贅沢

大日本の酒は醸し出す神酒である。麹の酒も清酒として日本酒となったが、口噛みの酒、つまり女が米を含み噛みしめて唾液で発酵させた酒が始まりだ。女を刀自と言うが、島々の言葉に残るトゥジは妻のことである。後にトゥジがすなわち杜氏に転じ、酒造り技能者の謂となった。妻を迎え入れることをトゥジをカメると言うが、酒を造る女を大切に頭の上《かみ》に乗せていくような感覚が伝わる。今では唾液で発酵したような酒は最早ない。本当にアルコールになると酒税法違反となり、どぶろくですら騒動になるようなご時世であるから、口噛みで作るわけにはいかないが、アルコール発酵過程を抜かした段階のものを今なおミキと呼び、清涼飲料水の札を貼られ商品となっている。奄美の名瀬や宮古島で売られており、缶入りのものもある。御神酒がおみきと呼ばれるのは、ミキから来ていることは間違いない。どぶろくは米麹で発酵させるし、朝鮮のマッカリは麦麹であるから、ミキと見た目は似ているにしても、神酒の本当の中身は南の島々に残る酒の種類であろう。

天文三年(皇紀二一九四)の册封使の記録に収める明代の書に「造酒以水漬米、越宿令婦人口嚼、手槎取汁為之、名曰米奇、非甘藷所釀、亦非美姫含米所製」と古来のミキの製法が記されている。黒潮の始まるあたりの与那国島には本当の神の酒であるミキも何とか残っているらしい。与那国には四〇度を超えるような強い酒が特別に許可されて生産されており、花酒と呼ばれる七〇度にもなるような酒もあるから、祭祀となれば、逆に本物のミキがないと困るのかも知れない。奄美でも多良間の島の赤砂糖を原料にした黒糖酒が生産されているが、ここでもまた祭りの主役としてのミキが黒糖酒に取って代わられるには、それなりの年月が必要だったと思われる。構造改革とやらで、どぶろく特区などがつくられたが、これも口噛みの酒の思い出があって、文化と伝統の破壊を復古で癒す、いじらしい努力の現われのように思う。

八岐大蛇に飲ませた酒はミキなのかどぶろくなのかは杳としてわからないが、出雲の奥の村々に限らず日本全国でお酒の原料米が営々と作られ続けている。仁多米などは地元の努力の甲斐もあってすっかり高級な酒米となっている。南の島ではつい最近まで、カマモイ、釜周りと称して、夜な夜な集落の台所を廻って飲み歩いた社交の風習も残っていたから、寒い気候の場所で飲まれるウオッカのような強い蒸留酒ではとても神がかりにはなれないし、祭祀の酒にはなりにくい。泡盛などの蒸留酒はサキと呼ばれ、お供えされるミキと区別されている。泡盛はシャムからラオ・ロン(焼酒の意味)の原酒が輸入されたというが、あくまでサキであったし、一五世紀のことだから、まだまだ新しい飲み物である。沖縄の泡盛はタイから輸入した長粒種のタイ米を砕いたものが原料だ。東南アジアで司政官をやった経験のある満鉄出身の政治家が、外米輸入禁止にこだわる日本政府を説得して砕米の輸入を例外扱いにすることに成功したのだ。復帰の頃に泡盛の麹の改良があって、すっかり臭みがなくなり、味が飲みやすくなったから、米軍のウイスキーやブランデーをありがたがっていた連中も、今では泡盛党になっているし、青年が泡盛を飲んで暴れる成人式などになったのは近年の贅沢である。ジャポニカの単粒米にこだわる日本本土の地域でも焼酎がどんどんと勢力を広げている。熊本と鹿児島との境に焼酎と清酒との境があり、大分に麦焼酎が出現したが、熊本の清酒の「美少年」が倒産したと言う話を聞いた。泡盛は那覇の壺屋で作られる甕に入れられ、黒潮に乗って運ばれている。八丈島や伊豆や小笠原にもその甕が残っている。高倉の様式が伝わっているほどであるから、当然のことであるが、大きなサキ甕が文化財とも呼ばれず、江戸の汐留あたりにも埋まっていたと言うからおもしろい。

「薩摩へは献上品・貢納品などの名目で多量の焼酎が搬入されていたことが知られる。島津氏はその一部を江戸・大坂・伏見などの別邸に運び、献上品や贈答品に宛てていた。将軍に対しては御機嫌伺品として、太平布（宮古上布）、御肴とともに毎年献上していた」（『日本の食文化第八集』、宮城栄昌「琉球王府の外交用泡盛」）

さて、サケでもミキでも、飲むのは月の夜がよい。しかも、白砂の浜辺がよい。月が昇るまでは、漆黒の手元の暗さではあるが、月が照らし始めれば、珊瑚礁の割目に咲く百合の芳香が漂う。磯に砕ける波しぶきが遠目にも光る。酒とは太陽の下で飲むものではない。サキもミキも歌と踊りを伴う。蛇皮線はワシントン条約に守られたニシキヘビの皮で南方から輸入される。輸入してよい地域を琉球と書いてあったので、役人が復帰の時に沖縄県に限定しようとしたのを沖縄ひいきの大隅出身の政治家山中貞則議員が奄美もあると諌めた話を聞いたことがある。三線《さんしん》の音調や、棹や撥の造りは微妙に各地で異なっていても、黒潮の流れる海路を伝って伝幡してきたことは間違いがない。インド象牙製の撥を使うほどに、神の酒が民族の歌心舞心を高揚させ、音曲を広めたのである。

7　宝貝に象徴される黒潮の豊穣

宝貝の広がりも黒潮の豊饒に連なっている。貝という漢字は、宝貝の象形からできている。宝貝は豊饒の象徴であり、ポリネシアの酋長も古代支那の王朝の貴人も首飾りにしている。

ボストンの隣町ケンブリッジにあるハーバード大学付設燕京《エンチン》研究所は北京の精華大学と米国キリスト教関係者による大学設立に連動して発足した研究所で、日本を含む東アジア研究の中枢の地位にあり、支那、朝鮮、日本の文献を大量に所蔵している。

そこの談話室の壁に西太后の油絵が掛かっていた。西太后は宝貝のネックレスをしている。支那大陸本土の中に貝があるわけがないし、沿海にも宝貝は産出しないので、その原産が日本の南西諸島と推測することは容易である。支那が琉球と呼ぶ所以である。宝貝は沖縄本島と宮古島との間にある黒潮の育む珊瑚礁に住み着いていて、大潮の時に海面に姿を現す。大珊瑚礁で採れた貝がはるばると朝貢貿易で運ばれて、西太后の首飾りになったものだ。南支那海の群島も勿論大産地である。逆に、春秋戦国時代の燕の国の明刀銭が竹富島で発見され、前漢に初鋳造された五銖銭も出土しているから、交易路を伝って支那大陸に浸透したのは、駆虫薬としての海の海草の海人草だけではない。琉球王朝になっても、大明帝国に何と！　五五〇万個の宝貝を朝貢した記録があるという。一六世紀というから、最近の話である。

大日本にはそもそも発想がなかったので免れたが、宝貝は奴隷貿易の対価ともなった。インドやアフリカでは、収奪の媒介手段として機能した。インド洋のセイシェルなどに貝を思わせる群島があるように、モルジブなどの珊瑚礁のある島嶼から大量に採取して、帆船で運搬された。豪州で金鉱が発見されマルクスの世界革命の予想が頓挫し、西洋植民帝国主義が延命するが、それ以前には豪州の珊瑚礁や南太平洋の島々も貝殻を大量に供給して植民地経営の根本手段を提供した。文字通りの宝箱だったのだ。

英国本土近くで難破した船には、何トンもの宝貝が積まれていたために、それが海岸に流れ着いて、宝貝が北海で獲れると思い込む者もいたという。その時代の名残であろうか、収集家もおり、珍しい宝貝は今なお高価で取引されている。

英語では宝貝をカウリーと言うが、ヒンズー語からの借用である。ちなみに、古語の残る南島ではワンニャクと呼ぶ。子安貝とも呼ばれるが、これは八丈島あたりで産する大きめの宝貝であろうし、その形状から名付けたものだろう。

南島では宝貝を算出する珊瑚礁をヒと呼ぶが、女性の性器もヒと呼んで、共通性がある。今は火をヒと呼ぶようになっているが、松明《たいまつ》の言葉に残るように、火をマチと呼ぶのが古の言葉であるとすれば、松明は大きな火の意である。三島由紀夫の小説『潮騒』の若い男女が結ばれる場面ではその火を跨いでこいと呼びかけるが、火でヒを象徴しているように読める。

宝貝ばかりではなく、その他の貝も腕輪などの装飾となり、珊瑚礁の海に生息するゴホウラ貝やイモガイなどの巻貝の飾りなどは、北海道の貝塚からも発見されている。

貝塚は世界的に見ても、東アジアの沿海域に濃密に分布している。東京湾の台地の端には貝塚が集中している。洪積台地の端はほとんど貝塚ではないかと言うほどの集中である。紀伊長島あたりでは、民宿でホラ貝の刺身が供されるほどであるが、修験道のホラ貝は、月山や羽黒山に行っても、黒潮の海鳴りを思い出すための方法のようだ。大名の娘の嫁入り道具の一つでもある絢爛豪華な貝合わせも、黒潮の豊饒の印である。二枚貝をミャーとかニャーと呼ぶが、宮に通じて、神の社の根源に豊饒の二枚貝が見え隠れする。女子の名前の美奈子とは、貝の子供との意である。おみなには生命がかかる。

世界的な石油会社であるシェル石油の社章は黒潮の貝ではないが、日本のホタテ貝である。同社を横浜で創業したユダヤ人マーカス・サミュエルは、湘南の海岸で貝殻を拾ってロンドンに送り財をなした。一八六六年に横浜にマーカス商会を設立した。ボルネオで石油を掘り当てライジング・サン石油会社を設立、日本に送った。タンカーの一隻一隻に自分が拾った貝の名前をつけた。日清戦争では日本に軍需物資を売り、台湾ではアヘン公社の経営に関わる。一九〇二年にはロンドン市長になっているが、日英同盟との関連を想像させる。市長就任式に日本の駐英公使を招いて行列の馬車に同乗させたという。当時の英国にはユダヤ人差別があり、海軍に石油を納入していたので反感を買い、後にロスチャイルドに買収され、英蘭連合の会社として提携することになる。今は本社をオランダのハーグに置いているが、この会社が続く限り、社章だけはホタテ貝とすることを譲らないと見える。

日本には、ユダヤ人を排斥した歴史はない。ワシントンで事件を起こした朝鮮系米人の著名ロビイストも父親が在平壌シェル石油の総支配人だったと述懐していた。

8　神々はクバの社に降臨する

尖閣諸島の一つに、久場《くば》島がある。「クバの木の生える島」の意味である。座間味の島の沖にも久場島があって、クバの木の林があり、姫ハブがすんでいるという。島の山の頂上にも沖縄の神社に当たる拝所の御獄《うたき》があるという。かつて先帝陛下は「尖閣諸島には蘇鉄があるか」とご下問になったと聞く。上空を飛行機で通り過ぎたときに気にかけたが、蘇鉄があるかどうかはわからなかったが、クバの林は見ている。遊牧の山羊は退治すべきだと痛感したが、クバを見ただけで、もう、尖閣は黒潮文明の流れの中に入り込んでいることが確信できて安心した。

与那国島の度数の高い焼酎の由来については先述したが、その瓶をクバの葉で巻いているのはゆかしい。

久場という姓の家族も沖縄にはいっぱいある。クバの木は学名がビロウである。漢字で、蒲葵、枇榔、檳榔と書いているが、倭言葉では阿遅摩佐《あじまさ》と言う。台湾などでクチャクチャと噛んで吐き出す軽い興奮・酩酊を感じさせるビンロウとは、ビロウは異なる植物であるがよく混同される。『古事記』や『日本書紀』で、枇榔とは書かずに、むしろ檳榔の字を用いているからややこしい。檳榔長穂宮は、あぢまさのながほのみや、狭井連檳榔は、さいのむらじあぢまさと訓む。

ビロウの島は沖縄や奄美の島ばかりではなく、九州の沿岸にも点々と残る。枇榔島は日向の門川や大隅の志布志湾に浮かぶ島の名前としても残る。門川の枇榔島は日本近海にのみ住む海鳥で天然記念物の「かんむりウミスズメ」の最大の繁殖地である。高知の宿毛の沖には、蒲葵島がある。

クバの葉は掌状に広がるから、今でも沖縄の漁民のかぶる日よけは、クバ笠が一番であるし、その昔は、蓑笠に至るまでクバの製品であったし、若芽を食用にしたり、餅をクバの葉で巻けば、クバ餅といった具合である。

クバの北限は福岡県宗像の沖ノ島であるという。沖ノ島には、いうまでもなく「宗像大社」の沖津宮があり、海上の道の要路にある。仁徳天皇の御製、

おしてるや難波の崎よ出で立ちて　我が国みれば　淡島
自擬島《おのころしま》　檳榔《あぢまさ》の島もみゆ　放《さけ》つ島みゆ

の歌は、淡路島近くではなく、博多湾から、沖ノ島、つまりビロウの生えるあじまさの島を読んでいるとの説もありうる。沖津宮は現在でも女人禁制であり、男性も上陸前には禊を行なう。古代の祭祀遺物が発見されており、「海の正倉院」とも言われている。

ビロウの島で有名なのは宮崎の青島である。黒潮に洗われる、鬼の洗濯板と呼ばれる日南海岸への入口で、

樹齢数百年を超えるようなビロウの自然木約四三〇〇本の群落がある。青島神社の祭神は、彦火火出見尊《ひこほほでみのみこと》である。火のことをマチという言葉が南島に残ることは先に書いたが、豊饒の火を重ねて「ほほ」と訓ませるのも意味深である。ビロウの幹に性の息吹を感じる向きもある。

中世の流行であるが、檳榔毛《びろうげ》は公卿らの牛車の屋根材に用いられている。どう考えても都にクバの木はなかっただろうから、遙々遠方から運んできた珍しい建材であったに違いない。阿蘇や天草から瀬戸内海を通りピンク色の珍しい石材をわざわざ運んで古墳の石棺とした例もあるほどだから、それほど困難ではなかったのかも知れない。また、北方の朝鮮半島や、それ以北の渤海の国などとの交易品となっていたかも知れず、大儀なことではなかったのかも知れない。

即位大嘗祭でも、天皇が禊を行なう百子帳《ひゃくしちょう》の屋根材として、用いられている。そもそも、百子長とはビロウの別名であるという。柳田國男は、青島を二度目に訪れた際に、「あぢまさの蔭うつくしき青島を波たちかえりまた見つるかも」と詠んでいる。その歌意は、単に渡り鳥がビロウの種を啄んで運んだという話などではなく、文化と伝統を大事にして守ろうとする人々がクバの葉や種を携えて黒潮の海を往来したその昔を偲ぶものである。

さて、日本の神社の御神木の大半は松や杉、楠の大木である。だが、南西諸島の島々の神社である御嶽《うたき》の御神木は、クバである。沖縄の斎場《さいは》御嶽は、沖縄王朝では伊勢神宮に相当する聖所であり、かつては大きなクバの木が岩山の上にあったそうであるし、久高島はもとより伊平屋島やあちこちの御嶽の御神木も、クバの木である。

ところが、そのクバの木が御神木となっているのは沖縄ばかりではない。熱田神宮の社頭にもビロウの木が二本屹立している（縁起絵巻に描かれる）。若狭の一宮である若狭彦神社の蔵する古い絵図には蒲葵《びろう》が神木として描かれているという。吉野の吉水院の後醍醐天皇玉座の後の壁画にも二本のビロウと蘇鉄が描かれている。

ビロウの木が男根の象徴で、坐女を媒介として御嶽の庭で交合があり、神が顕現するという形が日本の祭りの根源であろうか。吉野裕子氏の名著『扇』のテーマはビロウの葉が祭りの扇に変化して行く謎解きである。日本民族の地平と視野を拓く快著であると感心していた。先に『吉野裕子全集』第一巻(人文書院)に収められたのを機に本稿の参考とした。

9　温暖な気候と風土は黒潮の賜

気候の分類区分法でもっとも著名なものは、ドイツの気象学者ケッペンが一九二三年に植生に着目し気温と降水量の二変数から計算して分類していく方法である。米国の気象学者が水分量に着目し一九三一年に降水量と蒸発量の比、気温と蒸発量の比を変数とする気候分類法を発表したが、複雑すぎて普及していない。

ケッペンの分類によれば、網走、札幌、函館は、冷帯湿潤のDfbとなる。北海道でも浦河はCfb、温帯の西岸海洋性気候になる。津軽海峡を渡って青森は、温帯湿潤のCfaであり、東京も同じCfaである。軽井沢のように高原地帯では冷帯湿潤に分類される場所もあるが、南大東島、与那国に至るまで同じCfaである。朝鮮半島の釜山はソウルと同じ温暖冬季小雨Cwaであるが、木浦や済州島は、Cfaであり、半島沿岸は、温暖湿潤である。平壌は冷帯冬季小雨のDwaである。金策は、冷帯湿潤のDfbである。ちなみに北京は冷帯冬季小雨のDwaで、青島は温暖冬季小雨のCwa、上海を中心とする揚子江下流域は温暖湿潤のCfaである。

勿論台湾の都市もCfaである。細かに分類するまでもなく、北海道には梅雨がないと言えばはっきりするが、ほぼ全域が冷帯である。朝鮮半島沿岸部が温帯で黄海の入口に達する。支那大陸の揚子江下流域が温帯で、北京は冷帯にある。樺太も冷帯で、マガダンもクラスノヤルスクもウラジオストクも、その北はツンドラの凍土である。

黒潮の流れがアジア大陸の当部沿岸の気候を和らげている。鹿児島の大口盆地で水を撒けばスケートリンクに早変わりしたし、日光の男体山の山麓や常陸の奥辺りには滝が氷る冷帯ばりの寒い地域もあるが、東北あたりでは、大雪は降っても夏の暑さもまた尋常ではない。時々の寒さ暑さが却って新緑と紅葉に照り映えて四季折々の変化を鮮やかにする広葉樹林帯なのである。さて、支那の首都は冷帯にあるが、海に面した首都は歴史にない。歴代の王朝は温帯との境の内陸部に首都を置いてきた。海は辺境であり境界であると考えるのが大陸牧畜民族の特徴なのだろう。チベットとの境界も青い海に見立てている気がする。日本では税関といい税金の徴収に関心を持っているが、支那では海関と言い、海が異界に属していると認識していることを伺わせる。確かに徴税にはそれほど熱心な様子はなく、人頭税の世界である。黒潮洗う地域の農産物は長粒米の生産が主力となっているが、冷帯では牧畜か狩猟である。日本に宦官はいなかった。去勢は牧畜民族の習慣である。豚飼育の文化が入った南西諸島でも、子豚の睾丸《ふぐり》を剃刀で切って取り出しておくことは日常的に行なわれてきたが、草原に羊群を馬で追って家族で大掛かりに移動する世界ではないし、豚を野外に放し飼いするほどではないから、豚の去勢の技術を持った勢力が主流にはなれず、牛や馬を去勢することなど思いも寄らなかった。二〇世紀の戦争で馬が必要になってようやく去勢の技術を習得したのが、実情だろう。

小姓や稚児愛の隠微な世界も宦官の怜悧な陰謀をめぐらす世界とは異なり、人間を謳歌する側面がある。奴隷制もなかった。牧畜が入ってくれば、下草を食い尽くして森は急速に後退する。西洋人が新大陸に入って、カウリーやセコイヤの大木を切り倒し、人間の数よりも遥かに多い羊を飼い、最近では新自由主義という新型牧畜経済の囲い込みで世界を席巻した結果、地面温度は上がり、羊が死ぬのも無理もない。その果ては世界全体が砂漠化する終末論だ。日本人が世界に木を植えようと主張しても、去勢の伝統を持つ連中がさほど関心を示さないのも当然である。

日本は古来、外来の文化を受け入れる際に、牧畜の技術の移入を厳しく戒めてきた。米国マサチューセッツの名門牧畜農業大学出身のクラーク博士も教育者としての名声にとどまっている。カナダや中西部大平原を見るにつけ、かつてそこには特有の森があり原住民がいたと思われるのだが、今は彼らを駆逐あるいは保護区に押し込めてしまった惨状が残るだけである。

日本は刑務所の脱獄事件がほとんどないことが特徴であるが、戦争映画を見ればわかるように、西欧人の捕虜は四六時中脱走することを考えるようだ。だが、我方は捕虜の辱めを受けずどころか取り入ろうとする情けなさも儘見られるほど、逃げない。捕虜に対する扱いも悪くはない。そもそも人間を去勢することなど考えたこともない。ナチスの暴虐など日本ではとてもとてもありえない発想である。テロリストがらみの収容所がグアンタナモを含め世界各地につくられた由であるが、人間を去勢するごとく、犬をけしかけて人間を無力化する発想はない。虎の檻か猛犬の檻に手下を放り込んだ九州の暴力団の親分の記事を読んだが、きっと日本人ではないと思う。

黒潮の森で海洋民が神に祈るのと同様に、狩猟民もまた山の神に採集の豊饒を祈る。雪中にまんさくの花の色を見つけて喜び、満月に熊の祭りをする。鮭の帰る川を清める。大日本の黒潮の漁撈民と山の狩猟民との相性と交流は、すこぶる良いのである。

10　海部――星の神を齋き祀った人々

吉野金峰山寺本堂は蔵王堂と呼ばれ、現在の建物は太閤秀吉が権勢を誇って「吉野の花見」を催す三年前一五九一年の建立である。蔵王堂の建物自体が偉大な国宝だが、その中に色鮮やかな蔵王権現の立像三体が秘仏として立ち並んでいる。本堂の東壁には万治四年（一六六一）一月に大和下市の商人が奉納した縦二八八センチ横四五五センチもある大きな絵馬が掛かっている。題して「廻船入港図額」という。当時の渡海船の周辺での荷役や艀の様子や船の甲板や船室の構図が分かり、後部の甲板だけで二〇人はゆったり座っているから相当大きな船である。船の艫には、大きな丸の印の旗が掲げられており、後醍醐天皇の官軍の旗を思い出させる。

近畿地方の山村では、初夏の田植えのころ飛魚《とびうお》を食べる習慣があったそうだが、飛魚は黒潮に乗って瀬戸内海に入り、あるいは熊野の沖にも現れて、たとえば瀬戸内海の広島の見島の沖で獲られた魚が渡海船で吉野に運び込まれたものと思う。吉野で、紀伊半島の中心部でもう海は見えないし、海と全く関係ないような山岳のお堂の中で、海との深い結縁を絵馬が語りかけている。平安時代の蔵王権現三尊像は鮮やかであるが、絵馬の方は時代が新しいのに、いずれは古来の白木の一木に朽ちていくのではないかとも思うほどに寂びてきているが、しかも神仏習合の脇に絵馬を献額することは本源的な海の伝統を思いださせるかのようである。蔵王堂の石碑の多くには、岩組という寄進元の名が刻まれているが、講の名前か紀伊半島の海を取り仕切って繁栄した廻船問屋の係累であろう。

ちなみに、『ヤマト古代祭祀の謎』（小川光三著、学生社、二〇〇九年）によれば、卑弥呼の陵墓に比定される箸墓、三輪山、室生寺のある室生山などを含め、東の伊勢から淡路島にある伊勢の森まで、東西の一直線上に太陽遺跡が点在して「太陽の道」をなしているとしているが、蔵王堂は紀伊半島の陸塊の太陽の道の中心に位置する。吉野は山間部ながら東へは伊勢の大湊へ抜けることができるし、西は金剛山を越えて河内の住吉や和泉の堺の浦へも容易につながるから、吉野から熊野詣でをするには困難な山道をたどるにせよ、三方の海への結節点でもある。反逆を企てた役行者小角《おづぬ》が、伊勢から伊豆の嶋に流されて伊豆山神社を開山してまた吉野に戻った話や、伊勢国司の北畠親房が筑波嶺の麓で神皇正統記を書いたことにも触れてきたが、月山の修験道など東国との海の往来も垣間見ることができる。役行者は最初海の熊野から入り縦走して吉野に入ったとの伝承があるが、山伏の奥駆け修行も、熊野から吉野への行を順峯《じゅんぷ》、吉野から熊野へ向かうのを逆峯《ぎゃくふ》と名付けて、海からの方向を正としている。

第四〇代天武天皇の諱は大海人《おほしあま》で、凡海《おほしあま》氏の養育を受けたから即位するまで大海人皇子と呼ばれたのである。壬申の乱で吉野から挙兵したのも海人であることを宣明しているほどだから、当然海の潮の満ち干と月の引力の関係についても通暁していたに違いない。天武天皇は天文台を設置している。航海術には北極星の方向を定めることが必須だが、天武帝が天皇という天の支配者である北極星を意味する尊号を創始していることも意味深い。凡海氏は海部一族の統率者(伴造)で、壬申の乱では主力の軍事力となって、大友皇子の近江朝廷軍を撃破している。

海部氏はその名前の通り漁業や操船航海術で朝廷に仕えた品部の一つで、現在も愛知県と徳島県に海部郡という郡が残り、佐渡島には海府なる地名が残っている。日本全国に「あま」の音に因む地名が残っているが、わが産土の奄美大島などはその典型であろう。海女も尼も「あま」と訓むが、いずれも女である。南島では「あじゃ」が父親で「あま」は母親である。信濃の安曇氏も海部の一つであるが、わが国最初の本格的都城である藤原京を設営するに当たって天武天皇が信濃の地形に強い関心を寄せたとされるのも、海洋民が内陸部に発展していく過程を見るために執心したものと考えられる。先述の「太陽の道」に擬えて見てみると、常陸の鹿嶋神宮と諏訪の大社、そして出雲大社とは東西一線上に並び、その中心に諏訪大社が位置する。

海部氏の祖神は天火明命《あめのほあかりのみこと》であるが、夜空に燦めき航路の指針となった星々に由来する名前だろう。丹後の海部氏は丹後国司であり、海部一族の尾張氏も尾張の国司であり、熱田神宮は代々尾張氏から大宮司を迎える。住吉大社も、津守すなわち港を守る海部氏が、代々の宮司家である。宗像大社同様に、丹後の籠《この》神社の奥津宮は舞鶴湾の湾口にある冠島であり、今ではクバの木はいざ知らず、常緑樹林が全島を覆い、オオミズナギドリの繁殖地として天然記念物となっている。日向日南のクバの繁茂する島が、ウミスズメの繁殖地として天然記念物の島となっているのと同様である。

かつて冠島は凡海嶋《おほしあまのしま》と呼ばれたという。壬申の乱は月と星空を愛で海を力の源泉とした人と陸封ゆえに外来の彩色文明に憧れ権力の源と仰いだ者との騒擾対立であったか。

11 「お白洲」は黒潮の思い出である

「シラス」と書くと、南九州の火山灰の台地の土で、梅雨の頃には泥状になって崖が崩落したりする。宅地造成地で道が排水路になってしまうぐらいに亀裂が入りやすく、土の粒子が水分を吸収しないからだ。最近ではビニールの覆いを掛けたりコンクリートを吹きかけたりして、災害防止をしている。白砂ではない。似て非なるからカタカナで書いてある。海砂の方はわざわざ真砂《まさご》と呼んでいる。白州や白洲もある。川の流れの中にもっこり砂が溜まって水面上に顔を出しているのは、白洲である。地名の白子はしらこと千葉などでは訓んでいるし、伊勢湾ではしろこであるが、砂ではないようだ。白須の姓はあるが、地名にはほとんどない。新羅のしらに近いか。

お白洲と「お」をつけると、裁判・評定の場所となる。お白洲《しらす》は江戸時代の奉行所などで被告が座る場所である。江戸南町奉行所の平面図によれば、最上段には奉行などが座る「公事場」と呼ばれる座敷が設けられ最下段には「砂利敷」が設置され、その上に敷かれた莚に原告・被告らが座ったという。奉行所のお白洲には屋根が架けられるか、屋内の土間に砂利を敷いてお白洲として用いていた。お白洲には突棒、刺又、袖搦などの怖い捕物道具がおいてあったという。お白洲と言うからには、そこに撒かれた砂は純白でなければならない。白は無実の前提であり、裁判の公平と神聖さとを象徴している。お白洲のない時代には、浜辺の処刑場が首切り浜となった。岬の陰の、湧水があり木陰があるような、一見長閑な場所。冬場の寒風を遮り、照りつける夏の日差しを避けるための木陰があり、人気はなく、土間の茶色の土ではなく、砂地の浜が広がる崖の下が適地である。波頭が寄せては返す景色が遠く望めるような場所である。

神社の参道なども土埃の立つような道ではなく、砂利を敷いてあるのは、海との往還の名残である。古い時代の様式を留めておれば、鬼が一晩でつくったとかの伝承を伴い、山を駆け上がるようにして玉石を海岸から大量に運んで積み上げ、階段代わりにしてある参道などもあるが、洗練されるほどに、砂の形は小さく、そして細かくなり、色はどんどん白くなる。大量の白砂を調達することは難しいから、海の黒い石で、できれば玉砂利でとなる。砂丘でも近くにあれば簡単であるが、それがかなわない場合には、大事な所だけに白砂が撒かれる。お白洲で、白砂が罪を清めていく。白砂は海辺の生と死の象徴であるが、社の柱が立てられる中心の場所などにも白砂が盛られる。白砂は潮の結晶たる塩の象徴でもある。冷蔵庫の氷室のないところが日本列島の大半であるから、塩をまぶして塩蔵することで腐敗を防いで、食を豊かにしたわけである。海から遠く隔たった山の住人となっても、塩の代わりに白砂を敷いて清浄を思い出した。黒潮の大海に連なる思い出をこうして保存することに何の不思議もなかった。

現代のわが国の裁判所のお白洲は、どうだろうか。腐敗を防止する盛塩や白砂が大切にされているだろうか。黒潮洗う列島の白砂はまず珊瑚礁がコナゴナになって石灰のようになった砂もあれば、貝殻が砕けて砂になっている所もある。珊瑚礁の固まりの石であれば、水分を含ませて乾燥すれば、天然のセメントのように堅くなるから、デコボコ道の歩きにくさを改良するために、石灰石を割って入れた。貝殻の砂であれば、実際に星砂のように星の形をした小さな粒子の集まりもある。掌に掬うと、指の間から、ハラハラとこぼれてしまうような細い砂もある。

南島では、人が死んで一定の年月が経てば、墓から取り出し骨を潮で洗い清めていた。もともとは風葬だった。岬の陰で太陽の方向に向かった崖の下に葬屋を立てて肉体が朽ちて行くのを待ったのだ。子が親を思い、生きた証の人骨が浜辺の風雨に晒されて海辺の砂に戻っていくことを確認する儀式である。生と死の境をはっきりさせる、厳粛な儀式ではあったが、肉親の骨を洗うのは残酷であり、しかも専ら女がその作業をしなければならないから、泣女になるような苦労話である。

浜は波が寄せるばかりではなく、海と人とが接する場所でもある。黒潮の力で巌が砕けて海の砂となり、大量に運ばれて堆積する場所である。ガラスの尖った欠片はいつしか肌に触れるとすべすべの状態になる。岩はそのうち丸まって玉石となる。ビーチロックにもなる。磯はいそごに砕け、砂は今もいさごである。黒潮の民にとって浜は入会の地であり、私物化することはなかった。

明治の頃に陸奥の浜をプライベートビーチ化して住民を寄せ付けないようにしたことがあった。異国の風俗が「浜に口を吸い合う者あり」などとからかわれたが、沖縄で外国軍が浦添の浜から住民を閉め出して七〇年が経ち、横浜の精油所や工業地帯にある海岸線も立入禁止になったままだ。しかし、皇居前の広場には今も玉砂利が敷かれ、江戸湾の磯の香りを残して、さながら常磐の松原の防風林の趣がある。海側の埋立地に乱立した拝金の楼閣からの風当たりを、白砂青松が遮蔽しているかのようである。

12 「谷」と「沢」の東西の違い

『地質ニュース』五六三号(二〇〇一年七月)の三六〜四五頁に東京杉並区在住の隅田実氏が「日本列島における地形擁護としての谷と沢の分布」という題の論文を掲載、副題を「古代民族の文化圏との接点を探る」としている。谷、沢という基本語に着目して、地形図、各種の道路マップ、登山ガイドブックなどを駆使して分類したものである。谷と沢の地名の分布を本州、四国、九州の山岳地帯にプロットしていくと、飛騨山脈を境として、西側は谷、東側は沢にほぼ統一され、地名のくっきりとした分水嶺がある。詳しく見ると、飛騨山脈の中央部と北部、東京・埼玉・山梨の境界付近と新潟県全域で谷と沢とが混じり合っている。北海道では、アイヌ語から来る河川を意味する内と、別が多く、沢も多く見られるが、谷はない。奥秩父や奥武蔵の東京西部では、地形的には谷と沢と変わらないのに、入(ニュー)という地名がついている由である。八世紀の初めに高麗郡がおかれたことから、先住民を征服しても、文化全体の征服まではできずに言葉は被征服社会の言語に征服されたのではないかと隅田氏は指摘する。「さわ」はアイヌ語の滝あるいは断崖を意味するサーとの繋がりもあるという。筑波の語源もアイヌ語で二つのッ、弓のク、頭のパで、筑波山の特徴を表しているそうだ。谷は、朝鮮半島では、旦、頓、呑の地名になっているが、富山でも谷をタン、ダンと発音するという。中央地溝帯の東側の境界に沿って、谷と沢の地名が分かれることを野外調査を通じて発見している。さて、議論を黒潮の流れを見る立場からすれば、南島では、木を削って窪みをつくった、たとえば、家畜の餌箱の丸太のことをトーニ(豚の餌を入れるくり抜きの丸太は、ワントーニ)と言うから、意外に朝鮮半島沿岸から、フォッサマグナの南半分がタニあるいはタンになっていて、黒潮文化圏の影響であるのかも知れない。谷の宛字をしてあっても、千葉の谷津ではないが、谷内のようにやちあるいは渋谷、雑司ヶ谷、阿佐ヶ谷、熊谷のように、やで発音するところは、北方の言語の系統であろう。川は、与那国では、井戸のことをカと言い、奄美では井戸と小川を含めてコーと言う。屋久島あたりも最近では登山の沢登りから、沢の地名をつけているところもあるが、もともとは、川の意味のコーが、水の流れを表す地名である。横河と書いてよっごと読ませる渓谷の地名もある。沖エラブ島あたりの鍾乳洞の水源をくらゴー(暗河)と呼んでいることと共通している。

白砂青松のことを書いたが、白い砂は別にして、青い松は江戸時代の新田開拓に伴って植えられた新しい時代の景色ではないかとの指摘があった。麗澤大学の松本健一氏が『海岸線の歴史』という単行本を書かれて、その中で、白砂青松は昔からあったのかと小節を設けて議論をしており、江戸時代につくられた日本の風景であると断じているので、筆者も言訳がましいがことさらに議論を進めると、水田を潮風から守るために松の木を一生懸命植えたから、確かに新しい時代の風景であると思う。琉球では、福建あたりから移植した福木や、木麿王あたりの木が防風林となっているところもあるが、海辺と人の住む里との仕切りで松並木にしたことも考えられるので、必ずしも列島の黒潮の流れに必然的な植生ではないことも指摘しておきたい。長良川の治水工事で、薩摩藩が植生した千本松原なども特に古代の松の延長線上でもないから、常磐の松と言えば、言い過ぎになることもあるかも知れない。唐津の虹の松原などもその類であるし、ともあれ、稲作が入ってきて、漁労や貝の採集だけに頼らないことになってからの新たな景色であり、大陸の風水を元にしてできた内陸の都から、江戸城という、海辺の都に移転したということで、もともとの黒潮の匂いがすることで、現在の皇居前広場が古に戻った面もあることを書いたわけであるから、誤解を避けるためにも、浜辺の松林の歴史が比較的に新しいことは認めよう。与那国島あたりには胃薬にもなる浜松《ハマーマーチ》という岩場でも生える植物があるが、潮風にも強い松が黒潮の嶋山に強く生えて生き抜いてきたことは事実である。松は、文明開化の時代には鉄道の枕木にもなったし、長い間、闇を照らす篝火の松明でもあった。戦争中は松から油を取ったほどであったし、高層建築でも基礎に打ち込むのは、やはり松の木が自然の防腐剤を含んでいるためか未だに使われている。「羽衣伝説」で天女が衣を掛けるのもやはり松の木である。

黒潮洗う列島の川は澄んだ水の川である。大陸の黄河や揚子江や黒竜江は、その名前が示すように色がついている。つまり、濁流である。チャオプラヤー河などの南東アジアの大河を見ても分かるとおり、植物やその他の有機物を多く含んでいるせいか、川の色は暗く濁っているが、日本の川は山から急流となって一気に駆け下り、海に出るまで途中の距離が短いせいか、瀬で水を叩くかのように清流がもともとである。だから、海岸の白砂に泥や赤土が溜まる風景は、最近の治水政策の怠慢が齎したものである。

13　一枝も心して吹け沖つ風

神島《かみしま》は伊勢湾にある。現在の行政区では鳥羽市に属する。だから、定期船は鳥羽市の経営で、最近では高速の双胴船二隻も投入されている。陸に近い方の菅島《すがしま》に立ち寄り、神島と連絡している。菅島の岬を離れると太平洋の波が直接打ち込む海峡であるから、南風の時にはうねりがあり、双胴船の腹を打つようになるが、それでも高速で時間の節約になるから便利だと島の住民はいう。神島の集落は島の西側、つまり、伊勢湾側にある。台風の時は外洋側は松の木が倒れるほどの強風になるから、冬場の寒風のことを考えても、家々は西側の入江に立地する。最近ではコンクリートで固めた防波堤ができたから、船を陸に引き上げる設備があれば、漁船も何とか島に留めることができる。伊勢湾の潮の流れの興味深いところである。神島は鳥羽からよりも、伊良湖岬の方が距離的にはずっと近いのであるが、波の高さは、渥美半島へ渡る方がずっと高く、潮の流れは、伊良湖水道を横切る方がずっと難しいという。今では動力船であるから、市営の定期船よりも小さな船が難なく往来しているが、その昔の手こぎか帆掛け船での横断は難儀だった。だから距離があっても鳥羽と行き来する方が簡単だったのだ。知多半島の師崎あたりに遠縁の親戚がいたにしても、姓が同じだけで疎遠になっている。

ちなみに、和歌山県の田辺市に神島なる地名があり、南方熊楠所縁の神島として有名だが、そこは「かしま」と訓む。鹿嶋の神宮にも繋がる訓み方である。常緑の森があり、粘菌について御進講をすすめるにふさわしい土地柄であり、熊楠は「一枝も　心して吹け　沖つ風　わが天皇《すめらぎ》の　めでまし、森ぞ」と誇らかに詠っているが、伊勢湾の神島も同様である。

鮑や栄螺が獲れるから、海女の仕事も残る。鮑の禁漁が解けるのが夏期の一〇日間ぐらいであったにしても、サラリーマンの仕事を休んででも真夏の海に潜りにもどる若い女性も相当いるようだ。天竜川の先から御前崎のあたりまでは、今でも気軽に出かけているらしい。神島には鏡岩という岩がある。女が岩に油を塗って鏡代わりにしたという。陽光の反射板になった可能性もある。大学生が土に埋もれた岩の復旧作業を手伝っている話が名古屋の新聞に美談で紹介されていた。

島の神社は、八代神社である。八代（＝八大）竜王の名前が被さっているからには、島の悩みの水不足の歴史を思い出させるが、今では送水管で水が鳥羽市から送られている。御祭神は綿津見命である。文字通り海の神様で、参道に真新しい玉砂利が敷き詰めてある。この神社の森から鳥や蝶々が更に南方の島に渡りをする。蝶の浅黄まだらや鳥のさしばがこの島を渡る。琉球の宮古島の隣の伊良部島に今でもさしばが渡っているが、その一群が神島にも立ち寄る可能性がある。山上に海辺の光景を造りあげておくことは渡り鳥や、わたり蝶のためにも必要なことである。内陸部の民が、海辺の思い出を大事に守っていることは、先に書いたが、上高地の明神池の畔の明神社の御祭神も海の神様である。

神島の真西の方向に伊勢の斎宮がある。伊勢の奥宮である朝熊山《あさまやま》から見れば、神島の頂上が富士山と一直線上に結ぶように建立されており、夏至の日には神島の頂上から太陽が昇るのは、荘厳である。海の民の共同体の精神を幼い子供の時から叩き込むため寝屋子《ねやこ》制の若者宿も答志島《とうしじま》あたりには健在であるらしい。若者宿の仮親である寝屋親《ねやおや》は、若者の結婚式には仲人となるから、擬制的な大家族とはいえ、外来者から見れば、派手派手しい振舞いの、盛大を極める祝宴となる。若者宿とは親元を離れて共同体の中で集団性の束縛を考え自覚を養いながら生きる知恵を習うための海人の若人の人生修練の場で、外来の脆弱な個人主義とは縁遠い青年教育の場だった。最近の分断された個の確立などという、怪しげな外来の教育方法とは縁遠い世界が、まだまだしぶとく生き延びているのは心強い。

神島は三島由紀夫の名作『潮騒』の舞台である。小説では歌島《うたじま》になっているが、カシマの音が念頭にあったものと思われる。主人公の青年は、この島から、沖縄の運天港に旅立つ。カシマ立ちである。その熾火を超えてこいと名指しをした許嫁との約束を守るためにも、台風の波風が逆巻く沖縄の山原《やんばる》の港で一人前の男になる。現代に肉体も精神も屈強な綿津見の命が、ひとり誕生する物語である。

　離島振興法が大改正され、特に港や船の設備の改善は著しいものがあったが、反面、菅島の港にかかる巨大な橋のように何のための土木工事かと疑う施設が残骸となりつつある。市場原理主義が伊勢湾の島にも密かに入り込んでいた証拠物件を見れば、伝統と文化を破壊する連中の高笑いと、島人らの噎《むせ》ぶ嘆きが伝わるようでもある。連絡船船長が「義を見て為さざるは勇なきなり」と神島郵便局長に転身して四半世紀が経つ。先の選挙でわが邦では虚妄の市場原理主義に鉄槌を下したが、島人らは新政権に潜む外来思想の政治暴風を、なお警戒していた。

14　海と山と——黒潮文明の往還

　日本列島の中心が、諏訪大社にあることは広く知られている。諏訪大社が鹿嶋神宮や出雲大社と同緯度にあることも解明されている。諏訪湖は大和が天の中心であれば、地の中央である。本州を秋津島というが、秋津とは蜻蛉のことである。また、諏訪の御祭神の建御名方神は国津神の一族で、信濃の州羽の海に蟄居させられたと伝わる。その諏訪湖から流れ出る川が天竜川である。天竜川は飯田盆地を還流して、今は佐久間ダムが造られた山峡を下り、遠州の平野に出て太平洋に注ぐ。黒潮の文明と列島の山とを繋ぐ水の動脈であった。諏訪の隣の甲府を中心とし多盆地で、富士川の水系となり、伊豆や東の駿河との交流が大切となっている。北の松本は日本海の糸魚川に繋がる。甲府では伊豆の天草の餅や、鮑を加工した煮貝などが名産となっている。中央高速道の釈迦堂駐車帯に、工事中に発見された縄文の集落跡の発掘遺物を展示する博物館が併設されているが、そこには太平洋岸との交流の印として、ハマグリが展示されている。日本の地の中心である諏訪と天の中心である大和との交流は、天竜川を抜きにしては考えられない。諏訪湖の北西端の釜口水門からは、毎秒四〇〇トンの水が放水されているが、昔の湖面と天竜川との落差は今の三メートルよりもっと小さく、小舟による往来が頻繁にあった。湖底に遺跡が発見されており、木株が残っている。水位が上がってしまって、それが舟運を妨げてしまったのである。諏訪の御神体は蛇であるとされるが、天竜川の竜がもともと蛇に繋がることである。梅雨の頃には日本全国の水路に、蛇が流れ下ることは珍しくなく、山人が舟を操って川の流れに乗り、地の中心から天の中心との往来を果たしたことは容易に想像される。釜口水門の近辺には、ウナギ料理店が集中している。岡谷市では土用丑の日であれば、夏の季節にこだわらず年中、ウナギを食べることを奨励しているほどである。

ウナギの養殖は明治に入って東京の深川で始まったが、そのうちに天竜川の河口の浜松に移ってしまったことも故なしとはしない。ウナギの焼き方は、浜松も諏訪も共通しており、いわゆる関西風である。それから万葉集では、ウナギは「武奈伎」と記されているが、ナギとはそもそも蛇のことであるから、地の中心の神との縁も深い。南島では今でもウナギといえばウツボを指し、エラブウナギのように長細い海洋生物を総じてウナギと呼ぶから、ウナギのウは海(うん)を意味するのだろう。つまりウナギとは海の蛇という意味だ。サンスクリット語でナーガという神も蛇に変わりはなく東西が繋がるような動物である。日本ウナギは多少小さ目であるが、成長すると約二メートルの長さになり、体重が二〇キロにもなるオオウナギも日本列島には生息している。ウナギは山をも登りかねない勢いを持っている。鰓だけではなく皮膚でも呼吸できるから、わずかでも湿気があれば水場から水場へと陸を移動することもあり、オオウナギの方が普通に生息する沖縄や奄美の南西諸島では、梅雨の終わりの季節などに、水のはけた田畑の水路でのたうち回る姿が新聞沙汰になる。不思議なことに、日本のウナギは二千キロの旅をしてマリアナ諸島の海中で新月の夜に産卵をする。スルガなどと名付けられた海山は海底から数千メートルも聳え立つ、海中のマリアナ富士の姿で、その頂上は、海面下わずかに四〇メートルほどの浅瀬となっている。柳の葉のような幼生が、北赤道海流に乗って、ルソン島あたりで北上し、黒潮に漂流して二、三週間でシラスウナギに変容する。産卵のための往路よりは千キロも長い道程であるが、黒潮の流れに乗るから時間は短縮されて、日本列島の沿岸に帰り着く。シラスウナギは北方の魚のサケのように、故郷の川を目指す。天竜川では、先述の釜口水門には魚道が取り付けられているが、戦後の大工事で建設された途中のダムには、魚道のない施設もあることから、天竜川の河口の竜洋から佐久間、飯田と抜けて、太平洋から諏訪湖まで流域全部を遡行することはできない。その昔は諏訪湖を越えて、茅野の小さな川まで天然の鮎が自然に遡っていたというから、ウナギであれば、太平洋から八ヶ岳の深山幽谷まで這入り込んで生息していたことが想像できる。南西諸島などでは山の中腹の拝所の水場まで、ウナギが這入り込むことも珍しくない。九州薩摩半島の、流れ出る川もないカルデラ湖である池田湖の世界最大級のオオウナギなどは、きっと山越えで川を経由せずに這入り込んだものと思われる。諏訪湖畔には、湊の地名が残る。諏訪大社の氏子の大半を占める平野町の数とは比べられないが、水運に携わった地名がしっかりと残っている。信濃の森林から伐採された巨木が天竜川の河口まで運ばれて、その先を急いだのは、ごく最近まで行なわれていたことである。

日本列島の中心にある山岳湖を目指す竜宮城の使いやウナギの昇りを妨げないように魚道を整備し、山と海と、そしてさらに広がる黒潮文明の壮大な往還を神々も魚たちもそしてウナギも恙なく果たせるように、改めていま水の道を復活再興すべきである。

15　青天の下、野分の朝に祈る

台風の力は、人智を超える。海辺に高波が襲い、強風は大木をなぎ倒すから、人は諦めて、逆らうことをしない。台風襲来の雲行きになれば、雨戸を閉めるだけではなく、竹を横に渡して、吹き飛ばされないように縄で縛り括る。雨が吹き込むが、戸の間にわざと隙間をつくって、風圧を逃がす。風が吹きすさんで、それが夜のさなかであれば、家全体が揺すぶられても、毛布を被って早く通り過ぎるのを祈るほかはない。あたかも過越祭の黒潮文明版のようだ。夜が明ければ、蚊帳を吊っていたから、部屋中が水浸しになり、屋根全体が抜けて、隣の敷地にどんと落ちているような、家が積み木細工になってしまったような話もある。直に当たる風を弱めるために、屋敷をまず、石垣で囲むようにもした。屋敷の南の方角には、ガジュマルや大木になるような木を植えて、あるいは、根をはって踏ん張るような竹林にしておく一工夫もある。そもそも、屋敷を四角に堀りこんで、地面の低い土地にして、屋根に当たる風を避ける工夫もある。波照間島や、渡名喜島にはそんな屋敷がまだ残っている。鉄筋コンクリートの米軍住宅の仕様が普及しても、窓枠がしなって、ガラスも相当な強度がなければ危ない。高層ビルはグラグラと揺すられるから、風が直撃する島の南端などには、まずビルは建たない。家並みが低くなるのは、当然の成行きである。台風の目に入ると、風は一瞬にしてとまる。吹き抜けるような青空がみえるようになるが、吹き返しの暴風を待つ恐怖の一瞬でもある。直ぐに強風が吹き始め、しかも逆の風向きになるから、片方にしなっていた木に逆向きの力が加わり弱っていた片側の耐久力を超え、なぎ倒してしまうこともある。台風が足早に通り過ぎると、人々は浜辺に急ぐ。沖の岩礁に白波はまだ立騒いでいるが、魚が打ち上げられているかも知れない。時間が経たないうちであれば、魚を拾い、魚汁にして舌鼓を打つ楽しみがある。子供も動員して一家総出で出かける。海岸のあだんの林の中にはゴミも打ち寄せられるが、南洋からの寄せものが見つかることもある。椰子の実もそのひとつだ。伊良湖の岬まで椰子の実が運ばれて、島崎藤村が名歌をつくっているが、台風に紛れ込んで運ばれてくる極彩色の蝶々なども見つかる。珍しい貝殻や海洋生物も見つかる。

気象観測が整備されるまでは、漁船が沈み連絡船が襲われるという、事故が相次いだことも忘れてはならない。弘安四年(一二八一)の台風は、日本に襲来した元・高麗の一四万の水軍を壊滅させて神風となったが、台風の進路予想をする力が国力の目安である。米軍は台風情報を網羅的に調査計算して艦船に情報を提供している。台風の目の中に、観測の飛行機を突入させていることを誇らしげに紹介している。日本も人工衛星を打上げる国力がつき、日米欧でそれぞれ気象衛星を打上げて、その直下の海域を観測しているから、台風が生まれ熱帯低気圧になって消滅するまでを、刻一刻と観測できるようになり、海難の危険と悲しみが大幅に減ったように思う。洞爺丸、紫雲丸、屋島丸、緑丸などと悲しい海難事故が多すぎた。戦後、米軍の気象観測部隊は台風にキャサリンなどの女性の名前をつけていて、大被害を出した大型の台風の猛威と女性名前の優しさとの間に妙な違和感が感じられたものだが、占領が終わってからは、日本では台風〇〇号と数字の順番の呼び方になっている。

メキシコ湾岸に大災害をもたらしたハリケーン・カトリーナなどは、市場原理主義の実験に使われ、米国の南部諸州の住民の生活水準が人種の違いによって台風の避難すらできない低劣な水準にあることが世界に明らかになり、水浸しになった住宅街を直ちに更地にし再開発して巨万の利益を上げようとした金融資本の悪業が糾弾されることにもなった。公立学校を廃止し、社会格差を意図的に作り出そうというバウチャー制度の実験などが行なわれて、後に黒人大統領を生み出す政治変化の淵源ともなった。カリブのエネルギーを吸収したハリケーンが、かの国でも神風になったといえよう。

さて、台風はフィリピン東方海上沖マリアナで発生して黒潮のエネルギーを吸収しながら風力を強め、あるものは支那大陸や朝鮮半島を直撃するが、その多くは南西諸島を過ぎたころに、黒潮の流れに沿って同じく北東向きに進路を変えて進む。大陸の冷水を排出する揚子江からできるだけ離れるように向きを変える。三峡ダムが完成してからは台風の進路に変化があるのか、河川を付替えてアラル海が干上がったように、大自然のしっぺ返しの恐ろしさを考えておかねばなるまい。

台風の風は暴風圏右半分の力が強く、左半分は幾分弱い。日本では二百十日ころの初秋に列島を通過するせいか、野分と呼び、野焼きをする前の下準備をする風となる。台風は人間の孤立を深めるどうしようもない自然現象だが、猛威を放出した翌朝には、列島の水辺ばかりではなく、都会の高楼の巷でも塵芥が吹き飛ばされ、天は抜けるように青く高く、思わず祈らずにはいられないような清浄な朝を迎える。

16　母なる「アマ」と「アメ」

アマと言えば、海女、尼、海士、海部、奄などの字が思い浮かぶ。奄の字は覆い被せるという意味で、庵にも繋通じ、南島の癒しの森を想起させる。そしてアマとは何より天のことである。天を照らすのは太陽であり、太陽の光が欠けるときには月に変わる。月の光は弱々しいが、潮の満ち干についてはすべてを支配するかのようであるし、漁撈の場合には、日を見る暦よりも、月を読むことがなければ成立しない。色々なアマがあるが、基本は女であり、母親である。現に、母親のことをアマと呼ぶ地域がある。父親はなんと呼ぶかと言えば、アジャである。アジャは阿闍梨にも通じる。サンスクリットで「軌範」を意味し、弟子たちの規範となり法を教授する師匠をいう。因みにアーカが姉であり、ムィが兄である。舟の溜まり水をアカと言うが、これはマレーの島嶼にも繋がる表現で、仏供の水を閼伽《あか》というのに通じ、赤の他人とは水のように薄い関係をいう。

糸満のサバニの舟のアカ汲み道具はもう立派な民芸品であるから、つい最近まで、航海をすることに携わる人々は、印度から日本に到る海の広がりの中で生活していたことが想像できる。黒潮の流れに沿って、アマの仕事ぶりを見ると、南西諸島では、潮の干満に応じて、珊瑚礁が海面上に姿を現わすから、女が磯で貝や海草を収穫して、男は水も温かいから、海に潜り魚を追いかけることを担当したのではないか。魏志倭人伝にも、倭人の特徴として、海に潜る漁撈の人々があり「倭水人好沈没捕魚蛤」と書いているほどであるから、魚を釣ることしか知らない大陸の王朝の史官にとって、よほど珍しいことのように思われたのであろう。今でも潜りの漁法をする海女がいるのは、世界中で日本列島沿岸と済州島だけである。沖縄の糸満の漁民は日本国中を旅して、潜って魚を追い込む独特の漁法で魚を捕っていたし、フィリピンや南洋群島さらにその先の南海に出かけた場合もあったのである。魚を捕るのは男で、それを女が売りさばく。糸満では女は男と別の財布を持っていて経済が別で、女が男に支払いをするから、逞しいのも当然であった。

水に潜ることを南の島々では今でもカジンキという。御潜《かづき》神事が志摩では今も行なわれ、潜ることをカズキとしている。同じ言葉である。潜水漁法は黒潮の流れに沿って、沖縄、奄美、九州、瀬戸内海から青森までにある。遺跡からは鮑、栄螺などが出土するから、海女の文化を抜きに日本を語ることはできない。海女の仕事は日本の沿岸すべてに残る。男主体の追い込み漁も、黒潮が列島に沿って流れて水温の下がるあたりでは珊瑚礁がもう完全に水面下になって、水の中で長い耐久時間が必要になるので、いつしか皮下脂肪の発達した女の仕事になっていったのではないだろうか。実際に、岩手久慈の海女が、志摩の海は暖かいと言っている位で、寒中の川で禊ぎをすることすら男には心臓麻痺の恐れがなきにしもあらずだから、冬の海に潜ることは男の仕事ではなく、黒潮が北を流れるほどに海女の役割になっている。青森の下北、岩手の久慈、福島のいわき、茨城の平磯、千葉の千倉・白浜、神奈川の三崎、伊豆の下田、御食つ国の鳥羽志摩、紀州の新宮・富浜、徳島の阿南・由岐、愛媛の三崎、大分の佐賀関、日向の都農・日南、大隅半島を回って、甑島、天草、西彼杵半島から、五島、平戸、壱岐、対馬、志賀島から鐘崎、長門に来て大浦、丹後、越前の三国海岸、能登の輪島、新潟の山北、男鹿半島まで海女がいる。隠岐の島には海士町の地名まである。

竹島の領有権など海女の仕事がどんな具合になっていたのかを調べれば、日本に領有権の分があることがすぐ分かる話である。済州島には日本からも海女が頻繁に往来していた。最近まで国境はなきがごとしで、志摩からも難儀をしながら小舟で済州島に出かけた海女も多かったという。海女と磯の権利を持つ者との契約があって初めて漁が成り立つわけであるから、竹島の、今韓国が領有権を主張し実効支配している岩礁で魚貝を捕っていた海女が、どんな契約関係で働いていたのか、磯の権利を持つのは隠岐の側だったのか、半島の側だったのか、はっきりさせればよいだけの話である。海女の漁場の縄張りは、海中の地図をつくるような厳格さだから、それぞれの領分を侵すような潜水はどこの漁場でもしない。竹島の磯の権利を、どこの誰が持っていたのか、古い時代の写真か証文でも残っていれば、すぐケリのつく話だ。海と縁のない陸封の半島の政治権力が磯の権利を持つはずがない。海女は、そうした厳格な掟を守って生産をして、生活と文化を支えた。磯笛は海女の潜水の呼吸法で悲しく響くとされるが、本当は逞しい黒潮の女の呼吸法である。だからこそ、今も南の島々では、舟が沈むときには、妹や女が、兄弟や夫を頭で担ぎ上げるという言い伝えがあるほどである。というのも、海女は頭上運搬が基本であって、重い水瓶も販売する魚も頭に乗せて運んだのだ。背筋をぴんと伸ばし、真っ正面を見据えて歩くのは、自立した黒潮の女の美しい姿勢なのである。

17　黒潮と海神国の系譜

日向の神話と伝承を探る旅に出た。鵜戸神宮や潮神社といった黒潮直系のような場所はすでに立ち寄ったことがあるから、今回は神武東征の出立の湊、美々津を訪ねることにした。

『日本書紀』によれば、神武天皇は四五歳の時に日向を発って東征に向かい、舟軍を率いて美々津を離れたと伝える。美々津は耳川の河口右岸にある。左岸の地名は幸脇で漁港となっている。廃藩置県の時に延岡藩、高鍋藩、砂土原藩を廃し、大淀川以北を美々津県とし、後に都城県の一部と合併して今の宮崎県になった。かつて美々津がいかに栄えた場所であるか、想像がつく。江戸の昔から鉄道日豊線が敷かれるまで殷賑を極めた廻船問屋の豪壮な家並みが今も保存されている。ちなみに、日豊線は最近まで、延岡までは大分の鉄道管理局で管轄し、それから南を鹿児島鉄道管理局で管轄するといった具合であった。都城は薩摩の島津氏が支配し、宮崎から砂土原に行くとまた島津の影響が強くなるという具合で、モザイク模様の群雄割拠の状況が絡む地勢があったのかも知れない。宮崎の地理を見ると、日南から、鬼の洗濯板のような海岸の崖が続くが、青島のあたりから北は磯浜で、美々津のあたりは玉砂利だ。清武川、大淀川、一ツ瀬川、小丸川、耳川、五十鈴川、五ヶ瀬川と、川が東西に流れて、その平野が小高い丘陵で仕切られているから、川の流域ごとに独立した共同体が形成されたものと思う。高台では灌漑の水が不足しただろうから、ずっと後世になってから開拓され、静岡の三方原同様に、明治になってからの開拓地の連続である。

宮崎県北部は日本三大開拓地帯と呼ばれたこともあり、最近発展した地域である。それまでは日向の河川の下流に広がる平野とそれぞれの共同体を繋いだのは、陸上交通ではなく、舟であったことが容易に伺える。一ツ瀬川流域の西都原古墳群からは、舟の埴輪が出土している。しかも、板を剥いだ舟の形状から、単なる丸木舟の類ではなく、大型の舟が建造されていた可能性が高い。耳川河口の右岸には立磐神社があり、磐座がある。住吉三神が立磐神社の祭神であるが、そもそも、宮崎市の住吉神社が全国の住吉神社の大本であり、古代の海人の氏神の総元締めであるとする伝承もある。日向が初めて登場するのが、綿津見の神々が生まれる禊ぎの場面であるが、その禊ぎ池のある江田神社は住吉神社と父子の関係にあり、宮崎市の海岸の森の中にある。

さて、美々津の社に戻ると、境内には神武天皇の腰掛岩がある。神武天皇の出港の日は、旧暦の八月一日であったとされるが、その日の朝は、起きよ、起きよと住民を起こして回る神事が伝わっている。急いで船出をしたらしい。耳川の上流から、木材を流し、河口で軍船を建造したものと考えられる。日向の一宮は都農神社であるが、神武天皇は東征の出立の際に航海安全、武運長久をここで祈願したと伝えられている。都農神社の後ろには、一四〇〇メートルの尾鈴山があり矢研ぎの滝もあるから、当時の武器である弓矢や鏃の生産も行なわれていたと想像する。

神武天皇の生誕の地を伝承している西諸県郡高原町の狭野神社も訪ねた。第五代の孝昭天皇が神武天皇が幼少の時代を過ごした皇子原に創建したと伝えられる。霧島山塊の噴火で現在地に遷座したのは慶長一五年、四百年前のことで、島津氏が琉球征伐に乗り出した翌年に当たる。神武天皇の幼名は「狭野尊」である。霧島の高千穂の峰はその昔、曽の峰と呼ばれていたようで、山麓は社頭に迫り、火山が噴火すれば、焼け石が飛んでくるような至近距離に感じる。峰は三角形に見える。薩摩半島の先端にある開聞岳を北側の枚聞神社から眺めた時と同じ眺めだ。開聞岳も南島に繋がる海の道の航海の目印となる秀麗な山であるが、高千穂も山が御神体であり、神社は遥拝所である。社殿の無いのが元始の信仰の姿で、海中の大きな岩が御神体であれば、立神とも呼ばれる。沖縄県の伊江島のタッチューなどは古代の溶岩が固まり山のように屹立して航海の目印となっている。

楠の大木が狭野神社の境内に植えられている。楠は舟材となった。島津氏の軍船の船材も霧島や高千穂の原生林から切出した木材であったのだろう。神武天皇が鵜戸で生まれて、曽の峰の麓で育ったとすれば、当時の清武川や大淀川から川を遡って、霧島山麓の森と海との交易が行なわれたのであろう。

海幸彦と山幸彦の物語で、山幸彦が海神国に赴き海神の娘の豊玉姫を娶って生まれたのが鵜葺草葺不合命《うがやふきあへずのみこと》で、命が姨《おば》玉依姫(豊玉姫の妹)を娶り狭野尊が生まれる。母方の祖先は黒潮の洗う海神国の出自であることが二重に強調されている。海幸と山幸の兄弟喧嘩があったが、大和朝廷で宮廷の護衛役を担った隼人は海幸彦を祖先とする由で、隼人舞という踊りは海に溺れる仕草であると『古事記』は伝えている。昭和三九年に平城宮址で発掘された隼人の盾には漁具としての釣針を表わす鉤形の紋様が刻まれるが、これは大陸の模様ではない。むしろ、わが南島からさらに南方の島々へと共通する、海潮と波の紋様であると考える。

18　太陽と月と航海・経綸の神の社

元旦の午前五時半に、今上陛下は四方拝を挙行される。伊勢神宮、天神地祇、神武天皇陵・先帝三代各山陵、武蔵国一宮・山城国一宮(賀茂別雷神社と賀茂御祖神社)・石清水八幡宮・熱田神宮・鹿島神宮・香取神

宮が対象である。このうち東国にあるのは鹿島と香取の神宮で、ともに利根川の下流にある。今では横利根川、常陸利根川と、板東太郎の異名をもつ利根川などに分かれているが、埋め立てられるまでは広大な水面が潮来あたりを覆っていたものと思われる。香取神宮の苑の断崖の下は香取の海と呼ばれていたし、常陸と下総の国境を成す内海で、鹿島の神宮までは、北東にたどること一二キロほどの至近距離にある。なるほど、赤松宗旦が著した利根川図志を読むと、今の柏の近くの布佐あたりでも、水量も滔々たる豊かさであったから、香取の海に浪逆《なさか》の浦の地名が残るように、川と風波とが逆巻く様が想像できる。

蘆原中津国の平定の為に、香取神宮の御祭神となった経津主神《ふつぬしのかみ》がまず推挙され、天の岩窟に住む鹿島の御祭神となった武甕槌神《たけみかづちのかみ》が応援を申し出て、共に派遣されたから、その子孫が今の利根川下流の銚子のあたりから船を乗り入れてそれぞれ根拠地を定めた時に、香取の海の入口の両側に至近の距離にそれぞれ共同体を形成した。一旦緩急の時の協力が必要であったから、香取の海の両岸に陣取ったのだ。香取神宮の御祭神は津々浦々を経由するという意味の経津の文字をあてていることからも、香取の神々は航海を専門にした神々であった。香取は楫《かじ》取りからくる。要石が両神宮にあるが、鹿島では神宮の東側に凹形、香取は本殿の西側に凸形で地上に一部の形を出しているように、航海の技法に長けた香取の神々と武威に優れた鹿島の神々との一体となった盤石の共同作業が伺える。なるほど、香取神宮の往古の表参道は利根川に向けて開けており、香取大神は海路で、現在津の宮と呼ばれる場所に上陸したと伝えられる。鹿島神宮から眺めると、冬至の太陽はまず一の鳥居のある明石の浜にあがり、鹿島神宮の本殿を照らし、そして香取神宮を照らして、富士山に沈みゆく。一方、夏至の太陽は筑波山に沈むという。富士山に沈む太陽の延長線上に伊勢皇大神宮があり、吉野山があり、高野山がある。夏至の日に二見浦の石の間から太陽が昇る。先にも書いたが、諏訪の大社と、出雲の大社と鹿島の神宮は東西線上にあるとされるから、太陽の動きを本にして、神の社が建てられたことが分かる。海人にとっては、太陽もさることながら、月の盈虧が潮の干満と関係するから、月を読むことが重要であるから、香取の社は月の動きとの関連することを推測するが今後の考究の課題としたい。

鹿島、香取と並んで、東国三社のひとつである息栖《おきす》神社は、香取神宮の真東の九キロ地点にある。そこからは、利根川の河口はほど近い。大昔であれば、島であったのだろう。香取神宮の亀甲山から見れば砂州に見えたから沖洲《おきす》との名前になったのかも知れない。上総と下総に海上郡《うなかみ》があったが、海原《うなばら》を生業の場とする神々の栖《すみか》であろう。香取神宮の宝物館に、昭和天皇の欧州遊学の際、御召艦香取の艦長であった沖縄出身の海軍少将、漢那憲和《かんなけんわ》の書が残っている。「皇太子殿下の第二十回ご誕生を地中海にむかえ奉りて　ふぇにきやのむかし栄えしこの海に御子あれまし日を祝うかな」とある。

海人の拠点の香取や息栖から眺める筑波山は、海上を旅するものにとっては、航海の目印となる格好の山容である。海上からすれば、数十キロの沖からも遠望できる。黒潮が銚子の先で東進することになるから、親潮で北の国から南下してきた者、あるいは、これから東国に向かって北上しようとする者双方にとって、目印となる重要な山塊が筑波山であることが想像できる。太平洋を渡る船が、日本列島の岸辺に近づき遠望する富士山の姿を眺望したときに船の乗客や乗組員がどよめく船中記が多く残るが、遠来の海の旅人を癒すような山が列島に連なる。岩手の三陸の沖から眺める早池峰の秀麗な姿もそうだし、金華山は南島の立神と同様に屹立する。遣唐使の船が薩摩の坊津に向けて航海しているときに、笠沙の岬の野間岳を遠望して紙幣を焚いてお祝いをした気分がよく分かる。江戸上りをする時の琉球の使節が、開聞岳を望んで、海上の旅の終わりの近いことを知り、荒海の七島灘が終わり、錦江湾の浪静かな湾にはいって、船酔いの苦しみからまもなく解放されることを喜び合う場面も想像できる。

鹿島立ちの言葉があるように、筑波の嶺は出立の人を優しく見送る山でもある。筑波の嶺の麓には伊勢の国司であった北畠氏の領地があり、北畠親房がそこで神皇正統記を書いたが、日和さえ確かなら船の旅の方が陸路よりも遥かに易しい旅だから、伊勢の領地があっても不思議ではない。三大神宮を黒潮の大道が結んでいる。新渡戸稲造の伝記には、明治の頃でも札幌に行くには東京から船便の方が、岩手の盛岡を経て陸路で旅するより容易だったというから、海路の往来は現代より古い昔の方がより活発だったことは間違いない。

19　表音文字と表意文字を併用する妙

黒潮の民は本来文字を持たない。与那国島に、縄算があり、独特の文字があったのではないかとの説があり、神代文字の研究も成されているようであるが、漢字が百済から入ってきて、外来の表意文字を借りて黒潮の民の伝統の発音を当てはめて併用したことで、日本の文字文化が始まった。大陸の文字の発音をそのまま受け入れることをしなかったことは幸いした。訓読みという仕方で、返り点などをつけて、大陸の王朝の発音をそのまま真似ることをせずに、文章を読み取ったから、多少の変遷はあっても、古い黒潮の民の言葉がしっかり残り、しかも、音は耳で聞きながら、文字を目で追うという芸当をして、的確に言葉の意味を厳密化するという、大言語となった。一時期は、タイプライターがない、だから印刷物が少なくなる、手書きの文書だけでは情報の伝達に遅れるなどとの指摘で、アルファベット文字化を推進するような輩も出たが、電子計算機が発達してあっという間に問題解決が行なわれた。簡体字などを導入して、李白杜甫の詩も読めなくなり、文化大革命とやらで、伝統文化を意図的に廃棄して愚民化に狂奔した外国もあったが、日本でも当用漢字とやらでそのうち漢字をやめようと占領軍に媚びを売り画策した行政も行なわれたから他を非難することもできないが、電子計算機による文字の表現が簡単になって、表現を正確にするために音訓の併用が有用であることがいよいよハッキリした。

表音文字化して、しかも北京の王朝の発音を忠実に採用した国では却って同音の表現が重なって、漢字は読めないから、象形文字の容易さが失われ、表音文字を作ったところで、もともとない発音まで追加せねばならず、愈々煩瑣な事態になっている。それだけでなく、少し前の漢字を使っていた時代の文献が新しい世代には全く読めなくなるから、歴史を遮断して、温故知新の文明力が低下したことは言うまでもない。最近わが国でも訳が分からないアルファベットの横文字が横行して、コンプライアンスとかガバナンスとか外国語をそのまま使用する向きがあるが、そんな手法で経営が向上するわけもなく、あっという間に廃れてしまった。

文字を全く持たない時代には記憶に頼る以外にはないから口伝を重んじ、アイヌのユーカラと同様に叙事詩として記憶して伝えたが、漢字が導入されて早速『古事記』や『日本書紀』が編纂された。万葉仮名が片仮名から平仮名となり、いよいよ伝統の言語が平易に表現されて、和歌の世界が確立した。歌詠みの世界は日本独特である。もともとは文字を持たなかったから、聴力が研ぎ澄まされる。虫の鳴声や風の音にも驚かされ、川端康成の小説の題名ではないが、聞こえることのない筈の山の音が聞こえることもあるし、海辺にたたずめば、海鳴りの底をも想像できる感性である。感情は音で表現するから、言葉を発する能力の制御が失われると、泣き喚き、地団駄を踏む。赤ん坊が手足を伸ばして泣き喚くのと一緒になる。アモックの現象の見られる言語世界があるが、人間関係で感情を抑えに抑えて、その限度を越せば爆発するように、暴力的に感情が発露する現象であるが、音に頼る言語の世界で頻発する。日本人の場合には、表意文字と表音文字とを併用して、音と目の両方で意思疎通をするようになってから単純に音だけで喜怒哀楽を表現しなくなり、体の動かし方や仕草にも意味を読み取って、感情表現を理解する融通無碍の世界を知ってしまった。

目に一文字もない人々がまだ周囲に多くいた時代には、たとえば、葬礼では泣女が日本の各地で見られた。生と死を音だけで表現しなければならないから、髪を振り乱して、狂乱の状態を示して悲しさを表現したが、仮名が定着し、それに漢字を交えれば、もっと深い悲しみが表現できるから、芭蕉の「塚も動け我が哭く声は……」のような抑えの効いた感情表現をする日本独特の感性が生まれた。

射撃場の災害の現場の慟哭と哀号は日本人にはできない。夫婦喧嘩もそうで、その昔は家の外に出て喚き合い近隣住民の判定を求めたわけであるが、今はすっかり冷静になってしまって、逆に裁判所とかの仲裁の世話になる面倒な手続きをしたり、陰湿な手練手管の応酬になったりする場合もある。

本来は文字を持たない民族であるから、外地に出た場合に、他所の音声言語に圧倒され日本語の世界を失ってしまう可能性もままある。ハワイやブラジルやその他の国に移住した日本人の場合、文化の引き継ぎがうまく果たせず、二世、三世になれば完全に日本語を失うことが多かった。その点、和歌や俳句のたしなみなど文字文化を維持して、音と文字で言語を伝承する場合には、家族がまとまれば少なくとも、日本語の表現能力の伝承は可能なのである。バルカン動乱の後にアルメニアなどの母国に駆けつけたかなりのアメリカ人がいたが、ユダヤ人の如く、父祖の文字と言葉をちゃんと身につけるべく教育していたからである。国会議員や要職にある日系人もあるが、顔と人種だけの場合があるのは、黒潮の民が漢字を入れても訓読みを忘れなかった自立・自尊の知恵を放棄したからである。

20 「白砂青松」観念の由来

天から美しい女が舞い降りて来て、羽衣を松の枝に懸ける伝説は、黒潮の洗う沿岸の松原に残る。松は、天から神々が降りてくるのを待つ木だから、「まつ」とする説もある。実際に門松を立てて新しい年の訪れを祝う風習もあり、依代の木であることは確かだ。沖縄の伊平屋島にある念頭平松《にんとうひらまつ》は琉球松の大木であるが、松の精気を補充してもらうために、幹を抱くようにするとの話を聞いたことがある。

松の種類は、日本列島には七種類の松が自生する。赤松、黒松、琉球松、五葉松、朝鮮五葉、屋久種子《やくたね》五葉、そして這松《はいまつ》である。屋久種子五葉は、奄美五葉とも言う。唐松も蝦夷松も椴松《とどまつ》も、松は松でも常磐の緑の木ではないから、松には分類されていない。朝鮮五葉は朝鮮半島から北の方に向かって満洲を経て黒竜江からシベリアに至るまで広大な広がりがある。パルチザンの森である。松の実は大粒だから食用とされ、松の実を素材にした、料理や菓子が朝鮮半島では広く普及している。チャッで、朝鮮五葉の松チャンナムの種である。松はソルとも言い、たばこの銘柄になっていたが、赤松との区別であろう。朝鮮五葉はもう少し寒冷だった時代には、日本列島にも繁茂していたらしく、福島から岐阜に至る日本の分水嶺の高山帯や、四国の山岳部にわずかながら自生して残っているが、日本列島の植生が気候の変化と共に、大陸から段々と遠ざかっていったことを示している。縄文後期に海が後退した頃には広葉樹が繁茂して、松はどんどん土地の痩せた所に移動した可能性がある。食用の松の実が縄文遺跡から大量に出土する。赤松は樹肌が赤茶色になり木の芽が赤くなるから赤松で、黒松と見分けがつくが、さらに、黒松と比べると形が優しいので黒松を雄松、赤松を雌松とも言う。京都太秦の広隆寺にある国宝の弥勒菩薩半跏思惟像はその優美さが赤松の一本造りで表現されていることは興味深いし、新羅との繋がりも想像できる。ちなみに、日本の仏像は防虫に優れた楠の造りが多い。黒松の葉も、赤松の葉も、葉が細く尖って二本一組になっている。琉球松も同様の二本葉である。絡ませて両方から引っ張って勝ち負けを決める子供の遊びがある。五本の葉が一緒になっているのが五葉の松である。葉が五本の束になったのは、おそらく寒冷の地での常緑樹としての進化の結果であり、葉が立派に見えるので、盆栽の立派な鉢植えになった松はほとんどが、五葉の松である。

日本三景は、安芸の厳島、宮津の天橋立、奥州の宮城の松島であるが、瀬戸内海の厳島の松は赤松で、天の橋立の松が黒松である。松島の場合には、内陸の島には赤松、外海に近い奥松島には黒松が生えている。琉球松は幹が黒い松であるから、赤松が朝鮮半島の沿岸部との繋がりを想像させ、黒松はさらに温暖な黒潮の流れとの関連を想わせる。三保の松原、唐津の虹の松原、気比の松原が、日本の三大松原と呼ばれるが、いずれも赤松が混じっていても、黒松が主体の松林である。しかも、唐津の虹の松原などは江戸時代の新田開発の為の砂防林として植えたから、新しい時代の景色である。痩せた土地を豊かにする日本人の営みと直結している。白砂青松の観念は、広葉樹林がすっかり破壊された後に、痩せた土地となった場所に松の木を植えて、植生を復活させる為の方策であったから、むしろ余計に大切にされて、日本人が美しいと感じる理由から生まれたのである。播磨の高砂の神社には相生の松があるが、赤松と黒松とが幹が一緒にならんばかりに共に生えているので、この名前がついている。住吉の松と高砂の松の精とが、実は夫婦であるというのが、謡曲「高砂」である。住吉の社は、もともと海上交通の神様であるし、神功皇后も祭られているから、赤松と黒松との平和な融合も象徴しているように想像する。

松茸は普通は赤松林に生える。赤松の林が瀬戸内海では主力であるから、広島県が今でも日本一の松茸生産高を誇っている。ブータンにも松茸があり、北朝鮮からの土産が松茸だったことは記憶に新しく、北アフリカのアトラス山脈あたりからの輸入品も有名だが、やはり日本産と比べると香りが少ないとされるのは、赤松と黒松がない土地からの輸入品に日本の土の香りがないのは当然だ。未だに人工栽培できないほどの微妙さである。松茸は稀に蝦夷松や椴松、黒松の林にも生えるから、南島で琉球黒松の林に生えた松茸は、大人が食べる強壮剤として珍重され、鼻血が出るからと、子供には食べさせなかった。きのこを総称して古語では、「なば」と言う。松材は空気に触れなければ腐ることもないので、基礎杭として使われた。南西諸島の琉球松は、大量に伐採され、鉄道の枕木や基礎杭や構造材として戦後日本の復興を支えた。松は製鉄、製塩、製陶の強力燃料でもある。松明を「たいまつ」と訓《よ》むが、マツは火の古語である「まーち」にも通じる。最近、赤松黒松は酸性雨により、北方の朝鮮五葉は乱伐により打撃を受けて、大陸文明の破壊作用がわが列島にも及んでいるのは遺憾至極である。

21　光兎山の残雪に光る雪兎

新潟県岩船郡関川村下関にある渡邉邸は江戸時代からの大庄屋の屋敷で、三千坪の宅地と五百坪の母屋からなる。昭和二九年に国の重要文化財に指定され、母屋を修復した。渡邉邸に、昭和四二年の羽越水害の際の荒川流域の航空写真が残る。羽越水害は、昭和四二年八月二六日から二九日にかけて集中豪雨があり、特に飯豊山系を中心にした豪雨だったから、山形県南部と新潟県下越地方の河川である、最上川(その支流の寒河江川、置賜白川、置賜野川などを含む)、三面川(村上市を貫流する川で、鮭の遡上で有名)、荒川、胎内川、加治川(東蒲原郡の川で、新発田市を流れる)が氾濫して、百人内外の死者を出す大災害となった水害である。航空写真を見ると、荒川の氾濫する部分が乳白色の泥となって映り、のたうち回る大蛇の姿のようである。降雨量は関川村が最も激しく、二八日明け方から二九日までの三〇時間で七百ミリの猛烈な豪雨を記録している。大庄屋の渡邉邸も床上浸水をしたから、床の柱を補修した跡があり、補強の修理工事を行なうようである。関川村の中だけで死者が三四人も出たというから、大水害である。川の名前を荒川と言うだけに、荒々しい過酷な災害であった。荒川は大朝日岳(標高一八七〇メートル)を源に、飯豊山系からの支流を合わせ越後平野の北側を横断し新潟県胎内市で日本海に注いでいる。内陸の米沢と海岸部の関川村との往来は鉄道敷設以前から荒川を媒介して盛んに行なわれた。

　上杉鷹山公の米澤藩と渡邉家の関係は深く、渡邉家の三代善久は、財政難に苦しむ米沢藩に融資して、幕末までに総額一〇万両以上の用立てをしている。渡邉家の初代は、村上藩主の松平大和守が姫路城主に国替えになったときに家督を譲って村上から現在地に転居し、二代目が廻船業と酒造業を開業している。船の事業は海を舞台にしており、酒は水と米を原料にして生業を発展させている。荒川に沿って鉄道が建設され、昭和一一年に米坂線が全通している。荒川の左岸下流にある坂町駅と山形県の米沢駅を結ぶ単線非電化の九〇・七キロの路線である米坂線は荒川を遡って、列島の背骨となる山岳を横断して山形南部の米沢に至る交通の便利を担ってきた。米坂線の北には、朝日連峰が大きく横たわっているから、海から山へ抜ける道で更に北にあるのは、酒田から月山の峠を越えて寒河江を通り、山形へ抜ける道しかない。今では山形から酒田に横断する高速道路があるにはあるが、月山の峠は地盤軟弱で建設工事が行なわれずに、途切れている。気候的には、日本海から吹き寄せる季節風が朝日連峰や月山を直撃して冬場は大量の降雪をもたらし、世界有数の豪雪地帯となる。関川村の山形側の隣町の小国町もまた日本有数の豪雪地帯である。夏場は豪雨地帯ともなる。大被害を出した昭和四二年の羽越水害が教訓となって、各河川の治水事業が強化され、続々とダムが建設された。荒川も二級河川であったものが、一級河川として格上げされるという対策が講じられ、実際、その後の水害の被害はくい止められている。関川村では、羽越水害の記憶を留めるために、地元の大蛇伝説を題材にして昭和六三年から、「たいしたもん蛇まつり」を始め、災害の起きた日の八月二八日にちなみ、長さ八二・八メートル、重さ二トンの大蛇を竹とわらで作り、練り歩く祭りを創作している。その大蛇は関川村に五四の集落があるので、それぞれ分担して五四の胴体部を作り頭とつなぎ合わせている。ギネスブックにも登録するという念の入れようだ。

さて、関川村のある岩船郡の隣の蒲原郡新発田市にある総鎮守の諏訪神社は二〇〇一年一一月五日未明の火事で本殿などを焼失していたが、このたび本殿が再建された。本殿の前に御柱が一本聳え立っている。これはもともと諏訪大社秋宮で平成一〇年に建てられていたものを、新発田の諏訪神社の再建を記念して、一本下賜されたものだという。新発田の諏訪神社は、渟足(現在の沼垂)磐舟(現在の岩船)の二柵を置いたために、大化四年(六四八)に信濃から移住してきた屯田兵が諏訪大社の浄砂を携えてきて、現在の市内諏訪山の地に神社を置いたという縁起である。

諏訪大社のご神体も蛇であるから、関川村の新しい大蛇の祭りも天と地、山と海とを結合する御柱を依代にする点で共通する。高く聳える山々は命の水の供給源でもあるが、山を蔑ろにした瞬間に、山と海とを繋いでいる川は氾濫を引き起こして災いを与えるかのようだ。のたうち回る大蛇が氾濫原の紋様となって姿を表わす。

関川村の北方に光兎山《こうさぎさん》という九六六メートルの山がある。慈覚大師円仁が開いた修験道の山で、往古は女人禁制の山だった。残雪の頃には頂上近くにうさぎの雪形が顕れる。光兎山の麓を女川が流れ荒川に注ぐが、羽越水害の航空写真でも白く濁った氾濫原は確認できないほどの穏やかさの支流である。蛇喰という厄払いの名の集落もある。佐渡の朱鷺が光兎山麓の上野新集落の郵便局近くの田圃に飛来する吉兆もあった。

22　堂と御嶽に鳴り響く黒潮の民の祈り

岡谷公二著『原始の神社を求めて、日本・琉球・済州島』（平凡社新書）に啓発されて本稿を書いている。帯には「森そのものが神なのだ」と大書され、「沖縄の御嶽《うたき》から済州島の堂《タン》へ。人工のさかしらとは一切無縁のこの上なく清浄な聖なる森の系譜」と付言する。

済州島には、「堂《たん》」という、大木が茂る石垣に囲まれた森があり、女性が祭を司る。沖縄の「御嶽《うたき》」も珊瑚礁の白砂を撒き、神の依り代であるクバの木などが生い茂る森の中の空き地で、ユタやノロが祭主となり、女人禁制ならぬ男子禁制の儀礼が執り行なわれる。沖縄と済州島の森は相似形だ。済州島は一二世紀まで耽羅国といわれ、琉球国も中央からの距離があって、相似形の原始の信仰が残った。

済州島は、中央に標高一九五〇メートルの漢拏《はんら》山がそびえる楕円形の島である。緯度は紀州の和歌山あたりと同じで、島の南部は温暖な気候となり、蜜柑を韓国内で唯一生産する。済州島の海女は、伊勢志摩は言うに及ばず、伊豆、房総から日本列島の各地に出漁する。黒潮の分流が岸辺を洗い、流れによっては五島列島から雲仙、天草を経て、鹿児島、種子・屋久、奄美、沖縄との夏場の往来は、それほど難しくない。済州島では八月十五夜《じゅうごや》の綱引き大会が行なわれており、朝鮮半島の旧正月の冬の火祭りとは異なる習慣が多い。済州奄美や沖縄に見られる大ウナギも済州島の川には生息しているから、南の島々との共通項が色濃く見られる。「堂」に植えられている木は榎が多い。榎は水気を呼ぶ木として知られ、漢拏山の伏流水が豊富にあるから植生に合い、しかも枝振りがよく生気を漂わせている点で、亜熱帯の広葉樹の風情である。朝鮮五葉松のような針葉樹ではない。

済州島から離れた朝鮮半島沿岸部にも、「堂」はあるが、済州島のように女が守るのではなく、男性の中から選ばれた祭官が儀式を行なうようになった。済州島の堂と沖縄の御嶽が限りなく似ているのであれば、半島沿岸では儒教文化の激しい弾圧で、女を男の祭り主に変えて生き残りを図ったのだ。朴大統領は、セマウル運動という農漁村の近代化運動を強力に推し進めたが、「堂」を邪宗邪教のように取り扱った。それ以前にも李王朝の治世下で、仏教と共に淫祠邪教として迫害されている。日本の場合には、維新と銘打って軍事技術を含めた科学技術を外国から合理的にの習得する場合でも、根本に復古の思想を秘めている。天武天皇は天文秘法を習得するために、陰陽寮を創設したが、一方で大陸からの牧畜文化は断乎として拒否している。ちなみに、元の王朝は済州島に牧場を造り、馬が名産である。日本と朝鮮との差違は、肉食文化の濃淡にも見られるが、天武天皇は、牛馬、猿、鳥、犬を、食することを期間を定めて禁止している。済州島の神話には、豚肉の禁忌があることが特徴である。女の神が妊娠中に豚肉を食べたところ、男神が怒って女を追い出したとある。豚肉を嫌う男神が肉食の騎馬民族の気風で、豚肉を食べる姫君は南方の島々から日本列島に至る食文化を象徴しているように想像できる。豚は記紀にも万葉集にも記述があり、日本では禁忌の対象ではない。奄美や沖縄の南島では豚は生活と密着している。

犬を食べる文化も、朝鮮半島、フィリピンから、南太平洋の島々まで広く展開する。日本本土でも南の島々でも赤犬を食べていた。ハワイでは、西洋の独善からの批判を躱すために、豚肉の丸焼きを伝統食に変えている。

高麗の神話は、海神は例外なく豚を好むとして、太祖は、竜王の娘と結婚して竜王のもとを去る時に、海の統治権の象徴である豚を与えられたという。思い当たる節がある。沖縄の糸満の海ん人《うみんちゅ》は、浜辺で豚の血を塗った漁網を取り繕う。豚の血が漁獲を増やす秘訣で、今村昌平の映画「神々の深き欲望」にも、子豚を海に放り込んで鱶に犠牲を捧げる場面があった。男が追い込み漁をしていたのが、黒潮に乗って列島を北に辿るうちに、女の仕事に転化していったのではないかと推測する。神武天皇の母君が海神国からの姫君であることにも繋がる。女の司祭が排除されて男に変わる過程は、朝鮮半島沿岸の堂で、陸封の勢力と妥協して祭司を男にしたのと同じだ。

日本の神社は小さな森と拝所が原型だが、いつしか、新羅や百済の亡命の貴族も祭られ荘厳な社殿を造り、崇敬されている。しかし、済州島の堂は、黒潮文明と共通する広がりをもちながら、肩をすぼめて目立たないように、大陸文明に押されて片隅に潜んでいる。御嶽も堂も神社も、もともとは黒潮の滔々たる流れに往来を続けた、海神国の神々から生まれた兄弟と姉妹の子孫を祭る社である。縄文以来、黒潮の道を往来した祖先崇拝の、堂や御嶽と鎮守の森こそが神社の原始の形態である。黒潮の流れに沿って、済州島や多島海の堂の森があり、沖縄の御嶽や、奄美の拝山《おがみやま》がある。日本の神社は、鎮守の森に権力を克服する権威が加わって壮大な社殿を備えるものが出たが、堂と御嶽に鳴り響く簡素で直截な祈りが黒潮の同胞の心の根本に残っている。

23　寒さと塩と黒潮の民の関係

寒さが身にしみる。日本の列島には大陸から季節風が吹き付ける。脊梁山脈には所々に切れ目があり、たとえば、伊吹山の麓の関ヶ原は、今は交通の要衝となっているが、昔も、北からの雪雲が伊勢湾に抜けて、知多半島までを雪景色にする。帯状で、雷神が風の袋を携えて駆け足で抜けたような雪の降らせ方をする。名古屋と津がそれほど大雪でなくても、養老の山地から四日市にかけて、海を渡って、今の中部国際空港のあたりまで、刷毛で塗ったように雪が降り積むときがある。伊吹山麓では百草が生育して、薬草もふんだんにあり、季節が交代すれば、南からの湿気がおりて、温帯の樹林が繁茂するから、南からの人々が容易に入り込んでも、冬の寒さは厳しいから、古代の武人が、病に倒れてしまうのも想像できる。「旅に病んで夢は枯れ野を駆け巡る」が、芭蕉の辞世の句であるが、列島の季節の風の切れ目で、病に罹ったようである。伊勢の神宮を訪ねればすぐわかるように、太古から遷宮し続けた宮は高床式で、しかも海の端の海岸の小石原を模したもので、とても冬の寒さへの対処を真剣に考えた造りではない。朝鮮半島の慶州のあたりを一昔も前に旅行したときの記憶では、大衆が泊まるような、旅人宿《よいんすく》とよぶ安宿でもちゃんとオンドルがあり、床が油紙で拭かれて熱気が籠もって、部屋着を薄着にするくらいの暖房が整っていた。

ところが、日本の列島には、そうした寒さを克服できる床暖房の仕組みはなく、大概が囲炉裏である。北京などでも、つい最近までは暖房のための練炭の煙で町全体が煤煙につつまれたが、ソ連の技術を入れて、町全体を集中暖房にしたというのが自慢の種で、その代表格の建物が人民大会堂であり、友誼賓館であった。集中暖房の栓を閉めさえすれば、反政府の動きも止めてしまうことができたから、日本の白金懐炉や石油コンロなどの局所暖房の器具を何とか入手できないかと所望する人士も珍しくはなかった。川崎の生田緑地にある、全国から古い民家を集めてある民家園を訪ねれば一目瞭然であるが、東北の曲り屋でも、囲炉裏が切ってあるばかりである。新潟の村上あたりの武士の質素な茅葺きの家でも、囲炉裏と火鉢だけで、あの冬の寒さをしのいでいるし、世界遺産の白川郷あたりの家屋も暖房はやはり囲炉裏一本で、大陸のオンドルのような煙を床下に通して、床全体を暖めるような気の利いたやり方はしていないから、やはり、日本人は寒さに対しては無防備のように見える。

南方から黒潮に乗って列島の住人となっても、縄文の頃からそれほどの進歩と工夫がなく、冬はただただ、我慢強くしのいで、雪の下に咲くマンサクの花を愛でて春を待つけなげさがある。満蒙開拓団から、戦後引き揚げてきて、浅間山の中腹の開拓集落で、苦心惨憺の冬を越した人から聞いた話では、地面に穴を掘って、そこに薪を並べて火をつけて暖をとったという。囲炉裏という文字になっているが、地面に穴を掘った炉だ。南島では囲炉裏のことをジル、またはジールと今でも呼んでいるから、地面の炉、ジルを冬の暖房の唯一手段としたのである。囲炉裏の自在鉤などは、芸術品のように発達した。冬の寒さを本格的に凌ぐためには、皮衣が必要であるが、夏の暑さを凌ぐための麻衣の方が珍重され、革靴も革手袋もどちらかといえば最近の西洋化の中で普及した品である。外が吹雪の夜には、囲炉裏の端に家族が集まり、夜なべをする、わらを編むなどと、家族が談笑しながら、世代と知識とをつなげていったから、寒さに弱い逆境を教育と共同体の団結の足しにした節もある。

さて、北国では、秋に塩漬けにして貯えた野菜を毎日食べて冬を生き抜くのであるが、キムチのような唐辛子の赤色に染まるような、極寒に備え、乳酸菌発酵で体の中から暖めるような、香辛料を多用する食物は日本では稀で、妙高のカンズリくらいだ。南西諸島では今でもしょっぱい食物が敬遠されている。大根の沢庵漬けなども塩分が多いとして敬遠されるほどである。実際、塩分の摂取が少ないから、世界一の長命の地域となっている。

黒潮の民の典型である沖縄人がハワイに行けば、豚肉もどんどん食べられるようになって体が大きくなり、南米に行ったら、豆腐の植物性タンパクの多食で塩分を控えるから、依然として長命を続ける。アマゾンのマナオスあたりに移住すると、野菜を少なくして牛肉に塩をふりかけるような食事をすることになるから、とたんに短命になるとのことだ。信州では生活改善運動で、冬の野沢菜を塩を落とすために洗って冷蔵して食べるようになってから、脳卒中などの疾患が目立って減り長寿県入りをした。逆に今の沖縄では駐留外国軍の食生活の影響を受けて、塩入ハンバーガーを多食するようになり短命化している。海塩《マシュ》は潮《ウシュ》を精製して作られ、腐敗を避けるため用いられるが、黒潮の民は塩が人を短命にすることも知っていたから、腐敗を防ぐに足るごく微量を冬を凌ぐ漬物の素にした。そして、自らを跡形なく溶かしてしまう塩に聖なるものを感じ、死の不条理を忌み避けるお清めとしたのである。

24　黒潮の民と色彩の関係

黒潮の民の彩りは鮮やかである。黒潮の流れに西日があたり、あらゆる色彩が表現される豊かさがある。天が黒で大地が黄色の、大陸の天地玄黄の世界とはかけ離れている。赤という言葉は、日本の最古の色の名前であるが、現代中国語にはない。赤旗はなく、紅旗であり、赤十字は紅十字である。白糸を茜の根で染めたから赤であり、緋色が茜で染めたもっとも鮮やかな色である。巫女は緋袴を着る。渡来の紅花で染めた色は、「くれない」と呼び、呉の藍との意である。真緋と書いて「あけ」と読むが、緋縅の鎧の色ともなる。朱色は鉱物性の顔料で赤色中の赤で、公私にわたって押す判子の色は権力の色である。朱印状の世界である。赤土に鉛丹を加えた丹塗りも黒ずんでしまうから、宇佐八幡のように三〇年ごとに塗り直さなければならないが、古色蒼然となって朽ちた白木になっても受け入れるのが、黒潮の民の美意識である。朝まだきの時を「あかつき」「あかとき」という。朝の日差しの色が赤であり、物事の始まる時が赤であり、赤児のことでもあり、夜が明ける始まりのハーがそもそもの赤色である。蘇芳も赤い色だが、原料はマレーなどの南方から渡来する染料である。

芭蕉布という沖縄の歌謡曲に、「海の青さに空の青」の歌詞がある。同じ「あを」でも紬の色合いのように浅地《あさぢ》から紺地《くんぢ》までの変化で、薄い「あを」から、濃紺の「あを」までの幅があるし、珊瑚礁の海面のように、光を受けて緑色に輝く紺碧の海と表現する「あを」もある。石坂洋次郎の青い山脈の「あを」は、そそり立つ白銀の山並みを背にして、春の萌えいずる青春の「あを」である。生気のないくすんだ蒼も「あを」としているから、黒潮の民の子孫は漢字の本家の藍という文字を避けて、青を多用する。朝鮮半島の美しい秋の空（プルンハヌル）は、天高く馬肥ゆる秋と騎馬民族の影響が入って、その色は海の深さと情けの深さを象徴する群青色と異なる。群青色は、天然に産出する場合に瑠璃といわれる貴重な石の色である。西洋に青の色がどんどん使われるようになる以前から、惜しみなく使われている。水や波が、空の色が、花菖蒲が、鮮やかに瑠璃色で表現される。日本古来の色が縹色《はなだいろ》であるが、タデ藍が大陸から伝わってくるまでは、山藍をそのまま染めて、その色を縹色と呼んだ。今の藍色は、黄色の原料である黄檗で下染めをして、上から藍で染めたものであるというから、紛らわしい。浮世絵の版画の空や海に使われている紺色は、日本独特の特徴ある色で、西洋でジャパンブルーと呼んでいる。ジーンズも青色だが、これはもともと藍色が作業着に定着していた関係から、一般着に転用した。思えば、紺色が学生服や作業着の色になっているのも、黒潮の民と海の色との関係が深いことに根ざしている。

緑は草木の新芽の色に関係づけられていて、萌葱色《もえぎいろ》あるいは萌木色というが、青色と紛らわしい。若武者の鎧は萌葱色である。確かに、緑色は草木の絞り汁から直接染めることができないのは、不思議なことである。藍に刈安というススキに似た植物性染料をかけて緑色が発現する。嬰児の言葉に象徴されるように、移ろう生命の色が緑であるが、これも「あを」と呼ぶ。青二才でもあり、緑信号などと誰も言わずに青信号と呼ぶ。藍瓶に白い糸を浸して、絞り上げると、その瞬間空気に触れた部分がエメラルドグリーンの、珊瑚礁の海の色、紺碧の緑色になるが、見る間に数秒間で色あせて縹色になる。赤と青とを交互において濃淡を作っていくと紫色が現れるのも不思議である。緑と紫とを混ぜると灰色になるが、並べると真珠の輝くような色になることも不思議である。黄色と青色との相性は、海の民にとっては当然のごとくになじみがあり、太平洋の島々では黄色の腰巻きをした人々が珊瑚礁の海で漁労にいそしんでいる姿を見ることは珍しくない。黒潮の湧き出す与那国島の作業着も黄色と黒の模様が入っているし、黄八丈と呼ばれる伊豆の島の代表的な織物も、海の青さと補色になってお互いを際立たせる。黄色と青とが隣にあると、紫の色が発色するようになる。紫草の根を揉み出して黒潮の花木である椿のあく汁で媒染すると、美しい紫色が得られる。それを六〇度以上に熱すると美しい紫が消えて、滅紫、「けしむらさき」になる。だから紫の色は、自然と人間とを併存させる尊い禁色の色と崇められる。

さらに「かいこ」を天の虫と書いて、生絹をすずしと読ませる。白無垢の色を、神衣の色として、祭司は白衣を身につける。熱田神宮に残る十襲御衣《とうがさねのおんぞ》も真白い衣である。白色は清浄無垢、潔白を表している。天皇の袍の色ももともと純白の白衣とされている。南島のユタもノロも白い衣をつける。紫よりも尊い色である。青い海に繋がる白い砂浜の色である。黒は漆黒の闇であり、全ての色は尽きるが、その狭間で鼠や茶色そのほかあらゆる色を楽しむ。真赤、真青、真白、真黒と少しの真黄色の要素で、南海の白砂を追憶して夜と昼とを織りなす世界を保つのだ。黒潮の民の色は植物の生命《いのち》の色である。

25　黒潮の民さらに南へ

黒潮の流れは南から北に流れるから、南からの渡来を考えることは当然だが、反流もある。だから、北から南への渡航や伝搬をも考えなければならない。反流を利用するとなれば、北の日本列島や朝鮮半島に渡るだけではなく、漁撈を専門とする糸満の海人は、台湾を通り越して、今の南シナ海から、香港、澳門、フィリッピンはもとより、ベトナム、タイ、マレー半島から、北ボルネオ、インドネシア、と往来している。

台湾総督府が昭和一〇年に出版した『南支南洋の水産』によれば、フィリピンでは起源が明らかでない追い込み網の漁をする者が、マニラを根拠とする者五組、イロイロ四組、セブ二組、ダバオ一組、計一二組の追い込み網があって、遠くボルネオ方面にも出漁し、アカムロ、アジなどを漁獲している。漁業法の制定以前からの操業である。ペナン島やバンコクでも鮮魚を水揚げする者があるが、シンガポールでは、邦人漁業者は当地住民にとって必要欠くべからざるものとなっていると指摘している。黒潮の民が得意とする追い込み網漁業は、南洋漁場に適しているので、日本人の漁業中もっとも盛んであることは言うまでもない。マレー半島、当時の仏領インドシナ、蘭領インドの浅灘部を漁場として、シンガポールから、遠いところでは、四百浬に及んで出漁している。インドネシアでは、追い込み網が、バタビヤを根拠地とする者八組、ザバンに二組、マッカサルに一組である。ザバンには、追い込み漁を行なう者が一七人在住している。総督府の調査の対象にならなかった海人も相当あったことと思うが、鰹の一本釣りの会社には、金城組の名前も残っているから、糸満の漁民との関係がはっきりする。大東亜戦争後に国際連合の信託統治領となった旧南洋群島も黒潮の民の領域である。太平洋の諸島はドイツ帝国が出遅れていた植民地獲得競争の舞台として目を向け、南洋群島のほとんどを植民地としたが、第一次世界大戦で日本が日英同盟に基づいて参戦勝利して南洋群島の赤道以南はオーストラリア、ニュージランドに、南洋群島の赤道以北(グアム島を除く)が日本の委任統治下に置かれることとなった。国際連盟脱退後はパラオやマリアナ諸島、トラック諸島は海軍の停泊地として整備し、多くの日本人が移住した。大東亜戦争では日米が熾烈に戦い、特に戦略上、最重要拠点の一つであったサイパン島での戦闘は凄惨を極めた。日本人が玉砕すると、サイパンは本土空襲の拠点となった。テニアン島は原子爆弾を搭載した爆撃機の発進基地となった。平和条約の発効で、南洋群島は、正式には、米国が国際連合からの信託統治領とした。戦後すぐにビキニ環礁において原子爆弾の実験を行ない、水素爆弾実験も行なった。八〇年代から対米交渉や住民投票を経て自治権を獲得し、自由連合の名のもとにパラオ・マーシャル諸島・ミクロネシア連邦が独立した。北マリアナ諸島は独立せず、交渉の結果、コモンウェルス規約を締結し、現在に至るまで米国自治連邦区となっている。

国際連盟の委任統治委員会の委員を務めた柳田國男は『ジュネーブの思い出――初期の委任統治委員会』の中で次のように述懐している。

しかし結局は委任統治と言う組織が、妙な理屈倒れの人工的なものなので、そう言う結果になるものだ、と思わずにはいられなかった。二年間の経験で私に役に立ったのは、島というものの文化史上の意義が、本には書いた人が有っても、まだ常人の常識にはなり切って居ないことを、しみじみと心付いた点であった。所詮裏南洋の陸地は、寄せ集めて滋賀県ほどしか無いのに、島の数が大小三千、うち七百まではたしかに人が住んでいる。それでは巡査だけでも七百人はいるわけだと、冗談を言った委員もあったが、その島々が互いにくい違っためいめいの歴史を持って、或る程度、別々の生活をしていることまでは、陸続きで交際する大陸の連中には呑込めない。茶碗の水も池の水も、水は水だと言うような考えは、西洋で物を覚えた我邦の外交官までが皆もって居て、第一に本国の周辺に、大小数百の孤立生活体の有ることをさえ考えない。数を超越した「人」というものの発達を、せめては歴史の側からなりとも考えて見ることの出来るのが、日本の恵まれた一つの機会だったということを、気付かぬ者だけが政治をして居る。だからまだまだ我々は、公平を談ずる資格が無いと、思うようになって還ったのは御蔭である。

自立・自尊の日本を目指す時代の中で南方の同胞のことを真剣に考えなければならないことは、大陸国家が航空母艦を建造するような物騒な時代になれば、なおさらのことである。黒潮の民はチュンシマ(他郷)において必ずしも出生島《あまりじま》の生活を再現することはしないが、さりとて同化する気風はない。数を超越した孤高の気風の持主で、単なる追従・漂泊の民ではない。干渉せず、多元性を尊重して土地に縛られない。われら日本人も、国家と文化と伝統の神髄を、黒潮の民として民族の源流である南方との関わりの中で、そろそろ取りもどしたいものだ。

26　南洋群島と森小弁

天皇・皇后両陛下は、平成一七年にサイパンに慰霊の行幸をされた。黒潮の反流のことで南洋群島に触れたからには、森小弁《こべん》(明治二年、一八六九、一〇月一五日生)の事跡を顕彰しなければならない。現在の高知市仁井田に、土佐藩士の父可造と母可奈との間に生まれている。地元の板垣退助の自由民権運動に傾倒、一五歳で土佐を出立して大井憲太郎の書生となり、大阪事件で一年間投獄されたという。出獄後は、同郷の大江卓やその義理の父親である後藤象二郎を頼って上京、高輪の後藤宅の下足番となった。(後藤象二郎の邸宅跡が現在の品川区高輪のプリンスホテルである)。このころ南進論が起こり、小弁は在学していた東京専門学校(現在の早稲田大学)を中退して、小さな南洋貿易商社の一屋商会に入社した。弱冠二二歳の明治二四年のことである。一二月には横浜港から帆船の天佑丸(田口卯吉が設立した南島商会所有の船)で同僚八人とともに、初めて南洋群島に渡っている。途中暴風に遭遇して水漏れをおこしながら、二月にポンペイ島に着き、乗客の一人を下船させ、数週間後に、帆船はトラック環礁の春島(現在のウエノ島)に着いて、小弁は一人上陸を果たした。途中小笠原の父島に寄港しているが、小笠原の日本併合を記念する碑があり、日本の南の入口、あるいは伊豆の列島の山並みが終わるとの表現となる二文字を鑿で削る事件があったという。

当時の南洋群島はスペイン統治下にあったが、治安が悪く部族闘争が頻発していた。小弁自身も部族の争いに加わり、春島のイライス村の酋長マヌッピスの応援をしている。赤山城三郎という横浜税関の元職員が惨殺されるという事件も発生している。小弁は火薬を詰めている際に銃が暴発して、右手の指を吹き飛ばしている。島には医者がいないので、治療をするために急遽東京に戻り、その間故郷の土佐を訪問している。再び南洋にもどった小弁は、イライス村に家(今は飛行場の滑走路となっている)を建て、酋長の一二歳の娘イサベルを娶っている。米西戦争で敗北したスペインは、パラオを含むカロリン群島をドイツに売却している。米国はフィリッピンとグアムを領有し、すぐさまハワイとサモアに手をつける。ドイツはトラック諸島からの日本人の追放を画策したが、小弁は奇策を講じて、何とか留まり続けた。追放の可能性を避けるために、環礁の中の大きな島に移住するなど目立たないようにして暮らした。米国がポーツマスで日露の和平を仲介したことは事実であるが、一方では日本がフィリピンやグァムに介入しないという密約を前提にしていたことは言うまでもない。カリフォルニア州では、日露戦争直後に、黄禍論など反日排日の機運が高まった。一九〇七年には、日本船が寄港するようになり、日本人が再びトラックに来るようになったが、目立たない程の少人数であった。日英同盟に基づいてという大義名分で、第一次世界大戦に参戦したのが、一九一四年の八月九日であるが、実際には、英国は日本の台頭を懸念して、日本の海軍力を極東に留めることが目的であることがはっきりしており、日英同盟の基盤は揺らいでいた。八月一二日に、英国はドイツ領の南洋群島を日本が占領しないように要請している。日本は八月一九日にドイツに宣戦布告を行なっており、南洋には、戦艦鞍馬を旗艦とし、巡洋艦二、駆逐艦二、輸送艦三隻の編成で部隊を出動させているが、英国に対する気遣いは相当なものであった。日本の台頭に対するアングロサクソン各国の反応は、日露戦争後の日本排斥事件を超えるもので、日本との将来の対決を想定したオレンジ計画が米国で策定されたのもこの頃である。一九一四年一〇月一二日に、戦艦鞍馬を旗艦とする日本の機動部隊が、初めてトラックに入港した際に、小弁は浜辺でついに南進が達成されたとして号泣したという。国際連盟では、ウィルソン大統領の主張した委任統治という新たな植民地統治方法の妥協が行なわれた。もちろん、フィリピンとグァムはすでに米国の植民地で、委任統治の対象ではなかったから、委任統治のいろいろな制約条件が課せられることはなかった。

昭和一五年に叙勲の栄誉を受けた森小弁が誇らかに燕尾服を着て直立する写真が残っている。大東亜戦争ならぬ太平洋戦争で日本が降伏した八日後の八月二三日、森小弁はポレ島で七六歳の生涯を終えた。イサとの間に生まれた六男五女の一族は大家族に成長して大活躍しており、現在のミクロネシア連邦大統領のマニー・モリは森小弁の曽孫にあたる。ちなみに、南洋群島には約五万人の沖縄人が移住していた。サイパン島などで玉砕した沖縄人は、一万二八二六人に昇る。ブッシュ政権下では、日本統治下の島々の米国化を誇示するかのように、ビザの発給制限など、グアムと同等の取扱いとすべく、信託統治の形骸化を進めている。沖縄の南洋群島帰還者の会はこれまで毎年チャーター機を飛ばして慰霊祭を挙行していたが、高齢化で第四〇回で最後の行事とした。今後は政府支援で南洋群島の戦没者等慰霊祭を継続すべきであろう。

27　南洋諸島と黒潮民族日本の責任

海兵隊の基地移転問題で日本と米国との戦後関係を再定義する動きが出た。沖縄を占領してペリー提督以来の野心を満足させた米国は、三軍がそれぞれに基地を作り、特殊な外征の軍隊である海兵隊も普天間基地を作った。沖縄返還は成ったが、太平洋の要石に変わりはない。一九世紀末にハワイを併合し、その先の飛び石としてフィリピンを考えていたが、いつまで経っても国内の争乱はなくならず、香港と広東経由で、門戸開放政策の要となるはずの国が汚職と寡頭政治となるばかりの政情不安で、火山の噴火をこれ幸いと航空基地と海軍基地を閉鎖した。その分、沖縄の基地はアジアの地勢からも扇の要のようになって重要になった。米中国交回復の時の取引も、渡嘉敷島の中距離弾道弾のメースBであったことが記憶に残る。「県外」移設と言って、同じ琉球の黒潮の流れで切り取られ、奄美の島のひとつの徳之島に海兵隊の一部の機能を移すとのことであったが、県外の定義に徳之島も含まれるとなると、せっかく一六〇九年の薩摩の琉球征伐四〇〇周年で、恨み辛みを時の沙汰として、仲直りの儀式や会合をした甲斐がなくなる。教養や、情念や歴史への畏敬が政策立案者に欠けているようで、ペリー提督も沖縄で海兵隊をまず上陸させ、武力を誇示して、意固地なところを見せつけて脅してから琉米和親条約を結び、江戸湾に乗り込んだ歴史など、頭の隅にもないようだ。しかも、海兵隊の機能を全国に分散・展開するなどと言われても、宣戦布告をしないで、大統領命令だけで外国に乗り込み、要人を捕まえたりする外征専門部隊が町中を闊歩する光景はまさに隷従そのものの姿だから、納得する日本人はよもやいまい。外国の大統領の前でエレキを弾く真似をして媚びた総理大臣がいたが、それよりも屈辱的で、なお質《たち》が悪い。沖縄の米国総領事館は那覇にはなく琉球王朝の陵墓のある浦添にあるが、徳之島を含む奄美の島々も元は琉球の版図であるから管轄下に入り、昭和二八年の奄美群島の祖国復帰があっても、変わっていない。領事館員がダイビングの趣味と称して、沖縄よりも手づかずの奄美の海岸で、北朝鮮からの不審船の形跡を調べ神経を尖らせる可能性も不思議ではない。

南洋群島も東京から飛行機で行けば近いのであるが、日本の外交組織は、領事館を置いても担当者が一人二人で、なおざりにしている気配で、国連の信託統治と称して、日本の敗戦で、南洋群島を事実上領有してしまった国の首都の大使館を経由する情報交換を正式にするというばかげた現実である。浦添の米国総領事館が、奄美まで兼館している歴史の認識とは大違いではないだろうか。

北マリアナのテニアン島が普天間の代替になってもいいという話がある。テニアンから、広島に投下する原爆を乗せたエノラゲイが飛び立ったことを知っているのだろうか。テニアンには産業がないので、基地移転もそうした生き残りのための画策であり、カジノも誘致はしたが、客は少ない。日本領土であったところ、しかも日系人が残っているところ、そこを「海外」に仕立て上げて、カネをばらまいて、外国の海兵隊の基地を引っ越しさせるというのは、何とも見識のない話である。日本の思いやり予算と称する移転費用の大盤振る舞いが、移転に期待を持たせ、かつ助長しているのではないか。北マリアナに続いて、パラオ共和国のアンガウルが普天間代替基地に手を挙げて、四月下旬に議会で決議を採択したという。アンガウルは、日本統治の時代に四五〇万トンもの燐鉱石を採掘して、戦後も肥料の原料を供給し続けた。ペリリュー玉砕の足場となった約三千メートルの滑走路が米軍により建設され本土爆撃の拠点となったが、使用されていないし、もう人口も三百人になってしまったから、米軍基地に転用できないかとのカネの思惑が出た。燐鉱石採掘による被害賠償請求が日本に対して出されているとの話もある。世界的な根拠のない市場原理主義のグローバリゼーションで、島のわずかな産業も壊滅的になったから、グアムのように米国直轄地ではなく、より自治権の強い立場から、連島化ならぬ連邦化が進められる中で、沖縄の海兵隊移設は、ミクロネシア大統領サミット等でも毎回議案に取り上げられ、経済波及効果と環境への影響を議論している。島嶼経済が逼迫する中での苦渋に満ちた議論である。日本は戦争に負けたことを理由にして、南洋諸島を置き去りにしたのではないか。

基地移転の現実的な可能性だが、島に水があるかどうかが鍵だとすると、グアムには水があるが、テニアンはない。アンガウルでは、水はあるのか。栃木の部隊が玉砕している。いつまで米国は支那と日本とを天秤にかけるのか。日本はいつまで、依存を続けるのか。黒潮の民の日本が大陸に無理に進出したのは、名誉白人として米国の先導役をしたのではないのか。そろそろ、普天間基地を閉鎖し沖縄の外国軍基地を縮小するためにも日本の自主防衛強化こそ、日米の安定と共通の利益のために必要である。片務的な主従関係などやめよう。

28 黒潮民族による壮大な言語の伝搬

黒潮の流れの反流をたどり南洋群島の話をしたが、さらに南方への想像を逞しくする前に、フィリピンに触れておきたい。一六世紀にポルトガル人のマゼランがやってきて、スペインの植民地になってから西洋の影響が強く、黒潮の民の仲間に入れるのが憚られる雰囲気で、訛りの強い英語を話したりもして、アジアの独立心旺盛な雰囲気からすると異色だ。皇太子フェリペの名前に因むだけあって、スペイン時代の雰囲気が漂っているし、一方では、イスラムの教えも守られ、南部のミンダナオやスールー、パラワンなどは、支配するのに二〇〇年もかかっているから一筋縄ではいかない。独立の英雄、ホセ・リサールは一八八八年に来日して、日比谷公園に記念像がある。明治三二年一月二一日、フィリピン共和国がアギナルドを首班として独立したが、パリ条約により統治権が米国に渡り、米比戦争の四一ヶ月間で、三〇万人が殺害された。二万人のフィリピン兵士が殺害され、民間人のフィリピン人も三〇万が殺されたというが、実際には百万人から二百万人が虐殺されたとの説もある。第二次世界大戦の五六ヶ月間での米国人死者は同じ比率の四〇万人である。米国は水責めの拷問をして、フィリピン人を太平洋のニグロと呼んだ。西部開拓史のインディアン虐殺の延長線上である。犠牲を払ったから、モロ人民解放戦線など今もなお残り、怨念は深い。アギナルドは米軍に逮捕され、旧スペイン植民地のグアム、プエルトリコと共に米国の植民地となった。戦前多くの日本人がフィリピンに移民して、日系フィリピン人が残る。一九四一年にラウレルを大統領として独立させたのは、日本である。日本が戦争に負け、フィリピン総督の息子のマッカーサー将軍がマニラから厚木に乗り込み、その後もスービック軍港やクラーク空軍基地を放棄・撤退して、沖縄に基地を集約したのも浅からぬ因縁がある。黒潮の民のフィリピン人を虐殺した海兵隊が専用に建設した沖縄基地は、冷戦も終わり、そろそろ閉鎖するのが筋である。

フィリピンの基層の言語は南島語族と呼ばれるオーストロネシア語族の一大言語圏に属する。南島語族は、西はインド洋の反対側のマダガスカル(一七〇〇万人)から、東はイースター島(五〇〇〇人)までの広大な範囲にまたがる。この壮大な言語の伝搬は航海技術を持っていたからだ。今でも、マーシャルからパラオまで、隣の島にでも行くような気分で、一週間以上も航海をして渡る。南島の海域は台風時を除けば、波風も穏やかで、双胴船や浮きのついた帆船が星を頼りに航海する術をもっていたに違いない。フィリピンあたりでは、浮きが両脇についたトリマランの舟も珍しくなく、多島海を縦横に往来している。ハワイは完璧な白人支配になり、たった千人しか島の言葉を話せなくなったが、昔の大型カヌーを再現したりして、日本まで航行したり、島々を巡航して見せているが、体つきで隠しようもなく太平洋の親戚である。ニュージーランドのマオリ族(一〇万人)も南島語族であり、親類である。その他、フィジーでは三五万人、サモアでは三七万人、タヒチが一二万人、トンガが一〇万八〇〇〇人、キリバスの一〇万、日本に近いグアムと北マリアナのチャモロ語が六万人、マーシャル語が四万四〇〇〇、ツバルが一万三〇〇〇、ニゥエが八〇〇〇人、ナウルが六〇〇〇人、キャロリン語は五七〇〇人が話している。オーストラリア原住民とパプアニューギニアの高地民族とは明らかに違うから、メラネシア人とポリネシア人とは区別ができる。メラネシア民族は今もマレー半島の山岳に住んでいるから先住民族で、南島語族は海からの民である。様々な研究から、台湾の高砂族が南島語族の源流だとされている。台湾の言語は、タイヤル語、ツオウ語、パイワン語に大別されるが、アミ族の話すパイワン語は一〇万人の言語人口がある。戦争が終わり旧日本軍人が戦地に置き去りになった中に台湾からの日本兵がいたが、実はアミ族の出身で、東チモールで言葉が通じたと証言しているのは興味が深い。インドネシアではジャワ語(七六〇〇万)、スンダ語(二七〇〇万)、マドゥラ語(一四〇〇万)、ミナンカバウ語(七〇〇万)、バリ語(四〇〇万)、ブギス語(四〇〇万)、マカッサル語(一六〇万)、アチェ語(三〇〇万)などが分布するし、旧ポルトガル領で分離独立した東チモールではテトゥン語に八〇万人の人口がある。ゲリラの間では地元の言葉を使えば外に話が漏れないから、ポルトガル語を使わずにいた。インドネシアの国語とマレーシア語とは九割方共通している。フィリピンの共通語はルソン島南部のマレー系言語であるタガログ語(二二〇〇万)だが、セブ語(二〇〇〇万)、イロカノ語(八〇〇万)などもマレー系言語である。チャンパ王国を創ったチャム族も南島語族である。ベトナム中部(一二万)、カンボジア(二〇万から一〇〇万)、タイ、そして海南島にも、チャム語の人々がいる。

その南島語族が日本列島に渡ってきた。日本で、ツランの山幸と南島語族の海幸が出会ったのだ。

29　人は城、人は石垣

城《しろ》という言葉は、意外にも新しい。大和朝廷が東北に版図を広げた頃には、「柵」だった。磐舟の柵、出羽の柵といった具合である。唐と新羅の侵攻を恐れて百済の技術で作った山城は城《き》と読ませる。今も、筑紫野の水城《みずき》が残る。土塁である。そもそも城郭都市として、壁を巡らせ、その中に人が住むのが、大陸文明の城である。客家の円楼の様に一族郎党が丸い巨大な建築建物の中に居住して、外的からの攻撃があれば、直ちに通用門を閉めてしまえば防御できる囲みをつくる。沖縄には、首里城はもとより、中城城や、勝連城、今帰仁城などが残るが、冊封の時代に北京からの使者も、琉球王朝の城の石組みの美しさに驚いているから、築城技術は大陸伝来ではない。城のことを琉球では、グスクと呼んでいる。城は漢字を当てているに過ぎない。グスクの石垣の材料は、隆起珊瑚礁の石切場から切り出された石灰岩である。地殻変動があって、柔らかい石灰岩がすっかり大理石になってしまい、トラバーチンという硬い装飾用の石ともなる。奄美の沖永良部島の田皆崎に石切場がある。沖縄本島の港川原人が発見された石切場もトラバーチンを生産する。ピンク色がかった石は完璧に大理石になっていなくても、美しい壁面の材料として不足はない。沖縄の版画家が京都での温暖化対策国際会議の記念切手を製作したときに、縁取りの色に沖縄のトラバーチンの色を用いて、手の込んだ色遣いであった。イタリアの彫刻用石材ほどの生産量はないが、日本の国会議事堂の大理石に、水分を含むと風化の早い大谷石ばかりではなく、奄美の島から切り出されたトラバーチンも使われていることは特筆してよい。世界最大の大理石生産国はイタリアだから、トラバーチンはラテン語である。

黒潮の洗う済州島にも石垣がたくさんある。季節風を遮るための石垣で、しかも、火山の溶岩からの玄武岩の重たい石や砂礫があるので、石垣を粗く積んでも、多少風で揺れても倒れない。済州島は、黒潮の影響で、半島の文明とは異なり、養豚など南方の島々の習俗と共通するところが多いが、石垣もそのひとつである。草葺きの屋根で、強い風に飛ばないように編み上げた家屋などは、南島の家屋であって、寒冷の半島の建築ではない。波照間島や、久米島の隣の渡名喜島でも、台風の強風を避けるため、地面を掘り込んだ窪みの屋敷を作り家を建てるが、その窪みの壁も立派な石垣である。世界遺産である万里の長城は、石組みではなく巨大な土塁であるから、石垣の文化とは似て非なるものである。北京は城郭都市の典型であるが、旧城壁の残る海淀区の外壁は石組みではない。黒潮の洗う島々の石垣は、大陸の城のように大きな囲いを作ってその中に住民を住まわせる発想ではなく、拠点として集中して防御する、あるいは境界をはっきりさせるための石組みである。

そもそも天下太平であれば、石垣の備えは必要ではないが、博多湾に攻め込まんとする元の軍船と対峙するために、箱崎の宮で敵国降伏と楼門に献額して祈祷するばかりではなく、土塁を作って防戦することが行なわれ、外敵の脅威が高まる中で、石垣の城壁をくみ上げる技術が発達していく。城の石垣は、材料の豊かな、瀬戸内海の周辺に発達した。小豆島に行けば、大阪城や姫路城の石を切り出した後が今も残っている。大分の国東半島の熊野磨崖仏のある小山に登る神社の参道が丸石で敷き詰められている。鬼が一晩で敷き詰めたとの伝説があるが、それほどの緊張が高まっていた可能性がある。江戸城の石は相模湾沿いの小田原や、伊豆から切り出されて、海路運ばれた。城が権力の象徴となり、徳川幕府の栄光が東照宮や江戸城に注入され反映されていることも間違いがないが、京都から仮の皇居として江戸に移ったのも、維新後の東国の平定と安寧の為であり、百年以上が過ぎても天守閣などの再建はないが、石組みは埋もれても残る。

普天間基地問題が喧しく、グァム島への移転が言われているが、グァムも元来は、黒潮の原住民チャモロ族のものだ。赤道直下洋上にあるポンペイ島(旧ポナペ)の南東部の浅瀬に、玄武岩と石灰岩で築かれた九二の石垣島による巨大な遺跡がある。世界でもっとも巨大な海洋都市遺跡のナンマドール遺跡である。ポリネシアの東端にあるイースター島はチリ領土になっているが、白人の植民地であることが本質ではなく、黒潮文明の広がりの東端と見るべきで、巨石文化のモアイの寂しく水平線を眺める人像が残る。モアイの黒い目は黒曜石である。琉球の島々では、石垣は毒蛇の格好の住処となっていたから、ブロック壁が普及して来ているが、卵生の蛇が卵を産み、変態を重ねて、その蛇の抜殻が石垣の穴からはみ出しているのを見かけるのも希ではない。集落の石垣の角には、蛇を見つけて打ち殺す棒が立てかけてある。拝所の周りが石垣で囲まれ、クバの木が神の依代で、注連縄を張った巨石を崇め、磐座《いわくら》に神々が宿る。権威は質素な宿りだ。「人は城、人は石垣、人は堀、情けは味方、仇は敵なり」という名言を遺した信玄公は、みずから城《しろ》を築くことをしなかった。

30　錦織の模様のような言語地図

黒潮の民の言語表現は、実に多様・複雑だ。周りがわずかに二十四里(百キロ)の島でも、集落ごとに言葉の彩りが微妙に異なる。島の北と南では、もう単語が違うことすらある。蛙のことを、北では、ゴロージャ、南では、アッタラといい、ビッキャとも言う。トンボなどは、イージャンボーラと言う。古語のあきづも残る。芋は北でハンシン、南ではヤンである。不思議な空間だ。集落の境界も、五十年前までは道路が無いから、深い峡谷でなくとも、小川で橋が架かっていなければ人の往来は遮られた。共同体が文明単位として成立する条件としての農耕の田畑と、人の生死を祀る場所さえあれば、小さな島でも、群雄割拠のいがみ合いに至らずに、ひとまとめの境界線を引くことが出来た。舟で余所から上陸した者は、網を干して刳り舟を修理しながら、海岸の砂浜のあだんの茂みの脇に大風をよけるヤドリ(宿り)を建てて、そのうちに兄弟とした。八重山の小島で、糸満の言葉を話して門柱の上に漁労の印にジュゴンの骨を飾る集落があり、南面では、遙かな南方に祖先がいることを想像させる言葉が話され、お互いの言葉が通じる訳でもないが、生活を共存させてきた。琉球の島々でもこれ程だから、ポリネシアやパプアニューギニアの島々の言葉は、気が遠くなる複雑さだ。フィリピンやインドネシアの言葉が、モザイク模様に入り組んでいることは間違いない。旧ソ連の情報関係者が作成したインドネシアの言語分布地図が、ボストン郊外の国際関係学校の寄宿舎に誇らしげに張り出されていたが、言語の多様性が、美しい刺繍の模様の如くに色分けされていた。

元来文字を持たないのも、黒潮の民の特徴である。博覧強記の口承能力で、文字を持つ大文明と出会ったときや、飲み込まれそうになると、その文明の文字を使って、必死に民族の歴史を記録する。万葉仮名も、『古事記』も日本書紀もグローバリゼーションと対峙する境界で成立した。琉球のおもろそうしも、そうだ。遣唐使を廃止して、『古今和歌集』を仮名文字を使って編纂するまでに、随分と時間をかけている。日本では、漢字の訓読みを発明して、外国の文字の発音をそのまま借りることをせず、昔からの発音をいちいち当て嵌めていったから、頭の中の言語認識の構造、つまり、民族の精神構造を破壊することは無かった。漢字は、訓読みもして、国字もたくさん追加したから、日本文字となった。日本語は、自然音を言語中枢で聞き分けているという。朝鮮で発明された訓民正音は、植民地支配の間にも学校で教えられていたと言うから、元来文字を持たないという点では共通するから、半島にも黒潮の民の影響がある。インドネシアなどでも、元々は文字がないから、オランダの支配から独立した後、統一の国語を表音文字のアルファベットを借りて表現した。最近、スラベシ州の市が、少数言語である地元のチアチア語をハングルを使って表現することを決めたとする報道が話題になった。

旧南洋群島で、国際連盟の委任統治となってから、日本語教育がすんなりと受け入れられ、相当な内容の日本語が現地に残ったが、あえいおうの五音で母音が成り立つ共通点もさることながら、借りてきた表音文字で、自分の言語の構造を保存するという手法は、黒潮の民の生き残り作戦であり、島嶼の言葉を仮名文字に写して力を出した。ハワイのアロハも、台湾万葉集の世界が残るのも、眼中に文字ひとつ無くとも、音を言語中枢に入れて捉える能力による知恵で、押しつけではない。インドネシアでも大変な苦労をして、オランダの主人の為にアルファベットを習い、コーランを読むためにアラビア語を習ってきたから、アルファベットに加えて、朝鮮半島からの訓民正音で、少数言語保存の可能性が開けたことは、黒潮の民の自己保全からすれば慶賀すべきで、実に興味深い実験である。

左脳と右脳の違いを調べると、音楽音や雑音は右脳、言語音は左脳というのは、日本も西洋も共通するが、母音、泣き・笑い、虫の声、風波、せせらぎなどを、日本人は言語と同様の左脳で聴き、西洋人は楽器と同じく右脳で聴いているとの有力な説がある。漢字だけにするのか、仮名だけにするのかという激しい対立は日本では見当たらないが、韓国では漢字正統論者がいて、それに反発するハングル一辺倒の論旨も強烈である。訓民正音がアルファベット同様の音として右脳で聞いてはいないか検証すれば、ハングルが黒潮の民の言語表現と保存に真に貢献できるかどうかの目処が立つ。ハングルは音素を正確に表現するが、音節を捉える平仮名や片仮名とは違い、揺らぎがないから、むしろアルファベットに近い。横文字のアルファベットがそのまま使われていれば土着に至っていないとの判断で、その次に片仮名で書かれていれば、生半可の流行の袢纏(はやりのはんてん)として打ち捨てるのが日本の習いだ。概念定義が定まらない間は、雑音として聞く耳をもたない。ワンワールド言語が世界を制覇しつつあるように見えるのは虚妄で、黒潮の民が言語多様化を後押ししているのが現実だ。

31 黒潮文明の貧困の象徴「芋と裸足」

芋と裸足《はだし》とは黒潮文明の貧困の象徴とされる。隆起珊瑚礁の水はけの良い台地には、田に水を張ることが難しいから、天水を頼りに芋を植えるのだ。粟などの雑穀もあるが、主食にするほどの収穫はないから、芋を食べ続ける。砂糖黍が植えられて、現金収入が定まっても、年に一度のことであるから、米の飯に、芋を混ぜて増量することは珍しくなかった。芋の葉も食べる。

古生代から黒潮文明圏に生き残った植物である蘇鉄は、赤い実を結んで、雨が少ない年にも、痩せた土地にも根粒細菌が根に共生していてちゃんと生えるから、芋もとれない大旱魃の年に救荒の作物となった。実に毒があり、干して晒して、粉にして食べる面倒さがある。勿論、微生物の力を借りて無毒化した蘇鉄の実《なり》を原料にした蘇鉄味噌は結構な味であるが、豊かな主菜、副菜を当てにする時代の考案で、凶作の米の代りではなく、特産品か珍味である。間違って食べると、蘇鉄には毒があるから地獄を見る中毒症状が出る。黒潮の日頃食べない蘇鉄の実を常食にする飢饉の時の「蘇鉄地獄」は、黒潮の島々の極貧の表現でもある。黒潮の洗う海岸に蘇鉄は自生するから、文明の境界を見分ける印にもなる。尖閣に蘇鉄があるかとのご下問は、なお重要である。グァム島近辺の島で、蘇鉄からとったデンプンを主食にしたら、サイカシンという毒成分が筋萎縮を引き起こすらしく、独特の病気を発生させた。沖縄では牛が蘇鉄の若芽を食べて、毒が回った例も報告されている。本土の三重の学校の実験で、蘇鉄の実を焼いて食べて中学生が中毒を起こしたとの話もある。毒蛇《ハブ》が蘇鉄の実を食べながら、幹にとぐろを巻いて絡まる姿があるが、「赤い蘇鉄の、実の熟れる頃～♪」と田端義夫が歌ってヒットした歌謡曲「島育ち」は蘇鉄の実が可憐どころか、猛毒の妖艶な気配になることを想像させる。蘇鉄は成長しても八メートルぐらい、高木にはならないからビロウの木のように神の降る依代《よりしろ》にはならないが、毒気を除けば急を凌ぐ食物になる。平常時は、毒蛇《ハブ》の餌にして放っておく知恵を伝える。

芋の対である裸足《はだし》は、土足ではない。黒潮文明の健康と健全を示している。履物を履いたままで、家の中に入らない、家の中では履物を履かない。ビーチサンダルという履物があるが、横文字ながら日本で発明されて、世界に普及している。鼻緒があっても、下駄とは違って、右左の区別がある。西洋人も加わってゴム会社の技師が製品開発をした様で、元々は、黒潮文化の中の履物である、サバを現代化した製品である。サバは、珊瑚礁の砂浜の海岸に自生するアダンの葉を加工して編んだ草履《ぞうり》である。高温多湿の気候にふさわしく、足を全部くるむ必要がない気候の中での履物である。乙姫サンダルとかわいらしい名前をつけた新製品もある。これは女性用に飾りをつけた鼻緒のあるサバの一種である。下駄がよく日本の代表的な履物のように言われるが、古くからあった水田の沼地に入るための工夫が発展して一般的な履物になったにしても、下駄に古い歴史はない。瀬戸内海あたりの製塩のための薪の加工品として下駄が盛んにつくられたと言うが、普及したのは、せいぜい江戸時代あたりである。東海道の旅籠《はたご》では、旅人に足を洗う水の入った桶を差し出している版画が残るが、草鞋《わらじ》の方が遙かに古くからある。草履《ぞうり》と草鞋《わらじ》とは別物であるにしても、足を縛って成長しないようにして、女が遠くまで歩けないようにしてしまう「纏足」の様な畸形を愛でる大陸の文明からは、ほど遠い。黒潮文明には、足首に性的な興奮を感じるなどという感性はまったくない。大陸の文明では、女が裸足で歩くことなど、ゴーギャンのタヒチの女なら珍しくもない、上半身裸の姿よりもはしたない行動になるようだ。

ところが、大陸の周辺を見回すと、ミャンマーではサンダルが国民の履物であるし、マレーの文化圏では、フィリピンでも、インドネシアでも、マレーシアでも鼻緒のついたサンダルが圧倒的であり、ヴェトナムでは、戦争の遺物のタイヤで作ったホーチミンサンダルを流行《はや》らせた。タイの東北部あたりの高床式の家屋に入るのには、入口で靴を脱いで揃えて入り、床に座布団を敷いて座る。寝台《ベッド》で寝ないで、床にゴザを敷く。足をできるだけ締め付けないで、履物を親指と人差指で挟むだけで、足全体を包んでしまうことをしないで、裸足の清潔な生活をするのが、海洋アジアの嗜みと習わしである。木沓を履いて、玉砂利の参道を恭しく歩く姿は、北方の馬に跨がる甲冑姿の武人の鐙《あぶみ》の形に見えるが、海辺の砂《いさご》を踏みしめて素足で歩く快感には到底叶わない。確かに、裸足は寄生虫による感染の問題があり、人糞肥料のせいで蛔虫が皮膚を食い破って入り込む可能性があったし、珊瑚礁では、魚の目が足の角質に入り込む怖さもあった。日本人は農作業への往来や日常生活では、草履を履いて、土足で他人の家に入り込む沓・靴・クツ文明を脱ぎ捨てることに成功したが、またもやグローバル化の西洋往来で、足をくるんで畸形にする弊風に染まってしまった!?

32 黒潮の民のごとき「サンニン」

「サンニン」は梅雨のころ花が咲き、満開となる。那覇の壺屋の登窯の遺構の脇で、サンニンの群落が満開に花を咲かせたのを見たことがある。特徴のある花で、蕾の先端がピンク色をした花序をスズランのように垂らす。漢字で「月桃」と書くのはその色合いからだろう。沖縄では、臼でひいた餅米をサンニンの葉で包んで蒸したものを「葉鬼餅《カーサームーチー》」という。今では市場《まちぐぁー》に行けばいつでも売っているが、元々は旧暦一二月八日に、冬至の鬼を追い払うため、サンニンの葉を刈り取って、各家庭で作った。茹で汁に芳香が抽出され、その汁を撒けば鬼を退散させると信じられたが、それは一家の女の役目であった。人喰い鬼になった兄を妹が鉄餅を作り退散させるという凄惨な民話が基にある。その餅が鬼餅である。北国の遠野物語にも貧しさで狂った兄と妹の話があるが、同じ類の話だ。

大和《ヤマトゥ》の餅は餅米を蒸して杵で搗いて粘りけを出すが、鬼餅の方は米の粉に水分を加えて蒸すから、粢（シトギ）と呼ばれる、ビーフンなどと共通する粉食文化の食品だ。シトギは、晒して毒を抜いて加工していくから、葛や、栃《とち》や橡《くぬぎ》の実、蘇鉄の実など、アクを抜いて乾燥させた粉食の文化で、杵でつかない餅の特徴となる。温暖で湿気のある島で、腐敗しやすいシトギの食品を、黒潮の島に原生するサンニンで包んで、日持ちを工夫した。女たちが一家総出で大量のサンニン葉を冷水で洗うのは、肉食に溺れて餓鬼になった兄を救うことを想像したから、冬の水仕事には辛さがあっても、報われた。葉の芳香には抗菌作用があり、握飯を包んでもよし、蓬葉《ふーちば》の団子を包んでもよし、毒性や副作用などは聞いたことがない。月桃の成分を利用した製品が開発されている。月桃紙と呼ぶ防虫効果のある紙で、タンスの引出しなどに入れると良い効果があると通信販売されている。百キロの月桃から僅かに抽出される精油は、肌をみずみずしくするコラーゲンの生成を促進する作用があるとの謳い文句で、月の滴ならぬ化粧品に加工される。葉を四角に切って額に貼付けると頭痛薬になるが、漢方では、胃腸薬、咳止めとして使われる。

サンニンの呼び名は奄美ではサネンとなり、八丈島では繊維を使って物をくくることからソウカと言い、小笠原では、ハナソウカとなる。ショウガ科の植物である。学名はAlpinia zerumbetというが、同種類の原種がフィジーにあり、六メートルの大木になり、キャロリン群島には八メートルの高さになるアルピナ科のサンニンがある。アルピナ・ジャポニカという学名の亜種もあり、インドネシアのマルク諸島には、アルピナ・プルプラという学名の亜種がある。沖縄からの移住者の多いハワイには、サンニンが花木園芸用として栽培されているが、ティ・リーフという植物の葉が、魚や肉の包み紙の代わりをしているから、サンニンはハワイでは影が薄い。ちなみに、ティ・リーフは千年木《せんねんぼく》と日本名があり、屋敷の境界線などの木として植えられている。サンニンはサモアやトンガにもあり、南太平洋の島々にも広がっているが、外部から持ち込まれた植物とされ、原産ではない。マオリの言葉ではカオピと言い、サモアやトンガではテゥイラと呼んでいるが、おそらくパプアニューギニアの沿岸が原産であり、メラネシアから黒潮にのって、そこから、ベトナムやシナの南部や、マレーの半島の東部から、タイヤインドに抜けたことが考えられる。カリマンタンの深い熱帯雨林の中には、森の人間《オランウータン》と言う大型の類人猿が生息しているが、パプアニューギニアの高地の文化ともつながる民族の生活が、マレー半島の山岳地帯に繋がっていることは周知の事実であり、髪がちりちりで黒い肌が特徴で、メラは黒の意味であるから、オーストラリアの原住民はもとより、波濤を越えて文化が移植されていく構図が想像される。

実際、サンニンはインド洋を横断し、遙か南アフリカのクルーガー国立公園の中で自生していることが二十世紀末に記録されている。栽培用として持ち込まれたが、どこから誰が持ち込んだのか、薬草としてなのか、食物保存用の葉としてなのか、未だ不明である。サンニンは南米のブラジルやペルーのアマゾンの流域に、あるいはフロリダ、プエルトリコに、そしてハワイに広がっている。英語では、花が貝の形に見えるのか、シェル・ジンジャー（貝殻ショウガ）と命名されている。海からのショウガの感覚か。

月桃の北限は、霜が降りるか否かを目安にすれば、日本列島では奄美大島となるが、実際は伊勢湾の鳥羽の観光施設の庭に群落があり、北限ではないかとの報告がある。九州や四国の人気《ひとけ》のない黒潮の洗う浜辺に、ひっそりと根を下ろしたサンニンがあるかも知れないが、例外である。マングローブの北限は九州の錦江湾の入口であるが、「島育ち」のサンニンは観賞用の植物となり、鮮やかな花の姿にその微妙な芳香と薬効が加わって北限をどんどん克服・開拓し、黒潮の民のごとくに、目立たなくとも有用な貢献をする植物として世界中に知られ、栽培されて、広がっているのである。

33　黒潮の島々への疾病の侵入

二〇〇九年の一〇月一一日、バチカンは、ダミアン神父を聖人に加えた。列聖の式典は聖ペトロ広場で行なわれ、ベルギー国王・同妃・首相・閣僚などのベルギー国民、ハワイからの数百名の巡礼団に加えて、日本人が数百人参加して、数万人の規模だった。ダミアン神父はハワイのモロカイ島でハンセン病患者の世話をしたが、自らも発症し、一八八九年に四九歳で死去したベルギー人の司祭である。列聖に当たり、ハワイ出身のオバマ米国大統領も神父の功績を賞賛する声明を発表した。ハワイのハンセン病は最初の発症が一八四八年にあり、支那から渡来した病気だとされる。モロカイ島のカラウパパには療養所が建設され患者が収容されたが、モロカイ島にダミアン神父が赴いたのは三三歳の一八七三年五月九日である。ハワイが米国に併合される以前だから、リリウオカラニ王女(最後の女王)がモロカイ島を訪れて、慰問している。日本では、昭和六年、貞明皇后からの下賜金を基に「癩予防協会」が設立された。ハンセン病患者の治療の為にハワイに赴いた日本人の後藤正直という漢方医に寄せた「私は欧米の医師を全く信用していない。後藤医師に治療して貰いたいのだ」とのダミアン神父の言葉が残っている。ダミアン神父が奇跡を起こしたとする修道女の名前はオードリー・トグチだから、沖縄人《うちなんちゅ》の末裔なのかも知れない。新たな支配者となりつつあった白人新教《プロテスタント》の教会はダミアン神父に対して、感染したのは不注意からだ、と的外れの非難をしている。

聖人となったダミアン神父の偉大な業績を思い起こすことは、ハワイ王国衰亡の大きな理由が外国からの輸入感染症であったことを想起することでもある。外来の伝染病や風土病を放置することが列島を孤立させ、黒潮同胞を苦界の苦しみに置いたからである。ハンセン病は特効薬プロミンの開発で治る病気となった。

梅毒もナバンと呼ばれて恐れられた外来の性病である。南蛮人と梅毒症状とが一緒に見られた可能性すらある。イカの塩辛はナバンに良くないとか、硫黄の温泉が治療に効くとか、俗説もあった。「ガラスの吸玉」なる療法? も行なわれた。つまり、厚手の丸い形状のガラス容器に石油を染みこませた綿か紙に火をつけて放り込み、それを背中等の患部にカミソリで傷つけて、くっつけると、中の空気が抜かれ真空状態になって、血を吸い出す。古血を吸い出して捨て、新しい血を作り出すのだ。台湾や沖縄には民間療法のスイダマ、ブーブーが今も残る。梅毒は抗生物質の登場で少なくなった。特にペニシリンは特効薬となり、注射針の使い回しや消毒不足で、注射後の化膿がむしろ問題だったが、ショック死もあったにせよ、おかげで結核も含めて死に至る病が大きく減少した。黒潮の島々や沿岸の奇病や風土病が衛生環境と医療手段の向上で治る病気となった。

風土病としてのフィラリアも減少した。草ぶるいとも呼ばれ、夏の暑い盛りに布団を着るほど体が震える病だ。フィラリアが昂じた症状に、象皮病がある。足が腫れて象の足の様に肥大化する。睾丸が腫れ、大きく垂れ下がる。明治の英雄、西郷隆盛は、奄美の島に流刑になったが、そこでフィラリアに感染し、陰嚢の肥大化があったという。南の島だけではなく、日本全国にその原虫の保有者がいたから、沖永良部で罹患したと断定するわけにいかない。昭和三〇年代の高知県の沖の島と鵜来島では、フィラリアが猖獗を極めた。発症部位により、「ホテアシ」（布袋足）、とか「イッショウギンタマ」（一升金玉）と呼ばれたという。荒木初子という保健師の保健衛生の改善に献身した記録が『孤島の太陽』という映画になった。講談社が昭和四二年に刊行した伊藤桂一の小説、『「沖ノ島」よ私の愛と献身を離島の保健婦荒木初子さんの十八年』を映画化した黒潮の島の保険衛生を守る物語だ。

　マラリアも少なくなった。マラリアは、明治時代には北海道にもあった。福井、石川、富山、愛知で患者が多く、福井では大正時代に、毎年一万人から二万人のマラリア患者が大量発生した。沖縄の八重山ではマラリア被害は王朝の時代から深刻な感染の歴史があり、大東亜戦争中には大量感染があった。石垣島のマラリアは土着ではなくて、より古い時代にオランダ船がもたらした病との説がある。いずれにしても、マラリアを媒介するハマダラ蚊の数が減ってきたことや、蚊がいても吸血を防御する薬剤や方法、あるいは網戸など住宅構造の改善が図られて来たことによって、土着のマラリアはほとんど発生していない。蚊取線香は日本人が発明したものだが、線香の原料の除虫菊は長い間、ドイツから輸入していた。今は和歌山県などで栽培されている。

　美空ひばりが沖縄をテーマにした歌を一曲だけ出している。「花風《はなふう》の港」という歌謡曲だ。歌詞の碑《いしぶみ》が那覇の港を見下ろす小禄《おろく》の丘の公園にあり、公園の名前をガジャンビラ公園という。ガジャンが蚊であり、ビラが坂だから「蚊の坂」だ。今ではヤブ蚊も少ない明るさで、紅《べに》の手巾《てさじ》を奥歯で噛む如き、永訣の哀愁は更にない。

34　月は虧《か》け、そして月は盈《み》ちる

市場原理主義が絶頂を迎えたそのとき、世界の空港の書店は、ニューヨークの新聞記者が書いた『世界がフラット化した』と題する政治宣伝本を山積みした。一方で、夫人がカナダ総督を務めたジョン・ラルストン・サウルというカナダ人の小説家・随筆家が、「グローバリズムは崩壊した」と警世の本を書いても、当時は、空港書店の片隅に置かれた。後に国際ペンクラブの会長に就任している。フラット化したとの喧伝とは逆に、空港検問は異常に厳しくなり、指紋を採り、顔写真を撮り、個人情報はどこかへ行って、米国の大学院を卒業したシンパの日本人などが、薄汚い取調室に連行されて訊問され、航空会社の係員が救出する異常が常態化した。世界がフラット化するとの言い方は、黒潮の民からすれば、月食の時には地球の影が月に写り、航海すれば月と地球《ちつきゆう》は同類で、丸いことは大昔からわかっていることで、水平化したとは嘘の託宣で、きっと陰謀があるか、隠されているに違いないと疑った。

情報通信が発達して米国内からインドのコールセンターに電話がかかることが日常茶飯事になり、国内の額に汗する労働が外国に移転して、頭でっかちの濡れ手に粟の仕事が残って、山師の様な連中の往来が水平化したとして、諸文明が連結・緊密化したと誤解させる拝金礼賛本で、日本でも、翻訳が出されたのは滑稽なことであった。情報通信の技術革新の成果が、仕事がないよりマシだとする経済効果を生み出した程度の内容で、社会経済格差がどう縮小するのか、カースト制度がどう変わるのか、オリーブの園がどう平和に関わるのかといった基本の命題を議論しないで、軍事力を大規模に投入すれば、政治混乱が収束して、経済が活性化して、独裁者が排除されて、繁栄がもたらされるとの単純迷妄の水平化議論であった。西部開拓史の延長で、富士山麓の大沢崩れのように、見えないところで、拝金の勢力が支配するようになってから、却って国の内外でのいがみ合い、争いが急速に増加して来た事実には触れようともしない。レバノンで、キリスト教徒とイスラム教徒が、隣り合わせに甍を並べていて、恋を囁いていた若者が僅かに四〇年前にいたことを忘れたのだろうか。抑圧された者が抑圧者に転ぶことがあるのはそれまでだが、アイヒマンをエルサレムに連行して、裁いた正統性はどこに行ったのか。山上の垂訓は、人はひとりで生きるものではないとの希望を与える。山を下る時の説教だ。写真家集団マグナムの写真も残る。

船の往来の頃には、島を離れることが上りで別れのテープが投げられるからわかりやすい。鉄道は東京駅に向かうことが上りで、去ることを下りとした。天頂に向かっては、いかなる方向からも登り坂であるし、去るのは、下り坂である。四方津比良坂《よもつひらさか》と言うが、平《ひら》が実は坂の意味であるから、その頂上の意味と寓意を黒潮の民はすぐ直感して理解できるだけではなく、凪《なぎ》の平らな海面と、時化《しけ》の時の荒れ狂う姿に、平和と戦争、安寧と混乱とを二重写しにして見ることもできる。台風・地震の災害があれば、壊れた住宅街を更地にして、再開発をしてひと儲けを狙うようなカトリーナの時の災害資本主義の動き方はできない。付け加えれば、台風の後先に海岸端に寄せ物を拾いに行って命を無くする振り者《ふりむん》がいるにしても、野分の夜と朝に略奪の話を聞いたことはない。世界の中華街と韓国人街で略奪があっても、日本人街で略奪が発生したことはない。神戸の大震災の時には、長田区あたりで黒潮の民が貧しき人々の風体をしていながら命を投げだして共同体の復興に力を尽くしたことは事実である。弱い者を助ける、道に困る者に頒布することが、任侠道の原点であるが、天頂であれば四方が下り坂だ。ハヌカの夜に家族で集まり、外の通りを悪魔が通り過ぎるのを祈る過越祭の光景を見ただけに、全てがそうではない、偏見に陥ってはならないと自らを窘めてきたのである。地球がフラット化したとする、ニューヨークの袢纏《はやりのはんてん》こそ破綻した。

「一九九七年になって初めてフランス軍が仏領ポリネシアにおける癌と核実験の関係に関する調査の予算を認めた。国立健康医療研究所が調査を行ない、同年に報告書を提出したが、未だに公表されていない」との記述を読むと、黒潮の民の末裔としてはフラット化の主張が幻影であると断言するだけでなく、黒潮の民の嘆きの救済援助の為に何ができるか自問自答して行動に移さなければならない。ムルロア環礁では一九六六年から三〇年間に約二百回の核実験が行なわれた。多くの男達が核実験の建設現場へ駆り出され、島に残った女達は船が港に着く度に、いつ帰るともわからない男の姿を探し求めたという。ハワイからタヒチまで仏領の島々を結ぶ五千キロの海底通信線「ホノトア」が完工しているが、上り下りの情報を島嶼を中心に発信されて初めて、波浪の予測、凪と嵐について科学的な予報ができる。黒潮文明は長い旅を続けてようやく足跡を広げる段階に至った。受難を経てアジアだけでなく生き残りの思想を世界に提供できる。日本は上り下りして先導する力強い役目があるのではないか。

35　月読尊が制御する生命の営み

陰暦八月一五夜の中秋の名月は陽暦では九月二二日の夜にあたる年があった。日常生活で季節の移り変わりや気温の寒暖を知って衣替えをしたりするには、陰暦の方が良い。九月と言っても陰暦では七月の終わりでしかないから、厳しい残暑になったのは致し方なかった。八月一五夜を過ぎてから、それまではフィリピン沖に発生し台湾を横切って大陸を襲うとか、石垣島南方で発生して沖縄をかすめて東シナ海を北上し、朝鮮半島を横断し日本列島の東北地方を横切って太平洋に抜けていた台風が、太平洋上に発生しても、小笠原近海を北上して列島の太平洋岸に沿って北上するようになる。その年の夏は、台風が朝鮮半島を横切って未曾有の洪水等の天変地異を引き起こしたが、陽暦の夏が長く続いたことによる。台風の動きも海水温度の三〇度が境界になり、台風はその境を乗り越えて北上することはできないから、東シナ海も日本海の海水も、今年は長期間三〇度を超えていたことになる。海水温の高さは、黒潮の影響であるから、日本列島の位置する温帯の地域はぐっと北の緯度に上がっており、四季の変化にメリハリが聞いた気候帯となっており、津軽海峡を越えて北海道がようやく亜寒帯の気候になるし、南方では、黒潮の流れを越えて、沖縄や小笠原が亜熱帯の気候に含まれる。月の満ち干と連動している陰暦が日常の生活の種々の面にきめ細かくなじむことは当然である。

漁業者などは、毎日の潮の干満が月の引力によるものだから陰暦の方がしっくりすることは言うまでもない。明治政府が陽暦を強制しても、陰暦にこだわりがあって、正月の祭りを新正月に移動させるのは大変だった。南島の漁撈を生業とする港町の住民は、旧正月を祝うのが当然であり、何故に太陽の光ばかりを拝むのかといぶかる向きも希ではなかったが、世界の強国が、世界時と称して、グリニッジの天文台の子午線を通る太陽の時間を標準時にしていたから、日本が植民地にならないために、科学技術を採用して自立自尊の体制を整えるために、日常生活との齟齬があっても犠牲を払ったのだ。重さや距離はメートル法でフランスのやり方に順応させ、アングロサクソン一辺倒ではなく、黒潮民族特有の外来文明の取捨選択の意思も働かせたが、役人が尺貫法にこだわる者を取締ったのは滑稽であった。魚を斤と匁で買うことも今はなくなったが、畳の広さや土地建物の広さも坪の単位を都合良く残して、一升枡もますます繁盛が二升五合(升+升+半升)と言うように、廃れてはいない。陽暦にしたのは、時間の計測が合理的で科学的でなければ列強に追いつけないからだ。陰陽寮の代わりに天文台を作り、明石の子午線を日本標準時の太陽の子午線にして、根室の先と沖縄とで夜明けと日没の差が歴然としていても、時差を追加しないで統一を果たした。デジタル時代になって寸秒を争う時計の正確さが必要になっても、標準時刻を自前でちゃんと供給しており、列車運行などは本家アングロサクソンの時刻表よりも遙かに正確なダイヤにした。

携帯電話の普及は、正確な原子時計を自前で持ち歩いているようなことで、電波時計が当たり前になり、日本放送協会の毎時の時刻放送に頼らずとも一秒をおろそかにしないで時刻合わせができるが、念入りに今でも福島と佐賀の二カ所の山頂からは、正確な時刻を標準電波として送信している。そうした業務を民営化して、時刻の管理を外国に委ねかねない上げ潮派の勢いもあったが、幸いにして、月を読む能力がない太陽偏重で、引き潮を上げ潮と読み間違えて自ら潰えてから、日本の時刻の管理業務の私物化は免れた。飛行機も船も日本時間で運行できる。電話の交換機を敷設するときなど、必ず時刻合わせをするが、交換機をどこの国の標準時で校正しているのかは重要で、アジア諸国で通信設備の交換機の時刻を日本標準時で校正している国があれば、その国は日本を信頼している国だと考えてよい。

太陽の一日は二四時間であるが、月の一日は二四時間五一分である。月の一ヶ月は二九日と半日で、女性の月経周期である。八月一五日の満月の夜に男女が放縦になることも月の引力が強く影響している。満月の夜に出産率が高まるのは当然である。コンビニの店などが電灯を深夜に照らしているのは、誘蛾灯のように人間を引きつけ、人間の生理を電照菊のように操作する目的である。人間が狼になるのを防止しているのかも知れない。人間の体は毎朝五一分の時間調整をしているのだから、人工の光を浴び続ければ拷問を受けているようなもので病気にもなる。鬱病は朝に元気が出ないで夕方から元気になると言うが、月の干満に人体が反応する一つの調整作用だろう。太陽だけを普遍化させれば、昼夜の境を取り払い灼熱砂漠の環境を最後には作りだす。二四時間営業のグローバリゼーションの危うさである。中東でもラマダンの断食節の設定には月の暦を使う。珊瑚や蟹が大潮の夜に海が濁るほど大量に卵と精子を放出するような、月と生命の営みの関係を黒潮の民は知っている。今もなお、月読尊が厳然と世界を制御しているのだ。

36　金剛蔵王権現と黒潮の関係

吉野の金峰山寺《きんぷせんじ》の本尊で秘仏の金剛蔵王権現像のご開扉が行なわれるようになった。蔵王堂では彩色も鮮やかに巨大な仏像三体がお姿を顕す。弥勒菩薩、釈迦如来、千手観音の三体である。権現《ごんげん》とは、日本の神々に仏教の仏が仮の姿で現れたものであるという本地垂迹思想に基づいて、権という文字が「臨時の」という意味で、仏が「仮に」神の形を取って「現れた」ことを示している。

写真雑誌で見ると、銅が緑青を吹いているような色の印刷になっているが、直に参拝すると、ご尊顔は、むしろ群青色の黒潮の色をしていることに気がつく。透明な光が当たれば、明智光秀の紋の桔梗の色にもなる。秘仏を太陽の光から遠ざけている大扉は、神代杉の一枚板でできている。計六枚の巨大な板が使われていることになる。神代杉の先端部が巨大な柱になったことが判るのは、枝の節が残っているからで、一本の幹は製材して板を切り出しているという。扉には、蓮の葉と華が描かれている。天正一四年に蔵王堂が消失した後に再興され、左の弥勒菩薩の像内に天正一八年の年紀が墨書されている。豊臣秀吉は吉野復興の寄進に励んでいるが、山伏がその天下取りに貢献したことは間違いない。天海僧正の像も堂内に陳列されているが、徳川幕府が金峰山寺を寛永寺の末寺とした絶頂期の名残である。比叡山か寛永寺の高僧が「学頭」となり、地元から学頭代を務め、徳川家康の廟のある日光の東照宮も天海僧正の設計になるもので、それは緻密な天文・陰陽道・風水の配置を精緻に行なったにしても、権力に服従する栄達は修験道の権威の生命力の持続に及ばない。

山形と宮城の県境の嶺に蔵王山があるが、吉野の蔵王権現にあやかってつけられた山並みである。白鳳八年(六七九)に、大和国の吉野山から役小角が蔵王権現を不忘山に奉還して、周辺の山々を修験道の修行の山としての「蔵王山」を称したことに由来する。蔵王連峰の主峰を熊野岳と呼ぶことからも、吉野から熊野への修行の道を想像させる。奥州の蔵王では、日本列島の分水嶺をなす中央分水界が交差しており、中央分水界の峰々の総称が「蔵王」である。戦争中には、B29爆撃機三機が不忘山に墜落している。

金剛蔵王権現の顔の色は青黒色ではなく、紺碧の海の色であるが、もう一つの可能性は、鯨の皮膚が水中で見せる色の可能性を指摘して置きたい。水中では、青い色を示すが、水面に出た瞬間に色が変わる魚が多い。シーラは綺麗な尾の青い魚であるが、船に釣り上げた瞬間に黄色い魚になるし、赤うるめ等は、釣り上げた時には、青い魚である。サバや鰯の類も水中では青い魚であるが、鯨の背の色も水中では青みがかった色で、鯨のことをぐんじゃと呼ぶから、群青《ぐんじょう》色は鯨色の可能性が高い。金剛蔵王権現三像のご尊顔の不思議で絶妙な色合いは黒潮の洗う太地の鯨と繋がる可能性がある。

熊野から吉野へ向かって行をすることを順峯、熊野へ向かう行のことを、逆峯と呼ぶことを既に書いたが、熊野から先の南海のことを考えると補陀落渡海のことに触れないわけにはいかない。中世には、観音信仰に基づき、熊野灘や足摺岬などから小船に乗って補陀落を目指す「補陀落渡海」が行われた。補陀落の読みは、ポタはサンスクリットで、船の意味である。ラは集結するという意味であるから、ポタラとは、船が集まる場所、つまり、港の意味である。実際にスリランカには、パタラという港もあり、アラブの旅行家であるイブン・バッータは、シナモンなどの香料や香木の積み出すスリランカの港を引き合いに出して、その港の背後の山が到着する九日前からの陸地の目印となっていると記載している。ポタラは、光輝くとの意味のタミール語もあり、その場合は、日光は二荒山のふたら山で、「あらたふと青葉若葉の日の光」の東照大権現の聖地になる。

玄奘法師は、インドの南方の海上に八角の形状をしたポタラ山が実在すると「大唐西域記」に書いている。支那では、浙江省の舟山群島の山を普陀山として信仰を集めた。アラブ商人は、季節風とダウ帆船を駆使して、ポタラ山と観音信仰とを東アジアに伝えた。

さて、チベットのラサに、ポタラ宮殿がある。活仏であるダライラマの居城であり、チベット民族の精神的な燈台であるが、支那は博物館にしてしまった。衆生済度を果たす観音信仰がチベット、浙江、熊野と繋がっているから、支那帝国のチベット併合という暴虐に対して、いずれは弥勒菩薩や千手観世音菩薩の天罰が下る。

熊野は、黒潮に乗る寄木や文明が海辺に寄りつく御崎である。伊弉冉尊が火之神カグツチを生んで火傷をして熊野有馬村に葬られたと『日本書記』は記録する。伊弉冉尊の墓と伝えられる花の窟という岩壁があり、熊野灘の海上から遠望される目印となっている。神武東征の軍は美々津から熊野に寄りつき、吉野の山を辿って大和に入る。熊野を六一歳の秋に出立した補陀落山寺の住職が沖縄に辿り着いた例もあるから、黒潮本流に運ばれて、天候次第にせよ、布哇《ハワイ》や墨西哥《メキシコ》への渡海が成功した可能性も十二分にある。

37 委奴国の五葉の松と支那の妖怪

那須の黒羽から西北二三キロばかりのところに那須温泉神社がある。元禄二年に、奥の細道を辿っていた芭蕉と随行の曽良が奥州街道を逸れて那須岳の山懐へ坂道を登っている。温泉神社は、平家物語が記録するように、那須与一宗隆が扇の的を射るときに祈願した神社である。その近くに、殺生石があり、謡曲の那須野で有名な九尾の狐の伝説が残る。那須には御用邸があり、先帝陛下が晩年を御静養なされたように、奈良時代から知られた霊泉が湧いている。芭蕉は旧暦四月の一八日から三日間滞在している。

その温泉神社には、堂々たる五葉の松がある。日本の脊梁山脈にはまだまだ五葉松が残っていると聞いていたが、この目で確かめることができた。原生ではないが、朝鮮半島から黒竜江あたりの大平原の朝鮮五葉の松林の記憶を留めていることは間違いない。ロープウェイのかかる那須山塊のひとつの茶臼嶽も日本で一番多い名前の山であるが、ウラルアルタイ語族の故地であるチャムスの地名との関連が指摘されている。那須温泉神社の額は出雲大社の宮司が揮毫しており、伊勢の天津神ではなく、国津神であることがわかる。那須高原からは、那珂川が水戸と那珂湊に向けて流れており、その下流には大洗の磯前神社があるが、鹿島灘の少し先には、大和朝廷の最前線基地であった鹿嶋と香取の大神宮が控えている。香取の名も、百済《くだら》の発音に繋がる。

那須与一が伝説の人物になったのは、治承・寿永の乱(治承四年一一八〇から元暦二年一一八五まで六年間にわたる内乱)である。後白河法皇の皇子以仁王の挙兵を契機に、平清盛を中心とする平氏政権に対する反乱が各地で起こり、平氏の崩壊により源頼朝を中心とした坂東平氏から構成される鎌倉幕府の樹立にいたる。那須与一は屋島の戦いで平氏方の軍船に掲げられた扇の的を射落とした伝説の武将であるが、功績を挙げて源頼朝から、丹波・信濃など五カ国に荘園を賜った（丹後国五賀荘・若狭国東宮荘・武蔵国太田荘・信濃国角豆荘・備中国後月郡荏原荘）という。この大乱では敵味方が血縁による氏姓で分かれて闘うのではなく、地縁が優先したことが特徴である。半島の血縁優先の世界と隔絶している。

東国はウラルアルタイ世界との交流の中で、藤原氏はもとより、平家自体も、朝鮮半島や大陸に共通する淵源を想像させる。伽耶や百済の王族が大勢逃れて、今の関東地方に入ったことは間違いない。那須には海から那珂川を遡って入ったに違いない。平氏は多羅氏から来ているとの説があり、確かに、江戸時代に志賀島で発見された金印の文字「漢委奴国王」は、素直に読めば、アイヌ国あるいは、犬国とも読める。高句麗の狗は、狼であるが、百済は狗多羅とも書ける。音読みすれば、博多も、伯太も百済《ペクチェ》と読むこともできる。そうすると、会津、岩手、岩戸、猪野、井戸、井上、伊都、犬、伊豆、伊能、上野、淀、小野、小渡、尾張等も倭奴と同じで、江戸などは発音からしてその最たる表現になる。

実際、関東地方には、高麗から渡来した豪族の社があちらこちらに残されている。多摩と埼玉の玉とは同根であるし、高麗神社は飯能にもあるし、湘南の大磯にも高麗神社がある。そもそも、大磯《おいそ》というのは古代朝鮮語で「いらっしゃい」という意味だと聞いた。高麗郡も新羅郡も秦野《はたの》もあり、朝鮮半島とのつながりが色濃く残っている。世田谷《せたがや》の瀬田はアイヌ語で狗という意味であり、近くの狛江は高麗犬の狛である。砧《きぬた》では、玉川で衣をさらして、洗濯しながら、砧を叩く音が聞こえる半島の風景が展開する。人が植えることでしか育たない彼岸花が奈良明日香村の石舞台の堀に咲き誇っていたのを記憶するが、那須高原の温泉神社の先のあぜ道の土手に満開の盛りであったことも忘れられない。壇君神話として残らなかったのは、やはり、大和朝廷の統一の過程で、血族が中心ではなく、出自が山であるか海であるかを問わずに八百万《やおよろず》の神《かみ》として、大日本《おおやまと》統一が果たされていったことによると考えられる。那須に残る殺生石伝説は恐ろしい物の怪の代表「白面金毛九尾の狐《はくめんこんもうきゅうびのきつね》」、朝鮮半島で九尾狐《くみほ》と呼ぶ支那の妖怪の話である。殷の王妃を喰い殺してその身代わりとなり、残虐の限りを尽くしたから、殷は国が乱れて隣国の周に滅ぼされた。九尾の狐はインドへ渡り、班足《はんぞく》太子の妃の華陽夫人となって、また悪業の限りを尽くしたが、突然姿をくらませて、なんと日本に渡った。吉備真備《きびのまきび》が養老元年に遣唐使に任じられ、一五年勉強して帰朝するが、その時の船に九尾の狐が便乗したという。三六〇年間身を潜めていたが、京都の山科で、「藻女《みずくめ》」となって姿を表わす。やがて宮中に仕えるようになり、名を「玉藻の前《たまものまえ》」と改めて鳥羽院に仕えた。陰陽博士の阿部泰成が、「蟇目鳴絃《ひきめめいげん》」の祈祷をして、清涼殿から追い出す。飛び出した狐が那須野に落ち、牛馬を倒し人を攫う狼藉をする。那須の領主須藤権守貞信が八万の軍勢をもって巻き狩りを行ない、遂に狐は日本の神人一体の力に負けて倒れ毒石になった。その後三つに割れ、一つは那須に、二つは故地に飛び去った。

38 黒潮の民オー島上陸より稲作始まる

私たちの祖先は、北方から入る、半島から入る、そして南の島々からと、色々な経路で列島に上陸した。沖縄には、アマミキヨとシネリキヨという創世の神が登場して、天に上って土石草木を給わって島を造ったとの神話がある。琉球の島々では、稲作の出来る湿地帯をタープクという。黒潮が島々の西側を北上していることもあって、夕日の入る方角の方が色鮮やかであり、南側は、湿気と暑さがなだれ込んでくる方角である。島の貴重な水源である川が流れて、真水があたる珊瑚礁の切れ目に、往古の人は船を進めて上陸したに違いない。川を遡った突き当たりのところには、間違いなく森があり、そこに石組みが成して、城の字を当てるグスクがある。グスクの南側には、神が天降る杜を成す御嶽《うたき》があり、神祭りが営まれる。元々は祖先神を拝む場所であるから、拝み山《うがみやま》と名付けてもよい。更に、川を遡ると、創生の神々が稲作を伝授したターブクが広がる。田袋である泉も近くに湧き出る。海岸沿いの井戸水は塩気が抜けきれないが、グスクの上の泉は真水になっているから、朝な夕な、水汲みで賑わい、サギや鴫といった渡り鳥の繁殖の場所にもなる。珊瑚礁の切れ目の両側には、イノーが広がる。イノーとは、珊瑚礁の遠浅の海で、魚、貝、海草などを採集する、いわば海の畑である。珊瑚礁が深海に崖となってなだれ込む境には、イビがいる。伊勢海老である。殻の色は、北に行くに従ってえび茶の袴の色がどんどん濃くなるような気配で、伊勢志摩の海老と、南島の海老《イビ》とを比べると、南の海老は海の色で染めたような明るさである。年賀状の伊勢海老の色は地方ごとに異なり、全国版で統一することが出来ない。一致するのは、偕老同穴と言う海老の習性だけだ。浜は、陸地と珊瑚礁の海との境界である。珊瑚がバラバラになって砂となっているからカルシウムが溶けて固まり、光の当たり具合では、貝殻の腹のピンク色がかっているようにも見えるが、直射日光の下では純白なさざれ石になる。

さて、往古の人々はマラリアの怖さもあったから川を遡るにしても注意深く、近くに小さな島でもあれば、そこを橋頭堡にして上陸の可否の様子見をした。日本全国に島の名前で、大島、青島、青ヶ島、雄島、飫宇、尾島、渡島、男島、淡島、粟島、阿波、安房、意宇と当てた漢字は異なる島があるが、オーは、逢う、遭うという意味だ。伊勢志摩には、紀伊大島、和具大島、伊雑宮《いざわのみや》の東海岸の大島、熊野灘の大島と、オー島がたくさんある。大王島、大王崎は、オー島、オー崎の尊称である。京都府の集落が海中にせり出して、家の中に船をしまっておける二階建ての舟屋で有名な伊根町にも大島がある。若狭湾の口にある冠島もオー島と呼ばれている。凡海《おうしあま》となると、天武天皇の世界が広がる。大瀬崎、大瀬川、大井川も日本全国にたくさんある。

鳥羽市と磯部町の間にある青峰山《おうのみね》は、海からの目印として、信仰された。修験道の山が、大峰山と呼ばれるのも、やはり海と山との出会いを示している。出雲の国の郡名として、意宇《いう》、飫宇、於保、於友は、元々は、オーである。山口の仙崎湾の阿武川河口にも大島がある。仙崎湾には、青海島《おうみじま》、相島《あいしま》がある。闘牛のことを牛とろしと言い、牛を闘わせることであるが、牛オーシと言えば、とつぜん優しくなって、貝あわせのように、牛に牛を会わせる語感である。古語の「そこひ」は、きわまりなく遠いところであるが、海鳴りの底であっても、垂直な底ではなく、水平線の果てから来航して、出会う最初の場所が、オー島である。沖縄に、奥武島という小島があるが、その往古の出会いと上陸する島の姿をとどめる典型である。近くには、珊瑚礁の変化したトラバーチンに封じ込められた古代の原人の骨格が発掘された場所があるから、よっぽど古い時代から人が住んだ形跡が残る。沖縄本島各地の沿岸に同名の島があり、共通しているのは、稲作のできる湿地帯への寄りつきとなる海岸にある小さな島である。城のスクは、遙かに遠いところからやってきた神々を祭る聖域である。『古事記』の伝える少名毘古那神《すくなひこなのかみ》は、それこそ、海の彼方から渡来した海神であるが、スクの名前を残している。四国の宿毛《すくも》なども、海神とのゆかりを創造させる。南島には、スクという春先に大量にとれる小魚を塩漬けにして辛くしたスクガラスという発酵食品があるが、スクの魚の硬い骨を喉に引っかけないでご飯を食べられるようになることが、少年が大人になる元服の証拠でもあった。大和朝廷は、海人部《あまべ》を紀伊、尾張、隠岐、豊後に置いているが、豊後の海人部の根拠地は、勿論、豊前の国の宇佐であり宇佐神宮があるが、神武東征では、美々津を船出し臼杵の半島を回って瀬戸内海に入る。臼杵の海岸にも、海神、少名彦名の神を祭る社が点々と繋がり、黒潮のゆかりが想像できる。大分県南にも、海人の活躍した南北の海部郡があり、南海部郡に大島《おおしま》がある。オーが会う、逢う、遭うという意味であれば、大きいという意味はウーまたはフーと発音され、大地《ウフヂー》と漢字で当てる。大東島などは、丁寧にゥフーアガリジマと呼ばれている。

39　海幸彦山幸彦物語考

海幸と山幸の物語は道具を取り替え、山幸が海幸から借りた釣針を失くしてしまうことが発端だ。山幸は泣く泣く海中に戻り、鯛がくわえた釣針を見つける。海神から、潮の満ち干を起こす玉と、洪水を起こす力を土産にもらう。元々は、山を拠点としていた山幸が、海神の娘を娶ることで力を備え、元々の海を司っていた、しかも兄である海幸を従えるようになるという複雑な筋書きの神話である。

釣針をなくして、山幸が自分の剣を溶かして、針千本を作って返そうとして謝っても海幸が受け取らなかったのは何故だろうかと久しく考えていたが、その失った針というのがやはり、鉄でつくった針ではなく、鹿や猪の骨でつくった針でもなく、ましてや硬い木や香木でつくった針でもなく、夜光貝の殻でつくった針でもなく、人骨で出来た針だったからではないかと思いついた。

日本では、鹿骨でつくった釣針が知られているが、ハワイ島の南端の先史遺跡では、人骨の釣針がしかも組み合わせ式の釣針として、五千本もの遺物として大量に発掘されている。しかも一様の形ではなかったという。イースター島では、人骨による釣針が普通につくられていて、西洋の宣教師が入るようになってやめた。普通は真珠貝の釣針が多く、おそらく水中ではきらきらと光を反射し魚を惑わすような擬餌《ルアー》針も重宝されているが、ニュージーランドや、イースター島などの真珠貝が余り育たないようなところで、骨を合わせた釣針が発達した。人骨の針は、茶色の干からびたような色であるから、表層の魚を捕まえるのではなく、堅牢な素材として大型の魚をつりあげるのに重宝されたに違いない。ハワイには、骨を取られそうになった男が逃げ込める安全な場所の話や、結婚するために釣針を要求され、父親が足を切って息子の願いを叶えた凄惨な伝説があったそうだ。死者を埋葬して、十三回忌等の時が満ちた頃に、白骨を潮《うしゆ》の水で洗って墓にしまい直すのが南島の習慣だったから、海幸が先祖の形見に釣針をこしらえて大事にしていた可能性はある。単に魚を捕るだけの目的ではなく、呪《まじな》いの装身具にしていたのかも知れない。横須賀市にある縄文初期の時代の遺跡である夏島貝塚から鹿や猪の骨で出来た釣針が出土しているが、ハワイの釣針と酷似している。材質に違いはあっても、ハワイの組み合わせ釣針の形と見分けがつかないという。夏島貝塚は炭素分析で七千年から九千年前と特定されているが、ハワイの場合には千年前そこその産物だから、日本の釣針の方が古い。余談であるが、夏島貝塚では、愛犬埋葬の習慣も確認されている。

海幸の大切な釣針が、陸地から遠く離れた海神の宮の鯛の魚が引っ張っていって残っていたとの筋書きに矛盾はなく、犬、豚、鶏の明らかに東南アジア起源の動物が三種の家畜として南の島に渡り骨が発掘されているから、鉄の釣針が広がる以前に鳥や豚の骨で海幸が製作した釣針が、縄文の頃から舟や魚によって太平洋のあちこちに運ばれたにちがいない。

伊勢海老の偕老同穴の話を先に書いたが、海老の天敵はタコである。タコとりの漁具で有名なのが、鼠の囮《ねずみのおとり》と呼ばれる、子安貝をつけた釣針である。褐色の斑がある子安貝の一種から卵形の切片を切り出して椰子の葉の葉肋《ろく》を縛り付けて、鼠の尻尾のように針をつきだしているタコ釣りの道具である。子安貝は、タコ釣りに使われるだけではなく、イカ釣りの囮にもなる。子安貝は別の呼び方で宝貝とも呼ばれる。東アジアの一大産地は宮古島の近くの大珊瑚礁《チービシ》で、清朝西太后がネックレスに使っている油絵が、米国ボストンのハーバード大学燕京《えんちん》研究所の会議室に掲げられていたことも既に書いた。

宝貝に紐をつけてタコをおびき出すのは今でも有効な漁法である。支那人は宝貝を装身具や貨幣には利用したが、鮹《たこ》の伝統料理はない。鼠の囮は、遠くに針を投げる釣竿とは異なり、手探りでタコやイカをおびき出す感触が魅力である。特に、暗夜にガス燈を点して、珊瑚礁の潮だまりを歩けば、色を変えて囮に飛びかかるタコを捕ることができる。イカはまるで湧き出るように数多く繁殖するから、イカの豊穣の海を烏賊海《いきやうん》といい、墨を吹きかけられないように、囮の紐は注意深くたぐることになる。

珊瑚礁の内側《ラグーン》の海の畑に当たる場所がイノーであることも書いたが、徳之島の井之川《いのかわ》は、イノーに注ぐ川のある集落の名前である。島の一番高い山が、井之川岳だから、海の豊穣が山の高みに結びついていることを端的に表現している。井之川の隣の裏手の集落が久志《くし》で、そこの珊瑚礁の浅瀬で、石打ち漁が行なわれた。大綱引きの時のような網が浅瀬に張られて、板つけの丸木舟《さばに》から、石を木の皮で出来た紐を結わえて海面を叩くと魚は追われて、網が狭められていく。亜熱帯ではシュロの葉で網を作るが、太平洋の島々では、もちろん椰子の葉でつくる。捕れた魚は村の長が公平に分ける。紀州の錦あたりの初夏にかけての黒潮を回遊するブリの捕獲と分配が、全員参加で大敷網を維持する株分けの組合方式で行われているのと同じように、集落は総出の追い込み漁を楽しんだ。これが原始共産の黒潮の海の収穫祭だった。

40　浜木綿咲き匂ふ黒潮の岬にて

黒潮洗う列島沿岸に自生する浜木綿《ハマユウ》(学名 Crinum asiaticum)のことはいつかは書かなければならないと思っていた。黒潮の流れに乗って、種が海を渡り、漂着して根をはやして群落をつくるハマユウは、東南アジアを中心として、西は、インドの半島の南部、スリランカを含め、インド洋のココス諸島であり、東はハワイ諸島からクリスマス島を経て、ニューギニア近くの海を越えて、オーストラリアの大陸の東岸から北部の岬の海岸に分布する。その北限が日本列島だが、朝鮮半島を含まず、山東半島から上海の揚子江の河口にもない。台湾と海南島にはあり、ベトナムの沿岸に広がる。マレー半島の砂浜にはなじみの植物であるが暹羅《シャム》湾にはない。支那大陸とは疎遠な黒潮の植物である。北限の線が本州の南岸沿いにあり、年平均気温摂氏一五度で、最低気温の平均がマイナス三・五度であるという。三浦半島・房総半島南部以南の線だ。ハマユウの分布北限は黒潮の影響を受けて南方から侵入する生物の典型的な分布境界線と考えられ、ハマオモト線とも呼ばれている。西端は敦賀湾、東端は千葉県の銚子である。九州の西岸の壱岐にも、甑島にも五島にも自生するのに、対馬にはないから不思議だ。済州島にはハマユウが繁茂自生する属島がある。韓国では文殊蘭との名が付けられ、天然記念物になっているが、れっきとした同じハマユウである。伊勢志摩の記念切手が発行され、海女とハマユウの群落がデザインされて、印刷技術の世界で優秀作品となったことがあるが、黒潮文明論として伊勢志摩と済州島との海女の昔からの往来を知るものにとっては、不思議ではない。ハマユウの種は珍しく大型の、海水に長い期間浮いて漂流することができる種である。発芽の仕方が変わっていて、土に埋めなくても、水の少ない海岸の乾燥地でも発芽する強さがある。しかも、百パーセント発芽する。夜咲きの白色の花を咲かせて芳香を放つ。月下美人のように一夜限りではなく、毎日数花を咲かせて、寿命は二、三日続いて、全体で二週間くらい咲き続ける艶やかさがある。昼にも咲いていてアゲハ蝶を寄らせ、夜はスズメ蛾が蜜を吸いに来る。ハマユウは、有毒の植物で、普通の昆虫から食べられることはないが、ハマオモトヨトウという蛾の幼虫だけが天敵である。南の島では、その毒を利用して、吐剤に使ったり、焼いた葉を化膿した皮膚の膿の吸い出しに用いていた。バショウの木と同じように、鱗茎であるから、切って長方形の形にすれば、熱を吸い取るための氷枕の代用にもなった。

ハマユウは『万葉集』にも詠われ、柿本人麻呂の「み熊野の浦の浜木綿百重なす心は念へど直ぐに逢わぬかも」という歌がある。伊勢神宮の儀式に用いる木靴である鶏足には大化の改新の頃からハマユウの葉が用いられていたという。防腐剤代わりに、雉の肉を包んだともある。葉を薄く剥がして乾燥すれば、筆で文字が書けるから、紙の代わりにも使われた。花の様子が木綿《ゆふ》を垂らしたようで、コウゾなどの樹皮を細く裂いて作った繊維から作った糸で、古代から神事などに用いられてきた榊についた交互に垂らされた紙垂《しで》の原型がハマユウの葉を乾燥したものに違いない。しでるとは、蛇が抜け殻を脱ぎ捨てて脱皮する様を示している可能性もある。ハマユウが市の花・町の花に指定されているのは、神奈川県の横須賀市、三浦市、真鶴町、静岡県の沼津市、三重県紀伊長島町、和歌山県の新宮市、太地町、すさみ町、山口県の下関市、徳島県の牟岐町、高知県の室戸市、大月町、福岡県の芦屋町、熊本県の苓北町があるという。三重県では県の花はハナショウブであるが、郷土の花にハマユウが選ばれている。戦後一世を風靡した映画「君の名は」の撮影は志摩の和具大島で満開のハマユウの群落を背景にして行なわれたという。菊田一夫原作のNHKラジオドラマの放送時間には銭湯がガラ空きになったというが、テーマ曲(古関裕而作曲)の三番は「海の果てに、満月が出たよ、浜木綿の、花の香りに、海女は、真珠の涙ほろほろ、夜の汽笛が、かなしいか」と、志摩の海をイメージして織井茂子が唄った。宮崎県では宮崎交通の故岩切正太郎氏がフェニックスと共にハマユウを推奨し、県花となってから観光地の推進・発展に寄与した。青島が黒潮との出逢いの島との意味があるだけに、ハマユウが日向の浜に繁茂する素地はあった。ハマユウは漂着しながら故郷に帰ることをしないで根を生やし、逞しく生きる黒潮の艶やかな女を象徴している。

そろそろ浜木綿のことを書かなければとの思いは平成二二年九月二三日に満九〇歳になった母親の故壽山《ひさやま》武都《むつ》が、短歌集を出版し、所属していた奄美の同好会の名前が浜木綿短歌会だったからである。浜木綿が海鳴りのする海神の宮を出自とすることと、遣唐使を最後に日本文化を古今和歌集として編纂して平安時代を成熟させたこととは、糸が繋《ゆうゆ》がっていると感じている。本号のハマユウの生態等の記述は中西弘樹著『海から来た植物』(二〇〇八年、八坂書房)を参考文献とした。

41 暦に見るアジアの多様性

新暦の元旦はまだ霜月の二七日だし、一月二〇日は旧暦の師走の望の日で、大寒だ。旧正月、つまり睦月の朔は、二〇一〇年は二月三日に当たった。如月の朔は三月五日であるから、まだまだ衣更着の季節で、暖かい春の到来が待ち遠しい。如月の望の日は新暦の三月二〇日に当たるから、花の満開には間に合わず、「その如月の」としゃれ込むと悪質な風邪をひくだけになりかねない。夏至は新暦六月二二日で、伊勢の二見興玉神社の夫婦岩の間から太陽が昇る。今年は、皐月の朔の新暦の六月二日に日食があり、望の日の六月一六日に月食が見られる。旧暦の端午の節句は新暦六月六日に当たる。入梅は六月一一日である。旧暦の七夕が八月六日、廣島原爆の記念日になる。中秋の名月、つまり葉月の望の日は、九月一二日である。旧暦の重陽の節句の九月九日は新暦一〇月五日である。十月二七日から、出雲と諏訪では神在月が始まり、大方の神様は出雲の稲佐の浜に集まるので、全国的には神無月となる。その行事のある旧暦一〇月一〇日は新暦の一一月五日に当たる。暮れの大掃除から逃げることを煤逃《すすに》げと俳句の季語はおもしろく表現しているが、師走一三日を事始めといい、正月を迎える準備をする。今年の旧正月を迎える準備をするのであれば、この一六日が旧暦の師走の一三日で事始めの日だ。

支那では旧正月を春節と言い、新暦の一月一日を元旦と決めている。旧暦を農暦ともいう。朝鮮では、ソルラル、ソル、クジョン(旧正)、モンゴルではツァガーンサル(白い月の意味)と呼んで、朝鮮半島に連なる。ベトナムでは節の漢字をテトと訓む。ベトナム戦争中の軍事作戦で、旧正月には停戦したり攻勢に出たりで有名になった。チベットの暦はインドから見ると支那の影響を受けているし、支那から見るとインド暦のように見える。日本とベトナムとモンゴル、チベットの暦が微妙に支那の暦と異なる。日本では新暦の二〇三三年秋から三四年春にかけて、旧暦の月名を決定していない問題が天保暦の廃止で残されている。支那・台湾・韓国・北朝鮮・ベトナム・シンガポール・マレーシア・インドネシア・ブルネイとモンゴルでは旧正月を国の休日にしている。郷に帰省する人口の大移動が起こる点ではいずこも同じだ。日本は、明治五年にグレゴリオ暦に肩入れして、旧正月を祝っている人々の数を激減させてしてしまった。なぜ旧正月を無視するのか、それでは、糸満の魚市場の賑わいもなくなってしまうと、潮の干満に影響を受ける漁労に生計を預けてきた嫗の嘆きも残っていたが、その声はかき消された。尖閣や黄海の近辺で、漁民が巡視船や漁業監視船に体当たりする事件が起きたが、これも、中国共産党と雖も完全に支配できずに起きた不満を背景とする事件で、海が汚され、漁獲が少なくなり、やるせない憤懣を外国の公船に体当たりして、模範的な英雄にされてしまったことは予想外の滑稽だったが、一連の反日デモ同様、漁労民の不満の捌け口として領土問題が利用されている。春節は、支配の貫徹しない暦の始まりの日であり、今なお新暦を認めない人々が多い国では、「事始め」の節句日として目が離せない。日本、ベトナム、モンゴル、チベットの暦が微妙に支那の暦と異なることがアジアの多様性である。日本では、天照大神の国にふさわしく、時間を計る中心は月ではなく太陽が中心となっても不思議ではないが、支那の農暦と呼ばれる旧暦が、イスラム暦のように純粋に月の運行に従う暦ではなく太陽暦に近いことには驚かされる。海の干満の知識に疎い大陸の気風が漁労民の媼の嘆きや不満に対する無関心をもたらし、グレゴリオ暦を全面採用する西欧と邂逅して、いよいよ居丈高になったようである。

ウィリアム・ブラムセン（撫蘭仙）が一八八〇年に著した『和洋対暦表』と一九一〇年の英文版の写本は国会図書館で容易に入手できる。東京日本橋通り三丁目丸家善七、横濱弁天通二丁目丸家善八、大坂心斎橋筋北久寶寺町丸善支店とあるが、なんとこの対照表が出版されるまで、年号が西暦の何年に当たるかが簡単にわからなかった。『和洋対暦表』の前書きに「和洋対比の暦書子未だ之を見ず適ま類似の書ありと雖も誤謬の多きを如何せん乃ち近時日本内務省の刊行せる太陽太陰両暦対照表は西暦五百一年より始まり一千八百七十二年に至る然れども西暦一千五百八十二年以前に用ふる所の暦は方今用ふる所のグレゴーリュン暦と異なるを知らずして妄意憶測を以て之を算するが故に其記する所の一千四百年間に於て其の凡そ一千百年間の対比は盡く差誤ならさるはなくして二日より十日に至る者あり（後略）」等と指摘し、年号制度の定かな大化元年から太陽暦のグレゴリオ暦を導入した一八七三年までの比較表を作成している。日本が支那からの暦法を導入する以前に「一年を」どう数えていたか仮説を立て、神武天皇即位を紀元前一三〇年の新月の日と主張している。昼と夜との長さが同じの春分と秋分とを起点として、それぞれを一年とする倍年暦ではないかとの仮説である。興味深い論点を、次号から紹介する。

42　ブラムセン『和洋対暦表』所説

ブラムセンの『和洋対暦表』は国会図書館に所蔵されているが、どこかで表紙を失っており、刊年不明と末尾に記している。撫蘭仙蔵書印の捺された完本の写真には「明治一三年一月新刊」と表紙の上段に掲げ、「皇朝大化元年至明治六年、西洋六四五年至千八百七十三年」と比較表の対象年を記し、「丁抹國《デンマーク》撫蘭仙編次」と記載している。前文には、先号に引用した部分に続けて、自分の対暦表の方が、「和事を以て西欧月日を探らんと欲する者」が使うために編纂したから、内務省の出版した対暦表は「洋暦を以て和暦に配するの便なるに如かず」と書いている。明治政府の対暦表は、「その書たるや世に益なきのみならず亦大いに害あらんことを懼る」とこきおろす一方、自分の対暦表は「日本の年月を西暦の年月に換算する為により便利」であり、内務省の対暦表は「西暦を日本の暦に移し替えることを専らにしている」と、自画自賛する。大隈重信がグレゴリオ暦の導入を急いだとする背景についてはなお考究が必要だろうが、ユリウス暦を知らずにグレゴリオ暦で時代を遡った対暦表を作る過ちをした挙句の西洋追従を、丁抹人《デンマーク》が批判する構図は興味深い。前文の後段は、「抑も日本は上古久しく暦法あらず或は神武天皇の時已に之有りと記せる書ありと雖も是れ亦後人牽強付会の説に係る決して信ずるに足らず爾後推古天皇の時に於て始めて暦を支那より得れども其法精ならず持統天皇の時に至り始めて頒暦のことあり」と書いた上で、曖昧なままで、西暦に対比すれば「真を失い実を誤り亦彼の妄意憶測の弊に陥」いる恐れがあるので、孝徳天皇の大化元年を比較表の始めとしたと対処を厳格にしている。

ちなみに、一八七四年にアーネスト・サトウも対暦目的の小冊子を私家版として出版したという。ブラムセンは和文刊行の翌月、一八八〇年二月一〇日に日本アジア協会で英語で講演を行ないその記録を出版したが、サトウの私家版共々絶版となっていた。それを三〇年後の一九一〇年に、クレメント(Ernest Wilson Clement)という学者が序文と、西暦、日本の年号と天皇の治世(ブラムセンが取り上げなかった大化以前の比較表もある)、支那の皇帝と年号、朝鮮の王の治世の比較表を追補して、西暦、日本、支那、朝鮮の暦が一挙に比較できる対暦表として出版している。筆者はトロント大学所蔵の複写本をアマゾンの通信販売で昨秋に買い求めたが、なんとグーグルでも、コピーの際の欠落からか、乱丁が見られるのは残念にしても、無料で配布されている。稀覯本として流通していたブラムセンの対暦表が簡単に閲覧できるとはネットの威力である。

英語版では、日本には年の表示に四種類があり、天皇の治世、年号、干支、神武天皇の即位の年とされる紀元前六六〇年を元年とする紀元の年があることを説明しながら、天皇の治世を逆算して紀元を定めたが、信頼できないと述べている。年号に採用された文字を早見表として一表にして検索を容易にしている他に、干支の規則性を説明しながら、支那では西暦紀元前二六三七年が干支の始まりとするが、日本では六〇年ごとの循環よりも、天皇の治世の年を特定するための補強としての役割があるとしている。明治に導入した紀元の年の数え方は近代の革新であり、キリスト暦の真似であり、一般国民が使うことはないし、将来も人口に膾炙しないと一蹴している。一方で、日本の太陰暦を惜しむかのように詳細・丁寧に説明をしている。「小の月」「大の月」「閏の必要性」や、新月から新月までを太陽暦で換算すると29・530592１日であることなど詳細を究める。日本が支那から暦法を導入する以前に一年をどうしていたかを詳細に議論しているのは圧巻である。たとえば、応神天皇の一五年と一六年は西暦二八四年と二八五年に比定されるが、王仁が漢字をもたらしたことが日本書紀に書かれ、仁徳天皇の治世に支那の文献の研究が盛んになったことは事実であり、また、推古天皇一〇年(六〇二)に天文研究が行なわれ、計算の円盤が朝鮮経由で導入され、白鳳四年(六七五)に天文台が造られ、持統天皇四年には暦が始めて頒布されていることは記録に残っているから事実であるとする。

しかし、初代神武天皇から一六代仁徳天皇までの一八五三年間の平均寿命が一〇九歳であるのに対し、一七代履中天皇から急に寿命が短くなって、以後一〇四六年間の平均寿命が六一・五歳になることは非合理であると指摘した上で、年月の数え方の基準を変えたと結論する。仁徳天皇の時代までは、春分から秋分、秋分から春分までをそれぞれ一年と数えていたのに、仁徳天皇の時代に支那の暦が入ってきて、履中天皇から三代で基準を新暦に合わせたとする。履中天皇は治世七年で七七歳で崩御されたが、仁徳天皇の御代を七〇年と数えると、実際の御齢は三五＋七で四二歳になる。反正天皇の治世は六年で、旧暦で四七年を過ごされ、新暦換算の御齢は三六年と半歳となる。允恭天皇は、仁徳天皇の治世の二四年(新暦の一二年)で新暦の齢は六八歳となる。

43　ブラムセン『和洋対暦表』所説 2

第二代綏靖天皇から第九代開化天皇までは『日本書紀』に事績等に関する記述がないため、欠史八代とする説がある。ブラムセン説を採れば、実在として何の支障もなくなり、実在性を疑う向きのある成務、仲哀天皇も当然実在となる。新羅、高句麗、百済に出兵した神功皇后の事跡も俄然現実性を帯びる。西紀前一三〇年の神武天皇即位であれば、弥生時代中期に該当して、考古学の成果を入れ、いよいよ現実になるのではないか。ドイツのシュリーマンがトロイ遺跡の存在を確信して掘り続け、数層に渡る発見をしたことと同様に、単なる空想、単に想像の神話だと考えられていたことが、歴史上の事実になる可能性が開ける。

仁徳天皇の崩御年を三九九年として、その年に中国の暦法が導入され、古来の日本の年の数え方が変更されたことを前提としてブラムセン説に従うと、神武天皇から允恭天皇まで在位推定年は次のようになる。

「神武　西紀前一三〇～九三、綏靖　西紀前九一～七五、安寧　西紀前七五～五六、懿徳　西紀前五六～四〇、孝昭　西紀前三九～西紀二、孝安　西紀二～五三、孝霊　西紀五三～九一、孝元　西紀九一～一一九、開花　西紀一一九～一四九、崇神　西紀一五〇～一八四、垂仁　西紀一八五～二三四、景行　西紀二三五～二六四、成務　西紀二六五～二九四、仲哀　西紀二九五～二九九、応神　西紀三三四～三五四、仁徳 西紀三五六～三九九、履中　西紀三九九～四〇六、反正　西紀四〇六～四一二、允恭　西紀四一二～四五五」

（長島要一「W・ブラムセンの情熱――『和洋対暦表』と古代日本」、岩波書店、二〇一〇年一一月刊『図書』第七四一号所収による）。

ブラムセンは、西紀前一三〇年の即位を仮説としながら、南海の島々での人口移動や交流についても研究がなされ、特に朝鮮と支那の記録との比較を行なうべきであるとする。一九一〇年の英文版には、クレメント氏は、「日本人の学者で、年紀を再構成するために、最も真剣な検討を行なったのが、久米（邦武）博士である。久米博士は、明治の紀元制度に懐疑的であったために、東京帝国大学を追われた」として、その見解を、フランス語の文献から和訳した間接的な引用の形をとって掲載している。「推古天皇が即位した西紀五九三年が歴史として確定できる年から、一八六七年の孝明天皇の崩御まで一二七四年の期間に、四六代を数え、治世平均が二八年間となる。継体天皇（四九二年）から、明治天皇御生誕の一八五二年まで、一三六〇年が経って、四九代の天皇が即位され、（治世平均は）同じく二八年間である。徳川の一〇代の将軍、足利の九代、明の一二代の王朝、宋の一一代の王朝も（治世平均は）二八年間である。昔は、婚期が早かったことも勘案すべきである。前漢書、後漢書、三国史記等、高麗、百済、新羅の歴史を研究すれば、仲哀天皇が崩御され、応神天皇が生誕されたのが、第一六代の新羅王の訖解尼師今、百済王の第一三代の近肖古王の時代で、西紀三四六年であるが、明治政府は、西紀二〇〇年としているが、年代表の確定を急ぎすぎた嫌いがあると指摘している」として、久米博士作成の年代表を、その後の齟齬の争いのない、第三〇代の敏達天皇の崩御までと比較する。たとえば神功皇后の没年は一二一年ずれて西紀三八〇年となる。

久米教授の英文の年代表を和訳してまとめると、天皇の年代は次のようになる。

「神武天皇　生誕西紀前六三年、即位西紀前二四年、崩御西紀前一年、六三歳(以下、生誕、即位、崩御の西紀年)、綏靖天皇　西紀前二一年、一年、二八年、四九歳、安寧天皇　一年、二九年、五三年、五二歳、懿徳天皇二五年、五四年、八〇年、五五歳、孝昭天皇　四九年、八一年、一〇八年、五九歳、孝安天皇　七〇年、一〇九年、一三二年、六二歳、孝霊天皇九五年、一三三年、一五六年、六一歳、孝元天皇　一三七年、一五七年、一八八年、五一歳、開化天皇　一六四年、一八九年、二一八年、五四歳、崇神天皇　一九一年、二一九年、二四九年、五八歳、垂仁天皇二二〇年、二五〇年、二八二年、六二歳、景行天皇　二五六年、二八三年、三一六年、六〇歳、成務天皇　二八七年、三一七年、三四二年、五五歳、仲哀天皇　三〇〇年、三四三年、三四六年、四六歳、神功皇后　三八〇年没、応神天皇　三四六年、三四七年、四〇八年、六二歳、仁徳天皇　三六七年、四〇九年、四三二年、六五歳、履中天皇　四三三年即位、四三八年崩御(以下、即位と崩御の西紀年)、反正天皇四三九年、四四二年、允恭天皇　四四三年、四五九年、安康天皇　四六〇年、四六二年、雄略天皇　四六三年、五〇二年、清寧天皇　五〇三年、五〇七年、顕宗天皇　五〇八年、五一〇年、仁賢天皇　五一一年、五一五年、武烈天皇　五一六年、五一七年、継体天皇　五一八年、五二五年、安閑天皇　五二六年、五二七年、宣化天皇　五二八年、五三一年、欽明天皇　五三二年、五七二年、敏達天皇　五七三年、五八五年」

44 日本人の季節感と明治改暦事情

明治の改暦は、言わずと知れたことであるが、西欧に追いつけ追い越せの策として実行されたことは間違いない。西欧化に何の疑問も挟まず、いや疑問を挟みながらも、たった四隻の蒸気船で開国を強迫され不平等条約を結ばされた仇を討つためには、桜田門外の変のような短気を起こすことではなく、科学を精密に行なうことであることと身にしみていたから、いちいち閏年を入れたり、支那の迷信に纏いつかれたり、あるいは天文方が世襲集団になり、暦の配本が利権化し、本当の天体観測や計算の能力が不足して、現代日本の軟弱化した政治家のようになっていたことから、早く太陽暦を導入して、列国に伍して科学技術を整えなければならないと、焦ったことは間違いない。

現実の自然現象を正確に観察することで、分析結果としての暦に拘束されない感性を持つのが日本人の特徴だと、本居宣長は『真暦考』で書いているが、支那から暦が渡来する以前には、何月何日の定めがなかったにせよ、春夏秋冬の四季の移ろいには敏感で、太陽の運行と共に季節が変わり、月が満ちたり欠けたりする一巡を知っていたし、その定めで、「ついたち」「もち」「つごもり」と言ったとする。夕暮れに月が見え始める頃から一〇日ほどを、「月立《ついたち》」と言った。暦が出来てからの「朔」は新月の夜のことであるが、まだ月が見えないので、暦以前の考えでは、まだ晦《つごもり》の末でしかない。暦では、「合朔」という月と太陽が一方向で合致し、全く月の光が見えない日を「朔」としているが、皇国日本ではそういう定義ではなかったと本居宣長は主張している。「ついたち」とは、だんだんと夕暮れに月が高く見えてくる「月立」であり、倭建命が、美夜受比売《みやずひめ》の御衣の裾に、「月《つき》の水《けがれ》」がついているのを「月立にけり」と詠んだことを傍証にしている。

「伊勢物語」で、「そのころみな月のもちばかりなりければ」とあるのは中旬という意味で、末の一〇日ほどを「月隠《つごもり》」とする。木々に花が蕾をつけていつしか満開になる季節を正確に観察することに優れていたから、暦に囚われる事がなく、暦のずれがあってもおおらかさがあったが、決して惑わされることはなかったし、「日数にはこだわらず、空の月を見て、朔の始めを、ある人は今日と思い、別の人は昨日と思い、もう一人は明日だと思い思いに定めても、どれも間違いではなかったので、大小の月に分けなくとも、晦と朔が乱れる事はなかった」と書いている。

暦に拘束されて建前にこだわるのではなく、自然界の現実を対象として自在に捉えるのが大日本の国体の本質であるから、西洋と対峙するためには太陽暦を導入することが大切と思い込んだことも間違いない。すでに、安政元年には、『万国普通暦』と銘打った和洋対暦表が幕府に提出され、上段に日本の暦、干支、七曜、二四節気とその時刻を掲げ、下段に太陽暦の暦日、七曜等と並んで当時のロシアが依然として使っていたユリウス暦との対照表を出版しているから、独立国家としての立場を確保するため、改暦が必要であることが必至の趨勢となっていたことも間違いない。遂に、明治五年一一月九日に改暦の詔勅が発せられたが、明治三年には大学に天文暦道局を置き、八月には星学局と改称、和算の専門家をして作暦の担当としているから、それまで連綿として改暦の準備が行なわれていた。一説には大隈重信の回想録にあるように、月給制度の採用により旧暦で閏月のある年には、一三ヶ月の月給を払う羽目になるので、当時新政府が破産状態にあったこともあり、大蔵省が財政上の理由から改暦を急いだとする説もある。

改暦の詔勅から六日後に太政官布告によって神武天皇即位紀元が制定されたが、明治二年に津田真道が建議した「年号を廃し一元を可建の議」が実現したもので、もとは年号に代わるべく発案された。だが、明治一〇年頃まで年号と併用されて、紀元二千六百年に当たる昭和一五年になり記念行事で万邦無比、金甌無欠と喧伝されるまではほとんど使用されなかった。なるほど後にインドネシア独立宣言に使われたが、久米博士九十年回顧録には、「十一月二十二日、東京の太政官より英国倫敦中耳あの弁務使館に電報到達し、朝議の決定で太陽暦に改まり、来る十二月三日を以て明治六年一月一日となし、神武天皇即位の年を紀元元年と定められ、之を数えて掲載すべし云々とのことであった。寝耳に水を注がれた如く、委細の情実判らず、十日の後に引き上げて正月元旦を祝したが、外務書記官で贈答文書を作り、年月を掲載するに、某地で耶蘇誕生後何年の他に、日本神武天皇即位紀元何年と重複に記録せねばならぬので、徒に文筆の繁を増すことになった」とある。続けて「紀元を始めたのは、朔望を廃して西洋暦と共通する基督教の正朔を奉ずる形式で、皇統一系を誇る我が国がマホメタン回回暦に倣ひ、而も数千年の昔に泝り暦の紀年を画するは、浄衣を被て炭塗の中に馳駆するに近い迷信であるが、亦当時の時勢の然らしめたものであろう」と冷ややかである。

45　日本の公式紀年法は年号である

久米博士九十年回顧録は、没後三年の昭和九年一〇月に発行されて、昭和六〇年に上下巻とも復刻されている。これまでの引用は第二一二項の「日本より改暦の電報」と小見出しのついた一項にある改暦についての評論が記載されている四三〇頁から四三五頁までの部分からである。もう少し続けると、次のように書いている。

「今度の改暦により、東洋は従来太陰暦を用ひ、月の朔望に拘泥したのに、之を廃して太陽暦に改めたといふのは俗説にて、東洋でも歳首は十一月であり、閏月の都合で十一月朔日が当時で一陽来復するを嘉祥とした、これ、真の歳首である。（中略）冬至には一陽来復して日景永くなり始めるが地上は厳寒であるから、是は天の正月である。次の建丑の月は往を送り来を迎ふる準備の月で地の正月である。尚其の次の建寅の月が小寒大寒を通過して気候の融和したる時で、之が人の正月である。斯様に天地人三様の歳首が農業の実際に適合したもので、四千年前虞夏時代より之を歳正と称し、月の十二支は天正の十一月を子の月と数える習法になって居る。即、今改まった暦と同様であるが、四時の配合即、立春・立夏等の節気が齟齬するのみである。（中略）東西の暦は結局一元である。基督教の安息日は日月を五星に加えた七曜から割り出され、東洋の陰陽五行と同元であることは疑いを容れぬ。西暦は唐代より回回暦と称してゐるが、回回とはマホメタンのことで、即隋の末にマホメットが唱えた教に打従へられた地方を汎称したバグトリヤ以西バビロン・カルデヤ地方の西域に行はれた暦である。マホメットは無丁字なりしとのことなれば、此の暦の元はバビロンの星度推歩から分岐したものと推料される。天度の三百六十五度四分一余を三百六十度の敬意に割り切って定めたのも同じく回法といはれてゐるが、亦バビロン法であらう。之は便利ではあるが、天の神道には不順である。如何となれば、天円地方の理を失うからである。（中略）太陽が北から南に行き詰って北に還るまでを一歳と数へ、その間に太陰は十二度余の朔望をなして六日余りを残す。四年にして二十四日を残すから閏月を設けてこの残実を取り戻すので、太陰暦も其の根本は太陽暦に立脚して居る。此の消息を推歩するのが、天の神道に順なる所以である」

天円地方の理が大切であると主張しているが、明治二四年「神道は祭天の古俗」と題して発表した論文が攻撃を受けて翌年東京帝国大学文化大学教授を辞し、同じ肥前鍋島出身の大隈侯の東京専門学校（後の早稲田大学）で講じつつ著述に専念した久米教授の回想だけに、「何の必要あって改暦したかは、（中略）熟〻其の事由を推料するに、閏月の故障を去るのが、重な原因であらう」が、「閏月の為に朔望を廃するなら、周の月令依り、春夏秋冬の四時を孟仲季の三ヶ月に割って十二ヶ月をし、更に之を二十四節気に分てば無事なるものをと言はれたが、此の言は間然する処なき穏健な批判である」と重い言葉を書き残している。

明治四年九月に官公吏の月給制が施行され、それまで年俸制であったから問題にならなかったが、極度に窮乏化した財政の下では、閏月の出費増加を回避する策として太陽暦を採用して、それを年内に発布して新暦年から実施すれば、明治六年の六月の閏月もなくなるので、二ヶ月分の支出を節約することができると算用したのが真相だろう。明治の改暦は明らかにグレゴリオ暦の採用であるが、細部では四百年間に三回閏年を省略するというユリウス暦との区別を明示しなかったために、明治三三年(西紀一九〇〇)はグレゴリオ暦では平年だが、日本では閏年になってしまうので、勅令をもって齟齬が出ないようにしたが、それは、神武天皇即位紀元を一旦西紀に換算して、四百の倍数以外の百の倍数の歳は平年とするとしている。閏年の決定は今でもこの勅令が根拠であるから、西紀が日本の紀年法として認められるわけもないから、西紀が神武即位紀元へ換算されて入り込むという複雑な構造となっている。西紀に対抗しようと、神武即位紀元を採用し年号を廃止しようとした津田真道の建議は強烈だったが、風雪に耐えた日本の公式紀年法は年号である。昭和五四年六月一二日に「元号法」が成立しているし、「平成」の年号は昭和六四年一月七日の昭和天皇ご崩御の翌日に施行されている。

支那では辛亥革命で太陽暦を採用し、紀年法で一九一二年を民国元年としたが、共産党の建てた人民共和国は西紀を公暦として天円地方を捨てたようだ。

また北朝鮮は西紀一九九七年に突如「主体」という年号を制定したが、朝鮮ではその時の情勢に従って、自国の年号を建てたり、支那との関係の帰趨を伺うために支那の王朝の年号をそのまま用いたりと変化する。高句麗も新羅も独自の年号があったが、百済はついぞ独自の年号を建てられなかった。高麗では天授という年号が始めであるが、その後ずっと宋の年号を用いた。李氏朝鮮は九三〇年後の日清戦争の最中に太陽暦の採用と建陽という新年号を決めている。多難な民族の歴史が暦の変遷からも窺われる。

46　大津波の波濤を越えて

東北関東大震災が発生した。地震が起きた時、赤坂の溜池を歩いていた。六本木のアークヒルズの高層ビルを通りすぎ、交差点を右に曲がれば、虎の門方向というあたりだ。阪神大震災で、高速道路が横倒しになった写真を思い出し、官邸前に行く道路の上を高速道路が走っているから、看板やガラスが落ちてくる可能性ありで、近くのビルの玄関に入り込んだ。上階から米国人とおぼしき三人が走り降りて道路に飛び出そうとするから、ビルの中が安全なのではないかと制した。時計を眺めて五分も震動は続かないはずだと諭した。終わって呆然としているので、直ぐ本国の家族に電話をかけた方がいい、まだ電話はつながるからとお節介な話をして名刺を一枚渡した。サンキューと一言《ひとこと》言ったが、その後の連絡はない。日本財団の前を通り過ぎて、米国大使館への通りを横切り、昔の満鉄ビルを過ぎて、虎ノ門まで出た。原子力の平和利用を被爆国日本に於いて宣伝するための心理作戦に従事した外国の組織のあったビルの窓ガラスが散り散りに破れていたのを見た。虎の門では旧知の郵政建築の専門家に出会ったが、庇《ひさし》が特徴で、ビルの中央が中空になって法隆寺の五重塔の心棒の役割を果たしているから大丈夫とのふれこみであったが、老朽化して、民営化で、修理費用をけちったか知らんと聞いてみたら、補強工事を現役の時代にちゃんとしたから、大丈夫な筈だと自信ありげに答えた。警察のアンテナがのっている総務省や外務省を過ぎて、博物館のような赤煉瓦の法務省の庁舎を右に、警視庁を左に見て桜田門についた。早々に通行止めになっており、祝田橋から皇居前広場に抜けたが、お堀の水が揺れ動いた気配もなく石垣の乱れはなかった。皇居前広場には、大手町あたりの高層ビルからサラリーマンがヘルメットを被って白ワイシャツ姿で、一団をつくって逃げて来た。外資企業も多いから、不安げな顔の外国人社員も結構な数であった。東御苑あたりでは、近くの第一ホテルが建築中で歩道が狭苦しくなっているせいもあって、歩道の離合が袖がふれあうほどに人も増えた。沖縄の知人が、前島密の賞を受賞をして、竹橋のホテルで祝賀会が予定されていたが中止になった。ホテルのエレベータは止まり、一階のコーヒーショップは、家に帰れない客の居候のようなたまり場になっていた。日生劇場で、演歌歌手の北島三郎のショーがあって、わざわざ関西から見に来たという老夫婦が、地震で大揺れで劇場の屋根が落ちるのではないかと怖かったので、帝国ホテルの隣の劇場から宿泊しているホテルのある竹橋まで徒歩で帰って来たとの話だった。一階のレストランは水を給仕してくれたが、居座るわけにもいかないので、竹橋の裏の神田鍛冶橋に知り合いの会社があったので訪ね、油を売ることにした。エレベータが止まって五階まで歩くのはこたえたが、事務所の本箱が飛んだくらいで、電気も通じていたし、トイレの水も出ていたので、東京の被害は阪神大震災のようにはならないことははっきりしていた。夜の八時半頃までで見切りをつけて、目黒の先を目指した。白金高輪から白金台を過ぎて目黒に着いて、東急の電車が少し動き出したので、そこから大岡山経由で大井町線に乗り換え、家に帰り着いたのは一一時半を回っていた。途中タクシーも見たが何時間も渋滞に巻き込まれていたし、麻布十番のあたりではサウジアラビアから来たという学生が日本の整然とした秩序に驚いたと言うので、伊勢神宮に行ってみることも日本を理解する為に必要だと忠言をしておいた。深夜になって目黒通りの渋滞も解消されたので、恵比寿の会社の寮に避難していた娘の救出に車を運転して行った。家のガスは自動的に止める安全装置が作動したが、ボタンを押せば復旧した。千葉の精油所が燃えて、築地移転予定の豊洲や浦安の埋立地が液状化したが、地震で一番怖い火事が東京二三区で発生しなかった。

さて、陸上自衛隊の飛行機が撮影した津波の映像は、海鳴りの底から叫び声を上げて名取川の海岸に押し寄せる水塊を撮影している。震源地は、金華山の先の太平洋沖で、親潮が盛り上がった津波である。海上保安庁は、巡視船が津波の大波を横切る映像を公開したが、「総員、つかまれ」と船長の冷静な伝声が印象に残る。陸に近づくと突然波高を高めるが、海上では横倒しにならないようにして直角につっきる操船をする。女川の観光船の船長は新西蘭《ニュージーランド》から小型ヨットで太平洋を縦断して故郷日本に帰った勇者だが、津波で物は全部失ったが、発生と同時に船を沖出しして生還したと電話の先で話していた。福島第一原発を襲った津波は四〇メートルの高さの建屋を超えた。波頭はプロメテウスの火に怒りをぶちまけている潮の塊のようにも見えた。見えない恐怖は、人の判断力を停止させるが屈服してはならない。拝金の市場原理主義《ショックドクトリン》は、自然災害を脅しの手段にして流言飛語で人を金縛りにするが、姿の見えない敵を的確に測定して分析して、敢然と絆を強くして克服できる。黒潮の民は波濤を跨いで雄雄しく立ち向かうのだ。

47　原発が破壊した日本の浜辺

平成六年九月に京都の光琳社出版から『STILL CRAZY nuclear power plants as seen in Japanese landscapes』と題する英文の写真集が出版された。裏表紙に、「Japan's 16 Nuclear Power Plants And 53 Nuclear Reactors And Planed(まま)　NPP　Construction Sites」とある。出版から四年後、その写真集に「Sacred Places」と題する

英文が一枚の紙に認められ追加して貼られている。著者の広川泰士《ひろかわたいし》氏のホームページに「聖地」と題する和文があるので、代わりに引用してみよう。

ここ一〇年ほど、北米、南米、アジア、アラブ、アフリカ等の、巨岩が不思議な造形で、むき出しになっている乾燥地帯へ撮影で出掛けることが多くなった。人里離れた場所なので、野宿をすることになるのだが、そんなとき、スッと気持ちが良くなることがある。神域と言われるところに行くと、気分が良くなることがあるが、それに近い感覚である。ある夜、岩の上に直に寝てみた。昼の灼熱の陽光のせいで日が暮れても暖かくて気持ちが良い。やがて、夢うつつのうちに、得も言われぬ快感を体験した。地面の下(地中)と上(上空)が体を貫いて一体になったような。そんな恍惚感であった。これらの地の幾つかは、ネイティブの人達の聖地になっていること、そしてそれらの地中には豊富な鉱物資源が確認されていることが、後になってわかった。日本でも、一例を挙げれば、古生層片岩地帯の地質分布が、紀伊半島山地の中央部を東西に横断し、紀伊水道を西に経て、四国を東西に横断し、九州へ延びているそうだ。金、銀、銅、鉛、亜鉛硫化鉄、水銀、他の分布地点と、真言密教の聖地・高野山、そして四国八十八カ所の霊場とが一致するのである。多くの山岳信仰の地、霊山、社寺仏閣のある地、これらと鉱物の関わりは非常に深いものがありそうだ。実際に岩が信仰の対象になっている所もあり、これはインドや東南アジア他の国でも数多く見受けられる。この事が何を意味するのか僕には分からないが、聖地なり神域ということで、地中のものが永い年月守られて来たのは事実であり、何か強烈なエネルギーを発するものが本来あるべき地中にあって、適度な作用を地上に及ぼしているのではないだろうか。その地を深く掘り、地中にあるものを取り出すことを固く禁じ、先祖代々守るよう言い伝えの残るネイティブアメリカンのポピ族の聖地や、同じくハヴァスパイ族の聖地、オーストラリアのネイティブ、アボリジニの聖地カカドゥ等には多量のウラニウムが埋蔵されており、地元の人々の抵抗にもかかわらず、政府は採掘を強行している。守り続けられてきた聖地への破壊行為は、その地の汚染や人々の被爆に止まらず、世界中にその輪を広げている。ポピの地のウラニウムは、彼らネイティブアメリカンの地、ロスアラモスでの世界初の核実験や、広島、長崎の原爆にも姿を変えた。やはり土地を深く掘ることを禁じているティベットにもウラニウム等の地下資源が埋蔵されているような気がする。さて、原子力発電の恩恵にあずかっている現代の我々の繁栄は、多大な犠牲の上に成り立っている訳だが、未来に対しても犠牲を強いていかざるを得ない。増え続ける、半減期二一四万年のネプツニウム237を含む高レベル放射性廃棄物をガラスで固め、コンクリートで覆い地中に埋めるしか術がないという事実。築後たった四〇年を経て解体される原子炉、その解体方法と跡地の管理問題が未解決という事実。天変地異にガラスやコンクリートが二一四万年も耐えられ、自然環境に影響を決して及ぼさないと言う事を、我々の世代が責任を持つ事が出来るのだろうか。いっそ、核廃棄物保管場と原子力発電所や関連施設の跡地に、しめ縄でも張りめぐらして聖地とし、後々の世代へ「決して近づいてはいけない、掘り返してはいけない」と言い伝えでも残したらどうだろうか。後の世代が存在していればの話しだが(一部表記改変)。

九一年から九三年まで、三九ヶ所の列島各地の原子力発電所を巡って撮影した黙示録のような写真集だ。海岸に立地した原発が渚を破壊したことがよくわかる。近代風に海岸の往来を遮断し、人智を超える津波の如き自然の猛威を想定外と片付けて、浜辺の松林を切り倒し埋めたことが歴然としている。明治の頃にも三陸久慈の海岸が西洋人の保養地となって地元住民が立ち入り禁止となり、男女が口吸い合う者ありと風紀の乱れが聞き書きとなり、沖縄では占領軍の港の後背地をホワイトビーチなどととと呼ぶようになった。抑も黒潮の民は、浜辺を閉鎖・私物化しない。白砂に皇居前広場のように青松が加わったのが江戸時代からにしても、浜は海と陸との往来の緩衝空間であり、テトラポットを積んで液状化をモノともせずに湾を埋め立てる怖いもの知らずが跋扈したのは最近のことだ。美浜原発を遠望する浜辺で海水浴をする夏の海岸の景色が写真集の冒頭を飾る。隣の岩浜に海水浴客を追いやるが、稀人の往来の結界として境を示す鳥居が人気のない海岸に寂しく立つ。原発が、日本列島の浜辺を占領して破壊し尽くした証拠写真集である。

48 熊野で日本再生を祈る

東京の羽田空港を九時五〇分に出ると、南紀白浜空港には一一時に着いた。空港は海岸段丘の上にあり津波の影響がない立地であるが、滑走路が短いせいか小型ジェットを機材として使用していた。空港の前から、一日一便の新宮行きの特急バスに乗って、熊野本宮大社に向かった。バスは、空港の丘を下って白浜の駅に寄り、田辺の駅前から、熊野参詣道の中辺路《なかへち》を辿るように走る。参詣道の休憩所となる地域に、信仰の道を繋ぐために設けられた神社を王子と呼ぶらしく、初めて熊野権現の御山の内となる滝尻王子から本宮大社までの約三八キロの中辺路には九王子が点在している。バスは、熊野古道なかへち美術館で小休止するが、そこは近露王子と呼ばれたところで、本宮大社まで一気に歩ける最後の宿場で、今も民宿が点在している。田辺から普通のバスであれば本宮大社まで二時間かかるが、特急バスでは一時間で着く。やはり、往来は、熊野川河口の新宮との往来の方が便利であるから、時間があれば、名古屋で乗り換えて、新宮の熊野速玉大社、那智の熊野那智大社を詣でてから、本宮大社に至るのが、熊野三山の参詣を全うすることになるが、日程を要する。しかも、今回の熊野詣では、二〇一〇年の春の例大祭への参加を予定しておきながら、直前に倒れて大病を患ったから、蘇ったことを感謝する旅とするために、伊勢の近くの知人や、紀伊長島の錦の友人を訪ねることもせず、直行したのには、理由があった。勿論、東北地方の大地震があったから、ささやかに復興祈願をするにふさわしい大日本《おおやまと》の聖地たることは心得ていた。

収監された鈴木宗男氏も二〇一〇年の九月一九日に、人生再出発のスタートをしようと本宮大社に参っている。参拝者が多く列をなしており、「鈴木さん、頑張って下さい」、「権力と闘って下さい」と声が懸かったという。宮司から「新しいスタートの場所ですから。人生山あり谷あり、苦難もあります。お身体に気をつけて、しっかり頑張って下さい」と激励を受け、何となくホッとした気持ちになったという。

二〇一一年の一月八日には小沢一郎民主党元代表も本宮大社に詣でている。民宿は夕食こそ出さないが立派な旅館並みの設備で、町営の温泉もある。車があれば近くの川湯温泉まで足を伸ばせる。四月一三日には、例祭の始まりを告げる、神の依り代である稚児が湯峯温泉で身を清め大日越という本宮大社への最後の峠道を歩く湯登《ゆのぼり》神事があり、宮渡《みやわたり》神事では神職・稚児・総代などが行列を組み、神歌を唄い太鼓を叩きながら巡って、例祭の平穏無事を祈念する祭が行なわれている。

四月一五日の朝八時から国家安泰、国民平安を祈念する本殿祭が始まった。宮司は「大震災があり、祭の時間を知らせる花火やアドバルーンをあげることを自粛したが、その他の行事は淡々と進めることが大事である。人と自然との共生、そういった想い、東北で多くの人々の命が奪われた、その御魂の鎮魂を祈り、明治二二年の大水害で本宮大社は壊滅的な打撃を受けたが、僅かに二年の間に今の山間の丘陵地に移築することに成功している。しかも重機がない時代に大がかりな復興事業を成功させている。来年(平成二四年)は明治の大水害から一二〇年の節目の年として、社殿修復等の工事を進める」と決意を述べられた。先人の迅速な修復に習うためにも、決断して迅速な行動に移して行くことが大事だとの趣旨の挨拶であったが、聴衆の中からは、現下の日本の政治指導力の欠如を想像したせいか、嘆きの声か、溜息か、はたまた失笑とおぼしきさざめきが聞こえた。重要な祭典である本殿祭は、春の恵み、自然に生かされていることに感謝を捧げる神事である。午後一時には本殿の神様を担いだ御輿に乗せ、本宮大社の旧地である大斎原《おおゆのはら》までを練り歩いた。行列の中に桃花《ちょうばな》と呼ばれる、太い竹竿を柱として木箱に無数に造花を挿し飾ったものがあり、餅投げの赤餅と引き替えにされる。祭の主祭神である家津御子大神《けつみこのおおかみ》が鎮座されたとき、我を祀るに母神も同じく祀れと仰せられたとの伝承で、熊野の花の窟《はないわや》から伊弉冉尊《いざなみ》をお迎えして花を奉じ鼓・笛・旗を以て祭を行なうようになったとのことである。春の例大祭にふさわしく桜が満開だった。午後二時からは斎庭神事が大斎原で挙行された。総代会による餅投げが行なわれ、熊野修験が採灯大護摩の大きな火を焚いた。神事の終わるころ雨が降り出したが、遷御祭にて御神輿は本殿に戻り例大祭が終わった。夕刻の直会《なおらい》は大賑わいであった。宮司は馬に乗って戻った。

本宮大社の旧地は熊野川の中州にある。熊野川もダムが出来るまでは水量滔々として、河口の新宮あたりからの船の往来が今より遙かに頻繁であったという。大社旧地の大斎原には、日向の西都原古墳で出土した舳先と艫《とも》の両方が跳ね上がったような、バシー海峡で今も使われている格好の船の、古代の船着き場があったことを想像する。神武天皇は熊野を大和征伐の船玉の根拠地となし、八咫烏《やたがらす》が先達を務めたのだった。吉野の金峯山に黒潮の海の幸の印として、修験者がいとも容易に夏の飛魚を運んでいく交易があったことはすでに書いている。

49　熊楠が残した神社の森

熊野本宮大社の例大祭への参加を終え、二倍時間のかかる各駅停車の竜神バスで、白浜空港に戻ることにした。午後遅くの飛行機の出発まで、田辺駅で下車して南方熊楠の故地を訪ねた。旧宅は駅から歩いて行ける距離に残る。大正五年から昭和一六年に七五歳で亡くなるまで、四半世紀を過ごした終の住処である。隣地に顕彰館が近年建てられ、約二万五千点に及ぶ資料を整理している。粘菌採集道具、寄稿論文を掲載する内外の雑誌文献、日記などを展示する。柳田國男宛の書簡までも収集されている。それから、駅前からバスに乗り、温泉場となった白浜の町を抜けて、典型的な魚つき林の様相の岬の高台に、南方熊楠記念館がある。岬の森は植物園のようになっており、麓には京都大学の海の家のような施設があり、隣接の砂浜にはハマユウの群落がある。

昭和天皇の御製

雨にけふる神島を見て
紀伊の国の生みし南方熊楠を思ふ

の歌碑が敷地に屹立している。昭和四年六月一日、御召艦長門に六隻の艦船を従えて南紀を行幸した昭和天皇は、熊楠の推奨する神島に上陸して粘菌を観察され、後刻艦上で神島の植物に関するご進講を受けている。

神島には

一枝も心して吹け沖つ風
わが天皇《すめらぎ》のめでましし森ぞ

との熊楠の赤誠の歌碑が一年後に建てられて今に残る。記念館の歌碑は、昭和天皇が昭和三七年に再び行幸された時に詠まれた歌を碑として、記念館と相まって昭和四〇年に完成している。臣下の姓名を挙げて思ふとする類稀な君臣の関係を詠っており、神島を指呼の間に望む地に常陸宮殿下の鍬入れで不朽の記念としている。御進講の後の松枝夫人との記念写真が残っているが、熊楠は燕尾服を着込み、蝶ネクタイにシルクハットと畏まって緊張している雰囲気が伝わってくる。神島は田辺湾にある面積三ヘクタールほどの島である。神島と書いて「かしま」と訓《よ》む。神島の神は建御雷命《たてかみづちのみこと》であるというから、常陸の鹿嶋神宮との関係も容易に想像される。かしまが神島であることを田辺の記念館を訪れるまで知らなかった無知を恥じている。神島は古くから人の手の入らない不伐の森であったが、明治四二年に神島の弁天社が、近くの村の大潟神社に合祀され、神の森の伐採が計画されるに至って、南方熊楠は、自然の森の破壊に反対し、神島を日本初の保安林に編入することに成功した。そもそも明治政府は、明治四年の太政官布告で、全国の神社の格付けを図り、明治九年には、神社合祀の法律基盤を固めるが、三重県と和歌山県では、特に急進的な合祀が行なわれたとされ、郡長が神職取締を兼ね、強引に合祀を迫っている。

南方熊楠が、神社の合祀合併とそれに伴う神社林の伐採を憂えて、長文の論攷を初めて発表したのは、明治四二年九月二七日である。

「昨今ヨーロッパでは街中に小公園をつくって市民の憩いの場としているというのに、我が国では手近にある小公園ともいうべき神社を潰し、その木を伐ることは時代錯誤だ」と主張している。熊楠は神社の森がかけがえのない生命の貯蔵庫であることを知り、日本という国の文明の根本がそうした、ささやかな島の森や、鎮守の森に宿っていることを、むしろ七つの海を制覇した大英帝国の博物館での勉学の成果として知り尽くしたと思われる。大正七年に至ってようやく、

「神社合併は国家を破壊するもの也。神社合併の精神は悪からざるもその結果社会主義的思想を醸成する

の虞あるを持って今後神社合併は絶対に行うべからず」との意見が通った。南方熊楠の反対で神島の森、前号で紹介した熊野古道の中辺路の中途にある野中の継桜王子社の社叢、那智の滝の原生林などが残っているが、紀州の大方の神社の林は切り倒された。

明治政府が神社合祀を進めたのは、最近の構造改革の破壊とも似ているように思うが、それは西欧的な宗教秩序を導入して合併で効率化しようとする発想だったから近代化の典型であった。平成に入っての市町村合併などもそうした効率化の産物であるが、神社合祀の場合には、巨木が利権となり、木を伐ってそれを売ることで、一部の勢力が利益を上げた事実が根本にあったと想像する。列島に繁茂していた巨木が外国勢力の手に渡り加工されていった可能性があるとすれば、現代の構造改革論という外国金融勢力の脅迫に屈した迷走に限りなく近い。北海道の樫林は外国で酒樽になったと聞く。

南方熊楠の英文の書簡などを見ると、もう西洋人も一目置くに違いない流麗さで、小村寿太郎などの英傑と共通する西洋理解の深さであるが、西洋を深く理解すればこそ逆に日本の根本について拘った。明治という時代の中で、地方の知識人としてついぞ中央に出なくても、世界で活躍できたのは、今日ほど地方が破壊されていなかった証拠なのかも知れない。熊楠が没してからわずか七〇年ではあるが、神島の森はその植生をどんどん変えている。マツもタブノキも枯れた。

50　木は歩き、森は変わる

森の樹は勢いが衰えると、根元から若芽を出し生き返ろうとする。それでも枯れると側に新しい芽を出し、樹が枯れる毎に横に移動するように見える。南方熊楠が必死に守ろうとした神島の森を観察し続けた後藤伸、玉井済夫、中瀬喜陽の共著『熊楠の森――神島』が出版されている。その本に「樹は歩き、森は変わる」という表現がある。昭和九年に熊楠の指導の下、神島の樹木所在図が作られたが、それから僅かに五〇年で原始の森は大きく変わっているという。

タブノキの巨木は朽ちて、海岸のクロマツも消滅した。クロマツは日本の海岸線の岩場に張り付くように生えて来たが、白砂青松が日本本来の景観ではないことは以前に書いた。防風林や防潮林にクロマツなどが優秀であることを経験的に知って植栽に励んだが、樹齢百年から百五十年で枯れてしまうのだから、江戸時代からの日本の景色である。現代の景色としても、美浜原発の近くの磯辺の岩山にマツの木がまばらに生えて、内部を津波から守るほどではない荒涼とした、二〇年前に撮影された写真を見たのは最近のことである。タブノキの枝葉には粘液が多く、乾かして粉にするとタブ粉が得られ、線香や蚊取線香の粘結材料の一つとなる。外国から輸入を止めて以来、国産の除虫菊の栽培と相まって線香工場が紀州に位置するのは、タブノキが繁茂していたからに違いない。開国の軍事強圧の談判の会場となった横浜開港資料館の中庭には、「玉楠」と呼ばれるタブノキの巨木がある。枯れたタブノキなどの後を埋めたのは、クスノキ、イヌマキ、ホルトノキ、ムクノキ、エノキ等だ。

クスノキは神社の林に植えられており、巨木となっていることが多い。芳香を放つから、唐辛子のことを古語で「クス」と呼ぶように、寄生虫や病原菌などを追い払う成分があり、樟脳を得る。防虫効果があり、巨材が得られるから、仏像にも使われ、船の材料としても重宝された。丸木舟の材料として、大木を数本連結して舷側板を取り付けた古墳時代の舟も出土している。『古事記』の人代篇の其の六には、大木を伐って船を造ったところが、速く走る船が出来て、其の船に軽野がなまった枯野という名前をつけたという話が載っている。カタが結ぶ、マランが木材と言う意味であるタミール語の双胴船を意味するカタマランであるとの説もあるが、その船も年を経て朽ちてきたので、塩を焼くための燃料にして、燃え残りの木を琴にして、かき鳴らしてみたら、由良の渡りの水の中の岩に生い茂って揺れる海草のように、音はさやさやとした音色を響かせたとの記述がある。常陸国風土記には陸奥国の石城で造った船が流れ着き、現在の鹿島郡の神栖に含まれた軽野村が比定されているが、長さ四十五メートル、幅が三メートルという大型の船である。相模風土記には、「この山の杉の木をとりて船を造るに、船足の軽きこと他の木にて作れる船に異なる。よってこの山を足軽山と名付けたり」とある。今でも、伊豆熱海の神社にクスノキの巨木が残るが、伊豆や駿河で、造船が盛んに行なわれた験である。台湾では、樟脳の原料として、大いに栽培されたし、楠正成の勤皇の精神が埋め込まれたような話であるが、南の木と書いて元々の漢字は、タブの木を意味するが、クスノキと訓ませるところが興味深い。東京オリンピックの年に公園などに植えられたクスノキの植栽も大樹に成長している。ホルトノキは熊楠の調査には一本も記録されていない。平賀源内がオリーブの木と間違えたから、ポルトガルの木の名前になった新しい木だ。ムクノキは照葉樹林が破壊されると増えて、しかもタブノキとそっくりであるから、ムクノキが枯れると森が発達している証拠で喜べば良いとのことである。後藤伸氏は「神島だけには、害虫駆除の農薬を散布させなかった」が、農薬の大量使用で莫大な利潤を得る関係者がいて、「害虫によってマツ林が枯れてきた」のではなく、「マツ林が衰弱したので、害虫が発生したのだ」と筋を通している。森林は一部の伐採で全体の荒廃が進行するという。観光開発で僅かに二メートル巾の周遊道路を造って原生林が全部壊した。稲積島は、突堤で繋いだだけで、漁場が数年後に消滅して、原生林は普通の海岸林になってしまった。昭和四年の行幸の目的は、別名を彎珠という袴蔓の観察であった。種子が黒い球形で硬いから数珠の材料だ。沖縄から神島近辺を北限として分布しているツル性植物である。神島にはバクチノキ、センダンもある。琉球カラスウリは、南島の特産であるが、神島にある。

さて、熊楠が西南日本の原形だと広言した神島の森も複合汚染で、生育している動植物は極めて危ない状況にある。紀州各地の魚つき林にも昔日の面影はない。和歌山市の友ヶ島の沖ノ島と地ノ島ではドブネズミのようなタイワンリスとシカを放って荒れ果て、湯浅の黒島も鷹島の森も消えた。南部の鹿島と、白浜の熊野三所神社と元島に森が残るが、捕鯨で有名な太地では、農地拡大のために紀州備長炭の原料となるウメバガシの森を殆ど伐採して破壊の惨状を呈している。

51　琉球と熊野を結ぶ黒潮の道

熊野で日本再生を祈る、熊楠が残した神社の森、木は歩き森は変わる、と黒潮の洗う紀州の山海のことを書いたら、田辺に住む読者から葉書を頂いた。「南方熊楠先生のことにつきお書き頂き感謝申し上げます」「折しも明日天皇陛下、皇后陛下が全国植樹祭のため主会場の田辺市にお入りになられたところです。たぶん陛下にはこの南紀州熊野の地は先帝が南方先生と共に田辺湾神島に於いて意気投合された故知を知っておられ明日の会場も眼下に神島をご覧になるだろう、と存じます」と書かれている。

全国植樹祭が田辺で開催されることなど知らなかったが、ささやかな文章を書いたことはやはり偶然《たまたま》ではなく、熊野灘の沿岸に原子力発電所の立地はいよいよ困難になったものと思うと欣快である。そうこうしているうちに、沖縄の旧友からも、熊野詣での一文を読んだとして、須藤義人著『マレビト芸能の発生、琉球と熊野を結ぶ神々』（芙蓉書房出版、五月一三日刊）なる新刊書が送られてきた。足かけ六年に亘る調査の集大成とあるだけに、琉球弧と呼ぶ島々の古層の発掘を目指す本で、修験道や熊野権現などとの関連を論じて、日本の基層文化の一部に琉球弧を起源とするものがあり、琉球弧の基層文化に目を向けることは日本文化における伊勢・熊野神話圏を照射することにもなろうと述べて、黒潮文明論を鼓舞する内容となっている。八重山諸島の小浜島に残る仮面芸能に圧倒されたことが研究開始の端緒であるらしく、小浜民俗資料館に大正時代に島の祭で披露された来訪神「ダトゥーダ」の仮面が残り、烏の顔を変形させ、山伏が着た聖なる色である柿色の服装で長身の仮装神がかぶる面の写真を掲載している。細かい話になるが、小さな島でも南と北の集落の住民では言葉が違い、最近まで通婚がなされないほどの隔絶があったが、「ダトゥーダ」は島の南側の集落の出し物であったが、間が抜けているとして昭和二年に姿を消していたことは興味深い。ちなみに北側の集落の出し物は「弥勒《ミルク》」で、南は代わりに福禄寿という演目を奉納していたという。琉球の弥勒の仮面はお多福の顔をしている布袋様で、仏像の弥勒仏とは異なる。布袋和尚が弥勒菩薩の生まれ変わりであるという支那南部の弥勒信仰に淵源を持つから、弥勒神は白い大きな仮面をつけて衆生を救済する神であり、古い歴史のものではなく、一二世紀の禅宗が布袋を弥勒の化身とした頃の経路で伝わったものであり、南側の烏天狗の仮面の方が古い可能性が高い。消滅したかに見えた烏天狗の面の演目が、平成一三年一〇月四日の結願祭で七五年ぶりに再演されていることも興味深い。神話は容易には消滅しないどころか、時を得て再生する。危機に臨んで復活して共同体の精神的な絆となることを改めて証明している。天孫降臨のさい先導者となり、国津神の代表とされ、あるいは芸能の神天宇受売命《あめのうずみのみこと》と夫婦になって伊勢に鎮座した猿田彦に着目すべきであるとする。猿田彦の起源は、沖縄の先導・先駆けを意味する語であるサダルと結びついている説を紹介して、熊野の八咫烏《やたがらす》が神武東征の先導者であることとの関連を示唆している。

沖縄の属島である伊平屋島には、「神遊び」の聖空間である広大な洞窟が今でも存在し、祭祀の日には神々が祝女に乗り移って降臨するシャーマンの儀式が行なわれるが、その場所を神アサギと呼ぶ。明和八年三月一〇日(新暦四月二〇日)に発生した地震が明和の大津波となって襲った記録についても触れ、小浜島から石垣島に強制移住が行なわれ、小浜島の御嶽《うたき》の聖所が人間の移動と共に移る。今では石垣島の方が主島になっているが、琉球王朝の番所は竹富島にあったから、当時は石垣島にマラリアの風土病があり、却って周辺の小島の方が媒介する蚊が少なく安全で人口があったことはよく知られた話である。大津波の二次災害の「津波による耕地の流出、塩害による農業生産の激減、天然痘などの疫病の蔓延に加えて、人頭税の負担、マラリア地帯への寄人(強制移住)などの人災」の一つでしかなかったし、想像力を逞しくすると南側の集落は弥勒信仰よりも長い歴史を持つが、圧倒されて力を弱くした人々の子孫が営々と住んでいたことを想像させる。うずめが渦女と海蛇女と関連することを指摘して、巻踊りとして捉え、生と死そして再生の循環する輪の象徴と解釈しているのは卓見である。蟹を穴からおびき出すことをウギジャシというが、俳優と書いて「わざおぎ」と訓ませている。フェーヌシマとは南の島という意味だが、来訪者によってもたらされた南の島《フェーヌシマ》の名前の棒踊りが南西諸島の各地に残ることを紹介して、南九州の棒踊りとも同じであることを指摘する。琉球の熊野権現信仰は、英祖王が浦添に極楽寺を最初に建てたことに始まり、補陀洛渡海《ふだらくとかい》で奇跡的に流れ着いた禅鑑なる僧を手厚く保護して普天間宮など熊野権現を勧請して「万国津梁」を豪語する。修行に本土に渡った鶴翁との僧の名も残る。鎮守の森と琉球の御嶽《うたき》とが同じだから、黒潮の流れを跨ぐ旅は実は容易であったか。

52　牛に引かれ大海を渡った黒潮の民

人が海を渡るのに、泳いで渡れない距離を船を漕いで渡るにしても、筏を組んで、凪《なぎ》で風波が無い季節に動物にひかせて相当の距離の海路を往来したことを聞くと驚かされる。奄美のシマ唄の有名な唄者の坪山豊氏はもともと船大工で今も奄美大島で伝統的な船を造っておられるから、海の話に詳しい。日本列島知恵プロジェクトというサイト(http://www.chie-project.jp/005/no01.html)には、奄美出身の新進歌手の元《はじめ》ちとせ氏が、坪山豊氏にインタビューした記事が掲載されている。

「梅雨時期のことを島では〝黒吹き〟と言います。黒い雲がかかって雨は降らんで風が吹く。それが上がったら、シラハイになる。シラハイというのが今です。白い雲で南の風のこと。そしてもうそろそろ〝うーぎゃんとぅり〟になる。どこまでも泳げるべた凪のことを島口《しまぐち》(島の方言)でそう言います。そのときは、魚はまったく動かないから釣れない時期。この凪の期間を利用して、昔、瀬戸内の人たちは、イカダで徳之島から牛を買っていました。イカダに牛の草を乗せて牛を泳がせてひっぱらせるんです」「徳之島から牛を泳がせるんですか?」その言葉に驚くと、「動物で一番泳ぎがうまいのは牛ですよ。次は猪。同じ季節にはその凪を利用して、喜界島から住用《すみよう》の港までイカダで馬を買っていました。馬に泳がせて。そういう面白い生活が昔はありましたね」と坪山さん。

平安座《へんざ》島は米軍が無理に珊瑚礁の海を埋め立てて海中道路と称する道路を通して沖縄本島と陸続きになった島であるが、その昔は、徳之島から牛の売り買いをする馬喰がやってきたと島で聞いた。沖縄の国頭《くにがみ》の安田《あだ》の港でも、昔は与論島との定期船が牛馬を積んで往来していたと聞いた。さぞかし王朝のまーらん船の時代には凪の季節に筏をしつらえ、闘牛に出すような立派な牛に引かせ島々の海峡を往来したことだろう。

「ふてくされる」と日本語で言うが、闘牛のことを「ふてうし」という。「ふて寝」ではないが、泳がされてはかなわないと気が荒くなって、猛然と船の舳先から飛び込んで黒潮の海を泳ぎ出す気性の荒い牛がいたのかも知れない。石垣島から西表島に渡る観光コースに由布島という小島がある。海流によって堆積した砂だけの面積〇・一五平方キロ、周囲二キロの小島で、西表島との間は、通常は大人の膝に満たないぐらいの深さしかなく、満潮時でも一メートルほどにしかならないから、由布島と西表島間の移動手段として水牛の引く車が利用されている。由布島の水牛は、もともと台湾から連れて来られた水牛が繁殖したものだ。由布島は竹富島や黒島から移り住んできた人々で栄えて対岸の西表島の水田まで行き帰りして生活をしていたが、昭和四四年の台風により島は壊滅して、西表島などに移り住んでいったという。もともと島との連絡船や筏を牛が引いていた可能性が想像される。由布島の観光開発を牛車で成功させた沖縄の実業家の故知名洋二氏に牛車の由来を聞いておくべきだったことが悔やまれる。由布島の牛は台湾の水牛だから、その名前のように、もっと水に慣れていて、泳ぐことが得意なのかも知れないが、沖縄本島に水牛は渡っていない。

島根の隠岐諸島は、日本海中に大小百八十以上の島々があるが、知夫里島《ちぶりじま》では冬になると牧草がなくなるので、冬でも牧草が残っているほかの島に、牛を泳がせて渡しているというから、黒潮の民にとって牛を泳がせることは、不思議な珍しいことではなかったのだ。松江駅には、泳ぎ牛弁当と言う名前の人気のある牛肉駅弁がある。猪が海を渡ることも知られている。長崎あたりの島では、親子連れの猪が海を渡っていく映像が撮影されているし、瀬戸内海の小豆島では、その昔、野生の猪が乱獲され絶滅していたが、また最近になって猪が海を渡って山に住み着いたらしく、農作物に対する害が話題になっている。構造改革で人里が壊され、山が荒れて野生の猿も増えた。

風や波が無い凪のことを、南島の言葉で「とぅり」とか「のい」という。風が無くなることを「風が取れる」というのと関係があるし、天地の安寧を祈《いの》る祝詞《のりと》とも関連があろう。東日本大震災の大津波に、猫が住んでいることで有名な宮城県の田代島の猫が大方生き残った話を聞き、仙台で犬が飼い主を探し当てて来た話もどこかで読んだが、スマトラ地震では、象が真っ先に津波を避けて丘に駆け登った。動物の能力は人間を遙かに凌ぐ。小川ばかりではなく、池の深みを馬に乗って渡ることなど、南北米大陸の牧童などはいつもやっている日常茶飯事の芸当だ。犬かきをして犬は泳げる。兎も泳ぐが蛇も泳ぐ。梅雨を集めて水量が増した用水路には、アオダイショウが海を目指して泳ぐ姿を見かける。古生代から南島に住む毒蛇のハブは、その中で台湾と石垣島のハブとが同類で、沖縄と奄美のハブにもわずかな違いしか無いことは、上野の科学博物館の標本を見れば一目瞭然である。蝶々や鳥が大海を渡るように、牛馬に引かせた船筏《ふねいかだ》で海峡を渡り、人が大海を越えて旅した時代があったのだ。

53　白神山地と黒潮の息吹き

航海安全を任せるために一人の男を選び、髪は伸ばし放題で虱を湧かし、衣服は垢に汚れて肉食をせず、航海が無事成功すると多額の報酬を受けるが、船が事故に遭うと責任を問われ、海に錨の錘を付けて放り込まれる役割の「持衰《じさい》」という男を船に乗り組ませる習慣が倭人にあると魏志倭人伝に書かれている。その持衰《じさい》の姿が寛永一〇年（一六三三）の絵馬に描かれて、西津軽の深浦湊の名刹円覚寺の寺宝として残っている。多数の櫂を舷側に装備し、多数の漕ぎ手を乗せていた古い時代の北国船という船の絵馬で、船首の形状が丸くて、予備の浮力を持たせているから、大波に舳先を突っ込みにくい船型で、ドングリ船とも呼ばれていたが、平底で横流れが大きく逆風帆走の性能が低いため、弁才船という同じ四角帆の性能の良い船にとって代られたが、その時代まで持衰《じさい》が漕ぎ手と共に乗船していたことが判る貴重な絵馬である。北前船のほとんどは弁才船になった。船絵馬に描かれた人物の脇に、持斎《じさい》と字を宛てているが、航海の運命を一人の男の采配に托して吉凶を分けるやり方は厳格な政治手法であるが、日本の政治家も経営者も近年の責任の取り方はだらしない。航海に成功すれば然るべく報酬が支払われ、失敗すれば自害をして責任を果たす請負で、木曽三川の改修工事を行なった薩摩藩の武士が、予算超過で自害を果たして薩摩義士と顕彰されているのも、持斎《じさい》と同じ考え方の延長戦上にある。船に乗り、櫂を手にして船を漕ぐなどとはしないが、娘が家に引きこもって航海の安全を祈って、もし災難があれば犠牲になるという南東アジアの風習も、橋を架けるときの難工事で人柱を立てたことと共通する。船に女を一人も乗せない禁忌も、海神が女であるから怒りを買うという通説ではなく、安易に女が持斎となっては困るという逆説的な意味の見方の方に説得力がある。黒潮文明の中では、女たちは、瓶《かめ》に水を入れて頭に乗せて運ぶように溺れる兄弟を頭で押し上げてでも救い出す気性があるからである。スケープゴートの役割を男が担うのか女が担うのかの違いの分かれ目が、船の型式の進歩と共に変わってくるのも興味深いが、その絵が坂上田村麻呂の蝦夷征伐の頃に創建された寺に残っていることは、その昔は多くの船が日本海の交易往来の途上で深浦湊に立ち寄った証左である。

深浦湊の円覚寺はもともと修験道の寺であって、白山修験の流れを汲んでいるという。明治五年の修験道廃止令に抗し修験道再興運動に東西奔走したのが第二六代住職の海浦義観で、柳田國男は津軽への旅の途中わざわざ訪ねている。義観が著した『陸奥津軽深浦沿革誌』は国会図書館所蔵原本の電子版をインターネットで容易に閲覧することができる。陸羯南が序文において、「汽車が弘前まで開通して、能代からも二日で行けるようになった、考古家であれば、往訪して千年前の遺跡と古刹を見るのであれば、(深浦は)遠いところにはならない」という推薦文を書いている。

温帯自然林が残された山岳地帯として白神山地が世界遺産となり、周辺が一大観光地となり、新幹線が青森に延伸され一層便利になった。幹線の奥羽本線から深浦は離れていたが、五能線の海岸の風光明媚な点が人気となった。五能線は電化されていなかったから、観光客用に新型気動車を製作して秋田と青森との間を往来している。青池等の湖沼が点在する十二湖にも行きやすくなった。黄金崎の燈台の下の温泉場は不老不死温泉と大袈裟な名前がついている。柳田國男や菅江真澄が訪れた椿山《つばきやま》も深浦の近くで日本海を臨んでいる。ここが日本原産のヤブツバキの日本海側の北限である。ウェスパ椿山という観光列車の停止駅があり、至極便利とはなったが、北限という看板が立っているばかりで、黒潮文明を代表する植物が大切にされているわけではない。ウェスパとは西の温泉とのいい加減な意味で、駅名にまでしたから、ヤブツバキの群落が白神山塊の艫作《へなし》となって黒潮文明と寒帯との境界をなしていることを大事にして良さそうなものだが、椿山は荒れ果て立ち入るのも難しく、鳥居も朽ちてしまっていたのは残念だ。一方で、船大工の建てたという古刹円覚寺の本殿や、鞘堂《さやどう》に入った総檜造りの薬師堂は厳然と保全されている。ウェスパ椿山という観光施設で売られていた椿油は五島列島の福江で生産された本物だったから、黒潮文明の流れが福江と深浦とを結んではいる。復元された北前船を出雲まで回航して津々浦々を辿って戻ってくる遊覧航海のイベントも行なわれている。

白神山地の温帯原生林が喧伝され、寂れていた五能線がまた活気づいて、北前船が栄えた頃のように往来が良くなれば、文明の境界がまた活性化することにつながる。隣町の鰺ヶ沢は港の大公共工事をしたが、過疎化して寂れている。町中の正八幡神社の宮司は、横笛を練習しながら応仁の乱の頃から社を守ってきたが、伝統と精神を粗末にしたことが原因だと解説していた。深浦西方四〇キロの海上にある久六島を禁漁にして、鮑資源を保護しているのは嬉しい。

54　原発に代わりうる黒潮発電

川に入った海の波が激流となって遡る現象を海嘯《かいしょう》という。地震発生後に咆哮して海岸に押し寄せる波を昭和の初めまでは漢字で海嘯と書いていたが、津波と異なる。カナダのファンディー湾の最奥のニューブランズウィック州モンクトンで典型的な海嘯を眺めたことがある。英語はボアウェイブ(bore wave)で、壮観である。ファンディー湾は潮の干満の差が世界最大とされ、一五メートルの潮の満ち干が毎日繰り返され、その湾の一番奥の町がモンクトンであるから、そこの川をめがけて、満ち潮が海嘯となって遡る。モンクトンは、海嘯を見ようとする観光客で一杯になる。干満の差の大きさは、同じカナダのケベック州で北極海に面したアンガヴァ湾も有名である。日本列島の近隣では、朝鮮半島の仁川の潮の干満の差が最大で約十メートルにもなる。朝鮮戦争の時に上陸する米国海兵隊が岸壁に日本製の梯子をかけてよじ登っている写真が残る。支那では浙江省の銭塘江の海嘯が「銭塘江潮」と呼ばれる旧暦の八月十五夜の干満が有名である。月餅を食べながら見物する。年によっては波高が九メートルで時速四十キロにもなり、堤防を乗り越える高潮となって見物客を押し流す事故も発生している。アマゾン川を逆流する海嘯がおそらく世界最大で、ポロロッカ、原住民のトゥピー語で「大騒音」を意味する名前がついている。大潮の時には約五メートルの波高で、時速六十五キロで逆流し、八百キロの上流に至る海嘯である。ベネズエラのオリノコ川でも海嘯があり、マカレオと呼ばれている。モンクトンには、ボアウェイブの他に、磁石《マグネティック》の丘《ヒル》がある。車のブレーキをはずすと車がそろそろと坂道を上っていく錯覚に陥る幽霊坂である。周辺の風景との相互作用もあって、実際には緩やかな下り坂が続いているものが、緩い登り坂に感じる錯覚である。北米大陸を夏休みに自動車で回る旅行者が立ち寄る一大観光地となっている。

バングラディシュのガンジス川とプラマプトラ川でも、パキスタンのインダス川でも海嘯が見られる。マレーシアのルパール川にもあり、マレー語で海嘯をベナクという。インドネシアのカンパル川では一三〇キロ内陸に遡る。オーストラリアのクィーンズランド州のスティクス川、北部準州のダリ川にもあり、ヨーロッパでは、セーヌ川に見られる。英国ではトレント川の海嘯が有名で、マーシー川、セヴァーン川の河口にもある。パレット川、ウェランド川、ケント川、ヨークシャー州のウーズ川、エデン川、エスク川、ニス川、ルーン川、リッブル川にもある。海嘯はアジール（Aegir）と呼ばれるが、これはフランスではマスカレット、地方ではバールと呼ばれる。ガロンヌ川、アルゲノン川、ヴィール川などに見られる。アラスカのクック海峡に流れ込むペチコディィック川でも波高二メートル、時速二〇キロの海嘯が見られる。バンクーバー島のニチナット湖でも太平洋への湖口で波乗りが出来る程の高波が発生する。ファンディー湾のシュベナカンディ川や、ヘバート川、マッカン川、サモン川でも海嘯が押し寄せているが、場合によってはモンクトンよりも高波で高速である。メキシコのコルテス海のコロラド川の河口でも見られたが、灌漑で水量が少なくなって今では消えてなくなった。南米では、アマゾン川の他、ブラジルのメアリム川、アラグアリ川にもある。

南の珊瑚礁の島でも一日二回の潮の干満を見るが、満潮はあっという間だから潮干狩りで珊瑚礁に取り残される事故がまま起きて、小規模の海嘯が毎日二回発生して黒潮を畏れ敬う縁《よすが》とする。奄美大島の北の横当島《よこあたりじま》をすぎた辺りの、黒潮が東シナ海から太平洋に出る処で、米軍の輸送船とおぼしき貨物船が、レンズのような形で盛り上がって黒潮の川となった海面を滑るように北に向かっていたが、黒潮の流れを辿っているのであれば燃料の節約になることは間違いないし、沖縄行きの軍艦も八丈からの小さな船も黒潮反流を利用すれば沖縄と大東に楽に辿り着いた。往時の北米捕鯨船が帆船で黒潮の流れを頼りにしたことを知るならば、黒潮の列島に最接近する潮岬があり、勇魚《くじら》漁の一大拠点太地があり、再生の聖地熊野があったればこそ、近代勢力が黒潮文明を隷属させようと目の敵にしたことも不思議ではない。

核《ニュークリア》発電を原子力《アトミック》発電と読み替えて平和利用(Atoms for Peace)を目指したが、一部の国が核兵器を独占する燃料循環の口実となり、残念なことに最終的な処理の方法と場所も定まらず、核発電が支配的になるほどに外国勢力への依存と従属が深まる矛盾に陥っていた。外国が設計・製造・施工し老朽化した原子炉の寿命を延長して利益の極大化を操作し、政治経済の主な権力を電力会社の神話とカネで釘付けにする追従勢力の腐敗の極点を衝いて、海嘯を遙かに超える日本の津波が、原風景に反する発電設備を破壊して、未曾有の核事故を誘発させた。黒潮は高さ一メートル、幅は百キロになり、莫大な発電エネルギーの源泉なる。その一端を開発すれば核の禍を超克する契機ともなる。黒潮の力で津波の禍を福へと浄化・転化し、日本復興の天佑とすべきだ。

55　漂流する物の行方

太平洋の海底で大地震があって、大津波が東北地方の沿岸を襲った。沿岸の家屋を呑み込み、港の堤防を乗り越え、命を奪った。自動車が少しの時間浮いていたにせよ、重いものは沈んでしまったが、木材や船などの浮くものは潮の流れに乗った。屋根が浮いて、それに乗って助かった人や動物もいた。海上保安庁は、漂流船舶のリストを発表している。回収できなかった漁船をはじめとする漂流物やがれきの浮遊物は、どこに流れ着くのだろうか。

大西洋にあるサルガッソ海は、メキシコ湾流、北大西洋海流、カナリア海流、大西洋赤道海流に囲まれた、北緯25度～35度、西経40度～70度。長さ三二〇〇キロ、幅一一〇〇キロの海域である。アメリカ大陸の沿岸に生えているホンダワラ類の海藻サルガッスムが浮遊して流れてきて数世紀に亘って蓄積され、「粘りつく」海になった。アメリカウナギとヨーロッパウナギの成魚がこの海域に帰り産卵し、幼魚が成長する場所だ。帆船の時代には、弱い風しか吹かない亜熱帯の、それも無風地帯にある危険な海域とされた。風が吹かないと帆船はこの海域から脱出できずに幽霊船となる他ないから、船乗りに恐れられた。乗組員の食糧を確保するために、飼料を消費する積荷の馬を海に投げ棄てたことから、この海域を「ホース・ラティテューズ」(馬の緯度、亜熱帯高圧帯)とも呼んでいる。この緯度は大陸では乾燥地帯となって砂漠が形成され、ゴビ砂漠、タクラマカン砂漠、ネバダ砂漠となっている。帆船から蒸気船の時代に移りようやく危険な海域でなくなったが、小型船舶のスクリューに海草が絡む危険があり、現代においても、この海域を横断するヨットの話は聞いたことがない。

さて、太平洋の場合はどうなっているだろうか。サルガッソ海のように、海水が粘液のようになった話は聞かないが、浮遊したプラスチックなどの破片が異常に集中している海域がある。太平洋ゴミベルト(Great Pacific Garbage Patch、北太平洋の中央西経135度～155度、北緯35度～42度の範囲)と名付けられている。太平洋ゴミベルトの存在はアラスカの研究者が海水表面のプラスチック粒子を測定して、高濃度の海洋ゴミが集まる可能性を予測して確認された。アメリカ大陸からのゴミは五年かかってこの水域に集まるが、東アジアからのゴミは僅か一年で集まってくるというから、大津波の後の漂流物や浮遊物の動向を観察することは喫緊の課題である。米国は既に、東海岸にあるウッズホール海洋研究所を動員して海洋観測を開始している。

福島原発の放射線による汚染の影響についてはハワイ大学の調査船に、日米の大学と研究機関からの研究者一七人（内日本人は三人か）の調査団を組成して海洋調査を行なっている。同研究所は、アイスランド沖に南向きの深海流を発見したと発表して、気候変動予測の為の大発見となった。筆者は、紅海の海底での噴出口からの集積物には貴重な鉱物資源が含まれているとする夏学期の講義を、同研究所で受けた記憶がある。私立の運営にもかかわらず、大型の深海探査船や調査船を保有している。海洋をめぐる国際法の世界的なルール作りと海洋資源の覇権を求める米国の主張の裏付けを科学として検証する機関であり、西海岸サンディエゴにあるスクリプス海洋研究所と並んで、米国の海洋展開能力の基盤をなす。

日本では東京大学大気海洋研究所や海洋研究開発機構、東海大学の海洋研究所などがあるが、玉木賢策東大教授（大陸棚限界委員会委員）がニューヨークで客死したのは残念であった。マリアナ海域で日本ウナギの卵が初めて発見されたが、サルガッソ海同様に、栄養物が集積する状況が太平洋にも不均一ではあるが存在する。大津波で流出した漂流物と浮遊物がどこに終着するのか、海洋国家《うみのこのくに》日本の国策として追求する責任がある。

日本放送協会のテレビ番組で自然の驚異に圧倒される映像を見た。ベーリング海にザトウクジラが集まり、天武天皇ゆかりの島のかんむりウミスズメなどが海と空とを埋め尽くすように、海中に発生するオキアミを食べるために集まる。日本列島近海を回遊する鯨も鳥もその大群の中に参入して、又列島に戻る。ベーリング海のような狭い海域でも、鯨と鳥を寄せる栄養物の集積があるから、大津波によって流出した漂流物と浮遊物が太平洋の生態系にどのような影響を与えるかについて探求する必要がある。太平洋ゴミベルト地帯の西側のゴミベルトには、支那からのプラスチックや汚物が大量にたまりつつある。大隅半島の佐多岬の先では、支那からの大量の廃棄物が黒潮の流れに浮かんで太平洋に流れていった。日本海は朝鮮半島と支那とロシアからのゴミの溜まり場の海となってきた。エチゼンクラゲの異常発生も、支那における深刻な環境破壊との関連が指摘されている。

カネに目がくらみ、老朽化した外国製・施工の原子炉を延命運転して暴走させたが、日本が周辺諸国と同罪とならないためには、太平洋の浮遊ゴミと核汚染状況を徹底調査することが、国難の禍を転じて福と為すための必須要件である。

56　西郷隆盛の南島憧憬

美空ひばりが歌った唯一の沖縄を題材にした歌謡曲が「花風《はなふう》の港」(西沢爽作詞、猪俣公章作曲)である。レコード会社の倉庫に眠っていた原盤が見つかり復刻されて作品集に入れられた。今ではカラオケにも入っている。那覇の港を一望する丘の上の公園に、ひばりファンの石原エミ氏が尽力して二〇〇七年五月に建設した碑が建つ。ひばりの歌は戦後の沖縄の女性の志気を鼓舞したという。録音されたことは確認されていたが、市販されていないので名曲も広まらないと、石原氏から原盤を探すように催促された筆者は係累を辿り日本コロンビア社の重役を説得するに至った。発売に至る労をとられた恩人が後日、在京の薩摩・大隅・日向の由緒ある郷友団体の会長に就任されたが、これは西郷の敬天愛人の思想に繋がる人事の結果と思い当る。

歌詞は一番が、赤いさんごの波散る島を何であなたは捨ててゆくのかと、那覇の港の三重城《みいぐしく》で、紅の手巾《てざし》を前歯で噛んで見送る女の姿を描き、二番では、船の航跡《みをのいと》が消えてしまえば、二度と会う夢はない、と嘆き、三番で、誰も恨みもしないで、石になってても待ちましょう、と締めくくる。歌には、荘重な王朝風の賑やかな音楽ではなく、黒潮の島々の基調に流れる短調の、裏声が似つかわしい満月の夜の浜辺で演奏するかのような蛇三線《さんしん》の伴奏がある。「花風《はなふう》」は琉球舞踊の雑踊りの名作だ。

熱海の伊豆山神社の由来については既に書いたが、伊豆半島の下田に近い白浜の海岸に白濱神社と通称される伊古奈比咩命《いこなひめのみこと》神社が鎮座する。ご神木は千五百年の樹齢を数える柏槙《びゃくしん》であり、神域は、アオギリなどが自生する森になっている。御祭神は三嶋大神の后神とされ、三宅島の阿古から、伊豆白浜に遷座したとの伝承である。磐長《いわなが》姫命と木花開耶《このはなさくや》姫の母神でもあり、その他、伊豆十島の神々の母でもあり、「天武天皇の御代白鳳十三年十月に土佐国の国の田苑五十余万頃を一夜にして没して海としたまひ、その夕伊豆国西北に三百余丈の地を築出し賜ひぬ」と伝わるから、天災地変の火山活動、地震を鎮める神様である。伊古奈とは古代の東国の言葉で、伊が神を祭る「斎《い》つ」であるから、祭を行なう女性の意味だ。伊豆に通じて厳に至り、対馬の厳原《いづはら》や安芸の厳島も伊豆沼も斎灘も伊豆田峠も、みな神を祭る場所である。三宅島が御焼島であり、御島とか三島と呼ばれるようになり、白濱神社は、明らかに火山の噴火と地震を神の怒りと恐れおののいて遙拝する聖域であることは言うまでもないが、故郷の島に残した係累に関わる祭祀が残る。例祭は一〇月二九日であり、前夜には神社南側の砂丘に伊豆七島を象徴する七基の松明とその中心にある大松明が点火される。中心の松明を火達《ひたち》座と呼んでいるが、神社境内の山、火達山の頂きで、火を起こして、伊豆の島々との交信を行なった。多良間の島には今でも狼煙《のろし》を上げた楼台があるし、沖縄本島の近くで、外国の中距離弾道弾の発射基地があった、今では青少年の研修施設が建つ、渡嘉敷島の丘の上にも狼煙台があったから、何も不思議ではない。例祭の最後の二九日の落日の直前に御幣《おんべ》を流すが、丁度季節風が吹き始める頃であり、島に相模湾の潮に乗せて便りを流そうとする儀式である。伊豆の島々に、花風の港の、紅の手巾を前歯で噛んで石になっても待ちましょうと決意した情熱の伝統が今も残っていることを確かめる例祭であるが、一方で、火山活動と地震に苛まれる島に係累を残したまま、その故郷を捨て脱出してきた三島大神と伊古奈比咩の悲しさにも想到しなければ、黒潮文明を伝承する甲斐がない。

西郷隆盛が南洲と号していたことを不思議に思っていたが、その謎が氷解した。政治評論の雑誌の『月刊日本』に、三浦小太郎氏が渡辺京二氏の西郷論である『維新の夢』(ちくま学芸文庫)を紹介して、「明治維新の指導者のうち、ただ一人、近代国家の建設ではなく、政治権力と最も遠いところで生を受け、人知れず死んでいく民の位相を自らの思想の原点としていた。この姿勢は、渡辺氏によれば、西郷の遠島体験に深く根ざしている」との一文に注目している。

西郷は一回目の島流しでは早く島を脱出したいとしているが、二回目は、島から二度と出ようとも思わないで、「骨肉同様の人々をさえ、ただ事の真意も問わずして罪に落とし、又朋友も悉く殺され、何を頼みに致すべきや、馬鹿らしき忠義立ては取りやめ申し候、御身限り下さるべく候」と激しく薩摩藩政を糾弾している。元治元年二月に島を出て江戸に登り、維新の指導者となったが、皇城のつとめが終われば、南島へ帰るつもりだったようである。「獄にありて天意を知り、官に居て道心を失う」とあるから、道の島の体験を原点としたのだ。石になって待った奄美の妻に再会することはなかったが、島に残した子供の将来を案じ、教育を外国友人に托し、京都市長等に大成させたのは代官役人《でさきのこやくにん》には真似できない希有な事だ。憶うに、西郷は白濱神社の御祭神の如く島の精神に学び、永訣と哀愁を孤島幽囚の楽に変ずべく南洲と号したに違いない。

57 黒潮の禊場＝必志、干瀬、備瀬、尾嶼

愛知県刈谷郵便局長を最後に、昭和六一年に旧郵政省を退官した、故長田喜八郎氏は『残っている古代の風土記』を平成七年に自費出版している。昔懐かしい地名が失われ行く中で、郵便局に勤務して社稷の盛衰を見てきただけに、新しい住居表示をして物流の近代化を図る試みは攪乱でしかないと判断され、さて地名の由緒は何だろうと考えて風土記に興味を持ったと、まえがきに書いている。風土記は、和銅六年（西暦七一三）に編纂を開始したが、残ったのは、常陸、出雲、播磨、豊後、肥前、の五ヶ国の風土記で、「逸文」と呼ばれる地方で語り継がれた事柄を記録したものが、江戸時代の初期にまとめられた。風土記は、呉音で「ふどき」と読むのが正しい。延喜式の五畿七道の順序に従って、逸文の最後が、大隅国、薩摩国、壱岐国となっており、そのうち、大隅国の中にある必志郷の説明が気になったという。

「大隅の国の風土記に、必志《ひし》の郷《さと》は、むかし、この村の中に海の洲《ひし》がありました。（鹿児島県曽於《そお》郡大崎町菱田の志布志湾に臨む菱田川の河口を言いました。）その為に必志の里といいます。海の中の洲《す》は、隼人の土地の言葉で必志《ひし》というとあります。（干洲《ひす》の音が訛ったものです）【万葉集註釈巻第七】」

直ぐ思い当たったのは、沖縄の那覇港を出て、渡嘉敷島に行く途中にある、珊瑚の環礁がチービシとの名前で、大隅の必志と同じ言葉であることだった。渡嘉敷村に属する環礁の総称で、神山島、ナガンヌ島、クエフ島という隆起サンゴ礁で出来た三つの島が環礁の水面上に現れ、慶伊干瀬《ちいびし》と呼ばれている。更には、宮古島の北方、池間島の北約五〜一二キロに位置し、南北約一七キロ、東西約六、五キロにわたって広がる広大なサンゴ礁群である八重干瀬（やびじ、やえびし）も直ぐに思い至った。

清朝の皇太后が、おそらく八重干瀬で採集された宝貝のネックレスをしている油絵が、ハーバード大学の

燕京研究所の壁に掛かっていたと書いたが、八重干瀬は西太平洋の大珊瑚礁地帯の名称である。旧暦の三月三日には、潮の干満が最大になり、八重干瀬ではサニッと呼ばれる祭が行なわれてきた。日本列島の全土で今も広く行なわれている浜下《はまお》りと共通する祭である。干上がった珊瑚礁に上陸して、ふんだんに貝を掘り潮だまりの小魚を掬う、豊饒の海の祭であった。川の中洲が、聖なる場所になっている典型が、熊野の本宮大社の故地である大斎原《おおゆのはら》の中州であって、そこに入るためには、禊ぎをして入ることが必要で、八重干瀬の祭も本来は、女だけが入域を許された祭であったと言う。修験道では女人禁制の山が多々残るが、男の出入りが制限されるのが、黒潮の海の祭の特徴である。

朝鮮半島の海岸沿いの森では、すっかり儒教の影響を受けて、男が、原初的な神主である女が神憑るユタやノロの代役をすることも指摘しておいた。鹿児島の姶良郡隼人町に鹿児島神宮があり、隼人の社であるが、浜下りの祭が、二一世紀になって、六五年ぶりに復活されている。神奈川県の湘南海岸でも浜降りの祭が、寒さが残る旧暦三月ではなく夏祭りとして、御輿を担いで海に入る行事があるが、同根であろう。福島県の楢葉町の大滝神社の浜下り祭は、毎年四月に、木戸《きど》川の上流にある大滝神社の御輿が、海岸まで下り潮水をあびる行事で、子供みこしや出羽神社の浜下りと合流して賑やかな祭となっていたが、原子力発電所が暴走して、改めてこうした禊ぎの習慣が見直されるのは間違いない。ちなみに熊野神社の末社は、日本列島の沿岸に広く伝わっているが、福島県に、熊野神社の末社が一番数が多いのは不思議である。春に福島の発電所で原子力災害があり、夏には熊野の山奥で台風による大水害が発生していることは、神木を切り倒したことが、禊ぎの場所である干洲《ひす》としての大斎原《おおゆのはら》を流出させた明治二二年の人災の大水害の原因であったことと同様、祭祀をおろそかにして、しめ縄を張って結界をつくらず、津波や洪水を恐れず山を切り崩したことが原因になっていることは間違いない。大阪の住吉大社では、大和川の中にわざわざ中洲をこしらえて禊ぎを行なう浜下りの祭を平成一七年に四五年ぶりに復活させている。新しく、禊ぎの場所である隼人の洲《ひし》を再現したのだ。

さて、尖閣列島に赤尾嶼《せきびしょ》と黄尾嶼《こうびしょ》があるが、尾嶼《びしょ》の表現は黒潮の海に突き出た洲《ひし》の訛りで支那の用語ではない。蘇鉄があれば、古生代の地層で出来た島だから、ハブや奄美の黒ウサギの生育する自然と、溶岩がむき出しになった伊江島の塔頭《たっちゅう》の世界に繋がる。島の名からして、尖閣は黒潮の世界に属する。沖縄の本部《もとぶ》には、塔頭が拝める海岸に備瀬《びせ》という美しい海岸の集落すらある。尖閣は、宗像《むなかた》大社の奥宮のある沖ノ島が大陸との交通の要所で禊ぎの島であることと、同じ配置である。珊瑚礁のことをシーと言う。珊瑚礁の海岸の先に、板状石灰岩《ビーチロック》が板干瀬《いたびし》の名で水面下に広がる。海中に屹立する尖閣の洲《ひし》である尾嶼《びしょ》は、黒潮の民が潔斎する礁《シー》の色が赤黄と変化するだけで、支那との所縁《ゆかり》はない。

58　波濤を越えて航海すること

連絡船も大型化したフェリーボートが普通で、沖縄行きなどは横揺れ防止のスタビライザーまでついているから、よっぽど荒天でないと船酔いしない。船酔いは病気ではないから、陸に上がるとすぐ治ってしまうが、マグロになると言うぐらいに、体が動かなくなり、吐気を伴い、洗面器を抱えて食べ物を胃液と共に戻してしまう程つらい。飛行機の旅は、成層圏に出てしまえば、ジェット機の揺れは激しくはないから、狭い座席に縛られて血流が悪くなるエコノミー症候群の危険こそあれ、何とか我慢ができる。つい先の時代まで、遠島という刑罰があるほどに、海の果ての島に送られることが永訣の隔たりになった。航海や気象観測の技術はもとより、造船技術と深い関わりがあり、日本近海の波濤を越えることに困難があった。

慈覚大師円仁《えんにん》は西暦八三八年に支那に渡り、日本に帰るまでの九年半の間に詳細な日記を残した［本稿の円仁の記録はエドウィン・O・ライシャワー『円仁　唐代中国への旅――入唐求法巡礼行記《にっとうぐほうじゅんれいこうき》の研究』（講談社学術文庫）による］。その中から、航海に関する記述を抜き出し、日本の海との関わりについて考えてみたい。大唐帝国という巨大文明が日本に押し寄せる中で入唐した円仁の航海体験をなぞることは、現代のグローバリゼーションの人・物・カネが船や航空機で荒波のように押し寄せている本質を知るために必要である。円仁の日記に、支那の東部沿岸の通商交易と沿岸航海の詳しい記述が残る。円仁は、学問僧として遣唐使の一行に加わっているが、三回目の出立で揚子江の河口の北の浅瀬に打ち上げられるように辿り着く。淮河の河口から北へほど遠からぬ海岸の地点で、山東から楚州へ木炭を輸送している友好的な朝鮮商人に出逢っている。円仁は、そこから五台山に行き、更に長安の都に上る。ところが、仏教弾圧があり、国外追放となった。日本から、円仁を探すために性海という僧が派遣され、日本船は船出してしまっていたが一隻の朝鮮の船に共に乗った。朝鮮半島の西と南の沿岸の沖の無数の島々を縫いながら一五日間の航海の後、西日本の港に帰着している。

最古の日本から支那への使節は、西暦五七年の、漢の奴の国王の印を授与された使節である。次が一〇七年の後漢への使節団であり、三世紀の前半には、北魏に数回の使節団が訪れ、五世紀には、南京をも訪問している。遣隋使は、六〇七年に聖徳太子が小野妹子を正使として遣わし、三回使節団が送られる。六〇八年には、隋から答礼の使節が日本に来ている。日本は、支那皇帝との同格を主張しているから、六三二年に来日した唐の答礼使節は、皇室と口論を起こして怒って帰国したという。六五三年には、二組の使節が送られ、内のひとつは荒波に呑まれた。第三の遣唐使が六五四年に派遣され、第四の六五九年の遣唐使の一隻は、南に流され、大部分が蛮人に殺戮されている。他の船で支那に到着した一行は、唐が百済を襲う計画があって、日本は百済の味方だから、六六一年まで官憲に留置された。第五回の派遣が六六五年で、答礼の来日使節が同乗した。第六回の遣唐使船には、アイヌの漕ぎ手が乗り込んでいる。七〇二年の団長は、粟田真人である。七一七年の遣唐使は、阿倍仲麻呂を含め総勢五五七人で、吉備真備と玄昉が加わり、十八年後に帰国している。吉備真備は七五二年に再度唐に渡り、二年後に鑑真和尚を連れてきている。阿倍仲麻呂は、日本に帰れず、科挙に合格して、唐の高官となって安南の総督となった。七七七年の遣唐使は帰路海の藻屑となった。最澄と空海が乗船していた八〇三年の遣唐使は翌年に渡ることができたが、円仁の加わった遣唐使が最後となり、菅原道真を長とする使節は中止され、一九世紀まで使節の往来は途絶えた。

遣唐使船の荷物の管理人として、知乗船事という役職があったが、六人のうち三人を大陸系の人物が務め、二人が百済の末裔、一人が後漢の皇帝の後裔だった。船中には、住吉大社の神様が祀られていた。船一隻当たり五、六人の朝鮮の水夫が乗り組み、総勢六〇人が雇われた。朝鮮人の通訳も乗り組んでいる。遣唐使船は倉橋島で建造されたにしても、当時の航海術において朝鮮人が日本人より遙かに優れていた証拠に、日本船四隻が全て損害を被ったが、九隻の朝鮮船は、全て無事に日本に到着して、また大陸に帰っている。円仁は、崔《チョエ》という朝鮮人の持ち船が山東に有ることを記述している。長安の都の最も大勢の外国人は朝鮮人であることも記録している。張《チャング》宝高《ポゴ》なる莞島《わんどう》を本拠とする新羅守備官の部下の張《チャング》詠《ヨング》は深い水の底に潜ることを得意とした島者とあるから、済州島の海士《あま》を想像させる。新羅の朝鮮統一は、唐の庇護の下に行なわれ、百済は征服され、高句麗宮廷人は連行され、新羅から長安に毎年使節が遣られた。円仁の時代には、新羅が日本と支那との海路の制海権を抑えていた。朝廷は新羅に使節を送り、万一沿岸に日本船が吹き流されたときには援助を与え、留置しないよう要請している。日本の航海者が倭寇《わこう》、海乱鬼《うみらぎ》として威を振うのは数世紀も後のことだ。

59　黒潮言語、島言葉の豊かさ

言語は文化の中心から周辺へと伝搬する。柳田國男が「方言周圏論」を論じて「蝸牛考」と題したのは卓抜な命名で、カタツムリの殻のように渦を巻いて言葉が伝わっていく寓意であろうか。長い時間が懸かるが悠久ではない。故郷六〇年と慨嘆するうちにも、あっさりと言葉は変わってしまう。還暦と同様に言葉は、六〇年で世代交代するというのが、体感できる仮説である。沖縄で一昔前は、占領軍の言語を流暢にする者が金門《ゴールデンゲート》クラブなどと名付けた留学組のクラブを組成して、丁々発止の勢があって、英語でちゃんと啖呵を切っていたが、交渉する気力が弱くなって、地元では、方言《しまことば》がラジオの番組の一部になったりと標準語《やまとぐち》に圧倒されている。成人式の日に、ヤッコ(奴)さんのような袴を着て、酒を飲んで暴れている姿を見ると、黒潮の島の誇りある若者がこれでは情けないと眉をひそめることである。強い蒸留の酒ではなく、頭を錯乱させて二日酔いの残る醸造酒を飲む習慣が加わったことを恐れる。ハワイや中南米の移民の間に、昔ながらの首里や那覇の正調の言葉が残っているが、山原《やんばる》や宮古《みやーく》や、奄美や、波照間、与那国をはじめ、その他の島々の独特の方言《しまことば》の運命は推して知るべきで、東京や大阪や神戸に島から出て来て、まさか、自分が方言《しまぐち》を話す最後の世代で、なにか世界遺産にでもなったか、あるいは黒ウサギやハブのように古生代からの生き残りのような感懐に捕らわれるのは、やはり、言語が強い者にまかれて弱者の言語は、亡びてしまう運命にあるかと疑ってしまう。しかし、それでも、その小さな言語が豊かな表現を保持して、どこかにその形跡を残し、人間世界の言語全体が豊になるなら、単に嘆き悲しむばかりではなく、言語文化の伝承に努めようと思うのが、おおらかな島人《しまんちゅう》の気合いである。元ちとせ氏の島唄のコンサートの話を書いたが、月の夜の黒潮の浜辺の悲唄《エレジー》が日本列島から世界に広がっていく可能性も考えられて、おもしろい。

さて、島の中の言葉のことを言うと、外側から見ると、そんな小さな島の中で、同じだろうと思うと、これが大間違いである。こんなに違うのかと思うほどに、隣の集落と全く異なる言葉が日常生活で使われる。川に橋が架かり、道路ができてバスが走るようになれば、他人の集落にも出かけるようになるが、標準日本語を理解するよりも隣の集落の言葉の方がより難しいこともままある。奄美の徳之島の方言で検証すると、方言の地図を作れば、モザイクになり、実に多様性がある。「この島なりに中心があって、そこから周辺に伝播したらしいことがうかがえる。(以前、代官所があった)亀津《かめつ》がその中心地である」と書いていても、隣の奄美大島の名瀬や古仁屋《こにや》とも関係が無いほどに言語の変化がゆっくりとしていても、隣の集落とのご縁が積み重なって、たとえば、通婚が可能になるまでには、それこそ世代がかかっており、男女の糸をたぐり寄せて夫婦が世帯を持って定着してもなお、集落毎の言語の個性が継続している。別の表現をすれば、島がその島なりに「独立国」であり、集落が集落なりに自給自足を果たして、「独立」していたのであるが、交易が進み、相互依存が進んで、ようやく、その独立ならぬ孤立が克服される。

奄美大島の大和村《やまと》は船で通う陸の孤島であったが、トンネルができて、中心の名瀬から通勤圏になった。祖母が大和浜の教師になってオルガンを弾くために赴任した大正の時代には、船に乗ったという話を聞いたし、記憶が斑になった母親が、鹿児島の女学校に行かずに、奄美の女学校に行ったのは、船酔いのせいで、七島灘《しちとうなだ》を船で越える気力がなくなり、名瀬で中途下船をしたからだと聞いたのも初めてのことだったが、「各集落が、シマと呼ばれる独自の世界をなしている」ことは驚きではない。辺境に古語が残るのは、言語地理学の主要な仮説であるが、徳之島の中でどの集落の言葉が古いかというと、島の南北両端の手々《てて》と伊仙《いせん》のことになる。沖縄では、島の南部を島尻と呼んでいる。しかし、沖縄本島の北端の島も島尻郡だ。豊饒をもたらす神は東からやってくるから、綱引きは、必ず西方に勝たせなければならない、道路の方向ではないと、その沖縄の言い伝えが、ちゃんと徳之島の島尻の綱引きに残っている。

端的な例であるが、猫は、島の大部分でマユと言うが、ミャウとニャウとの音韻が東海岸から広がっている。膝のことを古語で「つぶぶし」と言うが、徳之島では、ちぶし、ちんしである。奄美大島では、ちぶしである。ナメクジをナンタクジラといい、カタツムリをチンナンディラと言う。パパイヤは、マンジョマイと呼び、別の集落ではモッカというが、パパイヤが入ったのは最近の大正時代である。サツマイモは島の南部できれいに分布して、伊仙でヤンと呼ばれ、他では、ハンシン、ハンジンという。首里ではハヌスと呼んでいるから、本当は、古いヤンと共通語のカライモとは異なる植物だった可能性もある。琉球王国の氏族が島の南部の伊仙に多いせいか、他ではヤーと言うが、伊仙ではウラと言う。下は、シャー《した》と、シュー《しも》の区別もできる。フクロウは、ツクフが古いが、モグラはいない。

60　徳之島方言の研究

昭和五〇年と翌年の夏に、東京大学文学部言語学研究室を中心にした二〇人前後の学生が柴田武教授と共に参加して、徳之島方言の研究が言語地理学の方法で行なわれ、その成果は翌年『奄美徳之島の言葉——分布から歴史へ』と題し秋山書店から出版された。本稿の引用は同書に拠る。柴田教授は、三省堂から出版されてベストセラーとなった『誤訳』という新書を、W・A・グロータース(ペンネームは愚老足)というカトリック神父の言語学者と共著した言語学者と記憶する。

余談であるが、グロータース神父は後に日本に帰化したが、ベルギー人で、パスポートには、「このパスポートを持つ者がベルギー国外で行なう行為について一切責任を負わない」と書いてあったと述べ、比較文化論を展開していた。日本国旅券には、「日本国民である本旅券の所持人を通路故障なく旅行させ、かつ、同人に必要な保護扶助を与えるよう、関係の諸官に要請する。日本国外務大臣」と書かれている。中東の空港辺りで諸国の官憲が手助けをしてくれることなど皆無で、アジアの国でも、日本人と判れば袖の下を要求される目印にされたことも珍しくなかった。日本では、青色の外交官用の旅券が別にあるが、イギリスの旅券はその区別がない。職業が外交官だとあるから、外交特権があるのであって、日本の場合には、緑色の公用旅券という種類もあって煩瑣にしているが、そうした旅券を区別する国際慣行はないから、大事にされる理由がなく、外国官憲からは却って疎ましい旅券と判断される恐れがある。現実にはジャングルで猛獣が解き放たれているような殺伐とした国際関係が支配している世界を、自在に跨いで旅行するには、この旅券の所持人をいじめるとただではおかないとでも書く方が効果的かも知れない。島国の外務大臣はナイーブで、諸国民の善意を信頼して期待しがちだ。

徳之島では、集落毎に言葉が違うのかと思うほどに、各集落が独自性を保っている。南部の伊仙町が一つのまとまった言語圏となっているのは例外である。どの集落の言葉が一番良いかとの問に対しては、母間の言葉が良いと言う答えが島全体に分布しているが、言葉が集落毎で差異が少ない伊仙では、自分たちの言葉が標準語に直しやすいとの理由で一番良いとしている。母間の言葉がいいのは、やさしい、丁寧だからとの理由であるが、実際に南島の言葉は優しさがあり、初めて鹿児島弁を聞いたときには、島言葉の声調と比べて、喧嘩をしているように聞こえた程である。

土間の囲炉裏の地炉《じる》にかけられていた鍋や釜についた黒い煤を松原の方言ではフグルと言っていた。魚の鱗をイッキというが、髪の毛から落ちる「ふけ」のことでもある。蛙は、島の北西部の松原方面では、ゴロージャというが、ビッキャ又はアッタラビッキャと呼ぶところが、島の北東を中心にある。伊仙や大部分では、アタラと言う。ちなみに、奄美大島の北部では、ビッキャ、南部では、ビキ、徳之島の南の沖永良部島では、ガークという。蛙が、こうも違う呼び方である。トンボは、松原方言では、イージャンボーラと言うが、島の南部では、ウッシャ、ウシャミャ、ウェーシャと言い、エーザマが、今の徳之島町の南部で、カネマと呼ぶところがあり、ビィートゥと呼ぶところもあるのは、驚くべき多様性である。トンボのことを日本の古語で「あきづ」と呼ぶからそこに繋がりがある。カマキリは、松原では、キョーキンバイ、亀津では、イッサルマイと呼んでいたが、集落によっては、ケーシャトバイ、ユーサイト、イサト、イッソダマイタン、タウツコ、などがある。方角は北がニシで、歌謡曲「島育ち」で「朝はニシ風、夜は南風」とあるニシ風は北風《にし》のことである。西はイリである。沖縄で、一一月初めに吹く季節風をミーニシと呼んでいるが、ミーは新しい、ニシは北で西ではない。音韻の分布は、丁寧語で貴方のことをウイと言うが、伊仙では、ウリと言う。鶏は、松原ではトゥイ、伊仙ではトゥリ、奄美大島の南部では、トゥルと発音している。鶏を呼び寄せるときに、トゥー、トゥーと呼びかけている。バナナは、バサナイと北部では言い、南部ではバサナリと発音する。針をハイと言い、南部ではハリだ。左はシジャイ又はヒダイ、南部でヒダリになる。ラジオをダジオと発音している人も結構いた。歯をファーと島の南部では発音していたし、南のハエは南部ではハイで、むしろ、島の北西部の松原当たりでファイとなるから、江戸っ子が日比谷公園を鴫尾屋講演《しびやこうえん》と発音しているようでおもしろい。ふくらはぎのことをクブラと松原では言うが、島の大部分ではクンバと発音している。

ものもらいの腫れ物のことを、イビレと松原では言い、その他では、インベかインメと言っている。おできのことをニブトゥと言っていたし、牛の引く車を右に曲がらせようとする時には、ウニ、ウニと声をかけたし、ウシ、ウシと鞭打って左に曲がらせた。家の南側の小川をムェーンコ《前の川》といい、サイというアミのような甲殻類を掬《すく》った。湧き出る水をイジュンと言う。泉だ。清冽な島の思い出である。

61 徳之島方言の研究　続

前掲の『奄美徳之島の言葉——分布から歴史へ』の報告書には五つの特徴があった。言語地理学の調査の手法が定まらない中で、島の中での方言伝搬の道を探ろうとしたことが第一で、空間を表す言葉の分布を調べてみたのが第二の特徴である。第三は、音韻法則を分布図に投影したことであり、第四が古老などの情報提供者をサンプリングで決定したことだ。だから、いわゆる有識者ばかりでなく、柳田國男風に言えば眼に一統文字がない人も含んでいる。島には文字がなかったから、文字に支配されていない黒潮の民の方が伝承の力が強い可能性が高い。第五は、コンピュータで地図を描いている。旧ソ連の情報機関が作成したインドネシアのモザイク模様の言語地図などは、国を挙げての膨大な力作業だったと推測するが、昭和五十年代の初めに作成された奄美徳之島の方言の地図が、コンピュータで作図されたことは、世界で最初か少なくとも初期の試みであったことは特筆してよい。柴田武教授は、「島にかつての教え子岡村隆博氏とその舎弟耕吉氏」がいて、「岡村氏がいたからこそ、徳之島を対象にしたいという学生の提案に同意したほどである」と調査に着手したきっかけとなった重要な協力者を述懐している。

岡村隆博氏は、徳之島の天城町浅間に居住して、無形文化財となりつつある島の言葉の記録保存に着手して、『奄美方言：カナ文字での書き方八つの島の五つの言葉七つの呼名』を、二〇〇七年に、南方新社から出版した。徳之島の言葉の琉球方言における位置づけ、更には日本語全体の関連で島口の重要性を論じた名著である。グローバル化の対局にある考え方で、のっぺりとしたワンワールドの勢力と闘う時に勇気を与える文章が散見されるので、その一部を引用し紹介する(太字部)。

「日本語は、まず、約一億人の本土方言とわずか百万人の琉球方言とに大きく二分される」「琉球方言と本土方言とは、同じ祖語から発展してきたものである。このことはすでに証明がされていて、これに疑義を挟む余地は全くない。それは、琉球方言と本土方言の間には、きれいな音韻対応が見られるからである」「島口には、島の方言という意味が勿論あるが、それだけではなく各集落の言葉という意味あいが、またはニュアンスがより強いとも言える」「徳之島では、お互いに集落間の方言の小さな違いは認め合いながらも、他の集落の言葉には、あまり影響されずに、各集落毎の言葉が保たれてきたようである」「奄美では、各島間や集落間における言語の優劣とか上下関係というものは全くなく、言葉は、みな平等である」「だが、生まれたときから使っていた島口、つまり方言を大事にしてきた者が自分の言葉に自信をなくす時が来た。それは、教育の普及で有り、居住空間の広がりであった。ことに学校教育で標準語は上位の言葉であり方言は下位の言葉であると見なされてきたからである」

名古屋の電力会社の社長に出世した徳之島出身者があったが、自分の出自を卑下したのか島口を一切使わないどころか、島の出身の人とは一切付き合おうとしなかった不届者であったと先輩から聞いたことがある。山手線の電車の中で、島の言葉で話すことがためらわれるような雰囲気があったことも事実で、徳之島の中でも、集落全部で共通語を話す運動が行なわれたこともあった。その運動の指導者が教職員で、後に校長になったと話を聞いたことがある。この卑屈は、インターネットで通信販売をして成功した会社や、オートバイから自動車会社に成長した会社が、市場原理主義に踊らされ英語を社内の公用語にするなどともてはやした風潮軽薄と同じである。

「日本語は世界でも十指に入る大きな言語集団である。その代表である共通語は世界でも洗練された秀逸な言葉である。大学教育や学術研究は共通語を使い、またお互いの心の伝達や園芸や芸能や文芸などは、それぞれの訛り懐かしい故郷の言葉で話す、と使い分けができたら素晴らしいことである。それが理想であるがそのためにはお互いが言葉の感性を豊かにすることである。島口を大事にすることにつながるし、出発点でもある。言葉の多様性の縮小は文化の細りであり、弱体化である」「言葉は人と人、地域をまとめる大きな絆であった。昔は言葉の持つ力が大きかった。そして誰もが自分たちの言葉を良い言葉だと思って暮らしてきた。島崎藤村ではないが、「言葉につながる故郷である。そして心につながる言葉だった」

徳之島方言では文末にダレンかダニを加え、尊敬語にしているが、これは共通語にあるダネと同じで、九州の薩摩半島の頴娃《えい》町にもダネィという尊敬語が残り、これが「俗称頴娃《エイ》語」で「相手を受容し包み込む。この和を保つ心の広さの根底にあるものが優しさであり、争いを回避する平和主義、とみる。人様の意見に逆らわないので、何時しか敬意、つまり相手を立てることで尊敬の意を表すようになったようである。それが島口の丁寧語であり尊敬語である」

沖縄から徳之島への米軍基地移転話ではダレンもダニもエイ語もなかった。

62　巻き貝に象った江戸水路計画

平成二八年一月は西郷南洲生誕満一八八年になる。生年は文政一〇年一二月七日(一八二八年一月二八日)。明治一〇年(一八七七)九月二四日に没した。没年の二月二五日には官位を褫奪《ちだつ》され、死後に賊軍の将となったが、明治二二年二月一一日、大日本帝国憲法発布に伴う大赦があり、正三位を追贈され、名誉を回復した。上野公園入口の銅像は、没後二一年経った明治三一年一二月一八日に建立除幕式が行なわれた。現在大楠公像(明治三三年完成。作者は西郷像と同じ)がある皇居外苑に建設が予定され、宮内大臣の許可も出たが一週間後には撤回され、江戸城の東の比叡山の役割の寛永寺境内の、当時は帝室博物館長が差配した敷地に定まった。銅像は、岡崎雪聲が米国で学んだ技術で鋳造している。立像は高村光雲、愛犬のツンは、馬の後藤と呼ばれる程に動物を得意とした後藤貞行が制作した。発起人は吉井友実《ともざね》、朝旨で五〇〇円を下賜され、全国二万五〇〇〇人余の有志の寄付金を加えて建立された。普段着姿をするような人ではなかったとの批評もあり、銅像を建てて西郷が喜ぶだろうかと勝海舟が吐露したとの話もあるから、軍服ではなく犬を連れた姿で、風水断ちを避ける目くらましの鬼門の寛永寺の境内の端に皇城の方向を見据える姿で建立された像は、却って南洲、南の祈りの場所を意味する号にふさわしい場所に建立されたのである。西郷像は、台東区の文化財にも東京都の文化財にもなっていない。西郷は靖国にも祀られていない。西からの反乱として西南の役を予言して警戒し、西郷隆盛を評価しないばかりか、尊氏と嘲った長州の大村益次郎の銅像が早々と明治二六年に日本初の西洋式銅像として完成して靖国神社の境内に残るのは、歴史の皮肉である。

巻き貝の貝殻を耳に当てると海鳴りが聞こえる。螺旋状になった貝殻の中を空気が震動して伝わり、上等な音質を再生するスピーカーなどの構造は貝殻のようになっている。人間の耳自体が、貝殻を模した構造である。

江戸が、水路を巻き貝の螺旋状にして、内と外とが区別されずに広がりを持つ町並みになっていることが、古地図を眺めるとよくわかる。現代の高速道路は、江戸城の堀を埋め立てて作られているから、日本橋あたりは、橋を覆い隠すように道路が空中を縦横に走る。吉野金峰山寺蔵王堂の廻廊に座像が残る天海上人が江戸の町を設計したとされる。市ヶ谷の釣り堀となった池も、赤坂見附の弁慶橋のボート池も、和田倉堀、馬場先堀、日比谷堀と一筆書きのようにつながっていた堀が、明治以降埋め立てられた。内堀と外堀の区別は、海の貝殻の螺旋状の水路であるから、裏も表も内も外も区別はない。明治に江戸を仮の都にした頃は丸の内に東京駅はなく、新橋が停車場となっており、今の丸の内一帯は陸軍の練兵場であった。三菱財閥がその払い下げを受けて、お雇い外国人のコンドルの設計で一号館を建設したのは、明治二七年のことである。レプリカで復元された三菱一号館の資料室には、明治の初めの東京駅が建設される前の地図が掲げられているが、そこには岩倉邸、大隈邸、中山邸、万里小路邸、山縣邸などが、江戸城の周りに甍を連ねている。西郷が嫌った成り上がり者の邸宅街があった。外務省は、今の霞ヶ関の場所に当時からあったことが判る。東京大学や学習院が今の竹橋あたりにあって、近くに大隈邸があるのも興味深い。島津邸が今の法務省近辺にある。英国公使館は全く場所が当時と変わらず、イタリアや、フランス、ドイツの大使館も当時は江戸城の周りにあったことは興味深い。

現代の地図は上が北の方角になっているが、江戸の古地図は上が西の方角を示している。西側からの風が江戸に入り込むように書かれているからだ。江戸から見る西には、富士山があり、霊峰の気が貝殻の螺旋で集められる構図になっている。法螺貝の音を山々に響かせる方法は修験道につながるが、江戸の町も、西側は富士山の浅間神社まで江戸の町の賑わいが届けとばかりに、町並みが街道に沿って広がるようになっている。宮古島の大珊瑚礁地帯の八重干瀬《やいびし》で採取されるゴーホラ貝を人の腕輪として細工したものが日本列島の各地で発掘されているが、山伏の法螺貝同様に南海の貝が交易の貴重な品となって、海鳴りや山鳴りの天変地異の兆候はもとより、町や村の賑わいやざわめきを聞き取る呪《まじな》いの方法に使ったのだろう。岡山の池田侯の後楽園を訪れたが、その名庭園は熊野大社の旧地のように高梁《たかはし》川の中洲にある。総社市美袋《みなぎ》の中洲にも、丹頂鶴が飛来する吉兆がある。梁《はし》は干瀬《ひし》に通じる。

螺旋状の水路を埋め、建築物の高度と容積の制限を緩和して、西郷銅像が見守る皇城の東の商店街の日本橋は高速道路で閉塞したが、北方は武道館があり、西側も半蔵門に開けている。かつて陸軍施設があった大手町や丸の内は、高層ビルを林立させて財閥村や外資店舗に急変している。菱は祈りの洲《ひし》に通じる名前だが、今では海潮音の気配を希薄にして、高層の財閥倶楽部やホテルの窓から皇城を覗き込むような横着は、ことさら遺憾である。

63　日本列島は同一言語圏である

西郷隆盛の号の意味を追求してきたところで、洲が「ひし」であり、川の中洲でもあることに思い至った。大隅国風土記に隼人の言葉として必志《ひし》と漢字をあてており、現在の鹿児島県の志布志の菱田川の河口に比定されて残っている。熊野大社の旧社地が川中の大斎原《おおゆのはら》だったことにも言及した。南西諸島から台湾に至る島々には、西郷が流された奄美の島々を含めて、珊瑚礁が潮の干満で水面上に顔を出す部分を特定して「ひし」と呼んでいる。沖縄では、これがpの音になり「ぴし」となる。珊瑚礁の内側の海水は、日の光を浴びて、エメラルドグリーンで輝くようであるが、珊瑚礁の沖の深みの海水の色は、コバルトブルーである。海と陸とが訣別する場所が色で区別される。「ひし」は言わば、海と陸との中間地帯で有り、満潮の時には海となり、干潮には陸になる。陸に谷間があるように、珊瑚礁の切れ目もあり、そこは口と呼んでいる。沖縄の那覇港には、出入り口が三つあって、やまとぅぐち、とおぅぐち、みやこぐちがある。それぞれが、帆船の時代に、大和や、唐や、宮古島に出て行く港の出入り口の名前として今に残る。「ひし」と海岸との間の潮だまりを「いのー」という。夜の珊瑚礁の漁労を「いざい」と呼ぶが、アセチレンのガス燈を点けて足で珊瑚礁の白砂をかき分けていき、車エビが尻尾の方から夜光を放って水中を後ずさりして砂の中から飛ぶように逃げるところを網で掬う。夜光虫がルシフェリンの光を星屑を散らすように放つ。沖縄に与那原《ゆなばる》という地名があるが、これは、珊瑚礁の死骸が砕けて砂になって打ち寄せた砂の原の意味だ。ユナが砂だから、「いのー」の透き通った潮だまりの海底は純白の砂地である。貝や海老が住む海の畑《はる》である。

本当に驚いたのであるが、「ぴし」は、アイヌ語の浜辺を意味する「ぴす」とも一致する。アイヌ語の「ぴす」から出た言葉に、「ぴそい」があるが、これは、魚の腹の線、手刀にもちいる小指から手首までの外側の線、足の小指からかかとまでの外線、それに、磯辺を意味するから、要するにアイヌ語の「ぴす」は、外縁部を表していることになる。「ひし」は、「きし(岸)」にも通じていることは、pからk、kからh、hからpとの変化が想像できる。その変化は、坂を意味するアイヌ語がぴらで、それが、『古事記』のよもつ比良坂のひらになり、ひらが奄美では「しら」になり、徳之島の松原の坂の名前はしるしんしら(海から眺めて澪標《みおつくし》の坂の意か)と呼ばれ、美空ひばりが沖縄を唄った「花風《はなふう》の港」の歌碑が建つ那覇港を見下ろす小禄《おろく》の公園はガジャンビラ公園、つまり蚊の坂公園の名前である。宮古島の平良《ひらら》は、当然のことながら坂の多い集落を表現している。

「いのー」は礁池であるから、浅い天然のいけすの様でもある。珊瑚礁の切れ目があり、そこか魚がウニやナマコや、タコが住む。針を使わないで、貝殻に紐をつければ、タコがとびついてくる漁法があると思えば、魚が酔う草木があって、それをすりつぶして、その潮だまりに撒けば、魚がふらふらになって浮き上がってくると言う具合だ。子供が大人になる通過儀礼で、魚の骨を喉にひっかけないようになることが元服の印として食べるのが「しゅく(すく)」の魚である。アイゴの稚魚である。不思議な魚で、珊瑚礁の潮だまりに寄ってくる日が毎年決まっていて、最初が、旧暦の六月一日の前後の大潮の日である。「さらゆい」と言う。天気が不安定であるが、夏を告げる南からの風波が珊瑚礁の池に魚を送り込む。二度目に天然いけすに寄せるのが、旧暦の七月一日前後の大潮である。「あきぬっくゎ」という。あきとは、稲の収穫のことである。大群が押し寄せる。老人や子供でもとれる。三度目の寄りは、旧暦の八月初めの大潮である。「またべぬっくゎ」と呼ぶ。「またべ」とは、一度刈り取った稲の株から生えて来たひこばえのことで、「くゎ」は子供。ちなみに、沖縄民謡で、「たんちゃめ(谷茶目)の浜にするるぐゎーぬゆ(寄)てぃち(来)んどおぉえぇー」との歌の「するる」は魚の「きびなご」である。

言語の変化の規則性が見いだせない時代には、沖縄と日本本土の言語が異なるものであり、異民族であるとする言説が横行した時代があった。アイヌ語と日本語と琉球語とを、それぞれ異系の言語として大日本《おおやまと》の国家統合を分断する策謀を感じる。筆者の若い時など東京の環状線の電車の中で、どちらの国から来られましたかと聞かれたのでは、外国軍隊に占領された南方同胞ですと答えるわけにもいかなかったが、琉米和親条約を別の条約にしたことには、根拠が無いことを言語学という科学が解決することになった。沖縄は日本語の大系の一部であると、言語学が決着をつけた。単に外形だけをごまかして、ペリー提督が来たときにわざと支那服を着せたような滑稽なことが二度とあってはならない。アイヌ語と日本語との違いもそんなことではないだろうか。アイヌ語も、日本語も、沖縄を含む南島の言語も、長い時間を経て、枝分かれをしただけではないのか。「洲《ひし》」が、南と北で、海陸を繋ぐ磯辺の原で豊饒を神に祈る場として厳然としてある。

64 日本漆文化の起源と伝統

伝統工芸の分類は色々できるが、展覧会では、陶芸、染織、漆芸、金工、木竹工、人形、諸工芸と大別している。七宝や硝子や象牙の器物の表面を染色する染牙《せんげ》等は諸工芸に含まれる。陶器はチャイナだが、漆芸は漆をジャパンといい、漆《うるし》はうるわしを語源とする説もある程に、日本工芸の代表である。その漆芸のうちの螺鈿《らでん》、つまり、夜光貝、アワビ貝、蝶貝などの貝殻を平な板状に加工して文様の形に切って漆面に貼る装飾技法に注目して、黒潮の産する夜光貝《ヤコウガイ》を主題にしたいが、まずは漆芸とは何か、用語解説を深める。

器胎《きたい》とは、器の素地のことで、木胎、紙胎《したい》、籃胎《らんたい》(竹を編んだもの)、金胎《きんたい》(金属)、陶胎《とうたい》などと素地の材質を示す。乾漆《かんしつ》とは、型に麻布を漆で張り重ねた後、型を外して器胎とした素地の一手法である。曲輪造《まげわつくり》も素地の一手法で、檜や杉、ヒバなどの薄板を曲げて輪状にし、幾重も重ねるなどして形づくる。溜塗《ためぬり》は、半透明な漆を通して素地が見えるように仕上げる塗り方である。蒔絵《まきえ》は、漆で模様を描き、これが乾かないうちに金粉や銀粉をまいて定着させる装飾技法だ。蒟醤《きんま》は、厚みを持たせた漆に細い線を彫り、凹部に色漆を埋め込み、乾燥後に平に磨き上げて仕上げる讃岐漆器の技法で、緻密で繊細な模様が見所である。一種の象嵌である。描蒟醤《かききんま》とは、漆面に細筆を使って模様を描き、透明漆をかけて仕上げる技法である。存清《ぞんせい》(星)とは、漆面に色漆で絵を描き、その輪郭を毛彫りしたもの。香川独特の技法で、彫り口に金箔や金粉を埋めたものや、毛彫りの代わりに金泥で輪郭を描く。名前の由来は不詳だ。彫漆《ちょうしつ》とは色漆を何百回も塗り重ねて層をつくった後、欲しい色層まで表面を掘りさげて文様を表わす技法。堆漆《ついしつ》ともいう。朱漆のみ使用したもの堆朱《ついしゅ》、黒漆のみのものは堆黒《ついこく》と呼ぶ。金属の薄板を文様の形に切って漆面に張り込む装飾技法を平文《ひょうもん》、または平脱《へいだつ》という。金銀の箔を切り、漆面に貼る装飾技法を切金《きりがね》と言い、漆面に毛彫りで文様を彫り付けた凹部に漆をすりこみ、そこに金箔を押し込んで定着させる技法を沈金《ちんきん》という。日本で最も盛んな技法で、特に輪島塗でよく使われている。堆錦《ついきん》とは、特殊な精製をした堆錦用漆に顔料を加え、餅状の塊にして、薄く延ばして文様に切り、器面に貼って装飾する技法である。堆錦の技法は、一七一五年に比嘉乗昌《ひがじょうしょう》によって創始されたと歴史書の『球陽《きゅうよう》』に記録されている。(以上は、第五八回日本伝統工芸展岡山展の資料等を参考にした)さて、螺鈿の貝の薄片を製作する技法は、貝の真珠質の部分を砥石でみがき、一定の厚さにそろえる技法が一般的であるが、夜光貝を一週間ほど煮て、真珠質の部分を薄い層に剥がす技法が煮螺《しゃら》の法と呼ばれる。『琉球国旧記』によれば、康熙二九年康午《かのえうま》の年(一六二〇)に、大見武筑登之親雲上《うふんちゃきちくどぅんぺーちん》憑武《ひょうぶ》は杭州に行き煮螺の法を学び、三年して帰国。これを貝摺主取《しどぅい》の神谷親雲上《ぺーちん》に伝授したという。「貝摺《かいずり》奉行所」が設けられたのは、一六一二年である。貝摺とは螺鈿の為の貝殻の材料をつくることである。さて、琉球漆器は支那の王朝への貢物として、漆器に島々の貝殻を使って螺鈿の技法で大量に生産されたが、原材料の漆の生産はなく、すべてを日本《やまとぅ》を含め外から移入している。現在、日本で生産される漆は、過去五年間の生産量が総計で四二五八キロだ。岩手県二戸市の旧浄法寺町に約一〇〇ヘクタールの漆林があり、「漆の木から漆を掻《か》き取る職人の熟練した技がなければ、不純物のない良質な漆は手に入りません。ここは漆掻き職人が日本一多いんです」というが、浄法寺の漆掻き職人はわずか一五人、生産量二位の茨城県が一二人、福島県は二人である。昭和六〇年の金閣寺大修復では浄法寺の国産漆一・五トンが使用された。

青森の三内丸山遺跡から土器や木製品と共に漆の皿や容器などが出土したことは特筆される。赤色の顔料がベンガラであると分析されている。五千年以上前に、漆が栽培され利用する技術も完成していたと考えられ、色鮮やかな漆器が、縄文人の技術の高さを物語るかのように出土した。漆の起源が大陸ではなく、縄文の日本列島の東北地方である可能性が有力になった。今では日本の漆芸の生産地でも、支那からの漆が大量輸入されて原料の九九％を占めているが、漆の品種の違いと樹液の性格の違いがある上に技法が異なり、国産漆は塗膜が堅くて薄い（蒔絵に向く）が、支那の漆は塗膜が柔らかくて厚い（堆漆に向く）との差異がある。似て非なるものだとの見方もある。日本の漆の生産地として残った浄法寺も岩手の青森県境沿いにあり、縄文文明以来の漆の文化と伝統がようやく継承されているようだ。天台宗の名刹があることから見れば、都との交易は日常茶飯事のことであり、ごく最近に大陸産の漆が入ってくるまでは、列島の漆の原料を供給する土地として栄えてきたことは間違いない。永く漆の原料を生産してきた浄法寺でも本格的に漆芸を企業化したのは近年である。日光東照宮は栄華を伝えるために漆を多用しているが、奥州からの漆の供給なしには大修理はできない。

65　夜光貝と漆の出会い

サザエを大きくしたような貝が夜光貝だ。大型の巻貝であり、重さは二キロを越える。軒下で雨だれを受ける石の代わりに使っていれば、その美しさは分からない。潜って追い込み漁をする傍らに夜光貝を採って帰り、家の軒先の周りに置いても、殻の色がくすんで石灰質がたまってしまえば、夜光貝が螺鈿の材料になるなどとは想像もつかない。食すると、小ぶりのサザエの方がうま味があるし、肉は焼けば硬くなるばかりだから、薄切りの歯ごたえのよい刺身にするか、時間をかけて煮てだし汁をとるかである。肉を塩漬けにして上納品にしたこともある。貝殻の真珠質に光沢が有り、特に薄緑色が珊瑚礁のエメラルドグリーンの薄澄の部分をとってきたように美しい縞になって輝く夜光貝の魅力は外側からは分からない。外殻にフジツボがついていたりすれば、そぎ落として研磨して、光を反射してようやく真珠質が表れる。アワビの真珠質も光沢があるが、層が薄くて比べものにならない。夜光貝の真珠層は厚みがあり、加工すれば、一枚板を執ることもできるし、貝の巻く形を生かして杓子を作ることもできる。汁を掬う道具を汁貝《しるがい》とも言うし、米の飯を掬うシャモジのことを飯貝《みしげ》とも呼ぶから、もともと貝が液体等を掬う道具に使われていたことは間違いないが、夜光貝の場合には、光輝く妖しい美しさがあるから、祭祀の道具になるような要素を備えている。

夜光貝は、螺鈿の材料として珍重されてきた黒潮文明の産物である。日本の本州の列島には生息しない。宝貝と同様に、黒潮で仕切られた奄美の島々以南の海域に生息する。平成の御代になって奄美大島北部で夜光貝を大量に出土する遺跡が発見されるようになってから、漆と夜光貝とが出会った螺鈿の世界の背景が具体的に想像できることになった。奄美大島の北部の大きな港町が名瀬であるが、隣の喜界島の側には、小湊という港がある。冬場に名瀬の港が荒波になっても、島の南側の小湊は風よけになり、夏の場合には逆で、南側の小湊にうねりが押し寄せても、北側の名瀬の港は静かである。その小湊から、大量の夜光貝の破片が製作途上の貝匙を含めて出土した。つまり、平安時代の史料に記録される夜光貝は螺鈿の材料となることは知られていたが、その供給地が突き止められていたわけではなかったから、奄美大島北部での大量出土によって、夜光貝の供給地であることが判明した。夜光貝は珊瑚礁の地形の外洋側の斜面の岩場に好んで生息している。洲《ひし》と呼ぶ珊瑚礁の外縁の外側の壁に張りつく貝である。奄美大島北部の夜光貝の出土する遺跡は、珊瑚礁が発達した海岸沿いの砂丘の上にあることが立地条件として共通する。夜光貝の名前は、奄美や沖縄では、ヤクガイ(夜久貝、夜句貝、益救貝、屋久貝)と呼ばれていたことから来る名称で、今の種子島や屋久島以南の島嶼の総称から来る名前である。『日本書記』では、掖玖《やく》という地名が奄美や沖縄、宮古、八重山を含む琉球弧の総称となっているから、ヤクガイとは、そのヤクの産物であることを意味する。夜の光は、単なる当て字である。夜光る貝ではない。奄美大島では完成品の出土は少なく、貝匙などの完成品は別の土地で製作されたとの推測があり、朝鮮半島の東岸の古墳などからも夜光貝が出土していることが確認されている。朝鮮の螺鈿細工は今に残るが、原料は南の島から供給されたことは否定できない。『枕草子』にもヤクガイが酒杯に使われたとの記載があり、『小右記』では、大隅の藤原氏が畿内の藤原氏のもとへ夜久貝を贈答品として届けている。

平成四から五年に行なわれた正倉院の宝物の螺鈿の材質調査では、螺鈿の材料は、殆どが奈良時代に製作されたもので、夜光貝であることが判明している。螺鈿以外でも、夜光貝を材料とする製品が多数存在する。四絃琵琶が五面伝えられているうちの一面は国産の螺鈿で作られている。舶来品ばかりでないことは重要である。漆はこれまで長い間舶来品と考えられていたが、東北地方の縄文時代の遺跡から漆の篭などが出土するに至って、日本の原産である可能性が高まったように、螺鈿の細工も実は、黒潮文明の島々を原産地とする夜光貝と漆とが出会って初めて工芸に発展したことが分かるのだ。平等院、中尊寺金色堂、当麻寺の螺鈿細工は大型の貝片と小さな貝片とを大量に組み合わせふんだんに使っている。金色堂では螺鈿の総数は二万七〇八四個にも及ぶ。黒潮文明の中で生産されたゴホウラ貝やイモガイでできた腕輪などは、すでに弥生時代から古墳時代にかけての遺跡で発掘され、貝の腕輪は北海道の縄文遺跡からも発掘されているが、後の時代になって夜光貝が漆と出会い工芸として発展した。螺鈿技術の発達は一二世紀に最盛期を迎えているが、鉄器の普及と関連する夜光貝の交易やその他の貝殻の交易は、黒潮を辿る日本の列島との交易が主力である。大陸との交易は一五世紀に成立した琉球王国が貝殻の大輸出国となったずっと後のことである。（本項は高梨修『ヤコウガイの考古学』同成社、二〇〇五年刊を参照した）

66　島の人々の渡来地が邪馬台だった

黒潮の流れに沿って、島々が点々と連なる。与那国島から波照間島、黒島、新城島、西表島、小浜島、竹富島などの八重山群島と呼ぶ島々と、下地島・伊良部島や大神島と来間島・池間島・宮古島からなる宮古諸島との間には、水納島・多良間島がある。宮古島から、沖縄本島までは四〇〇キロの距離がある。沖縄本島から九州までも「道の島」と呼ばれるように、次々と島伝いである。奄美でも沖縄でも、種子島と屋久島以北をヤマトゥと呼んでいるが、内地や本土などと呼ぶのは植民地風になってからで、本来はシマとヤマトゥを並列した。奄美群島とは、与論島、沖永良部島、徳之島、加計呂間島、与路島、請島、喜界島、横当島である。沖縄県に今では所属しているが、徳之島の西方にある、硫黄鳥島も奄美群島に含まれる。北緯二九度と三〇度線の間にある島々が、吐噶喇《とから》列島である。宝島、小宝島、悪石島、臥蛇島、諏訪之瀬島、平島、中之島、口之島などがある。口之島の北端を北緯三〇度線がかすめている。北緯三〇度の北には、屋久島、口永良部島、黒島、硫黄島、竹島、馬毛島、種子島がある。そして、大隅海峡の先には、佐多岬があり、薩摩半島の先には、開聞岳があり、薩摩富士と呼ばれるコニーデ型の流麗な山の先に長崎鼻が突き出ている。山川という噴火口が水没した天然の良港が、指宿《いぶすき》の先にあり、頴娃《えい》、枕崎がある。遣唐使の時代からの港だった坊津も薩摩半島にあるし、笠沙の宮に比定される岬もある。枚聞神社は、開聞岳を拝むように建てられているし、開聞岳を眺望できる距離に船が入ると、波静かな錦江湾の入口を示すことになるから、長旅の緊張や風波の恐怖や航海の不安から解放されることになる。シマからヤマトゥに到達したと実感する瞬間を持つことになる。種子島や屋久島は鹿児島県の熊毛郡となっているが、大隅国に属していた島である。日向の国は今の鹿児島県と宮崎県の地域が合わさっていた地域で、日向が大隅と唱更《はやひと》と日向国に三分割され、唱更が薩麻《さつま》となり、後に薩摩国となっている。隼人の本拠地が今の志布志の方面にあったのではないか、祈る場所のヒシとは、隼人の言葉であると縷々書いてきた。ちなみに、今の徳島県の南部の、その昔の海部郡に薩麻郷があったとの記録が残っているから、阿波の忌部氏が、海部と呼ばれる航海の専門家集団とともに、黒潮の流れに乗って北の安房《あわ》に抜けて下総《しもうさ》、上総《かずさ》の国を作りながら、移動していったことはもう明白な歴史の事実となって理解されているように、今の徳島県の阿波《あわ》や海部《かいふ》の人々が薩摩半島と往来して、薩麻の国をつくったことが想像される。ちなみに、今の千葉県は安房の国と、下総、上総の三つの国から成っているが、総《うさ》とは麻を意味する。麻生と書いて「あそう」と発音して読むことからもソが麻の衣を意味すると分かるが、熊襲のソも麻衣との関係を伺わせる。ソに龍の衣という字をわざわざ当てたのは、薩は「邦産みの植物」で、その麻で紡いだ高貴な白妙の衣を着るからである。

栃木県の小山市の生涯学習センターで、阿波忌部の研究者が講演会を開いたが、小山市内には安房神社がちゃんとあって、しかも粟や麻を栽培していた農家が近辺にちゃんと今に残ることは驚きであった。関東の北部の平野を西から東に貫流して常陸に抜ける川の名前が那珂川で、徳島の南部にも那珂郡があるように、四国の阿波との繋がりが色濃く残っている。ちなみに、宮崎県の砂土原の近辺も昔は那珂郡と呼ばれていたが、阿波の海部の人々や忌部の人々は、北に移り住んで安房国をつくり、南に移り住んだ海部の人々が日向の一部の今の宮崎県に所縁の地名を残していることになる。小山市の安房神社は今の千葉県の安房から勧請されたというが、その先は四国の阿波で、粟の作物と関係することは間違いない。安房神社の御輿は、普通の御輿ではなく、粟の茎と実で屋根を葺いてあるし、地名は粟の宮という地名である。

大和朝廷は神武東征があって後に今の近畿の大和《やまと》を都としたことは言うまでもないが、故地とされる日向は今の宮崎県にとどまらない。神武天皇の故地の日向は、後世の薩摩、大隅、日向の全てを含むことになる。シマからの航海で到着する場所こそがヤマトゥであれば、元々の神武東征以前のヤマトゥは薩摩半島であり、大隅半島であり、あるいは、今の宮崎県の地域であることになる。鹿児島神宮も、霧島山をご神体として拝殿が作られており、神代の昔の三山陵と呼ばれる重要な古墳や陵《みささぎ》が実際に薩摩と大隅と日向に存在する。大和三山とは奈良の盆地に浮かんだ島のような「畝傍山」「耳成山」「香具山」のことであるが、元来は、耳成山とは開聞岳のことで、薩摩国を意味し、香具山が櫻島の大隅国を代表し、畝傍山が霧島山の日向国を象徴していたと考えれば、分かりやすい。邪馬台国が今の薩摩と大隅と日向が合わさった南九州の土地にあったとすれば、邪馬台国が黒潮文明の強い影響下にあって、大陸文明とは異相の国であったことが容易に理解できる。邪馬台国とは、シマの人々が呼ぶヤマトゥのことだったのである。

67　邪馬台国に見る黒潮文明

ヤマトゥのヤマは山に違いないが、トゥは戸のことで入口を示している。ヤードゥと言えば、家屋の入口の戸のことである。そうなれば、開聞岳や、櫻島、そして、霧島山という、日向の三山への入口を示す土地を、ヤマトゥと想像する。黒潮文明はヤマへの入口を求めてシマから渡来する土地をヤマトゥと呼んでいる。果して邪馬台国がヤマトゥに当たるのか、どこにあるのか、魏志倭人伝に記された国名や特徴の記述を検討し、謎解きをしたい。

そもそも魏志倭人伝は支那の歴史書『三国志』中の「魏書」三〇巻烏丸鮮卑東夷伝倭人条の略称であり、全文で一九八八文字であるから大部でなく、「倭人伝」という独立した列伝が存在するわけではない。「東夷伝」の中に倭及び倭人の記述があるに過ぎない。朝鮮半島帯方郡から倭国に至るには、水行で海岸を循って韓国を経て南へ、東へ、七千余里で倭国の北岸の狗邪韓国に到着する。狗邪韓国が、巨勢島のこととすれば、海を千余里渡ると対海国に至る。南に瀚海と呼ばれる海を千余里渡ると一大国に至るとあるが、瀚海とは広い海のことで日本海を示し、黄海との境界にあるのが、対海としての対馬国である。更に千余里を渡ると末盧国に至る。ここでは、人々が潜って海産物を採ることと草木が繁茂していることに驚く記述がある。季節は夏であり、冬に渡海をすることはないことがわかる。東南へ五百里陸行すると伊都国に到着する。王が居て女王国に属し、帯方郡の使者の往来では常に駐在する所であるとするから、往来の良い港町で今の福岡市西区で旧怡土郡に比定される。東南に百里進むと奴国に至り、東へ百里行くと不弥国に至るとあるが、いずれも伊都国から近い。不弥国を福岡県の糟屋郡の宇美町に比定して問題が無い。南へ水行二十日で投馬国に至るとあるから、投馬国は、海路だけで行けるが相当遠い。瀬戸内海を抜けて四国の脇の豊予海峡を通って現在の宮崎県西都市に到達できるが、そこには西都原古墳群や、近辺に茶臼原古墳群・新田原古墳群などが残り大豪族が居住していたことが確実で、投馬の地名がツマ神社として残る。南に水行十日と陸行一月で女王の都のある邪馬台国に至るとあるから、相当の遠隔地である。邪馬台国近畿説があるが、船で十日もかからないし、到着してから歩行の旅をする距離感はない。邪馬台国北九州説も同様である。邪馬台国は伊都国から相当遠いところになることから、天孫降臨の山を含めた雄大な三山があり、シマからヤマトゥと呼ばれてきた旧日向の土地がその距離に適合するのではないか。邪馬台国から南方の遠くに在って国名だけしか分からない国として斯馬《しま》国、己百支《しおき》国、伊邪《いや》国、都支《とき》国、彌奴《みな》国、好古都《こうこと》国、不呼《ふこ》国、姐奴《そな》国、對蘇《つそ》国、蘇奴《そな》国、呼邑《この》国、華奴蘇奴《かなそな》国、鬼《き》国、爲吾《いご》国、鬼奴《きな》国、邪馬《やま》国、躬臣《くし》国、巴利《はり》国、支惟《きい》国、烏奴《うな》国、奴《な》国など二十数ヶ国を支配していたとしているが、これが薩摩の南に連なる道の島の名前ではないかと想像する。卑弥呼は狗奴《くな》国の男王と戦争していたというが、沖縄が狗奴国であったと推測すれば、薩摩と琉球のシマとヤマトゥの大昔からのせめぎ合いを考える。会稽の東治にも地理的には合う。侏儒国を種子島に比定する説があるから、瀬戸内海を通過せずに、伊都国から東シナ海に入って、大隅の佐多岬を回って西都原に比定される投馬国に至る道を考えると、邪馬台国は投馬国より海路であればより近い距離にあり、吾平山上陵、可愛山陵・高屋山上陵と神代三山陵がある旧日向の地が故地として説得力を持つ。

風俗、生活、制度などを考えると、邪馬台国南九州説がいよいよ有利になる。「皆面黥面文身」と、顔や体に入墨をし、墨や朱や丹を塗っている習慣は、確かに隼人の習慣であった。男子は冠をつけず髪を結って髻をつくり、女子はざんばら髪で、着物は幅広い布を結び合わせているだけだとしているが、ボタンと縁のなかった黒潮の衣服である。牛・馬・虎・豹・羊・鵲《かささぎ》はいないとするが、特に鵲は朝鮮半島の鳥である。土地は温暖で生野菜を食べているとしており、南国説は決定的である。裸足だったことも温暖の土地であることを証拠づける。薩摩や大隅、日向であっても、内陸部で氷がはるようなヤマの中の寒い土地ではない。人が死ぬと一〇日あまり哭泣して、喪に服して肉を食べないとしているが、これまたシマにもある習慣である。葬式の後に飲酒して歌舞するが、黒潮文明は死を悲しむばかりではない。埋葬が終わると水に入って体を清めるとは、海の潮で浄める習慣だが、お清めの塩となった。墓には棺はあるが郭《かく》はないのは黒潮文明の風葬の名残だ。骨を焼き割目を見て吉凶を占うが、暖海の生物の亀の甲羅を焼く占いだろう。倭国は長命で百歳や九、八十歳の者もいるとあるが、シマは今も世界最長命である。女は慎み深く嫉妬しない、盗みはなく訴訟も少ない、法を犯す者で軽い者は妻子を没収し、重い者は一族を根絶やしにする、宗族には尊卑の序列があり、言いつけがよく守られることは、薩摩、大隅、日向三州の郷土の教訓話として今も残っている。

68 津波に対する黒潮の民の知恵

地震があれば、津波が来る前に船を沖に出して津波をやり過ごすのが、黒潮の民の智恵の原則である。陸にある家より命ともいえる船と頭で分かっていても、皆が逃げている中で、わざわざ港の船に向かっていって、エンジンをかけ、沖に向かう為に係留索を解いて発進させることには、勇気が要る。しかも、船の大きさ、いる場所や速力など千差万別であり、一概には言えない。海上保安庁の巡視船が、津波を越える動画が公開されたが、荒天をついて救援に向かって出港する巡視船のように復元性の高い船ばかりではないし、ましてや、小型漁船でエンジンも外付けの船であれば、とても津波に逆らって立ち向かうために、地震が起きてすぐさまに、船に飛び乗って沖に向かうことには、「雄々しさ」が必要となる。岩手県の久慈で津波が押し寄せる中で出港する漁船の姿が映像となって残っているがその後はどうなったのだろうか。茨城県の那珂湊でも、すっかり潮が引いた中を慌てて出港する漁船の映像が撮影されているが、引き返したようにも見えるが、その後は明らかではない。福島県の相馬では一〇〇隻以上を数える漁船がちゃんと沖に出て、津波をやり過ごして生き残った。

天皇皇后両陛下は雨の中を視察され、漁師が必死で船を守った話を聞かれ、

津波寄すと雄々しくも沖に出し
船もどりきてもやふ姿うれしき

と詠まれた（大震災一年後の平成二四年三月一一日午前五時一五分から六時までの日本テレビの番組で紹介）。

鹿嶋あたりでは、地震発生後四〇分くらいかかって津波が到達しているが、それだけに大きな津波になると覚悟して、冷静に沖に船を出した人は助かっている。漁師の中にも尋常でない揺れですっかり動揺して「津波が来るぞ、来るぞ、逃げろ」と退避していったのでつられて、陸の方に逃げた者もいたが、その人たちの船は悉く転覆したり、岸壁に乗り上げたりと無残な姿になって悔やみ切れない気持ちが残った。地震発生後すぐさま沖出しして、女川から金華山への連絡船を助けた勇敢なヨットマンの機転を尊敬するが、大型船の場合には、桟橋を離れることすら自力では難しい。津波の凄まじさに抗して難を免れる黒潮文明の智恵の基本に戻って、船長が決断して乗組員が懸命に努力し、しかも自らが津波に巻き込まれながら、座礁したロシア船の船員を救助したのは硯海丸《けんかいまる》である。

地震発生後の津波の被害を避けるためには、三つのポイントがある。まず、津波を知ることで、①揺れの小さな地震でも、長い時間でゆっくりした揺れの場合に津波が来襲することがある。②強い揺れの場合には、何と三分から五分の間に第一波が来襲する。③チリ地震の時には、日本では揺れなかったが、津波だけが来襲した。④第一波が最大の高さではない。⑤津波の前に潮が引くとも限らずいきなり来襲することもある。⑥津波の押し引き共に破壊力がある。第二のポイントは、津波に対して弱いところを知ることで、①岬の先端や湾奥や浅瀬では津波の高さが高まる。②なだらかな海浜や砂州では津波が陸上深くまで侵入する。名取川の海岸を襲う津波の映像を自衛隊の飛行機も撮影したが、白波を立てて海岸に押し寄せる光景を名取川河

口のカメラで撮影された映像はテレビで実況中継された。③津波は、河川を遡る。④大きな津波で火災が起きる。陸上に上がった漁船や船や、衝突した船の燃料油に引火して延焼する。⑤浸水で地下の空間が水没したり、マンホールや下水があふれる。千葉県の浦安などで液状化現象が見られた。茨城県の大洗の埋め立て地でも同様だ。第三のポイントは対策を立てることだ。①津波予報と同時に津波が来襲することもある。地震直後に津波が襲来すると、遠くへの避難はむしろ危険。財産の持ち出しはあきらめることだ。②日頃から、避難場所、経路を確認しておくことが重要である。水産庁のガイドラインでは、命を第一に考えて、津波襲来時の港内に停泊中の漁船の沖出しを禁止しているが、実際の対応とは大きな乖離がある。多くの漁民が、日常生活の糧であり、財産である船を守る為に、命がけで沖出ししているのが実際である。すぐに高台に避難せよと求められても、休業期間の保証もなく、損傷した漁船の保証も一〇〇％ではない保険制度であるから、自らの命と漁船とを天秤にかけて、正常化の偏見と呼ばれる、「自分は大丈夫だ」という心理特性によって沖出しするが、津波の特性に対する理解不足から危険を伴う場合が非常に多い。その一方で北海道の落石漁協では、津波に強い漁業地域作りの成果として、漁船の沖出しのルール作りをしていた。沖合への避難を指示して、漁協組合の指導船が午後三時には出港し一五分後には、水深五〇メートルの安全海域に着き翌日の午後五時頃まで待機した。地震発生後二〇ないし三〇分後には、漁船五五隻と工事船三隻を安全海域に沖出しさせた。上架中の七隻が落下して船底を損傷した被害はあったが、根室市内の漁港で甚大な被害が発生したのに比べると、落石漁協は迅速に沖出しの対策を実行して相馬と同じく成功例となった。

69　海幸彦を祀った潮嶽神社に詣る

低気圧が急速に発達し日本海を北上するという異常気象ともいうべき春の大嵐の中を四月三日午前一〇時一〇分羽田空港を離陸して宮崎に向かった。潮岬を越えた頃か、寒冷前線を通過する時には、今まで経験のない大揺れになった。日向灘は白波の兎が飛び跳ねていたが、宮崎空港は大淀川の右岸の海岸にあって気流の乱れが少ないのか、九州の脊梁山脈が風よけになったのか、乗客が少なくなり飛行機を小型に替えからか、熊本や鹿児島行きが欠航になるなかで引き返しはせず強い西風に向かって海側から侵入して着陸できた。友人の出迎えを受け日南市北郷町宿野に鎮座する潮嶽神社《うしおだけじんじゃ》参拝に出立した。先年、神武天皇の故地の美々津や狭野を訪れたとき、いつか海幸彦を主祭神として奉斎する潮嶽神社に参拝することが黒潮文明論を続行するためにも必須だと心得てはいたが、その目論みがようやく達成されたのだ。日南海岸の道路は鬼の洗濯岩と呼ばれる列状の石が渚にあり、バイパスが整備された堀切峠の展望は、宮崎観光産業の功労者である故岩切正太郎氏が宮崎を新婚旅行のメッカとした当時と変わらず雄大なものであった。

鵜戸神宮は何度か参拝したことがあり、寄らずに急いだ。鵜戸神宮は山幸彦と玉依姫との間に生まれた日子波瀲武鸕鷀草葺不合尊《ひこなぎさたけうがやふきあへずのみこと》を主祭神とする。ちなみに、鵜戸神宮の岬の一帯は、八丈島(東京都)、長崎県、熊本県、宮崎県にわたって天然記念物に指定されているヘゴの木が自生する北限でもある。内海の海岸辺りの、眼前に巾着島を従える朱塗りの社が野島神社である。車の運転の休憩をする時間に立ち寄った。境内や周辺には天然記念物に指定されたアコウ(赤榕)の巨木が茂る。アコウは幹から多数の気根を出す亜熱帯性のクワ科の高木で、紀伊半島南部、四国南部、九州、沖縄の海岸部に自生している。鹿児島指宿の海岸にも大木が残っていた。黒潮の民が運んだ木である。ハマユウも自生していた。海岸線を走って、油津から山側に向かい右折して北上すると、北郷町に潮嶽神社はある。日向三権現の一つに数えられているが、他の二つとは鵜戸神宮と南郷町にある榎原《よわら》神社である。

海幸彦と山幸彦の物語は、山で獣を捕って暮らしていた山幸彦（『古事記』で火遠理命《ほをりのみこと》、『日本書紀』で彦火火出見尊《ひこほほでみのみこと》）が、海で魚を獲ることを生業にしていた兄の海幸彦（『古事記』で火照命《ほでりのみこと》、『日本書紀』で火闌降命《ほすそりのみこと》）から釣針を借りて漁に出たが釣針を失い、塩椎神《しおつちのかみ》の教えによって釣針を探しに海宮に赴く。そこで三年を過ごし、海神（豊玉彦）の娘豊玉姫《とよたまひめ》（豊玉毘売命《とよたまひめのみこと》）を娶って、釣針を見つけ出し、潮盈珠《しほみちのたま》と潮乾珠《しほのたま》を得て、戻ってくる。兄の海幸彦は、山幸彦に攻め込むが、その都度、潮の満ち干を操る玉を使われて、打ち負かされてしまう。最後の戦いで、弟の起こした大波に呑まれて負け戦となった海幸彦が、磐船に乗って流れ着いたとの伝承が、潮嶽神社の場所である。

神社の東側の山を潮越山《うしこやま》、南側の山を越潮山《こしほやま》という。社殿は南面しており、標高八〇メートルの高さにあるという。地元の集落では縫針などの貸し借りを決してしない風習になっているというが、弟に釣針を貸したために、結局は不運に見舞われてしまった海幸彦の物語を戒めとしているのである。『日本書紀』では火闌降命を隼人の祖先と記し（『古事記』と『日本書紀』では海幸彦の比定が異なる）、『新撰姓氏録』は大角隼人と阿多隼人を富須洗利命《ほすせりのみこと》の後裔と伝えているから、隼人の祖であるが、潮嶽神社は敗者としての海幸彦を主祭神とする唯一の社である。

潮嶽神社には榧《かや》の大木がある。拝殿は一〇〇年前に建て替えられた建物であるが、今では貴重なカヤの一木作りである。碁盤や将棋盤ではカヤ材が最高級品とされるが、碁石に紀州熊野の那智黒と日向ハマグリの白を加えれば、日向碁盤に比肩するものがない。カヤの実はあく抜きして食用になり、寄生虫駆除薬として使われ、間伐材や枝は燻して蚊遣りとなったが、むしろ五葉松のように、山人の生活と深く係わった気配の植物である。潮が海で、嶽が山を意味するだけに、海幸彦の神社が山海の結界となっているのは興味深い。潮嶽神社から車でなお北上すると、飫肥《おび》杉の美林を遠望する分水嶺の峠がある。西方には標高一〇〇〇メートルの鰐塚山がある。峠を下ると田野に抜ける。そこは大淀川の流域である。古代の日向が三分割され、大隅が分離され、薩摩が加わった後の日向の版図が、大隅国の一宮である鹿児島神宮(鹿児島県霧島市隼人)の史料館に展覧されている図録に記載されているが、日向国の郡と院の名前として、救仁《くに》郷、救仁院、櫛間院、南郷、中郷、島津院、財部郷、北郷、三俣院、吉田庄、真幸院、三俣院、飫肥北郷、飫肥南郷、穆佐《むかさ》院などの名前が記されている。

70　鹿児島神宮と隼人

海幸彦を奉斎する潮嶽神社に参拝したことを前号に書いた。数日後に鹿児島県霧島市隼人町にある、山幸彦を祀る大社である鹿児島神宮に参拝した。主祭神は、天津日高日子穂穂手見尊《あまつひこほほでみのみこと》で(『日本書記』では、彦火火出見尊)ある。同妃の豊玉比売命《とよたまひめのみこと》が同じく祀られ、帯中比子尊《たらしなかつひこのみこと》(仲哀天皇)、同皇后の息長帯比売命《おきながたらしめひめのみこと》(神功皇后)が左の御帳台に、右側には、品陀和気尊《ほんだわけのみこと》(応神天皇)と同皇后の中比売尊《なかひめのみこと》が祀られている。鹿児島神宮は、鹿児島から特急列車で半時間ほどで到着する日豊線の隼人駅で下車して、北方に一キロほど歩くと、神体山として御壇山を背負って、南方に国分の平野と錦江湾を見晴らす場所にある。櫻島と高千穂の嶺を始めとする霧島の連山も遙かに遠望する場所である。鹿児島神宮の創祀は古く、神号を「鹿児島皇大神」と号し、社名を鹿児島神社と称する。正八幡ともいうが、これは宇佐八幡とどちらが正統の八幡であるかの争いがあったことを示している。鹿児島神社は延喜式の神名帳には、大社に列せられているが、国司から奉幣する神社すなわち国幣大社であり、官幣大社ではない。薩摩、大隅、日向の三洲で、大社は鹿児島神宮ただ一社である。鹿児島神宮を頂点として、鹿児島市にある荒田八幡（鹿児島神宮の荘園としての荒田荘が平安時代に成立してその守護神として勧請された）と大隅半島垂水市にある鹿児島大明神社（下之宮と呼ばれており、上之宮として、同市内に手貫神社がある。鹿児島神宮の陵地の南の境界をなすとして奈良時代に創建されている。櫻島をご神体とする）とが二等辺三角形をなす分社を構成しており、二つの分社を結ぶ線上に櫻島があり、櫻島には月読神社が祀られている。

隼人には、住む場所の名前をとって、阿多隼人、大角《おおすみ》隼人、薩摩隼人、日向隼人、曽《その》隼人、衣《えい》隼人、甑《こしき》隼人、多褹《たね》隼人などの別があるが、鹿児島神宮はその隼人の本拠地にある。鹿児島神宮の旧称は、国分正八幡であり、京都府の石清水八幡宮とも所縁があり、隣接して大住地区の地名が残る。古代の番上《ばんじょう》隼人が定住した後裔である。今来《いまき》隼人は、元日、即位、践祚、大嘗祭、行幸供奉の際に、吠聲《はいせい》を男女四十人で発したとされる。白丁《はくてい》隼人は、元日、即位、践祚大嘗祭、蕃客入朝等の際に招集され、践祚大嘗祭の時には応天門の左右に陣どり、北向きに立って風俗歌舞を奏したという。京都には、今も西京隼人町があり、奈良県には、阿陀郷も残る。南九州から近畿に移住した隼人を総じて畿内隼人と呼んでいる。隼人は大規模な反乱を起こしたが、征隼人将軍大伴旅人により征討（七二一年）されている。班田収授法に対する反発であったことが想像される。反乱を制圧され、強制的に畿内に移住させられ、律令制下においては、隼人司が設けられている。海幸彦が山幸彦に仕返しされて苦しむ姿を真似た「隼人舞」が有名であり、また平城宮跡からは独特の波形文様が描かれている隼人の楯が発掘され文献記録を証明した。

鹿児島神宮には黒潮文明の証左である浜下りの行事がある。南西諸島の浜下りは旧暦の三月三日に行なわれるが、鹿児島神宮の場合には秋一〇月に行なわれている。隼人の反乱で死亡した者の鎮魂の意味も加えられているとするが、豊饒の海に感謝する祭であることには疑いがなく、昭和九年に途絶えていたが、二一世紀になった年に六五年ぶりに復活させている。鹿児島神宮から、錦江湾に臨む浜之市港までの一里をご神体を担いだ一行が練り歩くことになる。港の近くには、拝所が造られるが、櫻島を遠望する場所で、神造島《かみづくりしま》と一直線になる。神造島は別名を隼人三島といい、北側から辺田小島、弁天島、沖小島と呼ぶ三つの無人島の総称である。神造りとは、櫻島の火山・噴火活動の影響を受けて、錦江湾の奥の海底火山を若尊《わかみこ》と名付け噴気の泡を滾《たぎり》と呼ぶ悠久の大自然を象徴する。

鹿児島神宮は、大隅一の宮とされるが、大隅国は、和銅六年(七一三)に日向国の肝坏・贈於・大隅・姶羅の四郡を割いて置かれている。肝坏郡が最南端にあり、鷹屋郷があった高屋神社(この神社の御祭神も山幸彦である)として名前が残っている。姶羅郡は肝属郡の北で、鹿屋が姶羅郡の郷の地名であり吾平《あひら》山陵があるが、薩摩の姶良郡とは別物である。大隅郡が次第に南方に拡張して、北部は桑原郡とも呼ばれている。大隅国の版図として菱刈郡、羽筒野、栗野院、横河院、桑東郷、桑西郷、加治木郷、帖佐郡、蒲生院、吉田院、吾平西俣、肝付郡、祢寝《ねじめ》北俣、姶良庄、祢寝《ねじめ》南俣、曽野郡、小河院、財部院、深川院、下大隅郡(櫻島は下大隅郡に属する)、鹿屋郡、串良院と記した資料が残るから、大隅と薩摩との国境は今の境よりも、もっと西南部に位置していたようだ。大隅と日本最大の島津庄の本拠地となった薩摩との間には今なお社会経済の格差が残るから、西郷南洲が戦った西南の役は第二の隼人の反乱ではないか、と史料館の関係者は話していた。海幸と山幸の対立抗争の中でも黒潮文明の廉潔と反骨は不屈であって、それが明治維新の動乱に際し西南の役として噴出したとすれば興味深い。

71　薩摩の郡名と地名

日向と大隅の郡名を書いたので、薩摩の郡名等も書き留めておきたい。史料館の硝子越しに撮影した写真をつてにして、書き写すことにする。牛屎院《ねばり》、和泉郷、山門院《やまと》、安久祢《あくね》、祁答院《けどういん》、東郷別府、高城郡《たかき》、入来《いりき》院、薩摩郡、宮里野、市来院、伊集院《いじゅういん》、満家院《みつえ》、鹿児島郡、日置北郷、日置南郷、谿山郡《たにやま》、伊作郡、阿多郡、加世田《かせだ》別府、川辺郡、治乱院、給黎院《きいれ》、頴娃郡《えい》　揖宿郡《いぶすき》などの地名をあげた史料が、鹿児島神宮の近隣の史料館に掲示されていた。冒頭の牛屎院は現在の伊佐市の近くの地名であり、大口城を本拠とする戦国大名の姓でもある。牛屎とは「牛の糞」であるが、ねばり、うぐつ、との読み方がある。牛屎は解毒作用があり、漢和辞典には、「牛屎、散熱、解毒、利溲。故能治腫疽霍亂疳痢傷損諸疾。焼灰則収濕、生肌抜毒」と、吹き出物などに効くといい、本草綱目にも「牛屎」の効用が「水腫溲澀、濕熱黄病、霍亂吐瀉、脚跟腫痛」と列挙されている。現在の伊佐市は、大口市と菱刈町とが合併したから、伊佐市には、日本最大の金山である菱刈鉱山がある。世界最高水準の品位の金山である。古代朝鮮語で鉱山のことを「カグ」とか「カゴ」とか発音されていたとされ、香具山《かぐやま》や加賀山《かがやま》となり、カゴが鉱物資源全般を意味してくるようになり、鹿児島《かごしま》が日本で最も鉱物資源の豊富な場所であることは、薩摩には鉱物の豊富な火山地帯があることから、何の不思議もない。今の枕崎《まくらざき》から伊集院までを結んだ南薩鉄道に鹿籠《かご》駅という駅があって、鹿児島黒豚の中でも、枕崎の「鹿籠《かご》豚」は「幻の黒豚」と言われるが、「鹿籠豚」の名前は、戦後黒豚を生きたまま貨車で東京に出荷した際に、鹿籠駅の車票がついていたので、自然に呼ばれるようになったという。枕崎の一帯が鹿籠という地名であった。鹿籠《かご》金山があった。まくらとは、旧川辺郡の三島や十島では、暗礁のことを言うから、枕崎とは暗礁がある岬という名前である。枕崎の港の入口には、立神岩があるが、これは奄美大島の名瀬の港の入口に屹立する立神《たちがみ》と全く同一の存在である。立神に寄せる波しぶきを見れば、その方角と強さを知ることになる。沖の立神がまた片瀬波だと天候の悪さをかこつこともある。籠は、竹で編んだ目の細かい篭のことを意味する勝間《かつま》にもつながり、山幸彦が海神の宮に行った時に乗った船とされる无間勝間《まなしかつま》のことを想像すれば、もちろん、編み目のない籠は漆で詰めたに違いない。枕崎の言葉はあがり下がりのハッキリした抑揚があり、薩摩の言葉よりも、都城から志布志にかけての日向の言葉に近いように聞こえるがどうだろうか。黒潮の民である隼人の言葉が、海幸彦のように隠遁して版図を狭め、日向、大隅、薩摩の三州の北と南の端に古い言葉の抑揚として残った。

薩摩半島には多くの金山、錫山、銅山があちらこちらにある。布計、大口、新王ノ山、王ノ山、幸田、山ヶ野、東山ヶ野、新永野、大良、高嶺、山田、添、光和、松野、丸山、木津志、入来、羽島、荒川、串木野、芹ヶ野、湯之浦、吹上、豊城、助代、湯之名、神殿、樋渡、喜入、東、鹿籠、赤石、春日、見初、栗ヶ野、岩戸、黒仁田、生見、郡ヶ野、岩手、花篭、河内山、金切、大谷、小金、立神、弁財天、と金山が連なる。薩摩の国府が置かれたのは、高城郡であり、今の薩摩川内市にあたり、和泉郷は今は出水市となっているが、高城郡の北にあり、肥後国との国境には野間ノ関があった。高城郡と和泉郷とが、養老四年(七二〇)の隼人の乱に際して、最前線の補給基地となったとする説があり、天平八年(七三五)の『薩摩国正税帳』には、「出水・高城のほかに隼人十一郡」とされ、薩摩国の大部分が隼人の地であったことが分かる。阿多は隼人の居住地として有名で、畿内にも隼人の居住地としての同音の地名が残る。沖縄には、国頭に安田《あだ》がある。薩摩半島西部の万之瀬川流域から野間半島あたりまでの古い地名で、北を伊作郡、東は谿山郡、給黎郡、南は川辺郡と接していたが、徐々に縮小して日置《ひおき》郡に吸収され、今は郡名として残っていない。日置の地名は、

「和名抄」に大和国葛上郡、和泉国大鳥郡、伊勢国一志郡など、千葉県から鹿児島県にかけて広く分布しており、山口県では周防国佐波郡日置《へき》郷（佐波郡徳地町）と長門国大津郡日置荘（長門市日置）がある。長門市には、鍛冶屋、鑪、火渡、金焼などの地名が残るので、火を起こして金属加工をする集団が想像される。河内にも日置《ひき》荘が奈良の興福寺の荘園としてあって、大仏の鋳造に携わったとされる。島津家の祖である戦国武将の島津忠久は、島津家に伝わる史料では、母が源頼朝の側室で比企《ひき》能員《よしかず》の妹丹後局《たんごのつぼね》で、頼朝のご落胤で、そのため厚遇されたとされるから、日置は、武蔵国比企郡の豪族としての比企氏に通じる島津氏の薩摩の重要な地名である。現在の知覧《ちらん》は特攻基地と武家屋敷が有名だが、古い時代に「治乱」と表記するのは、阿多隼人の乱を鎮圧した征服者の土地だったとすれば納得がいく。

72 太平洋・島サミット開かれる

二〇一二五月二五日から二日間の日程で、沖縄本島の北部の名護市で、太平洋の島嶼国の首脳を招いて第六回「太平洋・島サミット」（略称はＰＡＬＭ６）が開催された。太平洋・島サミットは、太平洋島嶼国・地域が直面する様々な問題について首脳レベルで率直に意見交換を行なうことによって緊密な協力関係を構築し、日本と太平洋島嶼国の絆を強化するために、一九九七年から三年に一度開催されている首脳会議である。主催国の日本はもとより、南太平洋との関係が深いニュージーランドと豪州も参加しているが、今回の特徴は初めて米国が参加したことである。米国参加の経緯については外務省が発表した文書では、野田総理大臣が、島サミットは第一回から一五年を迎え、二〇一〇年に初開催された中間閣僚会合を含め不断に見直しを行なっており、太平洋島嶼国への関与を抜本的に強化している米国を初招待した。次回以降のサミットへの米国参加については、今後議論したい旨述べ、これに対し太平洋島嶼国から米国の参加を歓迎する発言があり、米国からは、オバマ政権以降この地域への関与を強化しており、今回の招待に感謝したい旨発言したと記録されている。明らかに日本側の影響力と主導で米国が参加できることとなったのである。沖縄での会合では、日本が向こう三年間に五億ドルの支援をすることが表明されている。これまでの三年間でも五〇〇億円規模の支援が行なわれており、内訳を見ると、無償資金協力が約二七六億円、技術協力が約一二二億円、太平洋環境共同体基金が約六八億円、関係省庁や国際機関を通じた支援が約四二億円。環境気候変動の分野と人間の安全保障の分野で、それぞれ、一五六九人、四七七二人との研修人数が発表され、千人超の青少年交流が達成されたとしている。マスコミは、島サミットが日米協力による対中国牽制論と喧伝したが、島嶼国の安寧を無視するような、黒潮文明の絆の強化を否定する、為にする的外れの旧態墨守の偏向報道であった。事実、今回の島サミットは、日本と米国との戦略的関係の強化が島嶼国を媒介として如実に表現された画期的な会合であった。二〇〇八年にキーティング米太平洋軍司令官は、支那側からハワイを基点に太平洋を東西に分けて分割管理する提案をされたと暴露発言をしたが、それに真剣に対応して「日米関係と海洋安全保障」の問題に転化させたのは、太平洋島嶼国との関係を長らく維持してきた笹川平和財団の提案で、ミクロネシアの海上保安案件として日米の具体的協力が開始された。さて、なぜ米国がこれまで島サミットに参加しなかったかとの疑問は島サミットが日本と太平洋諸島フォーラム（ＰＩＦ）との共同開催の形を取っていることで分かる。二〇〇〇年一〇月までは南太平洋フォーラムと呼ばれたＰＩＦは、豪州とニュージーランドがいて、米国の参加ができなかったからである。ＰＩＦは一九九二年から二〇〇六年まで日本のプルトニウム海上輸送に対する非難声明を総会で毎年決議してきたから、日本が島サミットをＰＩＦと共催したのは、プルトニウム海上輸送による海洋汚染の可能性に対する島嶼国からの非難声明を回避するか弱める目的があったとの有力な見方がある。傍証として、これまで島サミット開催中に電気事業連合会(電事連)の主催で太平洋首脳の会食会、原発施設視察、そして一〇億円の基金設置があり、外務省外郭団体の国際問題研究所が担当して、同研究所の会長を電事連会長の故平岩外四氏が兼務していたことなどが指摘されている。しかし、東京電力の福島第一原子力発電所の津波による倒壊と暴発があったことからか、今回のサミットには電事連の姿は見られなかった由である。東北における大地震が、日本の太平洋島嶼国政策を、外国追従の政策から、黒潮文明を共通の基調とする、人間の絆を重要視するあるべき姿に変容させることとなったことは興味深い。プルトニウムによる海洋汚染の可能性は、海洋環境、海洋安全保障と真っ向から対立する課題であったから、核実験を強行し、原子力利権を手中にする国の不参加は当然だったが、今回からの参加は、米国の太平洋における対日エネルギー政策の修正であり、対日、対南太平洋政策の変化の表現でもある。太平洋の海底資源に対する露骨な国益の追求でもあり、海洋法会議への参加を早速表明している。

天皇・皇后両陛下は、沖縄での開催に先立ち、ミクロネシアやパラオなど一一ヶ国一地域の大統領や首相らを、皇居に招き接見された。皇太子殿下も参加され、各国首脳と歓談された由の報道もあった。三月に崩御されたトンガ国王陛下の葬儀には常陸宮同妃両殿下が参加された。東京にサモアとトンガ大使館が開設される予定であることも公表された。沖縄経営者協会はトンガに算盤を九〇〇丁贈呈した。南洋開発の先駆者森小弁の曽孫であるマニー・モリ大統領からは椰子の繊維で出来た二つの綱(ヌーン)が総理大臣に贈呈された。福島のいわき炭鉱跡のハワイアンセンターのフラガールが親善大使を務めた。南方同胞との紐帯が復活する気配にある。

73　日本の巨木クスノキは黒潮植物

長雨の季節にはアメーバ赤痢が多い。冷蔵庫などない時代には、物が腐りやすく、腹下しをすれば唐辛子を切り刻んで卵と一緒に煎って毒消しにした。辛子のことをクシュというが、腐敗防止の胡椒と混同して訛ったのかも知れない。クスノキのクスは食品ではないが、防虫剤になる薬用植物の一つだから、薬からその名がついたに違いない。防虫剤だけではなく、鎮痛剤にもなるし、もう使われないが、強心剤・気付薬にもなっていた。強心（カンフル）剤とは、駄目になりかけたものに刺激を与えて復活させるものだ。クスノキは漢字で楠と当てて、南からの木であることを表現している。台湾、大陸南岸、ベトナムから日本列島に渡来した植物で、学術的には、史前帰化植物というそうだ。ボルネオのことをジャワでは樟脳《しょうのう》の島と言うそうだから、クスノキはスンダランドを起源とする黒潮植物に違いない。漢字で書く楠は、大陸ではタブの木のことだというから、樟脳の原材料となるクスノキの方を樟と書いて区別する向きもある。入り乱れてややこしくなることを避けて、本稿では仮名書きでクスノキとする。

日本最大の巨木はクスノキである。目の高さで測った幹周二四・二メートル（直径七・七メートル）、樹齢一五〇〇年と推定されるクスノキが隼人の故地、大隅国蒲生院《かもう》、現在の鹿児島県蒲生町の蒲生八幡神社に植わっている。日本の巨木のなんと上位一〇傑までが一本の例外を除いて皆クスノキである。第二位のクスノキ巨木（二三・九メートル）が熱海の伊豆佐和気神社にある。伊豆半島には東岸の河津町の来の宮神社と伊東市の葛見神社に全国第一九位同順位としてクスノキがある。佐賀県武雄市「川古《かわご》の大楠」が第三位で、二一メートルである。福岡県築城町の本庄の大楠も同順位である。同じく、鹿児島県伊佐市大口にあるエドヒガンザクラも第三位だ。この桜の巨木は奥十曽《じゅつそ》の国有林で昭和五二年八月に発見され、それまで日本一とされていた山梨県の神代桜を凌ぐ。第六位の巨木の大楠が佐賀県武雄神社の大楠である。同順位の巨木が、福岡県宇美町の宇美八幡宮のクスノキである。本殿左後方の衣掛《きぬかけ》の森の中にある。右手の湯蓋《ゆぶた》の森にも全国第一六位の大木がある。社叢全体を蚊田の森と呼んでいる。大分県最大の木が、大分市の柞原《ゆすはら》八幡宮のクスノキで、全国順位第八位の巨木である。福岡県朝倉町の「隠家《かくれが》の森」のクスノキは、全国第九位の巨木である。朝倉町には、下古毛《しもこも》の大樟、中宮野には志賀様の大樟、恵蘇《えそ》八幡の大樟、同じ恵蘇宿で水神社の大樟がある。高知県須崎市の須賀神社のクスノキが全国第一〇位である。野見湾の「大谷のクス」と呼ばれている。同順位の大楠が、鹿児島県志布志《しぶし》市の安楽の山宮神社にある志布志の大楠である。第一三位が鹿児島県川辺町の飯倉神社のクスノキだ。鹿児島県肝属郡大根占町にある「旗山神社のクス」は幹周一六メートルの巨木だが、環境庁調査のリストには載っていない。関東地方最大の木は、埼玉県越生《おごせ》町にある上谷《かみやつ》の大クスだ。越生の町は、梅林と蕎麦屋で知られている。熊本県三角町上本庄に郡浦の天神クスがある。幹周は、一四メートル九〇センチである。

三重県第一の巨木が、熊野の先の阿田和にある「引作《ひきづくり》の大楠」である。明治四四年、この付近の七本の杉の巨木と共に切られることになり、これを知った南方熊楠《くまぐす》が柳田國男《やなぎた》に至急便を送って伐採を止めさせるよう働きかけて免れた話は有名だ。熊楠が柳田に送った手紙の中に、「音にきく熊野樟日の大神も柳の蔭を頼むばかりぞ」と和歌をしたためてあったのは愉快な話で、柳田國男も「願わくばこれからの生涯を捧げて先生の好感化力の伝送機たらん」と応じて、熊楠の著書を自費出版し政財界に配付するとともに、三重県知事に阿田和の大楠の助命請願をした。大楠の保存が決まると、熊楠は「三熊野の山に生ふてふ大楠も芸妓の蔭で末栄枝けり」と喜んだ。

近畿にもクスノキは多い。門真市の三島神社の薫蓋樟《くんがい》は天然記念物に指定され、根元に「村雨の雨宿りせし唐土の松におとらぬ楠ぞこのくす」の歌碑が建っている。門真市内の稗島のクスは住宅敷地内にあり、向かいの堤根《つつみね》神社にもクスの大木がある。香川県の志々島、鹿児島県高山町塚崎、佐賀県武雄市の塚崎の大楠、静岡県函南町平井の天地神社の大楠がある。鹿児島県吹上町田尻の大汝牟遅《おおなむち》神社の神域には千本クスと呼ばれるクス群があり、巨木も混じる。全国第四四位、熊本県北部町の「寂心さんのクス」と続く。名前は戦国武将の入道寂心の墓の上に目印で植えられたからだ。宮崎県清武町の船引神社の八幡楠が第四七位で、宮崎第二の巨木である(県最大の巨木は椎葉村の十根川神社にある八村杉)。ちなみに宮崎県では、都萬神社の妻のクス、西都市南方神社の上穂北のクス、南高鍋鶴舞神社のクス、延岡恒富町春日神社のクス、日南の田ノ上神社と東弁分・大宮神社の東郷のクス、都城高崎町の東霧島《つまきりしま》神社の幸招大楠、宮崎市大瀬町の瓜生野八幡神社の境内で一六本が群落をなすクスノキなどを「巨樹百選」に入れている。

74　八女のクスノキと樟脳生産

福岡の八女市に住んでいたことがある。昭和五三年の夏から年を越して、次の夏までのわずか一年間であったが、記憶には鮮明に残る。支那大陸では、文化大革命という暴虐の嵐が吹き荒れ、紅衛兵がスズメを追い回していることをあたかもいいことのように日本のマスコミが書いたり、挙句の果ては蝿がいなくなったと嘘八百を並べた新聞記事もあったが、共産支那の楽土を想像して大陸旅行をした連中は、惨状を見て内心がっかりして帰ってきたころだ。

八女はお茶の産地だから、熱湯ではなく、湯を冷ましてから急須に移して注《つ》ぐ等のお茶の飲み方の作法も習ったし、驚いたのは、茶が不味くなるからという理由で、カルキを含む公共水道が、市制施行の町にならなかったことだ。この原稿を書くために知人に電話をして水道のその後を確かめたら、市内中心部には水道が工事されたが、町外れでは、やはり水道水の世話にはなっていないとのことだった。茶が不味くなるから水道工事は要らないし無駄だ、と相変わらずの意見だった。八女の南側に矢部川があり、北側には筑後川が流れているから、豊富な伏流水がある。春の長雨の頃には、蛇のアオダイショウが、市内を縦横に巡る水路を、木の枝のように流れていった。矢部川を上流に辿ると、深い谷になり、そこから阿蘇に抜ける山道がある。その山間部の星野のお茶などは、黒い膜を張って日陰にして手間暇をかけて育てるから、玉露の典型の上等至極なお茶だった。米国ハワイ選出の上院議員、ダニエル・イノウエ氏の両親の出身地が、この矢部川を奥に辿った山間の土地だった。信州の穂高あたりから一九世紀の末に、北米の大陸横断鉄道敷設のために海外に出稼ぎにいったことと同じで、明治の近代化があって、大木巨木を切り倒して山里の生活が楽ではなくなり、それが、戦後の共産党の山村工作隊が見果てぬ革命の夢をみて入り込む素地になったように思う。

星野村で土産に買った桜の木の皮で細工した茶筒などは、あれから四〇年近く経った今も一寸の狂いもなく、蓋がぴったり合いお茶が湿り気を帯びない。当時は九州新幹線が開通しておらず、筑後駅も羽犬塚《はいぬづか》と呼ばれていた。八女には、大きな古墳が残されている。八女市北側にある陵上には、四世紀から七世紀にかけての古墳約三〇〇〇基が築かれており、この中心が岩戸山古墳であり、九州最大級の前方後円墳である。岩戸山古墳は筑紫君「磐井」が築いたといわれ、築造者と築造年代が推定できる貴重な古墳である。昭和五三年当時には、佐賀の吉野ヶ里遺跡などはまだ発見されておらず話題にもなっていなかったが、羽犬塚の名前からして古墳が連想され、筑後川と矢部川に挟まれた八女の一帯が地味豊かで古代から舟材としてのクスノキが繁茂する栄えた地域であったことは間違いない。

八女市内に「鈍土羅《ドンドラ》」と字を当てる不思議な地名があるが、そこにクスノキの巨木が残る。ドンドラの楠である。墓の上に目印としてクスノキが植えられたとしているのは、熊本の戦国の武将の墓をクスノキが抱くようになったことと同じで、だから切り倒されることもなく残ったのだろう。今は熊野神社の敷地になっている。八女市に合併したが、丁度矢部川の平野から山に入って行く取り付きの場所である黒木町の津江神社にクスノキの大木が残っている。同じ町内の釜屋神社にも、まだ見てはいないが、大木があると言う。ドンドラの近くの馬場にもクスノキの大木があり、ここは熊野速玉大社の敷地になっている。クスノキが熊野の神様と関係があるらしいとも想像する。電話をした友人からは、久留米の善導寺町飯田にもクスノキの巨木が二本あるから、いつか見に行こうと旅に誘われた。筑後平野の南のみやま市瀬高町長田の新舟小屋には、クスノキの林がある。歴史が浅い人工林だが、元禄八年(一六九五)に矢部川の堤防を守る目的で植栽され、九〇〇本を超える林となっている。クスノキのエキスを集めて作る樟脳は、強い毒性があるから防虫剤として使用されてきた。昭和三七年に専売制度がなくなるまで、九州、四国、紀州各地で生産されていたが、八女や筑後近辺で天然の樟脳を生産する業者は、堤防に植えられてクスノキ林となった瀬高町の炭酸湧水の長田鉱泉近くに工房を構える内野樟脳一軒になっている。クスノキは切削機で細かいチップに砕かれ、釜に詰められ、下に水を入れ、薪を燃やし蒸留して、冷却槽に集めた蒸気を冷やし、結晶をすくいとり、結晶を圧搾機にかけて、樟脳とオイルを分離する。国内での樟脳生産は、みやま市瀬高町と宮崎県の日向市、それに世界遺産となった屋久島の三ヶ所だけになった。

クスノキの北限はどこにあるのか。黒潮の木であるクスノキの北限の植生を尋ねて、勿来近くのいわき市小浜町にあるクスノキを見て回った。いわき市立夏井小学校の校庭にもある。熊野神社に虚空蔵のクスノキがある。平《たいら》の瑞光寺にもある。

75　クスノキ北限いわき市を訪ねた

日本列島の太平洋岸にあるクスノキの北限が福島県いわき市小浜町《おばまちょう》にあるらしいと聞いて、一泊二日で取材の小旅行を敢行した。勿来《なこそ》の関の北側の海辺の小浜町には小さな漁港があり、東日本大震災で、津波による大きな被害が出たことも聞いていた。小浜の集落の南側の砂浜は埋めたてられて、小名浜共同火力発電所が建設され、集落の中心に小浜漁港があり、北側は小名浜の港に繋がっている。クスノキは、神木になっているかと勝手に想像して、集落内のお社を回って探した。まず愛宕神社で、朱塗りの厳島神社の鳥居を縮小したような鳥居があったが、クスノキはなかった。漁港の上の那智神社には、お酒が一本供えられていて、大地震の後の安寧を祈る人がいることは分かったが、クスノキは見当たらなかった。町内に三社があり、もう一つの社は、海側で大津波を耐え抜いただけの風情で、叢林もなぎ倒されたように荒れていた。クスノキの北限を探して、念の為に翌日も聞き回ったところ、自生のクスノキは確かにあったが、床柱にするために伐採したとの話だった。昔の魚付林の近くにある岬の高台の家は、台風の時には風当たりが強いから、一〇〇年は経ったモチノキが整列して、防風林として大切にされていた。防風林にならない北限のクスノキは珍しさも加わって、大黒柱に製材されたのか。他に自生のクスノキがないかとしつこく探し回ったら、鹿の角製の釣針が発掘された大畑貝塚が近くにあり、貝塚公園の駐車場近くの空き地にクスノキが数本あったが、自生の確証はない。

いわき市立夏井小学校の校庭に、クスノキの巨木が残る。てっぺんで烏が啼けば八咫烏にみえる様な巨樹である。神社仏閣の境内ならいざ知らず、学校の庭に残っているのは珍しいが、校庭の南の角に、占領軍の言いつけを無視して二宮金次郎の銅像も残っていたから、神様の依り代になるクスノキを切らずに残した心意気の人々が地元にいたようだ。近くに、石城国の国造の墳丘とされる甲塚《かぶと》という円墳もある。夏井小学校の地名は塚越であり、その甲塚の先の海側にあるからだ。山側には、大國魂《おおくにたま》神社がある。石城国が、養老二年(七一八)に置かれ、一帯がその中心地となった。石城国が陸奥国に編入された後は、岩城郡となり、大國魂神社は岩城郡の郡司が奉斎する神社として崇敬された。大国魂神社には大杉がある。タブの巨木もある。タブの木は、クスノキ科であるが、その北限は三陸沿岸となっており、岩手県の船越大島に北限の自然林があるから、クスノキよりも寒さに強いらしい。夏井小学校のクスノキは自生にはみえない。黒潮の民が南方から持ち込んで植えて、日本最北限の大木になったのだろう。

国道旧六号線沿いのいわき駅に近い熊野神社に、虚空蔵のクスノキがある。地番はいわき市平塩字宮前地内である。銀杏の大木もある。保存樹の看板も放置されていたから、手入れはおろそかになっている。いわき市錦町御宝殿の熊野神社のクスノキは勢いのある樹だ。熊野神社は、鮫川の右岸で常磐線の鉄橋から四〇〇mほど上流側に鎮座している。昔の船着場の跡だろう。紀州の熊野川の本宮大社が熊野川の中洲にあったように、その昔は、このいわきの熊野神社も鮫川の中洲に鎮座していたのかも知れない。ケヤキの巨木があり、昭和五〇年まではもっと大きなケヤキがあって、同年八月二日未明の火災で瀕死状態となり翌五一年一〇月一五日に伐採された記録が残る。クスノキの巨樹は、社殿の近くの畑の先の宮司の住まいの脇にある。紀州の熊野本宮大社を参拝したおりに、全国の熊野神社分布図の資料があって、福島県には一番沢山の熊野神社の分祀が行なわれているとの記述を読んだことがある。このケヤキとクスノキのある熊野神社は下宮で、いわきの山側に奥宮がある。杉やケヤキやクスノキを舟の材料として人為的に植樹して来た名残りが平野部の森となって残る。福島各地の熊野神社は黒潮の民が波濤を越えて熊野の本宮と往来した証拠だ。

いわき市平の瑞光寺に、クスノキの大木がある。すらりと天を衝くように植わっている。クスノキを街路樹として植栽した道路もあちこちで見かけた。特急列車が停まる駅がいわき市内には三つあるが、その一つ泉駅南口の広場にクスノキが一本植わっていた。きっといつか大木になる。案内役を買ってくれた徳之島出身の同級生は、炭鉱の町で人の出入りがあり、出自で分け隔てをしない土地柄だ、と評した。

奄美大島出身の田畑金光《たばたかねみつ》氏(大正三年一月生)が市長を昭和四九年から三期一二年務め、公害を規制する環境アセスメントに尽力した。南方の樹種が繁茂しても抵抗のない北の境界にある。クスノキ北限の地いわきは、寂れた炭鉱町となったが、常磐ハワイアンセンターのフラガールの町として一世を風靡し、いままた福島原発の暴走という文明の反逆と対峙する南側の前線都市に変容した。放射能汚染で故郷を追われた者の仮設住宅が建ち並ぶ。地震直後の操業開始式にウォーレン・バフェットが参列して話題になった、イスラエル資本の傘下となった特殊合金を製造するタンガロイ社の工場もある。

76　クスノキの船

沖縄特産品として土産物店に並ぶ枕は、クスノキの一枚板をくりぬき、細工をして二枚の板が絡み合うようにして、枕になるように拵えられている。本島南部の南原町の工芸所で年間二〇〇〇個ほどが製作されている。枕は、西洋風に頭を支えるようになってから柔らかい枕が殆どになってしまったが、髷があった時代には、むしろ首を支える箱枕が殆どで、中には、硬い丸太を半分にしただけで木の塊のままの枕もあった。クスノキを細工した枕は、柔らかくはないが、芳香が漂い、安眠を誘い、蚊や蚤などの虫除けにもなり、枕は長く使用しているとダニが発生するから、クスノキは衛生を保つ為にも好都合の素材である。炎天下で舟にのり、沖合で漁労をした後に、クバの傘を直射日光からの日よけにして顔を隠して、クスノキの折りたたみ式枕を取り出し体を横にして、波のたゆたいに舟を任せて居眠りをすることも、黒潮の民の至福の一瞬であったことを想像する。南島では、居眠りのことをユニブイと言い、居眠りをすることをユニブイを漕《こ》ぐと言う。波の正弦カーブの周期に対する感覚が黒潮の民の記憶に残り、生と死の境界にあるようなまどろみの状態を、無意識に舟を漕いで波を乗り切ることのように形容している。

　クスノキは造船の素材として最適である。『日本書紀』によれば、素戔嗚尊は、髭から杉、胸毛から檜、尻の毛から槇《まき》、眉毛からクスノキを生成したのであるが、杉とクスノキを木製の船である浮宝の材料として、檜は瑞宮《みずのみや》、つまり立派な宮殿の材木とし、槇は葬送の棺にすると用途を定めている。『古事記』下巻の仁徳記には、今の大阪府高石市富木《とのき》を流れていた川の西に巨木があって、朝日が当たれば、その影が淡路島に達し、夕日が当たれば、その影は、大阪府と奈良県との県境をなしている高安山を越えたと書いている。その木を伐って船を造ったら、快速船だった。その船の名前を枯野《からぬ》と呼んだ。この船を使って、朝夕淡路島から清水を汲んで天皇に献上した。この船が破れて壊《こぼ》れたので、塩造りの燃料にして、焼け残った木を使って琴をつくったが、その音は、七里に響《とよ》む音色だった。歌にも残り、「からぬを、しほにやき、しがあまり、ことにつくり、かきひくや、ゆらのとの、となかの、いくりに、ふれたつ、なづのきの、さやさや」とある。高石市富木には等乃伎《とのき》神社があるが、その位置は『古事記』に書かれた高安山から夏至の日に太陽が上がり、冬至には大阪の霊峰金剛山から朝日が昇るという特殊な位置にあり、真東に三輪神社、長谷寺、室生寺、伊勢神宮があり、太古からの意味のある緯度の上に位置する。巨樹がクスノキであったとの記述はないが、船の材料にして、燃え残りから琴をつくったとあるから、クスノキであった可能性が高い。『日本書記』には「応神天皇五年十月に伊豆国に命じ長さ十丈の官船《みやけのふね》を造らせた」とある。長さ十丈というと、三〇メートルにもなるから巨船だ。その船の名前も枯野《からぬ》としているが、当て字である。狩野川沿いの丘の上に、延喜式の古社である軽野神社があるところから、枯野が軽野となり、軽野が狩野《かの》川の狩野となっていったに違いない。実際に、伊豆半島には、クスノキの巨木があちこちに今も残ることは既に書いてきたとおりである。崇神天皇に献上した巨船を建造した場所も、西伊豆町仁科の入江に鍛冶屋浜の地名で残っている。鉄をつくる人々が住み、剣を鍛えた地名だ。昨年の六月一日号（第三三九号）にも書いたが、『常陸国風土記』には、「軽野《かるぬ》より東の大海の浜辺に流れ着いた船があった。長さは十五丈（約四五メートル）で、内側の幅が一丈あまり、朽ち崩れて砂に埋まって今に残っている。天智天皇の御代に、朝廷の統治下に入らない東北奥地の探検調査をさせること、国覓《くにまぎ》に派遣しようとして、陸奥《みちのく》の国石城《いはき》の船造りに令《おほ》せて、大船を作らしめ、ここに至りて岸に着き、即《やが》て破れき」とある。前号で、クスノキの太平洋岸の北限を尋ねる小旅行記を書いたから、いわきの海岸に人手で植えたクスノキの巨木があり、その木を使って造船が盛んに行なわれた光景が実感できて納得できる。ちなみに、『常陸風土記』では、香島郡の海岸の軽野の南に童子女《うなゐ》の松原があり、そこに住む、歌垣で出会った若い男女の恋物語を記録している。歌垣《うたがき》は、黒潮の民の通過儀礼の習俗である。『播磨国風土記逸文』には、造船の為に伐られた巨木がクスノキであることが特定されており、「明石の駅家《うまや》の駒手の御井《みい》は、第十六代仁徳天皇の御世に楠が井戸の辺《ほとり》に生えた。その楠は、朝日には淡路島を陰《かく》し、夕日には大和嶋根を陰しました。その楠を伐って舟に造ったところ、その早いこと飛ぶようで、一楫《かじ》で七つの波を去《ゆ》き越えた。そのため早鳥と号《なづ》けた。そして天皇の御食事用の水をこの井戸から運んだのですが、ある日、御食事の時間に間に合わず、歌を作って、水を運ぶことをやめた。その歌は、「住吉《すみのえ》の大倉向きて飛ばばこそ早鳥と云はめ　何か早鳥」とある。『相模国風土記逸文』には「足軽《あしがら》山の神杉を伐って舟を造ると、他の山の木で造った舟と違って舟足が軽く早いので、足軽の山と名付けた」とある。

77　黒潮の民の植林と育林

クスノキは、朝鮮半島では巨木になれず、沿岸部と済州島に僅かな植生があるにすぎない。飛鳥時代の日本の仏像は、クスノキを彫刻したものが殆どであるから、渡来仏ではなく日本で彫られた。クスノキが、飛鳥時代の仏像の素材になぜなったかについては、もともと仏像が金銅でできていたから、金属の堅い素材のように見えるクスノキが重宝されたとの説である。法隆寺夢殿の観音や、法輪寺の虚空蔵菩薩、中宮寺の弥勒像などを見ると、木彫像ではあるが、金銅仏に近い硬さが感じられる。法隆寺の百済観音にしても、百済伝来の由緒であったが、素材がクスノキであることが判明してから、日本で彫刻された可能性が高まった。百済観音は、浅くて硬い彫法と強い直線的な衣紋の様式に、当初は鮮やかな色彩が重なっていたとすると、木彫の柔らかさはない。金銅仏の趣が強い仏像である。法隆寺の四天王像もクスノキであり、木彫仏よりも金銅仏のように見える。朝鮮半島では、仏像の材料としてクスノキの代わりに、アカマツが使われた。ソウルの南大門がアカマツでできており、火事で焼けて再建しようとしたときに、韓国内で大木を入手できないので、北朝鮮の山に残るアカマツを入手したいと、韓国側から敵対関係の北朝鮮に依頼したことがある。飛鳥時代の仏像を代表する国宝の弥勒菩薩が、京都の太秦の広隆寺に二体ある。宝髻弥勒は朝鮮渡来で、宝冠弥勒は日本で製作されたとの説であったが、前者の素材がクスノキで、後者の本体はアカマツが素材であることが鑑定されて逆転した。脚の部分がクスノキであったから、全体がクスノキであるとの思い込みがあったが、顕微鏡での鑑定は予想に反して、宝冠弥勒はアカマツでできていることから、朝鮮からの渡来仏である可能性が高まった。法隆寺の「玉虫の厨子」は、装飾に使われている玉虫の羽を調べて見ると、日本産の玉虫のものだという説が出されている。ともあれ、アカマツが彫刻の素材になる感覚は日本にはない。五葉の松は、ヤニが少なく柔らかであるからヒノキの代用品として仏壇になる場合もあるが、アカマツは、刃物の刃をこぼつだけの代物だとの感覚が日本にはある。朝鮮の螺鈿細工の箪笥などは、アカマツが素材で美しいものではあるが、木目を塗り固めてあるのが普通であり、木の素材の表面の美しさを愛でることはない。

日本での仏像は、奈良時代に入ると、ヒノキやカヤを素材にするようになる。槇《まき》は、『日本書記』では葬送の棺桶にする木材であると書いているが、槇は朝鮮半島にはないから、百済の王陵から出土した高野槇の棺は日本の列島から運ばれたことになる。済州島にはカヤの林がある。江原道には、アカマツが残っている。いずれも保存林とされている。戦前の日本は朝鮮半島で植樹祭をやっていただけに、森林がどうなったか関心があるが、金日成将軍は、段々畑を造成するために山林を伐採してしまった。七〇年代から始まった「全国土段々畑化」政策によって山々の頂上まで切り開いて段々畑にした。農業生産が拡大するように思えたが、実際には水害の原因となり、その段々畑で工業原料のトウモロコシを栽培し、民族の主食を日本や中国と同様にコメだったものをトウモロコシに転換した。トウモロコシは水稲の三倍の肥料を必要とするから、肥料生産が追いつかず、肥料が不足して、土地が痩せた。白頭山か金剛山からかの丸太が、大型のトラックに乗せられて、鴨緑江に架けられた橋を渡って続々と支那に輸出されているテレビ番組を見たが、植民帝国が新大陸で大樹林を伐採して原住民を殲滅し、土地を収奪して粗放農業を展開したのと同様の人災が発生したことが想像される。鎮守の森の智恵は、共産主義傀儡体制のパルチザンには縁がなかったとみえる。

鹿島と香取の神宮について以前に触れたが、「東国三社」と崇められているもう一つの社に参拝した。茨城県の南端の神栖市にある息栖《いきす》神社である。近辺は鹿島臨界工業地帯が造成され、港公園の展望塔から眼下の地形を眺めれば、古代には沖洲であったところが陸続きになり、段々と聚落ができたことが分かる。常陸風土記は、「香島」神郡ができたのが約一三〇〇年前の大化五年で、「於岐都説《おきつせ》神社」はそうした沖津洲、沖洲の聚楽のなかに応仁天皇の御代に鎮座、大同二年(八〇六)に現在地に遷されたとする。地盤は巨木が育つのには向かない砂地だから、息栖神社には、クスノキの巨木はない。鬱蒼と茂る巨木ではないが、古い古い木が植わっている。風で倒れた杉の木を加工した板は、毎年の成長が遅いから、ヒバの木かと見まごうほどに年輪が詰まっていた。山際の杉より遙かに緻密で強度がありそうだ。船の材料としてもってこいである。イヌクスと呼ばれるタブの古木もさりげなく今に残る。黒潮の民は、沖洲の砂地に土を盛り肥料を加えて、鎮守の森で杉やタブの木の植林と育林とを営々と続けた。息栖神社の主神は、鹿島、香取の大神と共に国土経営にあたった岐神《くなどのかみ》であり、相殿には、鹿島大神の船旅の先導をした天鳥船神《あめのとりふねのかみ》と海上守護と漁業の住吉三神を祀っている。

78　月山と詩人丸山薫

山形県西川町の岩根沢小学校の校庭に昭和四七年一〇月八日、詩人丸山薫の詩碑が建立され除幕式が行なわれた。七三歳の詩人は夫人と並び記念写真をとり「人目をよそに春はいのちの花を飾り秋には深紅の炎と燃えるあれら山ふかく寂寞に生きる木々の姿がいまは私になった」と書いた。前西川町長近松捷一氏は元郵便局長だが、特産品を首都圏で販売促進するために西川町のふるさと大使を筆者に委嘱してこられた。年二回を原則にして夏冬毎に西川町を訪ねるうちに、丸山薫が戦禍を遁れて西川町の岩根沢に疎開して寄寓すること三年、山村の小学校の先生として務め、美しい詩を沢山書いたことを発見した。教科書に載るほどに知られて、私はいくつかの詩を暗唱するほどになったから、月山の麓の集落の、その詩が創られた現場の記念館を訪ねた思い出には今でも心が躍る。「白い自由画」と題する詩がある。

「春」という題で私は子供達に自由画を描かせる 子供達はてんでに絵具を溶くが塗る色がなくて途方に暮れる ただ真っ白な山の幾重りとただ真っ白な野の起伏とうっすらとした墨色の陰翳の所々に 突き刺したような疎林の枝先だけだ 私はその一枚の空を淡いコバルト色に彩ってやる そして誤ってまだ濡れている枝間にぽとり！ と黄色を滲ませる 私はすぐに後悔するが子供達は却って喜ぶのだ「ああまんさくの花が咲いた」と子供たちは喜ぶのだ

この詩にあるまんさくの花がどんな色の花か確かめに春の日比谷公園の花壇を巡ったことがある。月山の山麓は日本有数の豪雪地帯である。桜の木であれば、高い梢の枝まで、雪に埋もれてしまう。雪を踏みしめて歩いて高いところの枝を切り落とせるようになる。販売促進の対象の一つとなった桜は、切り落として揃えた桜の枝を地元の温泉の熱で一月元旦に咲かせるように、満開の時期を調節した啓翁桜である。啓翁桜は昭和五年に、久留米の良永啓太郎という人が誕生させた新品種であるが、深雪の中で収穫されて山形が大産地となっている。

岩根沢は西川町の中心部の間沢から北の山間部に分け入る。月山を中心に羽黒山と湯殿山からなる出羽三山への主要な登山口である。岩根沢には国の重要文化財として指定されている三山神社の本殿が残されている。明治の神仏分離令で寺号を廃して神社となったが、元は天台宗日月寺の本堂である。廃仏毀釈が凄まじく、寺社文物が徹底的に破却された三山神社の総元締めである羽黒山神社と比べて伽藍が良好に残された。参道があり宿坊が並ぶ。月山に詣でる往事の賑わいが偲ばれる。

月山は豪雪地帯にあるから、春先から夏にかけても雪が残り、雪渓となって山体に白い斑ができる。山開きが五月にあって、スキー客が山スキーに駆けつける。関東にはお伊勢参りをした後に必ず出羽三山に参ることを習慣にした地域もあったくらいだから、岩根沢の神社の伽藍の壮大さは、いつか先達を頼んで月山登頂を果たし、頂上にある月読命をご祭神とする月山神社に詣でることを夢見た人が多かったことの証である。月読命は、天照大御神、建速須佐之男命と並んで三貴子と呼ばれるが、ただ月読命だけは記紀にもわずかな記述しかなく、しかも全国にも月読命を主祭神とする神社は八五社しかない。そのうえ、高知の一社を除くと、月山神社はすべて東北にあるから、山岳信仰が原形である。

月山は生死をつかさどることが実感できる月を祭神とする山であるから、母なる海にも繋がっていることは間違いない。詩人丸山薫が岩根沢で書いた全詩集が『北を夢む』と題する一冊の本になっているが、その本の帯に杉山平一という署名の入った一文がある。

> 丸山薫は若くして愛した大海原の沈黙と静寂と永遠を、再び雪深い山に見出し、それが素朴な山の人々の人情に包まれている世界に触れて、一段と高く深い生命の詩の数々を生み出した。

詩人は海を知らない山の子供たちのために帆船の絵を描いたりしているが、雪に埋もれた月山の広がりと、青い大海原と生命の深さを関連づける。月山は「アスピーテ式火山」といい、楯《たて》を伏せたような山容から「楯状火山」と呼ばれる火山の典型で、流れやすい溶岩が薄く広がった山の形をしている。岩石の主成分は玄武岩である。山形から鶴岡へ抜ける高速道路の山形道は、寒河江川を堰き止めた寒河江ダムを通り過ぎて月山中腹の志津温泉に抜ける大井沢への出口でいったん高速道路が途切れてしまう。地盤の動きを止める工事が大規模に行なわれているが、高速道路を建設することが困難なほどの地滑り地帯だからである。月山の南西側の山麓は、地滑りが頻繁に起きる可能性のある地盤軟弱な地域で、硬い火山岩の上に深さ約一〇〇メートルの軟らかい火山噴出物が堆積しており、月山の万年雪から出る大量の雪解け水が地表近くを流れ地滑りを誘発しやすくなっている。特に、湯殿山に近い大網地区などは地滑り専門家の間でも有名である。近くにある即身仏で知られるお寺が、地滑りの影響で移転したことすらある。

79 羽黒山と将門公息女如蔵尼

出羽三山とは月山、羽黒山、湯殿山の三山をいう。それぞれに、月山神社、出羽《いでは》神社、湯殿山神社の三社があり、修験道の行場となっている。頭巾をつけて戒刀をたばさみ、法螺貝を吹いて、修業して歩く山伏の姿は、すぐに羽黒山伏を思うほどである。判官義経が、羽黒山伏に身をやつし、奥州へ落ちた物語は勧進帳の名場面として余りにも有名である。三社はそれぞれ独立した神社であるが、その祭祀の奉仕や社務は、羽黒山麓の手向《とうげ》の社務所において行なわれてきている。豪雪地帯だから、羽黒山神社とも呼ばれる出羽神社が里宮の役割を担ってきたのだ。

さて、湯殿山神社は、湯殿山の中腹の薬師岳と品倉山との峡谷を流れる梵字川の畔に鎮座するが、社殿は全くない。原始の姿である。一切の人工が禁じられてきて、悠久の太古から、湯の滝が行場となっている、真に神秘的な場所である。湯殿山のご神体は、温泉が湧き出ている赤褐色の大岩であり、参拝者は入口でお祓いを受け、素足になって参拝し、ご神体の岩にのぼって御利益を直接肌で感じ取る。熱いお湯であるが、火傷をするほどではない。足の裏に熱気が直に伝わって来る。青森に恐山があり、イタコが霊を呼び寄せて、幽明界を超えて話を成立させる原始の世界に、仏教の合理性や修験道の禁欲が加わって、神仏習合で一層霊験あらたかなたたずまいとなっている。芭蕉は、湯殿山山中のことは他言が禁じられているから筆をとどめて記さずとしながらも、語られぬ湯殿にぬらす袂かなと詠んでいる。出羽三山では、羽黒山が現世、月山が死の世界、湯殿山が再生を意味する。湯殿山神社は、大山祇命《おおやまつみ》、大己貴命《おおなむち》、少彦名命《すくなひこな》の三神を祀っているが、大山祇命は、大水上神と呼ばれるように、川の源である深山幽谷に鎮まる神様である。他の二神は、協力して国土を開拓して民生を進め、医薬の祖神とも仰がれているから、湯殿山が、三山の奥の院と称される。羽黒修験道の極意の山にふさわしい高嶺霊異の地にある。

千人沢という参詣所があり、そこまでは鶴岡からバスも走っているのだが、それから、一一〇〇メートルの行場までは歩いて登る。その参詣の道すがらは撮影禁止である。湯殿山神社の参詣所の近くには、大鳥居が建てられているが、近年になって建設されたものであるが、その方角が、北を向いてはおらず、おそらく西方を向いているように建てられているのは、湯殿山の信仰を求めた人々の故地があった方角を指しているに違いない。越前の泰澄が開いた白山、特に白山比咩《ひめ》神社の方向を向いているのではないかと想像しているが、泰澄こそ熊野、吉野、大山に並ぶように由緒を飾って羽黒山を開いた人物である。羽黒山の本社への登山道で、五重塔に至る手前の高台に、白山を遙拝する場所があるが、出羽三山の開山が、白山の修験道と出自が深く係わっている証左ではないかと想像している。以前に、深浦の円覚寺のことを書いたが、そこも白山修験道との縁が深いことは指摘しておいた。

湯殿山では山伏装束が売られていたが、法具の法螺貝を製作販売する店もある。吉野の金峯山と同じように、貝殻は南の海から運ばれてきたものに違いなく、法螺貝の音とは黒潮の海潮音を再現しようとするものであったかと、改めて気づいた次第である。ちなみに、出羽神社のご祭神は、出羽国の神である伊氐波《いでは》神、すなわち稲倉魂命《うがのみたま》を祀っている。伊勢の外宮の豊受大神や稲荷大神と同じ神である。最上川は出羽三山と朝日連峰に源を発し、広大な村山、最上の盆地にとどまらず、庄内平野を貫き流れて灌漑し「美稲《みしね》刈る出羽国」という枕詞にあるように豊饒の大地をもたらしている。

古代の出羽はもちろん蝦夷の国で、天武天皇一一年(六八二)になって初めて田川郡が置かれた。出羽三山を開いたとされる蜂子皇子は三二代崇峻天皇の第一皇子であったが、聖徳太子の薦めで仏門に入り弘海と称し、推古天皇の元年に出羽国の由良の港に着いたとの伝説があり、三本足の大烏に付いて行くと、老樹の鬱蒼とした霊山に着いて、そこが羽黒の阿久谷《あこや》であったという。大烏の羽の色にちなんで山を羽黒と名づけたとの伝承がある。烏に道案内をされる話は神武天皇が熊野から大和に入るときの筋立てと同じである。

その蜂子皇子の墓は東北に残る唯一の皇族の御墓として羽黒山神社の神域にある。羽黒神社の神が玉依姫であるとの一説もあり、羽黒では左神子《ひだりみこ》や寄木神子《よりきみこ》が湯立てを行なって、全国の巫女を支配してきているのは興味深い。後世になると巫女が男の神官と入れ替わることがある例を、朝鮮半島の堂で見てきたから尚更である。芭蕉が羽黒山に詣でたころにはまだ大木の杉林がなかったから、木々に遮られることなく月山を羽黒山の境内から遠望して遙拝できたようだ。平将門は延長四年(九二六)から二年間を費やし羽黒山の社を造り替え五重塔を創建したが、今は巨木の「爺杉」も当時はさほどではなかった。将門公の息女如藏尼が相馬から羽黒山に来て住み、ここで没したとあるから、太平洋の海岸と日本海側の出羽三山とは往古から縁故・由縁・往来が確実にあったのである。

80　羽黒山神社鏡ヶ池と鏡信仰

出羽国の人、役行者七代の黒珍尊師は全国の霊峰を回った後に、延暦四年（七八五）四五歳のとき羽黒山に入り、熊野権現を勧請した。羽黒山の本社は月山、出羽、湯殿山の三山を正面に祀っているが、西の客殿は熊野殿と名付けられている。ちなみに、東の客殿は大黒殿と称して、大国主命を祀ってあることは興味深い。熊野と出雲からの客人神が三山を来訪したことを、客人を受け入れる建物の配置として表現している。さらに古く、天智天皇の九年（六七〇）と持統天皇四年（六九〇）には、役小角が出羽を巡錫したと、後世の役行者本記に記録されている。その年代に信が置けないにしても、遠く大和や熊野と行者の往来があったことは確実である。役小角は、羽黒山の開山堂の脇に行者堂として近代まで祀られ、明治になってから建角身《たけつぬみ》神社と改称され羽黒山の末社の一つとなって残っている。

羽黒山の本社の前の小さな池が、実は羽黒山信仰の中心であったことは驚きである。単なる御手洗《みたらし》池ではなく、鏡を池に納める池中納鏡をする神の池であり、鏡ヶ池の名がある。古書では、羽黒山神社と書いて「いけのみたま」と読ませているほどである。日本全国に鏡池の地名があるが、いずこも池の水面が自然の森羅万象を映し込むような風光明媚な場所が多い。有名な鏡池は、まず信州戸隠の鏡池がある。白根山の鏡池もある。薩摩の池田湖近くにも鏡池があり、富士山の麓の忍野八海にも鏡池がある。岩代国岩瀬郡鏡石村、今の福島県鏡石町には鏡沼がある。鏡は海中に投じて海神に祈り、波を鎮め平らかにする祈祷の道具であったことも知られている。紀貫之は土佐日記の承平六年（九三六）二月五日の条に、

ちはやふる　神の心の荒るる海に　鏡を入れて　かつみつるかな

と、鏡を海に投入し海神の心を和ませることが実際に行なわれたことを記録に残している。池中に鏡を納めることは各地にみられ、山形の山寺、立石寺の池からは、蓬萊鏡、草花鏡、松鶴鏡などが出土している。赤城山や榛名山の沼にも鏡が出土している。常陸の鹿島にも鏡池があるが、蓬萊鏡が出土している。出雲の八重垣神社では、最近では、銅貨を鏡の代わりに投げ入れるらしく、盗難防止の網が張ってあるとの無粋が指摘されていた。羽黒山の鏡ヶ池の特徴は、周囲五〇余間の小さな池ではあるが、大量に鏡が投入されたことが、後に出土して確認されている希有な池である。文武天皇の大宝元年(七〇一)に、何と銀鏡一万八〇〇〇個が羽黒山神社の裏にある阿古谷池に納められたとの伝えがあり、現に出土があったと言う。大正から昭和にかけて数百の鏡が鏡ヶ池から出土したが、神社当局の知らぬ間に散佚したと言われる。昭和六年の一二月初めに発掘された一九〇面は、昭和一二年国宝に指定されたが、国宝となった鏡が製作された年代は平安・鎌倉が最も多く、羽黒修験の最盛期と一致している。白銅鏡と見られるものもあるが、多くは青銅鏡の和鏡で、純銅の奉納用の儀鏡が次いで多い。羽黒山の鏡は、神社が保管する他に、上野の国立博物館などが五〇面、ボストンの美術館が三〇面、兵庫県西宮にある黒川古文化研究所が銅鏡一四〇面を所蔵している。羽黒山の鏡は海外にも流出し、ニューヨークのメトロポリタン美術館やロンドンの大英博物館は所蔵する鏡(一八面)をホームページで公開している。

羽黒山神社の鏡ヶ池の底は蜂子皇子が上陸した八乙女浦の岩窟と繋がっているとの信仰もある。荒波にそそり立つ絶壁の上で八人の美しい乙女たちが舞いながら蜂子皇子を導き迎え入れた上陸地が八乙女浦である。山中の池が大海と繋がるとすれば、池に投げ込んだ鏡は四海の安寧を祈ることになる。鏡ヶ池の畔に、釜堂が設けられて湯立神事が行なわれるが奉仕するのは巫女であるから、南島のノロやユタの巫女の儀式が今に残るかのようだ。奄美の平瀬マンカイの神事のように、女達が総出で手招きして歓迎する趣であり、筑後の八女の地名のように八女津姫の名残をも想像させる。そもそも先住民族であるアイヌの女性は、シトキと呼ばれる丸い鏡を首から提げていたとされる。天武天皇四年（六七五）に粢餅《しとき》という丸い餅を捧げることが定められ、「御鏡是也」とされ、正月の祭の鏡餅にその名が今に伝わっている。鏡は自分の姿や魂を映し出すものであるから、日本では歴史を意味する言葉ともなった。大鏡や吾妻鏡の鏡は歴史書のことである。西洋における歴史とは物語のことであるが、日本における歴史は、姿や魂を映し出すことで、歴史書は、神を和ませ敵味方の隔てなく鎮魂する書となる。天照大神は「此の宝鏡を視まさむこと、当に吾を視るがごとくすべし。与に床を同くし殿を共にして、斎鏡をすべし」との神勅を下されたが、古代から日本人は鏡を神聖なものと扱ってきた。八咫鏡は三種の神器の一つで、神鏡、賢所とも呼ばれ、日本書紀には別名を真経津《まふっ》鏡ともいうと記されている。咫《あた》は円周の単位で、〇・八尺である。径一尺の円の円周が四咫だから、八咫鏡は直径二尺（四六cm 前後）の大きな円鏡である。

81　黒潮の流れの北辺を行く

黒潮は日本列島の岸辺を洗いながら流れるから、九州や四国や紀州の太平洋岸の景色については何度となく書いた。列島から大きく遠ざかって北米大陸に変針する金華山沖の黒潮には、桔梗水という美しい名前がついていることも紹介した。クスノキの北限を辿る小取材旅行を敢行し、それがいわき市の小学校校庭の大木らしいことも書いた。日本海側の黒潮文明の兆候については、羽黒山、月山、湯殿山の出羽三山を巡ったが、詳細を論じることは、なお手薄である。先ごろ筆者の身辺に天佑があって、稚内から利尻島に船で渡る機会を得た。対馬海流となって日本海に入った黒潮の流れの北辺の具合を一挙に体験することができたので、報告したい。

対馬海流となった黒潮は、樺太と北海道の水道である宗谷海峡を抜ける流れと、アムール川の河口で、袋小路となった間宮海峡に向かう流れとに分かれる。温暖な黒潮の流れで、北海道の西岸は、海が凍結する事はない。春の訪れは、西海岸の方が東海岸よりも早い。北海道の西岸には、利尻・礼文の他に、焼尻や天売の島があるが、凍り付く島ではない。北海道の東岸は流氷が北から押し寄せて冬には砕氷船の力を借りないと船は役に立たない。観光用の砕氷船には、流氷の海を割る音が聞こえるような「ガリンコ号」などと名前がついている。科学的な証拠があるかどうかは知らないが、冬になって南下するトドの集団は、メスが氷の海、即ち北海道東岸に向かい、オスは、利尻・礼文島の海岸など、北海道の西岸に向かうと、吉村昭の長編歴史小説『海の祭礼』は描写する。寄り氷とともにトドがそれに乗ってやってくる。雌よりも雄の方が大きく、体長一丈三尺(約四メートル)重さ四百貫(一五〇〇キログラム)ほどのものもいる。氷上から続々と海におりたトドの群れは、宗谷岬沖で異様な動きを示す。雌の群れは毎年寄り氷で氷結する東南の方へ泳いでゆき、雄たちは西へむかう。いくつもの集団になって氷塊の浮かぶ海水を煽るようにして日本海を進む。百頭をこえる群れも多く、さながら茶褐色の浮島の群れのようにみえる。

稚内に向けて羽田を離陸した飛行機は、出羽三山のある庄内の上空を通って、左正面に男鹿半島を眺めながら飛ぶ。津軽海峡で旋回して、室蘭を過ぎた頃から北海道縦断を始める。室蘭港の入口にかかる吊り橋が上空から遠望できる。冬に入る直前の北海道には、強い西風が吹いているから、天塩あたりの上空を過ぎてから大きく旋回して、東側の宗谷岬の側から高度を下げて侵入して稚内空港に着陸する。利尻島には、札幌の丘珠空港から直行便があるが、稚内からはなく、フェリーの船便に限られる。稚内港から、利尻島の玄関口である鴛泊港までは、たった二時間の短い船旅だから、奄美や沖縄航路の一昼夜などと言った長時間の航海でもないし、三五〇〇トンを超える船だから昔の機帆船でもあるまいし船酔いすることもなかろうと思いつつも、北の海の荒波を予想し、乗船するとすぐにゲロを吐くための洗面器を探したがどこにもなく、紙袋があるだけだった。必要がないようだ。携帯電話で、波浪予想図を確かめると、北海道の西部には低気圧があり、西岸の海は、真っ赤に彩色されて四メートルの高波が打ち寄せているが、利尻島と礼文島の東側は、風のブランケットとなって、波が三メートル程度に低くなっていた。特に、利尻島は周囲一五里のほぼ円形の島で、中央に一七一八・七メートルの利尻富士が聳えているから、強い西風が吹いても、島影が東に延びて波を穏やかにする。携帯電話の画面では、赤い波浪警報の出た画面の左側に、利尻と礼文の島が、縦に二つの目玉のように並び、その東側の海は、緑色と青色の比較的に穏やかな海であることが表示されていた。フェリーボートは稚内港を出港した直後はまず風に向かって直進する。強い西風を受けてピッチングを続けるが、長い船体のフェリーだから、三メートルの波でも難なく乗り越えていく。横波ではないから、不愉快なローリングではない。横になっていれば感度が鈍くなるからすぐに船酔い気分になることもないような揺れである。一時間もすれば、自衛隊のレーダー基地のある岬の沖を通過し、いよいよ利尻島の島影に入る。礼文と利尻の島の間は、風の通り道となっているから風波が強いにしても、左側に航路を寄せれば利尻富士の山陰に入って波が随分治まることを実感できる。島と北海道との往来を恙なくするための海の道が昔からあって、現代の大型フェリーもその海上の道を辿って航海している。

新潟県の村上と連絡船で繋がる日本海の粟島には能登からの移民が住み、その本保姓などが残る集落があるが、利尻島でも新湊という地名などは、富山の新湊からの移民があったことを今に伝える。利尻島は一八世紀の後半の宝永三年(一七七六)には、能登の豪商村山伝兵衛が松前藩から漁場の請負人になって支配しているが、アイヌの採集する魚介類を送るための荒波のなかを安全に航海できる島影の海路は、皮肉にも、余計に利尻・礼文の生活形態を変えて、宗谷の政治家に従属することを促しているようである。

82 米帝国主義の膨張と捕鯨

日本語とアイヌ語とが同系であることの一例として、隼人の祈る場所であるヒシと南西諸島の珊瑚礁の尾嶼《びし》とが同じであることを指摘しつつ、尖閣諸島が大陸の文明とは縁がないことを論じた。フクロウを徳之島ではチクフと呼ぶが、アイヌ語でも同じであることには驚かされた。田中一村が描いた亜熱帯の奄美の鮮やかな鳥、赤ショービンが、奄美から遙か離れた越後の山古志村の林に遠く渡り、村の象徴の鳥となっているが、舟を牛に引かせて大海を渡ったから山古志村と壱岐や徳之島とが闘牛の習慣を共有するのかも知れない。ちなみに、山古志村の闘牛は中越大地震の際には徳之島に一時避難した。

沖縄の渡嘉敷島ではホウェイルウォッチングが盛んに行なわれ、マッコウクジラが群れて汐を吹きながら遊泳する姿が観光資源となっているが、その鯨は、日本海側の黒潮の延長である対馬海流に乗って春の五月に北海道西岸の海域に姿を表す。太平洋岸の勇魚《いさな》の漁師と違って、アイヌはシャチに襲われたりして力尽きて岸に乗り上げるなどした寄せ鯨をとるだけだった。鯨はアイヌ語でフンぺと言う。アイヌは鰊や海鼠《なまこ》を獲ることを主な生業とした。特産の煎海鼠《いりこ》は、清国で食物・薬品として珍重されたから、江戸時代には、長崎からの重要な輸出品となっていた。海鼠はフカヒレと並んで、日本からの高級食材として珍重され高価で取引されるために、密漁も絶えない。宮古島北端の池間島では、地元に産するシロ海鼠を大鍋に入れ煎ってウニを和《あ》えた珍味がふるさと小包の産品として売られていた。列島南北で共通する食材が僅かな証拠としてささやかに残る。

ボストン近郊のアイルランド人が多く住むアーリントンの町に、スパイポンドという何の変哲もない湖がある。捕鯨船に積む氷を切り出したことで有名だった。米国の帝国主義的膨張は、テキサス・オレゴンの併合、メキシコの割譲と続いて、太平洋に海岸を持つ国家となった一九世紀半ば以来のことである。米国捕鯨は一八世紀に公海上での捕鯨に移行し、一八世紀の末に大西洋から太平洋に進出している。一九世紀半ばには、米国は年間一万頭の鯨を捕獲する世界一の捕鯨国となっている。特にマッコウクジラの油が重用され、鯨肉はほとんど捨てるというのが米国式の捕鯨だった。鯨蝋《げいろう》は高級蝋燭や石鹸の原料、灯油、機械油として利用された。鯨蝋とは頭部から採取される白濁色の脳油のことである。マッコウクジラの体温では液状であるが、摂氏約二五度で凝固する性質がある。精密機械の潤滑油としては代替品がなく、何と一九七〇年代まで需要があった。マッコウクジラは肉にも蝋を含むため食用に適さず、油抜きをしないで沢山食べると下痢をするから大和煮に用いられ、油抜きをして皮を食べる。南島では油を絞ったグンジャカシ(鯨の滓《ころ》)を食べた。おいしいものではないが、貴重な蛋白源だった。

さて、その捕鯨船が太平洋を遊弋《ゆうよく》していつしか日本海にも入った。夏の日本海は、魯櫂の小舟でも渡れる静かな海である。現代でも、夏には佐渡から日本海の粟島や飛島を回って酒田に寄港するような観光船が出航している程である。余談ながら、北朝鮮の清津と新潟とを結ぶ連絡船である万景峰号は、背が高く、夏の穏やかな日本海の航路を主力にして設計された多少不安定な船型に見えるがどうだろうか。那覇と大東とを結ぶ四〇〇キロの大洋を横断する定期船や小笠原航路の定期船のように大波浪の中での安定を優先する船型ではないように見える。北海道西岸の海域、すなわち、利尻島・礼文島の近辺の海域は米国のみならず、世界中の捕鯨船が群がるようになった。鯨の脂は捕鯨船の上で煮られ樽詰めにされるのだが、その採油の為の薪ばかりではなく、捕鯨船が蒸気機関を推進動力として採用するようになってからは、蒸気機関燃料の石炭を入手することが必要となった。ペリー提督は、西表島にある燃える石、石炭に着目していたことは間違いない。蒸気機関の発達は、中国との貿易を有利にする太平洋横断航路の開拓を促し、そのための橋頭堡を兼ねた補給基地として小笠原諸島、琉球列島と日本列島とを開放させることを目論んだのである。

すでにハワイは一七七八年にクックが「発見」したことになっていたが、一九世紀初頭には奴隷状態の原住民を使用したサトウキビ製糖がハワイでの一大産業となり、一方で捕鯨船の基地化も進められていた。クック発見時には百万人の人口が、一八三二年には何と一三万人にまで激減しているが、当時の宣教師は「非白人人口の激減は神のご意思と考えるべきだ」と本国に書き送った。マーク・トウェインは、「あと少し宣教師を送れば、ハワイ原住民の人口を絶滅できる」と皮肉っている。一八五三年七月八日、たった四杯で夜も眠れずのペリー艦隊が東京湾に入ったのも、ハワイ制覇の延長線上にあった。表向きには平和的通商使節のペリーは、「百年間かけたいかなる外交努力にもまして、武力こそ日本に恐怖を与えてフレンドシップを確保することができる」と書き残しているが、フレンドと友達《ともだち》は同義ではなく、同志《どうし》でもない。

83　鎖国日本、利尻島に渡来した米国人

利尻島と稚内を往復するフェリーは、観光シーズンが終わったらしく、乗客が急速に少なくなったせいか、

一等船室のある上部甲板は立ち入り禁止にして階段には鎖を張って閉鎖していた。宗谷岬では海鼠の漁が一段落して船を陸に揚げたと聞いていたが、札幌に出稼ぎに行く若い夫婦が、むずかる幼児をあやしながら、縦の動揺《ピッチング》を繰り返す船首《バウ》の部屋に体を横たえていた。飛行機で行けば船酔いもしないのにと妻は夫を相手に頻りに愚痴を言っていたが、荒波と大揺れが治まり、下船する頃には、新天地への旅に赴く黒潮の民の若夫婦の、覚悟のできた顔になっていた。

鴛泊の港の夕暮れは、通りに猫の仔一匹、人っ子一人見かけなかった。小泉政権の時に、新自由主義の政策を偉大なイエスマンと呼ばれつつ強行した幹事長(当時)のポスターがあちらこちらに張られていた。次の選挙に立候補しないと新聞発表されていたから、まだ写真を貼ったポスターが残っていることが不思議に思われたが、地元のタブロイド新聞では、北海道議会の議員が、後継者には世襲させた方が政治資産を承継できるともっともらしい意見を述べていた。社会の弱体化と孤立化をもたらし、人間関係をバラバラにして原子化《アトム》を推進する新自由主義の虚妄の政治経済政策のお先棒を担いだ政治家が北海道北辺を地盤にして生まれたのは、外国の帝国主義的な拡張主義の時代に対馬海流の北端に我先に国力を誇示する捕鯨船が殺到した時代を考えれば、その社会現象の基はどこかで通じている。北海道は北辺であるばかりではなく、国内で賃金が最も低い地域が広がり、格差社会が容認され、夕張のように制裁すら受けた。新自由主義の政策をしゃにむに礼賛した政治家が北海道で有力になったことを奇異に思う向きもあろうが、外国勢力が海から入り込みやすい地理上の特徴から、その手先が蔓延ったとすれば不思議ではない。構造改革論が華やかなりしさなかに規制緩和の問題を取り仕切っていた経済人が、「島で食えなければ大阪にでも出て、大阪で食えなければ東京に来て、東京で食えなければニューヨークにでも行けばいい」と暴言を吐いているのを沖縄のテレビで見た記憶があるが、黒潮の流れが対馬海流となって分け入ったその最北端の利尻の島民に対しても、新自由主義は政治家のポスターを掲示して威圧を続け、世襲の仕組みで勢力の温存を画策し続けていることが、実際に出稼ぎの為に島を離れる家族が恒常化する典型をフェリーボートの乗客に発見することができた。小泉・竹中政治の新自由主義の強権を歴代の政権に引き継ぎ、姿を変えて維新・革新の勢力として温存しようとする謀略が実行されている。

鴛泊のホテルの大浴場へ降りる階段の踊り場の硝子ケースに「ラナルド・マクドナルド」の資料が展示してある。ペリー来航五年前に鎖国日本に憧れて、捕鯨船の母船から小さなボートに乗り移り、密航して単身利尻島に上陸した米国人である。マクドナルドを題材にしたのが吉村昭の長編歴史小説『海の祭礼』(文藝春秋、一九八六)である。

ラナルド・マクドナルドはオレゴンのアストリアでスコットランド系の白人の父親と、アメリカ原住民チヌーク族の母親の間に生まれ、白人にはなれない混血の子供として、親戚からチヌーク族のルーツはアジアにあると教えられて、日本に憧れを募らせた。音吉を含む三人の日本人漂流民との出会いも輪をかけた。当時レッドリバーと呼ばれた今のカナダのマニトバで教育を受けて、父親の言に従って銀行員をしていたが、捕鯨船プリモス号の乗組員となり、三年後(一八四八)北海道西部の海域に達したところで、ボートで日本に単身上陸を試みた。日本が厳しい鎖国下にあることは素より承知し、密入国は死刑になる可能性があるとも説得されたが、マクドナルドは応じなかった。最初、焼尻島に上陸、二夜を明かしたが無人島だと思いこみ、再度船を漕いで七月一日に利尻島に上陸。漂流者なら悪くても本国送還だろうと考え、ボートをわざと転覆させ漂流者を装ったという。利尻島のアイヌと一〇日ほど暮らした後、島の別の場所で二〇日間拘留され、後に宗谷に、次いで松前に送られ、更に長崎に移送された。崇福寺大悲庵に収監され、本国に送還されるまでの一〇ヶ月の間、ここで通詞に英会話を教え、本邦最初の英語教師となった。幕末日本で米国との交渉に通詞として活躍した森山栄之助、堀達之助など一四人に教えた。翌年四月、ジェームス・グリンを艦長とする軍艦プレブル号が難破した捕鯨船の乗組員の引き取りの為に来航、他の一四人と共に帰国した。グリン艦長は日本との条約締結が平和的に行なわれなければ、力ずくでと主唱していた。マクドナルドは、議会に手紙を書き送って、日本の文明が高い水準にあり、日本社会が秩序正しいことを紹介している。日本でのマクドナルドの扱いは終始丁寧だったから、マクドナルドも死ぬまで日本に好意的だった。マクドナルドの業績は、生前は知られることなく、死後二九年経った一九二三年に出版されたマクドナルドの手記『日本回想記』によってようやく世に知られることになった。

84　黒潮舟サバニの伝搬と発展

アイヌの舟がどんな形をしていたのか、名残の舟を求めて利尻島の海岸を巡った。車を漁港に乗り入れて、引き揚げてある漁船のいくつかが伝統の舟の形をしていることをすぐに発見することができた。アイヌ語で丸木舟のことをチップと言う。海で使われた大きな舟はイタオマチップと呼ばれた。舟敷と呼ばれる丸木舟に波を避ける羽板を縄で綴じた「板綴り舟」で、江戸時代に記録された古文書に絵が残されている。櫂と帆とを使って航行している図画も残っている。東北地方では小型の舟のことをモジップと言うがアイヌ語で小さな舟という意味である。イタオマチップの模型を収蔵している施設も北海道の内外にある。利尻島の海岸に置かれた舟は素材がプラスチックになっているが、舳先が尖って艫に向けて広がる、横幅で安定を図る構造になっていて、古い時代のチップと共通の形を残していた。

利尻島の舟を見て、江戸に伝わる有名なニタリ舟のことを思い出さない訳にはいかなかった。それは風が出ればすぐに波が立ち、波が立てば高波になる東京湾で用いられた細身で剣のように細長い形で、安定した航走を見せる形の舟である。葛飾北斎の富岳百景の中の「神奈川の富士」のように大波の中を何人もの乗客を乗せて、高い波をかいくぐるかのように航走するニタリ舟の構図の版画がよく知られている。釣り船のニタリをもっと舳先を長くしたのが、チョキやウタセ(底引き網で漁をする帆船で、三本の帆柱に中国式の帆を用いたもの)と呼ばれる舟である。ウタセは、東京湾では失われてしまったが、九州の八代などにはまだ残っており、冬の間にも観光客を相手にして、帆を上げて網を引っ張り漁撈をする舟が何隻かちゃんと現役で仕事をしている。

ちなみに、明治四五年(一九一二)七月一九日午後。サンディエゴ北郊のフラットロック海岸に、四国の八幡浜の保内町川之石出身の船長吉田亀三郎をリーダーとする五人(魚崎亀吉、清水金次郎、河野鹿之助、河野楽末)の姿があり、同年五月五日に住吉丸というウタセ舟で川之石港を出発してシアトル市を目指し、七六日後に目的地より南へ二〇〇〇キロ離れたサンディエゴに到着している。住吉丸の航海は、知られている限り、日本人が個人の船で自主的に成し遂げた最初の太平洋帆走横断である。大正二年にも、一五人の乗組員が長さ一五メートルほどのウタセ舟で八幡浜を出港し太平洋を横断する冒険に成功している。途中暴風雨に遭って沈没の危機にさらされながら五八日目に一万二〇〇〇キロも離れたアメリカ大陸に到達したのだ。一五人は密航者として強制送還されたが、太平洋横断を行なう者が絶えなかったことには驚かされる。

さて、日本のヨット設計技術者である故横山晃先生が、ニタリと沖縄の剥ぎ船であるサバニとの間に共通性があることを解析している。共通点は、舟の前部で浅く後部で深く、その最深点は水線長の四分の三の位置にあること、舟の中間から前部にかけて舟の底の線が逆そりを見せていることであると指摘している。相違点は、ニタリが直線を基調として工作を簡易化していること、また船首部で逆そりがサバニよりも誇張され、ヨットのセンターボードのように水に深く突き刺さるように鋭く前にのびる船首が付け加わって船を良く直立させるようにしている点である。アイヌの舟のチップのように最大の幅を後部に移して、舟の舳先を細身にして水中に立つようにすれば、高い波の中でも、舟が傾いても復原して立ち上がる力が強まるように、サバニを基本にして改良した可能性があると指摘している。サバニは船首が立てる波が極めて少ない船型であるが、ニタリはさらに船首波の低減を徹底している。横山晃先生はヨットの専門雑誌『舵』一九七六年一二月号(一六三頁)で次のように指摘している。

「結局、大らかなウネリの沖縄の海でオールマイティーの要求に応えたのが『古式サバニ』で、峻烈なチョッピング・ウォーターの東京湾への適応と、江戸の華としての高速という、二つの特殊要求を両立させたのが、「釣舟ニタリ」だったと思う。それにしても驚くべきことは、エリアカーブを表現する3係数(排水量・長さ係数、柱形肥痩係数、浮力中心前後位置)の数値がほとんど同じに接近している点である。(中略)そこで両艇の間に脈絡があるとすれば、次の三つが考えられる。①技術交流(技術者の交流)②上記の三係数の最良値を見出す研究③その最良の三係数を一定基準に保つ手法。この②③の存在は納得しやすいのだが、①は難解である。(中略)初期の江戸は急造都市で様々な分野の専門家が全国各地から江戸に集まり、船頭や船匠は房総や伊豆から流入したと言われている。その房総や伊豆の漁民は海洋民族系(主に沖縄系)といわれ、当時の諸大名の財力を以てすれば、最新技術を身に付けた沖縄渡来の技術者(船匠)が優遇され、それが沖縄に伝われば更に優秀な船匠が江戸を目指すと言う現象は、容易に想像出来るはずだ。おそらくそのような、何らかの技術交流のルートが在ったと私は思う」

85　アイヌと黒潮文明

宮崎から日南に向かって自動車で走り、油津港の入口で右折すると、海幸彦を祀る潮嶽神社に向かう、丁度その曲がり角に堀川運河がある。堀川運河には、約五〇年ぶりに復元されたチョロ船が係留されている。チョロ船とは、沿岸漁業で活躍していた帆走木造船のことである。もちろん材料は地元名産の飫《お》肥《び》杉が使われているが、飫肥杉は軽く弾力に富み、油分が多く水に強いところから、日向灘の漁船だけではなく、瀬戸内海以西の舟材として広く使われた。海外にも輸出された。飫肥杉は日向弁甲とも呼ばれる。沖縄の伝統的な漁船であるサバニも日向弁甲の杉材で建造されている。油津港は、大正末期から昭和一六年ころまで東洋一のマグロ漁の基地として栄えたが、その漁船の主力もチョロ船であった。全長約八メートル、幅が約二・四メートルの構造で、大小二本のマストがあるのが大きな特徴(ウタセ船は三本マスト)で、船首部分には、畳一枚分くらいの空間があり、横になって休めるようになっており、漁撈の合間に休憩することができた。和船としては二本マストは珍しいが、西洋ではケッチと呼ぶ方式でそれほど珍しくはない。マストを二本にして帆を二分割して操作しやすくしながら、高さを抑え、また幅広の船幅にして帆走時の安定性を高めている。広い船幅の外側に、でい(台木)と呼ばれる縁取りを更に施した船もある。これは帆走時に船が傾斜するのを抑止して復元力を高める役目を追加したものである。ヨットのジブセールに相当する前帆を使って風上に向かうことが可能で、行動半径が広くなり、寝泊まりしながら、南九州の難所である都井岬、佐多岬を超えて遠く薩摩の枕崎沖まで漁に出た。枕崎までは三日かかって、主にヨコワ(クロマグロの幼魚)を獲ったという。時には八〇貫(三〇〇キロ)もあるマグロが獲れ、荒海で魚と格闘するから、チョロ船はどっしりして評判が良かった。チョロ船は、エンジンを搭載した強化プラスチック繊維で成形されたいわゆるFRP船が主力となった昭和四〇年以降はすっかり姿を消してしまった。

瀬戸内海を中心に、西は北九州から東は太平洋岸を回って東京湾に至る広い地域においては、チョキ(猪牙船)とも呼ばれる船があった。瀬戸内海や有明海でいうチョキは五〇から六〇石積みの大型運搬船であったが、油津のチョロ船よりも小型の、長さ六から七メートル、幅が一・三メートル程の軽快な船である。江戸では吉原通いの船として有名であった。チョキとはその形がイノシシの牙に似ているからだというが、利尻島で見かけた、アイヌのチップの姿を今に留める、舟先が尖り艫は広がって横幅で安定を図る構造になっているFRPの舟と同じ形だ。沖縄のサバニの船型とも共通する細身の波切りの良い船型である。チョキはイノシシの牙ではなく、アイヌの舟を銚子で改良したことを示す。じゃんけんのチョキも鋏で切る音ではなくてチョキ船の形に似ているからチョキという可能性もある。チョキとは隠語で掏摸のことをいう。ともあれ、チョキ船は幅広のチョロ船とはまったく別の構造の船である。沖縄の石垣島の先の黒島で海神祭に使われる底の浅い幅広の船を見たことがあるが、こちらの方がチョロ船のずんぐりした形に似ており、完全に和船である。北のチョキこそ、南のサバニの船型に似ている。

筆者は、川淵和彦著『東南アジアに見るアイヌ文化の伏流』(新読書社、二〇〇一年)を、日立製作所のOBである腰山迪利《こしやまみちとし》氏から頂戴した。御両親が雪深い北秋田の出身で、ご母堂がよく蛙のことをビッキと呼んでいたことを覚えており、拙著『黒潮文明論』を読まれ、沖縄奄美文化圏と北秋田に共通の言葉があると知って驚いたことが潜在意識下にあり、早稲田の図書館で前述の書籍を覗いて一読し何か魅かれたと言う。

アイヌ人は、縄文人の一部をなしていたとみられ、北海道から八丈島、沖縄まで、さらに、東南アジア一帯に多くの文化が流れている。本書は織物文化を通して、その現実と歴史に迫る！と銘打った稀覯本を黒潮文明論の続編を書く際の参考になればとわざわざ来訪されて手交された。『アイヌ文化の伏流』はまず、八丈島に織物の道具としてアイヌ語の名前が残っていたと書く。原始の機で細長い帯を織る眞田織が伊豆の島に伝わるが、その織で使うヘラが八丈島でカッペタと言う。ヘラの形は八丈もアイヌも同じで、登呂遺跡など弥生時代のヘラとはまったく異なり、両刃の剣の形をしている。沖縄うるま市に残る伊波《いは》メンサー織、アイヌのアットゥシ織が縄文時代から共通して残ったようだ。母系社会において重要である長女の通称「ニョコ」に女護の当て字がつけられ、八丈は女の分解ではないかと推測して、それが与那国島では「この島の波多浜《なんたはま》に船が着くと島の乙女《ミヤラビ》どもが各々自分の阿檀《アダン》葉の草履を浜に並べる」となり、与那国の乙女と八丈島の女子《メナラベ》とは同じ古い言葉であると指摘する。八丈島で衣をヘブラと言い、蝶をアイヌ語でヘポラブと呼ぶから、沖縄のハブル（蝶）と御衣《ミソ》に繋がる可能性を指摘している。

86 人のことを「チュー」という

黒潮の民は人のことをチューと言う。借りてきた漢字で「島人」と書いて、シマ（ン）チューと読む。「島人ぬ宝」という題の沖縄歌謡がカラオケで流行るようになって、ヤマトゥンチューにとっても不思議な読み方ではなくなった。もともとシマ自体が、アイランドとしての島ではなく、人間の集団が影響力を行使できる共同体の範囲のことであるから、チュンシマと言えば、他人の集落のことである。チュンヤと言えば、人の屋で、他人の家の意味である。チューには、他者と自分とをはっきり区別しているものの、同じ目線で考えており、生命を持ってこの世に生きている同族相哀れむような感覚が残る。

それが、人間が人《チュー》でなくなるとムンになる。物である。クサダニムンとは、雑草の種のように、厳しい環境の中で踏みしだかれても芽を出していくような生命力の強さはあるが、人間の本来持っている弱さと優しさがなくなって、世間でははばかられるような強い者を表現する。シマの共同体の中では、渇水季になると水争いが起きた。水はけがよくて保水性が低い隆起珊瑚礁の土地柄では、気性も激しくなる。最近まで日本で唯一の小選挙区で激しい選挙戦で悪名高くなったシマもあった。水争いにも似て、些細な利権が争いの種になって、選挙は熾烈を極めた。自分のシマとチュンシマとの境に夜な夜な見張りを置くような刺々しさがあったが、灌漑のための水道が整備されて、蛇口をひねるだけで飲み水が供給されるようになって水争いもなくなったように、選挙区が統合されて大きくなったら争いは消えた。天秤棒を担いで乾いた田んぼの畦を歩いて水くみをする苦労もなくなり、それに加えて、お役所の構造改善事業と称する罪作りなばらまき利権の補助金がなくなったら、急速に争いは影を潜めた。心が和らぎ、クサダニムンの熾烈な争いが改まった。ムンに堕落して仁義のない争いを演じたのは、素朴な島人が、外部の勢力にそそのかされ、たぶらかされて、ついには選挙の勝ち負けに、闘牛賭博に熱をあげるように、熱中するようになったからだ。人の魂を抜いてしまう化け物のケンムンに操られたのだろう。ケンムンの得意な悪戯が、石を投げることで、船の側に次々に大石が投げ込まれて沈没しそうになった怖い話があり、子供をさらって魂を抜き取る暴れん坊のケンムンもいた。魂を抜かれた子供は、ケンムンになってガジュマルの木々の間を飛び移って逃げ回るから、子供の魂を元に戻す方法は、藁を蒸し鍋の蓋に編んで頭に乗せ、棒で叩くことであった。筆者も子供の時に夢遊病者のようになって、月夜の晩に寝床からむっくり起き上がって、一人で渚を歩かせて人気のない浜辺に連れていかれるというケンムンの仕業に遭ったことがあるが、藁の蓋を被せられ叩かれて治った。

ケンムンは夜行性だから、昭和五〇年代から、電力事情が改善され、夜道をウッキリ（薪の燃えさしで、熾火《おきび》の語源である）を振りかざして歩く必要がなくなり、石油ランプのホヤの掃除をする日課もなくなった頃に、ケンムンの姿も消えた。シマでも電力消費量がどんと伸びて、活動する夜の暗闇がなくなったことと住処のガジュマルが伐採されたが原因だ。ケンムンを惜しむ向きもあるが、子供の魂を抜くような傷ましいことが闇夜に起きなくなった点では、幸せなことである。魂が抜けたら、亡骸が残ってしまうだけで、人がモノになってしまって、内部の空虚となった外皮としての殻・体でしかない。

人のことをチューと言う表現は、インドネシアのサブ島にも残っている。悪魔に従う人をジンギチューと言うらしい。樺太のアイヌが、人間をエン・チューと言っているのも興味深い。アイヌとはそもそも人間のことであるが、西洋人のように、いろいろな生き物や動物と比べて高い地位においているわけではなく、キタキツネやエゾシカと並列する表現であると言う。チューの場合は、魂のある生き物の一つとして、生命のないモノと対比する言葉である。アイヌはヤマトゥンチューのことをシサムと呼んでいるが、これは、シが自分で、サムが側という意味であるから、自分の隣の人という意味である。アイヌ語も日本語も、黒潮の民の言葉は、語順が同じで、あいうえおの五つの母音から成り立っており、子音の数にわずかの違いがあっても、ほとんど一致する。rとlの区別もない。

海のことをアイヌ語ではトと言うが、海の沖あいのことを宮古島あたりではオプトゥと呼ぶ。オプとは大であり、トゥは海である。アイヌ語では海が凪のことをノトと言っているが、能登が静かな海を示している可能性が高い。洞爺湖のトウも海の意味である。徳之島の北東の海中にトンバラ石という、海中から屹立《きつりつ》する岩礁があるが、これもトゥが海であるから、海原にある巌のことであることがわかる。奄美大島の笠利崎の沖と、同じ奄美大島の瀬戸内の嘉鉄の沖にもトンバラがある。沖縄の久米島の南方にもトンバラがある。

いずれも、周囲の雄大な景色の中の、海の花畑ともいえるような、磯釣りの人にとっては理想的な好漁場で、豊饒の海の原となっている。

87　タマシとマブイ

電報を送るとき、朝日のア、いろはのイ、上野のウ、はがきのハ、おしまいのンと、確認するため上の句をつけて読んだが、シマチューの、特に古い言葉が残っている島の端の集落の住民には、ラジオのラがなかなか発音できなかった。ラジオがダジオになるのだ。「r」の音を発音しようとすると、破裂音の方が優先するからだ。前に人《チュー》と物《ムン》の話をしたが、実は、アイヌ語のラムという発音の言葉が破裂音となって、rが発音できないからダムと発音するようになり、さらには清音になってタムになり、それが肉体と合わさっていることを表現してタマシあるいはタマスになってしまったのではないかと考える。タマスとは、魂のことであるが、分解すると、シが肉であることは明らかだ。南島でワーシと言えば、豚肉のことであり、鶏肉はトゥイシである。アイヌ語のラムとは心や心臓で、アッが紐だから、心の紐、ラマッが魂のことになっているから、破裂音になって、訛ってタマであるとすれば、タマシとは、心と肉体とが併存している状態を示すことになる。タマッは、日本語で美しく表現すれば玉の緒ともなるが、緒は下駄の鼻緒と同じで切れる可能性が高いから、絶えるの枕詞ともなっている。魂が肉体から離れて身体との関係が切れてしまうと死(シ)んでしまうのだ。肉体のシから離れるとタマが残るだけである。だが、黒潮の民のタマは、仏教やキリスト教とは異なり、天国に登ることもないが、地獄に落ちるわけでもなく、時間が経てば、姿も形も見えないが、共同体の中に空気のように残って、位牌や社にまつられなくても、誰しもが神様になれる。最近まで残っていた南島の洗骨の風習のように、三十三年が経てば、海岸で白骨が潮で洗われて、魂が完全に肉体から離れて純化することになり、それからが本当の魂の世界に入る。

タマスという独特の山の民の言葉が、古代の狩猟と焼畑の伝統を残している宮崎の椎葉の山奥にあった。これは元々狩猟の獲物を分け合うという意味であるようだ。猪肉《ししにく》を分配するために小切りにしたものをいうと柳田國男『後狩詞記』に出ている。似た表現になますという言葉があるが、膾《なます》は、魚貝や獣の肉を細かく切ったものであることは、日本書紀に雄略天皇が鹿を捕らえてなますにした、つまり、肉を切り分けた話があるほどに、古い時代からの調理方法としてあった。今では刺身と言っているが、野菜を刻んで混ぜた魚の刺身は、文字通りの鱠《なます》で、黒潮の民の好物で、大陸では食べない。最後のスは、酢のことではなく、肉のシがスと変化した発音である。片山龍峯氏は、アイヌ語のラマンテが、たま(魂・霊)在らす、ということで、意味が全く同じであると指摘したうえで、狩猟のことを、現代のように鉄砲で撃ち取ることではなく、「肉を解体(仮の衣を脱いでいただく)し、身体の中にある魂を外在化させ、それを丁重に神の国に送ることを意味した」と『日本語とアイヌ語』(一九九三年、すずさわ書店)に書いている。実際に、椎葉の猟師は猪を獲りに行くと鹿が出てきても、銃を撃たないし、犬を追わせることもしないという。古代の狩猟者は獲物を限定して、そのほかの動物には目もくれず、一定以上の数は獲らないし、また、子供の猪は捕らなかったという。何でもかんでも発砲して撃ち殺してしまうような乱獲の思想は古くにはなかったのだ。銃弾を一発も使わないで獣《けもの》を獲った。

さて、人が死んだということを南島では、チューヌモイシと言っているが、モイシの発音は、喪中のものにつながり、みまかることにもつながっていることだろうと思う。シという末尾の詞は、完了してしまったような響きがある。魂が果てのない、帰ることのない旅にさっさと出かけて、この世を去ってしまったが、残る者の虚脱感を感じさせる言葉である。魂のことを、タマシという場合には、魂がまだ肉体の中にとどまっていて、知恵となって表現される状態である。赤ん坊が、ハイハイをしながらだんだんと知恵をつけていく状態を、タマシが出てくると表現できるし、タマシムンといえば平凡な人ではなく、知恵者であって凡人とは一線を画するところがあり、策略があって抜け目のない人物ということになる。魂のことをマブイということもあるが、これはもう肉体とは関係なくなって浮遊する魂のことである。霊魂ともいうべきところだ。お盆の時には、集落のはずれの川縁にあるお墓に線香を持って行って、先祖の霊を迎えに行ったものだったが、その際も迎える人の後についてくるのは、タマスではなく、マブイであったことは間違いない。もう肉体の関係は一切なくなって戻ることのできない世界にマブイはいる。マブイが出たといえば、幽霊が出たとほぼ同じで、目に見える現象であるが、肉体とは関係がなくなって、戻る身体のない霊のことであるから、怖い存在ではない。タマスは、出てしまったら、ユタが祈祷なりして、元の身体に押し戻して納めることができるが、マブイになったらもうおしまいで元の人間に戻ることはあり得ない。先祖のマブイであれば、むしろ子孫を守ってくれる。先祖のマブイは墓に迎えに行っても怖くない。

88　黒潮八三〇マイルのヨットレース

沖縄の本土復帰に先駆けて、沖縄本島の那覇港から昭和四七年四月二九日に出港して、三浦半島の城ヶ島を終着点とする本格的な外洋ヨットレースが開かれたことがある。那覇から城ヶ島まで距離にして八三〇マイル。世界的に著名な外洋ヨットレースの中で最も過酷なヨットレースとされるシドニーとタスマニア島のホバート間のヨットレースでも六〇〇マイルほどでしかないから、距離が長いばかりではなく、気象変化が激しく移動性高気圧と温帯低気圧がやってくる季節に開催され、しかも、半分以上のコースで最大四ノットを超える黒潮の流れに乗ることから、いろいろな面で話題のあるヨットレースであった。このコースを走る定期船、琉球海運の東京丸の船長を招いて、日本外洋帆走協会の大儀見薫氏やその他のヨットの船長を交えて座談会が行なわれた。ヨットの雑誌『舵』の昭和四七年、つまり沖縄の日本復帰の年の三月号に座談会の記録が残されている。沖縄から本州の三浦半島までの航海がどんなことになるか気象や海象についていろいろ議論が行なわれているので、この座談会記事を頼りに、黒潮の民がその昔、帆をかけた舟でどのように南島を離れ、ヤマトゥに向けて出立したかを知るよすがとすることにしたい。

まず四月末という時期であるが、春一番は吹き終わっており、台湾坊主と呼ばれる春の嵐ももう終わっていて、移動性高気圧と温帯低気圧とが三～四日の周期で交互にやってくる季節だ。時化あり、凪あり、向かい風あり、追風ありと、風波の変化は実に激しい。筆者はかつて、「SAIL OSAKA '97」(セール大阪九七)という大阪市が主催した香港から大阪までの外洋ヨットレースに乗組員として沖縄から鹿児島までの一部区間に乗船したことがあるが(優勝艇となったが、鹿児島で筆者は下船した)、このレースも九七年の四月中旬に那覇港を出港している。那覇から奄美大島の瀬戸内の古仁屋に寄港したが、翌日は強風警報が出されて二晩避難した記憶がある。奄美大島と横当島の間の高波が山のようで、ヨットは駆け上るようにして浮き上がり、波のてっぺんからは、船首を突っ込むようにして駆け下りる、上下動が長い時間続いたように思う。ロシア海軍の士官候補生を乗せた練習用帆船パラダ号という名前の大型帆船が参加していたが、たまたま船長の息子とおぼしき士官候補生が、筆者が乗船するヨットに同乗し、海況の悪さのせいで船酔いをして船室にこもりきりになっていたことも記憶に残る。ソ連共産党が倒れた直後であったから、古仁屋では島の古株の共産党員が、バスの中でロシア海軍を歓迎するつもりで、ああインターナショナルと歌ったら、そんな歌を歌うなと、水兵が怒って殴りかかろうとしたことがあった。ソ連崩壊の混乱のせいか、水兵の中には、自転車を盗み、古タイヤを持ち帰る者すらいた。有名なヨットマンの南波誠氏が救命胴衣をつけないまま四月二三日に鹿児島港を出港したヨットから海に落ち行方不明となった事故も忘れられない。

黒潮は屋久島から都井岬へと非常に利用効果があると、定期船の船長が座談会で指摘している。足摺、室戸、潮岬まで、黒潮は陸から三マイル半まで近づいて流れていること、季節風と台風は四月下旬から五月には来ないことも確認している。要するに、冬場はあまりにもヨットにとっては厳しい海象になるので開催不可能であるとすれば、台風の来ない時期としては、ヨットレースをするタイミングはこの四月後半から五月にかけてしかないことが重要である。四月には、凪いで海面が鏡のようになることもある。ヨットはある程度風がないと走らないから、本当なら困ったことになるのである。実際に、筆者の参加したヨットレースでも、薩摩半島の山川港から錦江湾内の鹿児島港まで風がなくなって機走(エンジンで走ること)をした記憶がある。ただ、七島灘を渡るには最良の季節である。四月頃は東の風だけではなく、南風もあり、様々に不安定な風が吹く季節である。歌謡曲の『島育ち』歌詞に、「朝は西風、夜は南風」とあるが、朝夕に正反対の風が吹く季節なのである。定期船の場合は都井岬から三マイル、足摺岬からは一五マイルほど離れれば、黒潮の本流に乗れるが、本州から沖縄に向かって黒潮に逆らい最短距離で航海しようとして真っ直ぐ沖縄に向かって走らせたら、時間は二時間四五分、距離はわずかに二二マイルしか変わらなかったということである。帆船や櫓櫂を頼りにする舟が沖縄から本州に渡る場合には、多少遠回りをしても黒潮に乗ることが重要である。沖縄から本土まで、春先には北東の風、つまり真向かいの風は吹かないという指摘も興味深い。足摺岬を過ぎてからは、横風を受けて驚くような早さで帆走できる。定期船が佐多岬まで西側を通るというのも、種子島の南東端、大竹崎と七尋礁の間に危険な暗礁があるからだそうである。しかし、トカラ列島は、島が小さい割に標高が高く、海は沿岸近くでも深いから、航海は非常にやりやすく、座礁することはないと、定期船の船長は言い切っている。

89 東北から西表島に漂着した郵便ポスト

トカラ群島の中之島の南東端にある台形状をなすセリ岬の上に大きな灯台がある。中之島灯台である。標高三八メートルの岬に立つ。中之島の東北方約二・五キロ沖合に標高一八メートルの平瀬《ひらせ》という岩島があり、その東を通る場合は黒潮が押すので安全だが、西を通ると島に押しつけられるようになって危ない、と灯台は照らす。奄美大島を船が出ると、横当島《よこあてじま》の南を通って、トカラ群島を左に見ながら北上する。奄美大島の東側には〇・五ノット程度の黒潮の反流がある。屋久島の近くでも西に抜ける反流があり、特に冬場は波がきつくなるから、定期船は無理をしないで種子島海峡に入る。そうすると屋久島の高山に風が遮られ、ヨットは風がないから走れないが、商船の航海は快適になる。筆者の乗った艇は、黒潮を横切って錦江湾に向かったから、屋久島の西側を通った。黒潮が盛り上がって見え、その黒潮に乗って米軍の輸送船が北上しているのを見た。屋久島の西海岸は海からそそり立つような絶壁が続いて、所々に滝が雨の筋糸のように海に直接降り注いでいる景色を覚えている。大隅半島の先の佐多岬近くには北西からの強い反流があり、急潮と波がぶつかる難所である。そこを迂回するようにして、開聞岳の長崎鼻をめざし、山川湊に入港して燃料などを補給した。登り口説《ぬぶいくどぅち》を、声に出さないで歌ったことであった。種子島の北の岬から薩摩半島に向かうのは、潮が逆流で難しい航海になり、大隅半島の先の志布志との船の往来の方が遙かに容易であることが分かる。種子島の北の岬から眺めると志布志の湾がすぐ手前に見える。隼人の軍船は、種子島で屋久島の杉材で建造したものと想像する。種子島と屋久島とは大隅半島への往来が頻繁にできるが、薩摩への往来には、帰りの潮の怖さがある。

四月の季節の風は、日本列島沿いと太平洋の沖に出ている場合とではどちらが強いかと言えば、低気圧の居場所にもよるが、沖の方が弱いのではないかと定期船の船長は指摘している。黒潮の中に居るのかどうかは水温を計っても僅かの違いで分からない。船の能力以上にスピードが出ていると黒潮の流れの上に居ると判断するし、波を見て、黒潮の中では、波の状況が悪いのが普通であるという。黒潮の中を南に走っていると、風はないのに、波が高いから、帆船では船はまったく進まない場合もある。さて、黒潮に乗って北上して紀伊半島の先の潮岬を過ぎると、そこから石廊崎までは黒潮が東から西に真横に流れて風が向かい風になる可能性がなくなるので、帆船は直線コースで走ることができる。石廊崎を過ぎてから、もう半日の距離でしかない三浦半島のレースの終点までは、八丈島に向かって流れる黒潮の本流に別れを告げて、伊豆の島々の北側の神子元島の内側を通るか外側を通るかの判断が必要になる。下田の爪木崎の沖も山のような波が打ち寄せる場所であるから、風を見ながら波の高さとの兼ね合いで、船をどのように早く走らせるかという微妙な技術の競争になる。下田の白浜神社の御祭神についても以前書いたが、ヨットレースの順位は、黒潮の流れと石廊崎で分かれてからの、相模湾での操船の腕に左右されて入れ替わってしまう可能性もあり、おもしろさがある。黒潮は昭和九年に黒潮異変と呼ばれた異常現象を発させたことがあるが、紀州沖を遙か南に迂回して静岡県の沖を海岸に沿うようにして流れた。その原因は中層水が紀州沖で湧き出したからだとされた。昭和三八年にも深層水が湧き出て冷水塊をつくり、流れが大きく蛇行したことがある。大蛇行をしたり、真横に流れたりと変化しているから、いつも同じ流れがあるわけではない。

三陸で大津波があり、宮城県南三陸町から流されたとみられる郵便ポストが二四〇〇キロも海上の漂流を続けて沖縄県西表島へ漂着した事件があった。二〇一二年一二月二八日、沖縄県竹富町西表島の北東部にあるユツン川の河口付近の海岸に郵便ポストが漂着しているのを近くの住民が発見したのであるが、高さ約六六センチ、幅約三三センチ、奥行き約四五センチ、重さ約二〇キロ。塩害による腐食を防止する塗装が施されていたポストで、原形を留めたまま支柱から抜けた状態であった。中には郵便物はなく、砂や海藻類が入っていたほか、表面には貝が付着しており、「セブン歌津」の標識が残っていたことから、宮城県南三陸町歌津にあった「セブンイレブン宮城歌津店」の前に設置されていたポストであることが判明した。東日本大震災から一年九ヶ月以上もの長い時間を経て漂着したことになる。震災ゴミがまず親潮に乗って南流し、それから桔梗水の黒潮に乗って太平洋を横断して、アラスカや北米大陸沿岸などに漂着することが話題になっているが、黒潮には反流があって、東北から南西諸島の八重山の島までの海路のあることが明らかになったことは痛快である。これまで西表島にアイヌの言葉が残っていることなど縷々書いてきたが、東北の黒潮の民の同胞が北米の沿岸だけではなく大日本《おほやまと》の南端にも到達できる可能性を、郵便ポストが見事に証明したのである。

90 「いのちを守る森の防潮堤」を！

前年に続き三月一一日午後二時から、「東日本大震災で被災した方々の冥福と天地神々の鎮魂、被災地復活と日本再生の祈りを捧げる祈りの日」が、世話人代表を元参議院自民党議員会長の村上正邦先生、実行委員長を医療法人博翔会会長、その他四人の世話人が主宰して明治記念館で執り行なわれた。実行委員長の開会宣言があり、開会挨拶があり、二時四六分には、「六メートルの津波が来ます。早く高台に避難してください……」と防災無線で呼びかける南三陸町の故遠藤未希さんの声が、満員となった明治記念館の富士の間に響き渡った。犠牲者に黙祷を献げた後に、参加者全員が白菊の花を献花した。尺八の演奏の後に佐藤栄佐久前福島県知事の挨拶があり、福島の学園の東京在住卒業生で編成する「ふるさとを思う女声合唱」が披露された。休憩をはさんだ第二部では、植物生態学者の宮脇昭先生が「いのちを守る森の防潮堤」を築き上げよう、と提案された。仙台の輪王寺住職の日置道隆師、元俳優の菅原文太さんが登壇して、宮脇教授の提案に賛同し活動を始めていることを話した。被災地の沿岸に土地本来の木を九千万本植えて「いのちを守る森の防潮堤」を築こうという構想である。会場受付では、宮脇昭先生の著書『瓦礫を活かす森の防波堤』(二〇一三年、学研)が販売されていた。森の防潮堤は、瓦礫を焼却するのではなく、復興のための資源として土と混ぜ、ゆっくりと作用する肥料のように「ほっこり」と土盛りをし、まっすぐ直下に根が入り込むように、深く根を張るタブノキやシラカシの高木などを複数植えていく方式である。被災地の跡を調べると、アカマツやクロマツなどは、防潮林として機能を果たすことなく根こそぎ倒れたが、タブノキやシラカシ、ヤブツバキなどの高木と、その土地本来のマサキやネズミモチなどの中低木は大津波に耐えて生き残ったことがわかった。日本人の頭には、海岸の松、つまり白砂青松がこびりついているが、これは江戸時代に行なわれた防災対策として定着した海岸の景色であって、日本古来のものではない。今回の東北大震災では図らずも、江戸時代以来の防潮・防災林としての松の限界が明らかになり、単植林は脆弱であり、混生してはじめて防潮林として機能を発揮できることが証明された。松にこだわって他の木を切ってしまっては、防潮林として脆《もろ》いのである。宮脇昭氏は世界四大文明と呼ばれる、メソポタミア、エジプト、インダス、黄河文明のいずれもが、畑作と牧畜を生業とする家畜の民が作った文明だが、現在の地中海、ヨーロッパ、アメリカ、そして漢民族の文明もその延長線上にあり、いずれも土地本来の森を破壊して都市文明を繁栄させたので、結果的にローマ帝国のように滅亡に至るであろうと、植生の調査から結論づけている。

日本では、家畜を飼育してその肉を食べる習慣もなく、森を皆殺しにするどころか、牧畜を何とか導入しないで森を草原にしない努力が重ねられてきた。水田耕作を主な食料生産としても、水田は国土の一割にも満たないで、七割はいまだ森と林に包まれたままで、里山に鎮守の森を作って、日本人の生活様式と文化をはぐくむ母胎のように大切に温存してきた。むやみに人の手が入ると祟りがあるとして、古墳や祠、神社や寺を建てて、森を守ってきたのである。関東大震災の時に、清澄公園では、避難してきた二万人を荒れ狂う大火から救っている。明治神宮の人工の森は東京大空襲でも全焼を免れているし、山形の酒田市の大火や阪神淡路大震災でも土地本来の森が「緑の砦《とりで》」となって多くの命を救った。ちなみに明治神宮の森は、日本全国から寄せられた約一二万本の献木により造成され、わずか百年で自然林に近い樹種の構成になったものである。昨年、宮脇教授は天皇皇后両陛下に御進講を行ない、そのとき両陛下から「平成の森を作ってください」という御言葉を賜ったという。登壇した菅原文太さんは、村井宮城県知事が主導して現在、沿岸一六〇キロ余に渡ってコンクリートの防潮堤を作る工事を進めているが、こんな無駄は即刻差し止めるべきで、むしろ「瓦礫を活かす森の防潮堤」を建設すべきだと舌鋒を鋭くした。

村上正邦先生は「祈りの日」に先だって、コンクリート防潮堤の建設現場と予定地を視察、愚行と断定した上で、「美しい景色と自然が一体化していることが大切で、コンクリート防潮堤の支持杭が土中に打ち込まれれば、森から海に至る地下水脈が断たれ東日本の海は死に瀕するばかりか、海の景観をコンクリートの壁で隔てる防潮堤が、自然と人間のつながりを断ち切ることになる」と指摘、また、「科学的な検討が何一つ加えられておらず、環境アセスメントすら適用を除外され、大津波の被害を防ぐための本格的な議論がなく決定された」過程を問題とした。亀井静香議員は工事中止を求め早速国土交通省と交渉を開始したことを報告した。村上氏は「両陛下の御心に添った亀井さんの行動は政治家の鑑で、政治家や役人が早くから両陛下の御心に添っていたら、復興がこれほど遅れることはなかったでしょう。現在の日本の弛緩は、その元凶が、使命感を失った政治家のていたらくにあったと断言せざるをえません」と締め括った。

91　大日本タブノキ名鑑

タブノキ(古語では都万麻《つまま》)は九州沖縄からクスノキの北限より更に北の三陸の沿岸まで自生する。タブノキは、古来の自然の森の姿を憶い残すべく、利害得失なく植えられた。茨城の息栖《いきす》神社のタブノキ林は人の手で沖洲に植えられた好例だ。森は、鳥や虫、小動物やバクテリアの住処として生命が集まり共同体を創り、地震や火事や大風から生命を守った。阪神大震災で、筆者の小学同級生の花田君が焼死したが、奄美の同胞が居住する神戸市長田区の人口密集地域で、鎮守の森やアラカシの並木が延焼を止めている。六甲山麓の高級住宅街も、広葉樹が根を張って崩落していない。鎮守は拝殿の建物よりも森が優先するから、木偏で杜《もり》だ。

鎮守の森は「潜在自然植生」という人間活動に影響されない本来の植生を維持する努力と知恵の証だ。タブノキはまた、イヌグスとも称し、横浜の開港資料館の中庭の木には、玉楠の美称がつく。枝葉に粘液があり、乾燥させて粉にして蚊取り線香などの粘結剤にする。東日本大震災でも大船渡や南三陸町で、タブノキを中心とした広葉樹林はコンクリ防波堤を越えて襲った津波を食い止めた。これは冷厳な事実だ。

『太平記』は南北朝の動乱に斃れた亡者を弔うため人名を羅列するが、その鎮魂の手法に則り、タブノキの所在の一部を記して、黒潮文明の先達に畏敬の念を捧げる。

福田寺のイヌグス（愛知県設楽町）、鹿島路のタブノキ（以下「のタブノキ」を省略）（羽咋市）、野槌神社（高知県香南市）、原（南さつま市）、上村家（福井県若狭町）、波崎の大タブ（茨城県神栖市）、高爪神社（石川県志賀町）、高尾神社（島根県雲南市）、地蔵院（埼玉県鳩ヶ谷市桜町）、府馬の大クス（香取市府馬）、津富浦（成田市津富浦）、古里付のイヌグス（東京都奥多摩町古里付）、梅沢のイヌグス（奥多摩町梅沢）、煤ヶ谷のしばの大木（神奈川県清川村煤ヶ谷字古在家）、皇大神宮、江ノ島神社、臺谷戸《だいやと》稲荷（藤沢市）、子安の里（横須賀市）、田子藤波神社（氷見市）、長坂の大イヌグス（同市長坂字前田）、大タモの木（鳥取県八頭町）、仮宿のなげどん（鹿児島県曽於《そお》郡大崎町）、小浜神社の九本ダモ（福井県小浜市城内）、若宮八幡（福井県大飯町名田庄三重）、峰山神社（岐阜県揖斐川町樫原）、梅地（静岡県川根本町梅地）、山宮阿弥陀森大タブノキ（鳥取市）、梶貴船神社（福井県坂井市）、北菅生（福井市北菅生町）、中浜諏訪社（糸魚川市）、才之道神社（舞鶴市）、古森神社（京都府伊根町長延）、香取五神社（滋賀県西浅井町祝山）、森神社（滋賀県高島市新旭町）、報本寺（下田市）、前田氏の大タブ（鳥取県琴浦町出上）、久木迫霧島神社（志布志市）、石田家（石川県珠洲市）、熊谷町（同）、姫宮御前（若狭町）、信主神社（若狭町）、滝ノ入（埼玉県飯能市）、三島神社（伊東市）、山口家（福井県美浜町）、井出八幡（山梨県南部町）、諏訪神社（鳥

取県八頭町）、宮分（徳島県神山町）、橋本天満宮（大分県中津市）、秋葉神社（石川県七尾市）、以布利（高知県土佐清水市）、諏訪神社（鳥取県八頭町）、雪見タブ（糸魚川市）、石庭八幡（滋賀県高島市）、阿太加夜神社（島根県松江市）、天満宮（舞鶴市）、厳島神社（香川県三豊市財田町）、荒神堂（宮崎県えびの市）、赤塚（新潟市）、高仏の大タブ（長崎県新上五島町荒川郷）、日吉神社（輪島市）、罔象女《みづはのめ》神社（石川県志賀町）、白山神社（加賀市荒木町）、白鬚神社（岐阜県揖斐川町）、洲原神社（美濃市）、天久神社（舞鶴市）、成相寺（宮津市）、狩場（佐賀県有田町）、髙野（福井県高浜町）、千歳（舞鶴市）、上法万のはねり（鳥取県琴浦町）、町屋（福井市）、清涼寺（彦根市）、山長神社、上余戸（倉吉市）、札之尾番所（日南市）、大比田観音堂（敦賀市）、國主神社（鳥取県湯梨浜町）、彦ノ内谷川天満社（津久見市）、大谷神社（珠洲市）、諭鶴羽神社（洲本市）、鎌の宮（中能登町）、島陰白山神社（宮津市）、布勢平神社、幡井神社（鳥取市）、八重山（西都市）、海前寺（能登町）、大楠劔神社（越前町）、貝原塚八坂神社（竜ヶ崎市）、霞（福井市）、長瀬八幡神社（兵庫県香美町）、大宮八幡神社（阿南市）、御前嶽神社（大分県日田市）、金蔵寺（輪島市）、下宮神社（京都府与謝野町）、岩戸神社（宮崎県小林市）、鹿小路（茨城県常総市）、後谷（柏崎市）、西側神社（福井市）、神野八幡（福井県高浜町）、小川神社（若狭町）、知恩寺（宮津市）、利椋《とくら》八幡（敦賀市）、少彦名神社（同）、神子神社（若狭町）、中島神社（米子市）、佐比売山神社（島根県大田市）、六社神社（揖斐川町）、円の谷（津和野町）、蚶満《かんまん》寺（秋田県象潟《きさかた》）、本間家（山形県酒田市）、飛島（山形県）、三崎公園（遊佐町）、住吉神社（鶴岡市）、津川（岡山県高梁市）、滝沢（浜松市）、小牧山（愛知県小牧市）、芝離宮庭園（東京都港区）、浜離宮庭園（東京都中央区）、東江上《あがりえ》（沖縄県伊江島）、明眼《みょうがん》の森（徳之島伊仙町犬田布《いぬたぶ》）、岩崎武甕槌《たけみかづち》神社（青森県深浦）、船越大島（岩手県山田町）、三貫島（釜石市）、椿島（南三陸町）。

八丈島にもタブノキ（島名マダミ）の叢林があり、その樹皮で黄八丈の樺色を染める。

92　タブノキ探訪記

タブノキの全国分布を一覧したが、もとよりごく一部を掲載したのみである。早速、越後の光兎山の麓の関川村に住む畏友、大島文雄氏から、タブノキ情報の提供があった。新潟県村上市のイヨボヤ会館の側を流れる三面川《みおもて》は下流二キロ地点で日本海に注ぐが、その河口に多岐神社《たきじんじゃ》があり、義経主従が奥州に落ち延びるときに休んで、武蔵坊弁慶が「観潮閣」と名付けたと言われ、境内に大きなタブノキがあるとの情報である。しかも、三面川には他にもタブノキの森があり、タブノキの匂いを求めサケが海から帰ってくるとの伝承もあるとの指摘で、魚を寄せるというタブノキの新たな効用を知った。多岐神社についても、羽賀一蔵(元豊栄山岳会会長)著『越後の海岸路を歩く』(二〇〇一年六月)を紹介していただいた。地況を的確に説明しているので、その一部を引用する。

(前略)国道から岩ケ崎集落の海岸通りに回り込み、目の下の三面川を目がけて坂道を下る。この坂の上には「岩ケ崎遺跡」がある。(略)背後は山に囲まれ、山の幸に恵まれ、三面川の河口を扼した地点であってみれば、外敵を見張るにも海や川の幸もまた豊かに手にすることが出来たはずだ。(略)道路の右、川に面した林の中には「明治四四年魚つき保安林指定」と書かれた木の柱が立っていた。古い明治のころに既に魚つき林とした先賢のすばらしい思想と、すぐ道路上のブル開発とは、私の頭の中には俄には結びつかない。(略)たたたあーっと坂を下って一二時。三面川の河口にある赤い神社「多岐神社《たきじんじゃ》」に足を延ばした。前々から何時か行なってみたいと望見していた滝の前の河口にある社殿である。三面川河口右岸に沿った細い岩道を辿った一番突端に、その社殿はある。法務大臣稲葉修の揮毫による「多岐神社」の扁額がある。由緒を読むと、どうしてどうして、延喜式内社で多岐津姫《たきつひめ》を祀ってあるのだという。「多岐津比売命」とはどういう神様か知らないが、家に帰って調べてみると、何と「天照大神と弟の須佐之男命が天乃安河原で誓約したおりに、天照大神が弟神の十拳《とつか》の剣《つるぎ》を噛んで吹き捨てた。その天照大神の息から最初に生まれた女神で、名は安河の瀬の速い様を示したもの」だという。そうだとすると、ここもまた三面の瀬の速い河口であって、誠にこの神様の住むにふさわしい処だということができるだろう。（略）海と川の境目におきる三角波を眺めながらだと、豪華なランチとなる。その光る三角波を砕いて、今一艘の船外機ボートが海に乗り出して行った。上に下に揺られながら出て行くボートの航跡が、三角波にすぐに消された。（略）滝の前の岸辺に数人の老人たちがイサザ（しろうお）捕りの網を張っている。こういう魚を誘うような形の網を張るイサザ捕りは初めて見た。

徳之島出身の親戚筋が、埼玉県の越谷市で整形外科を開業しており、病院を新築落成させた祝宴に招かれ出かけた。北千住から東武線に乗り換えて都内から二時間足らずで着いた。越ヶ谷久伊豆神社《ひだいづじんじゃ》の森にタブノキがあると聞いていたので、地元のロータリークラブの会員のご案内で、落成式の祝いの幕間を抜け出して、タブノキ探訪に出かけた。なるほど、元荒川から参道が神社の本殿まで伸びていて、その間が森になっている。藤も今を盛りと咲いていた。久伊豆神社は、元荒川沿いに岩槻久伊豆神社などいくつかあり、埼玉県加須市（騎西地域）にある大己貴命を主祭神とする玉敷神社が各地の久伊豆神社の総本社である。越ヶ谷久伊豆神社の本殿の裏手にパラオのコロール島にあった「南洋神社」を遙拝する社がある。土屋義彦元埼玉県知事が遺骨収集団団長としてパラオを訪問していて交流が深く、建立された。平成一六年四月の竣工祭にはパラオのレメンゲサウ大統領が出席している。元荒川が南洋群島に繋がる。久伊豆神社は、そもそも伊勢神宮との関係が深く、北畠親房が伊勢と筑波とを往来したように、伊勢と関東の越谷とがつながっていて、出雲との係累もあり、黒潮の民の交流を実証している。筆者は、最新鋭の医療で地域医療に貢献しようとする同郷の士の志に呼応して、タブノキのように地域社会に深く根を下ろし、仁術満堂となることを祈ると手短に挨拶した。越谷小学校の校庭にタブノキがあるというので見に行ったが、隣の高層アパートの庭にそれらしき大木があった。越谷市相模町にある大聖寺の境内にもタブノキの大木があり、市の天然記念物になっている。越谷は外来者を余所者と排除しないで歓迎する気風に富んでいると、地元ロータリークラブの会員から聞いた。タブノキは黒潮文明の南方から発出して、関東平野に根付くべく元荒川を遡り、久伊豆神社の森に根を下ろした。

皇居外苑の楠正成銅像の左斜め後ろに一本のタブノキが植わっている。東御苑や北の丸公園のタブノキも、機会をつくって実見したい。

93 折口信夫の古代研究とタブノキ

竹橋での会合の帰りに、皇居前広場を散歩しながら虎ノ門に戻る途中、楠木正成銅像の左後方に植わっているタブノキの春の花盛りを眺めようと立ち寄った。楠とタブノキの見分け方を身につけるべく、幹周りを回った。楠は遠くから見ると、春の新芽が黄緑色に輝いているが、タブノキは新芽が赤い色に見えるから、遠目にも明らかに異なり区別できる。その新芽は花の蕾のように大きく、新緑の葉先に無数の赤色のつくしん坊がくっついて空に伸びているかのようだ。異国では紅楠という名前になっているのも故なしとしない。銅像の右前方にも、タブノキと思われる木があるが、楠でないことははっきりしても、蕾が小さく赤色が薄いから、素人目には本当にタブノキかどうか見極めがつかなかった。

宮脇昭先生は、防波堤を越えて来た津波をくいとめたタブノキの生命力について書いている。それは、原爆が投下されて三～四年後の広島市内でタブノキが芽吹いているのを広島文理大学生物学科の学生の時に見て大変驚いた経験があったからだという。爆心直下の二キロ周辺には、全く樹木は残っていなかったが、爆心地から外れた比治山の谷沿いにタブノキが自生しているのを発見して、他はどうなっているだろうかと調査したところ、原爆ドームから二キロほど離れた神社に三本のタブノキが枝葉を枯らして立っているのを見つけたという。しかも、その一本の幹の根元から新芽を出していたことに感動して、なぜタブノキだけが再生しているのか不思議に思い、強い関心を寄せて研究調査を続けた。その結果、北海道と東北北部を除く日本列島の低地の小樹林の主木がタブノキであることがわかったと結論づけている。謎解きのような話だが、折口信夫の名著『古代研究』(昭和五年)の第三巻の口絵にタブノキの写真が説明もなく掲載されているが(「標著神《よりがみ》を祀ったたぶの杜」は能登一宮の気多大社にあるタブノキである)、折口の弟子である慶応大学の池田弥三郎教授から、その意味あいを知るために、タブノキについて説明を求められ、タブノキこそ日本の土地本来の照葉樹林文化の原点だと説明したことがあると、忘れえぬ思い出と題して記録している。池田教授は宮脇先生の説明に深く感銘を受けて、昭和五五年三月に大学を退職した時に、苗を一〇〇本ほど(八〇本と具体的な数字を出している向きもある)購入し記念植樹をして記念碑を建立した。その記念碑に言う。

池田弥三郎　タブノキを植える。宮脇昭　これを助くる

筆者は、五月一一日、そぼ降る雨の中を「たぶの森」を確かめるために、慶応大学の三田キャンパスに赴

いた。正門の警備員にタブノキのことを訊ねたら、市場原理主義の権化の元閣僚の大学教授を厚遇する「市場と権力」に特化した学風になってしまったのか、興味もない風で回答は要領を得なかった。日本最初の演説会堂で重要文化財の三田演説館の近辺に植わっているとは聞いていたので、探してみると、エノキや椎の大木があり、演説館の鬼門の方角に最近植えたらしいタブノキの植木が数本見つかった。四年前の五月に正門の守衛室奥にあった二八本のタブノキとシラカシが間引かれ、一二本のタブノキが創立一〇〇年記念のオリーブの木の隣に移植されている。南校舎が新築されたときに森を失くしたらしく、「たぶの森　由来」と題する、銀色の板に黒の活字体で書かれている碑板は、演説館の裏の右手の方向にすぐに見つけることができたが、これも移されてきたようだ。池田教授が直々に建立した元の碑はどこにあるのかわからなかったが、昭和六二年折口信夫生誕一〇〇年記念講演会の際に、慶応義塾国文学研究会により設置、除幕された碑文に曰く。

たぶは古来国内各地の山里に自生し、鬱蒼たる樹林は社叢等の聖地として郷里に親しまれている。折口信夫はその古代研究に関連してたぶの木に深い関心を寄せ、終生愛着を持ち続けた。たぶの木のふる木の杜に入りかねて、木の間あかるきかそけさを見つ　迢空　昭和五十五年三月、門下の池田彌三郎君は、退職に際して、三田山上に先師を偲ぶよすがを残すことを発議、植生学者宮脇昭氏の協力を得て、正門内および演説館前に植樹を行い、ここにたぶの森の実現を見たのである。

碑文には「森」と銘うっているが、実際は、森と呼ぶには躊躇するような数本のタブノキの植木になっていることは残念である。さて、碑文にある折口信夫の歌は、昭和二年に、能登を訪れた時の歌である。折口は「我々の祖《おや》たちが、此国に渡つて来たのは、現在までも村々で行はれてゐる、ゆいの組織の強い団結力によつて、波頭を押分けて来ることができたのだらうと考えられる。我々の祖たちが漂着した海岸は、たぶの木の杜に近いところであった。其処の渚の砂を踏みしめて先、感じたものは青海の大きな拡がりと妣《はは》の国への追慕とであったらう」(『上代日本の文学』)と書き、タブノキは海を渡ってきた祖先の漂着地の印だと主張した。タブノキが波濤を越える浮宝(舟)の材料であり、やがて結界を示すサカキ(境木=榊)になったとも推理する。黒潮の民の澪標《みおつくし》である。

94　異郷に根付くタブノキと島人《しまっちゅー》

タブノキが皇居前広場の楠木正成像の左後にあることは確かめたが、皇居の中に植わっているかどうか気がかりになった。一般に公開されている東御苑にあるか否か、新装のパレスホテルの地下道を抜けお堀の端に出て大手門から苑内に入りタブノキを探してみた。

東御苑には千代田城と呼ばれたころの本丸の跡が残る。明治天皇の皇居は千代田城の西の丸に宮殿が作られたから、今の東御苑の方が、幕府の本拠地たる千代田城の本丸としては重要な場所であった。天守閣があり、将軍の日常生活の場所であった大奥も今の東御苑にあった。忠臣蔵の刃傷沙汰の舞台となった松の廊下のあった御殿も本丸にあったから、東御苑に跡地が残る。東御苑に一歩足を踏みいれると、東京の大都会の喧噪からは想像もできないような自然の豊かさが支配している。全国各地を代表する木が植えられている森があり、小鳥のさえずりがこだまするような美林が造られている。入場は無料で、プラスチックの入場証が渡され帰りにそれを返却することで退園を確認することになっているが、江戸時代そのままの百人番所が残り、また千代田城の精緻な石組みが美しく残る石垣が連なって、最高の庭園となっている。内外の観光客がカメラを携えて訪れる日本を代表する観光地ともなっている。天守閣のあった本丸は大手門のある場所からも一段と高く、土盛りがなされた高台となっている。本丸は坂を登って入る地形に設計されている。

汐見坂が本丸北東の出入口となっているが、何と、その坂を登り切った右側にタブノキの大木が植わっていることを確認することができた。ちゃんと「タブノキ」と書いた木の名札も付けられていた。かつて筆者が国家公務員に任官したときに、先の皇后陛下を記念する苑内の楽堂で雅楽を鑑賞する機会に恵まれたが、その前庭には楠の大木がある。在りし日の大奥は今は整備された芝生の広場となっているが、天守台の南側に広がる本丸に甍を連ねて、歴代の将軍の日常生活の場所として、御殿が建て込んでいたであろうことが想像される。

本丸の広場を抜けて、台地の南側の出入口として中之門がある。その下り坂の始まる左側、逆に言えば坂を登り切った右側に、タブノキの一群の叢林がある。タブノキは本丸の出入口となる二つの坂を登り切った場所の海側に、深く根を下ろして天守閣の住人の往来を外敵から守るかのようである。東御苑のタブノキは、都を守るために南九州からはるばる畿内に移り住んだとされる、海人である大隅や日向の隼人を象徴しているかとも想像する。

二〇一三年五月二六日に尼崎の中小企業センターで、関西天城町連合会の創立五〇周年の記念行事が開催された。奄美群島が昭和二八年に日本復帰して六〇周年の節目の年で、併せてお祝いする行事であったから、来賓として奄美全体の各郷土会の関係者も出席した。天城町は奄美群島の中央に位置する徳之島の北西部にあり、明治二〇年に天城村が造られ、大正六年に東天城村が分離して現在の境域となり、昭和三六年に町制が施行された自治体である。奄美群島が、米軍統治から祖国復帰を果たしたことは、日本で希にみる民族運動の成果であったことは、その指導者であった徳之島出身の詩人泉芳朗氏とともに忘れてはならない。復帰後の三〇年代には、黒潮の民がホモ・モーベンスとなり、故郷の島を離れて、多くの人口が関西地方に定住することになった。出身の集落ごとにできた一一の親睦会が糾合され連合会が成立したのが日本でオリンピックの開催される前年の昭和三八年である。連合会元幹部は述懐する。

「……一九四五年八月十五日を以って終戦になったが、……なぜかアメリカ軍の統治下に置かれた。長い戦時態勢が終わり、平和を期待したのに、本土から切り離され、生き地獄は続いた。本土に渡航すれば密航者として罪人とされ、島民はまるで捕虜扱いだった。畑仕事や生活は普通に戻ったが、経済・行政・物品の流通も皆軍事態勢のままだった。……」

また、連合会の記録にはこうある。

「……思えば昭和二十八年十二月二十五日故郷奄美は本土復帰を果たし喜びしたる(ママ)間もなく昭和三十年・四十年代には、関西の工業都市に何万人という人たちが職場を求め移住され関西のどの市に行っても島の人たちが居住されてうれしく思われました。反面島と違う言葉や社会環境に中々馴染まず苦労されている人達も多く、若人の中にはホームシックで島に帰る人も事情を聞くと情報不足で、親兄弟、友人知人連絡消息不足等が一番の原因で、次は職場に溶け込めない等でした。

……郷土会の充実した集落や町村は花見・総会・運動会等によって年に二〜三回逢うことが出来、お互い励ましたり慰めあったり、会によって情報が伝わると言う大事な場所で、天城町でも、昭和三十八年大阪市労働会館で近畿天城会の設立が決定……」

島人はタブノキのように異郷に根を張った。記念行事にはその先達の霊魂《マブイ》が挙って参加しているかのような幻覚を覚えたことであった。

95　韓国と東南アジアのタブノキ

朴正煕大統領の軍事政権下で戒厳令が敷かれていた時代に韓国を旅行したことがある。帰国してすぐに博多から唐津の舞鶴城と虹の松原を訪ね、中里太郎右衛門窯に立ち寄り、おくんちの祭の夜を過ごした思い出があるから、昭和四六年の秋だった。高校の同級生で、本郷の下宿屋泰明館の友人の部屋に居候を決め込んでいた畏友、故清原壮一郎君と連れだって韓国を漫遊した。下関から関釜連絡船に乗り、釜山港で税関の開くのを沖待して早朝に船が着岸して、観光案内所で色々な説明を受け、できたての高速道路を使ってバスで京城に行った。当時、韓国はベトナム戦争に派兵していて、ある種の軍事歌謡で、サランヘ（愛してます）という歌が大流行していた。新世界レコードという会社から発売された一枚を買って、東京に戻ってから歌手の加藤登紀子の銀座の事務所に持参して、日本語での吹き込みを提案して売り込んだことがある。明洞の天主教《カトリック》の司教座の教会《カテドラル》に行って、日本に亡命したこともある金寿煥《きむすーはん》枢機卿に面談して、学生を紹介して頂いた。西江大学校《そがんてーはっきょ》の寮に泊まったが、ＹＭＣＡ書店に安重根の掛け軸がかかっていたことを記憶する。市内には日本統治の名残りのように多くの銭湯が残っていた。京城から南下して水原から列車に乗ったりバスに乗ったりで馬山を目指した。名刹華厳寺《ふぁおむさ》のある智異山《ちりさん》の麓の駅の名前が呉《くつれ》で、駅前の旅人宿《よいんすく》（旅館よりもワンランク粗末な宿）に宿を取ったが、警察が観光客の検《あらた》めに深夜に来て、両掌に墨を真っ黒に塗られて指紋を採られた。馬山の手前の峠で、乗り合いの木炭バスがエンストし、乗客が総出で押してエンジンを始動させた。馬山にはまだ工業地帯もなく、日本人学生として珍しがられた。慶州で泊まった旅館の名前は大王旅館《てーわんよーかん》だ。入口が風呂屋の番台みたいになっていて、子守をしながら針仕事をしている女の子が受付だったが、夕日が落ちるとオンドルのために、部屋の後ろに回って練炭に火を点けた。蔚山《うるさん》にはまだ製鉄所もなかったから、今ほど賑わっていない駅前でタクシーを手配して、郊外の華山里《ふぁーさんり》という集落にあった友人の実家を訪問した。韓国の私立の名門高麗大学校《こーれーてーはっきょ》の学生で、後に韓国空軍の将校として智異山のレーダーサイトに勤務しているとの消息を聞いたが、それが最後で以後会ったことはない。旧家で、訪問すると早速墓参りをすることになり、墓は土饅頭の形をしていて、慶州の壮大な古墳ではなくとも、慟哭の対象となるに相応しい堂々たる墳《つか》の形であった。客間に主人の読みかけた文藝春秋の古雑誌が無造作に広げられていた。その蔚山の海岸の沖にある小島の目島《もくどん》に行ったことがあり、目のような形をした椿の花が群生していた。椿は日本の国字で、韓国にはない字だ。韓国の天然記念物の第〇六五号に「蔚山目島の常緑樹林」として指定され、青森の深浦の椿が日本列島の日本海側の北限であるが、朝鮮半島の日本海側の椿の北限が目島となろう。ちなみに朝鮮半島西岸における椿の北限自生地は、仁川市甕津郡の大青島にあり、天然記念物〇六六号に指定されている。

タブノキは日本列島にとどまらず、アジアの全域の海沿に広がる。韓国の天然記念物に指定されたタブノキを纏めて挙げると、天然記念物第一二三号が全羅北道扶安郡の扶安格浦里のタブノキ、第二一九号が全羅南道珍島郡珍島観梅島のタブノキ、第二九九号が慶尚南道南海郡の南海昌善島のタブノキ、第三四四号が慶尚南道統営市の牛島のヤブニッケイとタブノキ、第三四五号が同市の統営楸島のタブノキ、第四八一号が全羅南道長興郡三山里のタブノキである。タブノキの実は天然記念物第二一五号の烏鳩《カラスバト》の餌になる。麗水の梧桐島にもタブノキ林がある。鬱陵島の名物にカボチャ飴があるが、元々はタブノキのエキスが加えられていたという。タブノキは海岸に植わっており、湿度がそれなりに確保されることが必要だから、瀬戸内海では乾燥する海岸にはなくてむしろ内陸の吉備高原に植わっているが、朝鮮半島では大陸性の寒さのせいもあり北部と内陸には育たない。台湾ではタブノキは島全体に生育している。インドシナのラオスあたりではタブノキが植林の対象となっている。タイやベトナムではタブ粉が線香等の原料として使われることからタブノキが乱伐され、今ではラオス産のタブ粉の輸入に依存するようになっているからだ。日本にも一〇〇〇トンくらいのタブノキの粉が輸入されて、南九州の人吉や大隅で生産されている国内のタブ粉を補充している。タブノキの学名は「Machilus Thunbergii」とラテン語で命名されているが、スウェーデン人の植物学者のカール・チュンベリーの名前をとり、それにモルッカ諸島でのタブノキの呼名である **Makilan** をラテン語化したものをくっつけており、インドネシアの広大な島嶼域に自生する。

厚朴《こうぼく》は漢方の生薬である。喘息や胃腸病に効果があるが、モクレン科のホオノキの樹皮を和厚朴、シナホオノキの樹皮を唐《から》厚朴と区別して扱う。朝鮮半島では、クスノキ科のタブノキの樹皮も、薄朴と呼ばれて厚朴代わりの生薬として流通している。

96　ツラン文明と黒潮文明の相性

トルコに行く機会に恵まれた。報道では、イスタンブールや首都アンカラで大規模な反政府デモがあり、衝突して混乱が予想されるとして、心配する向きもあった。国際空港が閉鎖される事態にならない限り日程をとり止めるほどの心配性ではないので、予定通りに、トルコ航空機で成田を出立した。一時間遅れで離陸したが、イスタンブールでの乗り換えも入国管理も全く渋滞はなく、更に一時間の飛行でトルコ南西の町アンタルヤに到着した。実はトルコで一番大きな空港がアンタルヤ空港である。国内線のターミナルに加えて、国際線のターミナルが二つもある大空港だ。その理由はアンタルヤがヨーロッパ有数の保養地で、各国から直接乗り入れる国際線の発着数が多いからだ。ヨーロッパは、日本列島がすっぽり円内にはいるのと同じ大きさだから、東京から北海道や沖縄までの路線を考えれば、ヨーロッパ内で直接都市を結ぶ空路線を設定することが合理的で、トルコの場合であればイスタンブールやアンカラなどの主要都市の空港で接続する方がかえって非効率なのだ。

空港からタクシーでほぼ一時間走り四〇キロの所にある、地中海岸のリゾートホテルに投宿した。大規模な施設で、宿泊棟から海岸までには大小のプールが並び、砂浜にはパラソルが林立し、観光客が日光浴をしている。まるでヨーロッパのハワイのようだ。各国の観光客の好みに応じてホテルの様式もさまざま。私の宿泊したホテルのフロントには、時計がモスクワ時間で表示されていたから、ロシアからの客がお目当てなのだ。食事のメニューはロシア語のほか、英語とドイツ語も書かれていたが、他の言語は付け足し程度。もちろん、日本語の説明は一切なかった。日本人の観光客は歴史探訪が主な目的だから、カッパドキアやイズミール、イスタンブール旅行を目玉として、バスでトルコ全土を走り回っているのが現実であるから、ゆったりとプールの縁で読書する日本人客など、もともと期待もしていない。ホテルが集合している町の名はベレックという新開地で土産物屋が建ち並んでいた。ノルウェーからの避寒客用に建売住宅も軒を連ねている。さながら、米国でニューイングランドから老人夫婦が避寒のために移住するフロリダのような観光地が再現されていた。トルコ政府の関係者が言うには、「トルコ経済が急成長する中で、階層格差よりも地域格差が問題であり、トルコ西部はヨーロッパ並みの経済水準にあるが、東部は開発途上にあり、想像を超える格差がある。その解消が課題だが、トルコの近年の台頭を快く思わない勢力が西欧にあって偏向メディアを使って批判の矛先を向けてくる」のだそうだ。

アゼルバイジャンからの客はロシア語を使わず、これ見よがしにトルコ語を使っていたし、グルジア人はiPadを持ち出して、Facebookで友達申請するから承認してくれと言い、サウジアラビアからの令夫人はトルコで弾圧されたアルメニア人の末裔だったから、民族衣装を着て過去の横暴を咎めるような雰囲気だった。イスラム教徒アルメニア人はサウジに亡命し、キリスト教徒アルメニア人が新大陸に移住したとのことだ。エリア・カザンの映画に『アメリカ・アメリカ』という名作があるが、アルメニア人が米国へ移住する物語である。新ローマ法王がトルコの「アルメニア人虐殺」を批判したと、新聞が第一面で書いていた。リビア人は「カダフィ大佐は七〇年代には英明な指導者だったが、いつしか腐敗して独裁者となり、若者を多数殺害したことが蜂起の原因だ」と解説してくれた。納得のいく話であった。客はアフガニスタン、イラン、イラクからも来る。これらの国はトルコとは切っても切れない関係にある。アラブ首長国連邦やオマーンやカタールも、またエジプトもパレスチナも、レバノンもシリアも、かつてオスマン帝国の領土だった。

ホテルの庭の池に錦鯉が飼われていた。「Koi」とアルファベットで書かれた小さな看板に気づかなければ日本との関係はわからない。不思議なことに蘇鉄がホテルの中庭に植えられ、奇麗に手入れされて林のように茂りあっている。黒潮洗う南島に繁茂する古生代からの植物がトルコ地中海岸の観光ホテルの庭木となっているのである！　蘇鉄はトルコ語でパルミラという。散歩にホテルを出て二キロの場所にあるベレックの町の土産物屋を冷やかしに行った。なんと、そこではタブノキが街路樹になっているではないか！　トルコ語でタブノキの名前は何と言うのか聞いたが、要領を得ないので、わざわざハンバーガー屋に入って鶏肉のカバブを注文しながら、しつこく尋ねたら、紙切れに「Teynel Ağaç」と書いて寄こした。黒潮の浜辺に咲くハマユウが世界に広がっているのと同じように、タブノキも地中海沿岸にまで到達したのだろうか。潮岬で遭難したエルトゥールル号の生存者を戦艦金剛と比叡に乗せて帰国させた際に、紀州の大蘇鉄を株分けしたのだろうかなどとも想像を巡らせたが、ツラン文明と黒潮文明とは相性がよほど良いのだろう。

97　黒潮文明源流域の漂海民

黒潮の源流はフィリピン諸島の東側海域に発する。フィリピンから沖縄まで約一〇〇〇キロの距離があるが、黒潮文明の源を黒潮の発するフィリピン東部海域とその先の多島海にたどることができないだろうか。黒潮は時折り大きく蛇行する。二万年前に流れ始めた黒潮は一万二〇〇〇年前に日本列島に近づいて流れるようになったと言われる。九州の一〇ヶ所以上の遺跡で丸木舟を加工するための石斧が見つかっている。マニラのフィリピン国立博物館にも、パラワン島で発見された全く同じ形状の石斧が展示されている。

ルソン島の北部にポリリョ島があり、今ではマニラから定期便の飛行機が飛ぶ観光地となっているが、昔ながらの丸木舟を使って漁撈をするルマガットという海辺に暮らす人々がいる。ルマガットとは、海から来た民という意味である。ルマガットの祖先のすんでいた海はもっと南の多島海とも称すべきフィリピン南部からボルネオにかけての海域である可能性が高い。そのルマガットが黒潮に乗って沖縄を経由して日本列島や朝鮮半島の沿岸を目指したのか。台湾とフィリピンの諸島とを分かつバシー海峡は荒れる海で有名であるが、バシーとは「境界」を意味する言葉であり、「バシ切る」は境界をはっきりさせることで、日本語の中に隠語として今に残る。バシー海峡にさしかかれば、激流は北上するだけで、二度と元のふるさとに戻れる船旅ではなくなるから、ルマガットの人々にとっては、バシ切る海峡を渡り黒潮に乗ることは、永訣の水杯を酌み交わすことであったろう。

東南アジアでもフィリピンのルソン島からインドネシアのバリ島とを一直線で南北に結ぶ線の東側の海域は世界有数の多島海である。この海域に住む動物がアジア大陸の種と異なることは英国人博物学者A・R・ウォーレスにより発見され、この海域は彼の名にちなんで、ウォーラセアと名付けられている。オーストラリア大陸ともパプアニューギニアとも異なる海域で、ウォーラセアにはオーストラリアとアジアの大陸とを分かつ深い海が太古から横たわっていた。その珊瑚礁の海域に、フィリピンの南西部のスル諸島から、ミンダナオの沿岸、ボルネオ島の北部と東岸、インドネシア東部にかけて、バジャウあるいはバジョとして知られる漂海民がいる。マレー語でペラウまたはビンタと呼ぶ小さな帆船を操り、レパと呼ばれる家船に乗って移動して漁撈をしながら生活を営む人々である。珊瑚礁がない海岸の場合には、河口の辺りなどの浅瀬に杭を打ち込んで建てた木造家屋に住んでいる。ブルネイの首都の海上家屋などは壮観である。最近でこそ、陸上に移り住む者も多くなったが、台風のない海域では、熱帯特有のマラリア蚊がいない海上の方が、清潔で健康にも良いし、涼しくて快適であることもあり、好んで海上に住んでいるのが実態である。ミンダナオでは長年武力紛争があって、多くのバジャウの人々が、フィリピン北部や、ボルネオ側のマレーシアのサバ州やサラワク州に避難したから、サバ州では、全人口の内一三パーセントを構成する第二の集団となっている。バジャウの人々は自分たちのことをサマ人と称している。サマ語を使う人口は一〇〇万人ほどいるのではないかと推定されている。サマ語はフィリピンのサマール島の近辺のアバクノン、ミンダナオのバラギンギ、スル諸島の中央サマ、パングタラン、ヤカン、北ボルネオの南サマ、マプン、西海岸バジャウ、そして、ハルマヘラ、フローレス、スラウェシから、南ボルネオまでのいわゆるインドネシア・バジャウ九言語集団に分類されており、ウォーラセアを中心に広大な海域に居住している。その他にも、タイとビルマの国境のメルギ諸島のモケン、南スマトラとラウト諸島のオランラウトもバジャウとの共通性があり、広い意味では、同じ民族ではないかとの指摘もある。サマといえば海上家屋に定住している人々の呼称で、バジャウといえば舟に乗って生活している人々を指すのであるが、漂海民としてのバジャウは、貧困な生活を想像せざるを得ないから、自らの呼び名としては卑下することになる。バジャウの人々は浅黒い肌をしているのが一般的だが、なかには色白のシヌムルという集団もある。マレーシアのラハダッにはバジャウの家船の集落があるが、イギリスの植民地時代にはマレー人として登録した方が有利であったため、自らをマレー人と考えているバジャウもいる。特にフィリピンから移住してきた人々はマレー人としてマレーシア国籍を取得することを希望する向きが多い。

サマ人は米や芋などの炭水化物を生産しないで漁撈を中心としているから、交易は商業主義の色が強い。田中一村の絵の一幅に、ガジュマルの木の下で糸満の女が集まり「魚を買わないか《ユーコンソラミ》」と呼びかけている構図の絵があるが、バジャウの市場風景も同じだ。スル諸島では一八世紀から一九世紀にかけて王国が栄えたが、その繁栄はナマコやフカヒレなど、支那料理原材料としての商業海産物を大量に採取・販売したことに基づいていた。

98　黒潮文明の平等分配原理

兵庫県福崎に民俗学者柳田國男の生家が残っている。実に小さな家だ。柳田は、日本人の住居の狭さが家庭生活の悲劇を生んできたと主張し、子供の頃に新婚の夫婦がその狭い家に同居していた経験があるらしく、エロスの世界が抑制されることをほのめかしている。柳田が立身出世をして西洋の洋館作りの家に住むようになったり、洋行したりした後の体験から来る比較の上での想像に過ぎないと思うが、確かに、西欧で家庭訪問をすると、主人に、居間はもとより、洗面所から夫婦の寝室まで案内されて面食らうことがある。日本の場合には、せめて床の間の裏の小部屋が夫婦の寝室となり、昼間は布団の置き場になっているようなことがあっても、人様に見せることはしない。だからといって、家庭生活の悲劇の原因になるほどの禁欲主義になっている話は聞かない。

インドネシアの多島海のバジャウの人々のように、住居を狭い家船にする民の経験から判断しても、柳田の仮説を肯んじることはできない。バジャウの家船に乗り合わせたドイツ人女性写真家の観察によれば、客人が、家船の屋根の外の舳先で眠るように配慮すれば、家船の夫婦の睦み合いを邪魔することもない。声は出さないし、動きは穏やかであるから、ほとんど気づくこともなかったと言う。キスもしないし、いざというときになっても、男女が裸で寝ることはしないと報告している。

日本の雪国では、むしろその方が暖かいから、寒い夜には男女が裸になって布団にくるまって寝るという習慣があるが、たとえ情熱がいかに秘められていても、人前では愛情表現をあからさまにしないことがたしなみであり、黒潮文明に共通している。森鷗外の「舞姫」の小説にも、洋の東西の愛情表現の仕方が、ドイツから来訪した若い女性との恋物語の中で描かれているが、日本を含め黒潮文明の場合には、家族の男女の自由が心の中にあることをはっきりさせていて、外部の他者との関係を全く無視する没我の世界をつくることはしない。女の足が纏足になり行動の自由を制してエロスを感じる等の、遊牧民が家畜を扱うような気質は全くないことも指摘しておきたい。

東京の国際都市化が進み、西欧人が都内の公共交通機関の中でも、舞姫のような振る舞いをしている向きがあるが、それは、単なる傍若無人の振る舞いでしかないから、むしろ黒潮文明をそのままにしておこうと考える向きは、さらりと注意することが大切であるかも知れない。江戸仕草のように遠慮深いたしなみも、家船のような狭い空間で調和を保つための生活の知恵を今に伝えている。むしろ、抑制された愛情表現は詩歌の世界にもち込まれた場合に大胆かつ奔放に解放されるのが常である。日本の源流の表現方法は、万葉集から寺山修司に至るまで残る。

三重県の錦では、回遊してくるブリを集落総出で捕獲して、成果を分配する。その持ち分を、「株」と言うが、その原則はやはり、平等に分配することである。筆者は、子供の頃、トビウオ漁から帰ってくる舟の陸揚げを手伝い、魚を一匹二匹貰ったが、子供でも何らかの取り分が想定されていたし、のどかな風景を作るために猫の分け前も考えるような優しさがあった。ブリの「株」の場合にも、居住者の年限の制約があるにしても、単に余所者であるから完全に排除されるわけではなく、共同体の活動に対する貢献に応じて、老若男女の別なく公平である。つまり、黒潮文明における富の分配の方法は、平等が原則ではなかろうか。だから、新自由主義が主張するような、一部の者が富んでもいつかはその富が配分されて、皆が栄えるという思想は、黒潮文明では、国体や共同体の基本原理と合致しない。特に魚の場合には、生で食べるのか加工するのか、自家消費するのかが、迅速に判断されることになる。女達は、頭に盥とはかりを載せて町に魚を売りに駆け出すかどうかの判断を迫られる。黒潮の源流の地にあるバジャウの人々の、漁労を統率する指導者の資質は、漁獲を平等に分配する資質であると、明快に指摘されている。水揚げ高から創業費を差し引いた利益を分配するに当たっては、もちろん船主は、船そのものの経費、燃料・潜水具などの経費を負担しているから、全体で三人分を得ることができるように仕組まれており、魚群探知機がある場合には、更に一人分と追加換算される場合もある。その他、日本の地引網の漁や山地のまたぎの分配なども、平等な分配が原則である。

さて、操業費を融資の対象として、漁獲による生産物の全てを融資元に売らなければならないとする商慣行が持ち込まれた場合に、平等主義の原則が崩壊する。この場合、融資が無利子となっても、買い上げ価格は融資元に有利に設定され操作されることになり、操業費の分担金に対する借金には三割の利子がかかり、船主の取り分であるから、他の漁労者の取り分は、減る仕組みに変質する。支那人の融資元が多島海のバジャウの漁民を収奪する仕組みである。市場原理主義を謳歌して、経営者の給料を大幅に上げ、労働分配率を低下させた、日本の構造改革論の経営手法と同じである。

99　無防備な黒潮の民を狙う陸封勢力

バジャウの人々は、無防備である。海上を漂泊する民は海賊の格好の餌食となる。人間の力を越えたエンジンという動力を装備した船を操る海賊に狙われると、浮きが両方についたトリマランの船形の家船はもともと単胴の舟よりも速い構造であったにしても、櫂をいくら必死に漕いで逃げても、人力の舟は、エンジンで力ずくに走る船にはかなわない。すぐに追いつかれて乗りこまれてしまう。家船はもともと武器を持たないから、父親が木製の櫂を立ててひとり抵抗しても、海賊は拳銃などの小型の武器はもとより、最近では機関銃まで持つようになってきて、また数人の男で構成されるから、勝目はない。珊瑚礁にダイナマイトを投げ込んで、魚貝を一網打尽に捕ってしまう情け容赦のない連中だから、手榴弾すら使う。命乞いをしても全く無視して、海洋民の父親を船縁から海中に投げ込む。ひどく殴られており気でも失っているだろうから、そのまま死んでしまうだけだ。残された家族の母親と乳飲み子がどうするかと言えば、母親が子供を片手に抱いて、海に飛び込む以外にない。島かどこかの海岸の近くでのことであれば、泳ぎ着く可能性もあるし、誰かが殺人事件を見ていて助けに及ぶこともあるかも知れないが、遠くの海上のことであれば、その母子の運命は推して知るべしである。海賊は家船を戦利品のように獲物にして意気揚々と引き揚げていく。無防備とは、絶望の世界でしかない。特筆すべきは、海賊とは、海に生活の拠点を求める海洋民が変身するのではなく、エンジンという近代装備などを入手できる陸を拠点にする連中が攻撃的になって海洋民を根絶やしにせんばかりに収奪をする現代の現象である。フィリピンの多島海では香港や大陸に海産物を輸出する華僑の仲買人が昔から住み着いているが、その子孫が海賊化するのだ。バジャウの海洋民の大半がイスラム教に帰依する敬虔な人々であることは宜《むべ》なるかなで、華僑商売人がバジャウの女を娶って気まま放埒な生活をしているのと好対照をなしている。黒潮の民は外来の民を浜辺で歓迎するほど基本的に無防備であるから、この習性に付けこんで餌食にすべく狙いを定めている陸封の勢力がいることに注意を怠ってはならない。

宮崎の海岸に工作員を上陸させたかと覚しき国籍不明の船が発見されて、海上保安庁の巡視船が追跡して銃撃戦となり、国籍が割れるからこれまでと自沈した北朝鮮高速艇の事件があった。後に引き揚げられて、東京晴海の船の博物館前の広場で展示されたことがあるが、米国のカミンズ社製の異様に大きいエンジンを装備した鋼鉄船だった。

アフリカ東岸ソマリアの海賊が跋扈するようになったのも、旧ソ連時代に革命政権と称する支配がアフリカの角と呼ばれる要衝の地に出現したものの失政により難民を発生させ、後に彼らが海賊に変身したからだ。インド洋を季節風に乗って航海するダウ船を襲って飢えをしのぐばかりか、エンジンや航海機器を入手し大型タンカーまで襲うようになった。その海賊連中がエチオピアになだれ込み、ソロモン王とシバの女王の時代からの王朝を崩壊させたことは記憶に新しい。ハイレシェラシエ皇帝は武器の援助を米国に求めたが拒否され、難民となったエチオピア人が数十万の規模で米国首都ワシントン郊外に居住しているのだが、明日はわが身とならないよう特筆したい。

シアトルに免税団体の本部を置き、日本の捕鯨を目の敵にして調査船に襲いかかるシーシェパードという連中も、やはり陸封の勢力でしかない。前世紀の捕鯨船が太平洋を遊弋して鯨を捕りまくって、鯨油を絞った後の肉は捨てた歴史をも忘れてしまっていることは、西部開拓の延長での太平洋進出を図る連中の横暴である。旧ソ連の航空母艦をスクラップで購入し改修して就役させた件が話題になっているが、インドネシア沖で海賊に乗っ取られた日本の貨物船が珠江デルタで発見された事例のあったことを想起するならば、大陸国家の中古空母の艦隊が多島海の華僑の仲買人の末裔さながらに海賊化して海洋民を襲う可能性は大である。

仏教伝搬後のアジアで広く見られる建造物としての墓をバジャウの人々は今ももたない。一族郎党、血縁の門中を葬る大きな亀甲墓が沖縄で有名だが、これも大陸から新しい時代に伝来した風習だ。南島も日本も古くは風葬だった。死期の迫った老人を息子が背負い定まった珊瑚礁の島に連れて行って置き去りにする。姥捨山ならぬ姥捨島があるのだ。残された親族や家族は死者が来世にも恙なく航海できるよう、船形の飾りなどを拵えて祈る。チベットの山々では鳥葬があるが、海洋民は水葬ではなく風葬と呼ぶべき祭礼を行なう。風葬の跡に朽ちて白骨となった髑髏が残るが、そこを遺族は数年後にちゃんと浚《さら》う。泣きながら塩水で洗い清め、連綿とした先祖との繋がりを確認する。珊瑚礁のお白石と人骨のカルシウムの白とは色が微妙に異なるにしても、本質的には同じである。頬紅色の珊瑚を黒潮の民が珍重するのは、おそらくは血の通う人間の、骨を包む肉の色を思わせるからであろう。

100　黒潮文明と硫黄

石油天然ガス・金属鉱物資源機構の調査船「白嶺」が音波探査をしたところ、徳之島西方七〇キロの海底に新たな火山活動域が発見されたと九月一〇日(平成二五年)に一斉に報道された。オリンピックの東京開催が本決まりとなり、国中が沸き立っている中での報道だから、直径五〇〇メートルの火口状の地形を発見しただけで、そこに熱水を噴出する噴出孔や、特有の深海の貝や生物が発見されたとなれば、レアメタルが存在する可能性があるとして、海底大鉱山の発見でもあったような記事で、景気の良い話題作りであった。これまで、鹿児島の錦江湾の奥の海底にも噴出孔があり、レアメタルの埋蔵が確実視されたことを書き、その噴出孔の名前がしゃれていて、若尊《わかみこ》との名前がつけられていることも紹介した。米国のウッズホール海洋研究所が深海艇を使って、アフリカ大地溝帯で火山活動が活発に行なわれている紅海海底の噴出孔の撮影をしたのは、一九七〇年代の初めのことであったから、それから遅れること四〇年にしてようやく、海底調査船と最新の科学技術の精華を駆使して、自らの国土と周辺海底の探査ができるようになったのは慶賀すべきである。その徳之島の西方六五キロには硫黄鳥島がある。現在も火山活動を続けている無人島であり、今回発見された海底の噴気孔は、その直近にある。硫黄鳥島は北部にある硫黄岳と、南部にあるグスク火山とが接合して一つの山体となっている。硫黄岳は水蒸気を噴出する成層火山であり、グスク火山は中央火口丘として溶岩円頂丘がある二重式の成層火山で、周囲には爆裂火口の跡が残る活火山である。だから、硫黄鳥島の近辺の海底に、火口があるほどの活発な火山活動があっても、何の不思議もない。しかも、霧島や桜島の大火山帯の延長線上にあるとすれば、世界有数の金鉱山である菱刈鉱山などの鉱脈ともつながっている可能性すらあり、さらなる想像をかき立てる要素があるが、新聞の報道はおざなりで、肝心の硫黄鳥島のことには触れていない。

硫黄鳥島は現在の行政区画では沖縄県に所属している。しかし、沖縄とは一九〇キロも離れていて、近場の徳之島を経由しての往来の方が頻繁だった。徳之島の北東に位置する天城岳の麓の松原や平土野の港からは、硫黄鳥島近辺を漁場とする漁民を含めて往来があった。沖縄ではなく、奄美の島々と通婚圏を共有していた。硫黄鳥島は奄美群島の一部でありながら、琉球王国では唯一の硫黄産地であったために、奄美群島が薩摩藩の直轄支配に置かれたときに、支那との朝貢貿易に支障が出ないように、そのまま琉球王国の領土として留め置かれ、明治の廃藩置県の際にも、そのまま沖縄県に帰属することになった。ちなみに徳之島の松原には銅山があり、松原銅山の掘削と硫黄鳥島の硫黄の掘削とは、共通する技術であったことが想像できる。硫黄は、その匂いを毒蛇のハブが避けるとして、徳之島では、家屋敷の周りに、卵の腐ったような匂いのする硫黄を粉にしてふんだんに撒いた。

硫黄は、火薬の原料である。硝石と木炭とを混ぜると爆発的に燃焼することが唐代に発見されたが、それがヨーロッパに伝わったのは、ようやく一三世紀になってからであった。硝石は、山東半島あたりで入手できたが、硫黄は火山の近くでしか入手できないために、東アジアでは、火山活動のある地域、つまり日本列島のその延長線上である南西諸島と遙かにフィリピンからインドネシアの火山地帯でしか入手することのできない希少な資源であった。火薬は宋の時代に大きく爆薬として進歩を遂げることになるが、鍵となる硫黄は大陸にはなく火山列島から入手する以外になかった。本州と九州の活火山はもとより、島では屋久島近くの硫黄島と、硫黄鳥島が重要な生産地であった。支那で火薬は発明されたものの、原料の三要素の一つは、黒潮が岸辺を洗う火山島でしか調達できなかったのである。東シナ海側の二つの硫黄島が代表となり、南シナ海側ではフィリピンのルソン島のピナツボ火山等の大規模な火山地帯で採集する以外になかった。硫黄は付木《ちきぎ》としても使われた。付木とは楊子の先に硫黄を塗ったもので、今のマッチに近い。火打ち石で熱してから炎を取り出すためには、硫黄が便利である。西欧でマッチを専売品とする国があるのも硫黄の希少性と利便性が原因である。硫黄は殺菌力があるので、特に、皮膚病、リウマチ、呼吸器系疾患に効く薬として使われた。南蛮《なんばん》とよばれた梅毒にも効くとされて珍重された。漂白剤や防虫剤としても使われた。蚊取り線香が普及する以前には、蚊を追い払うためにも使われた。硫黄鳥島からの硫黄は琉球王朝の資金源となり、一七世紀以降は薩摩藩が背後から間接支配した。那覇の港にあった硫黄城《ゆわぐしく》は硫黄鳥島から運ばれてきた硫黄を集積した場所の名前だ。硫黄鳥島での採掘は大東亜戦争後も行なわれたが、昭和三四年に噴火を恐れて島民が久米島へ移住し昭和四二年に大噴火があって無人島となり、終わった。久米島の「鳥島《とぅいしま》」集落には硫黄鳥島からの移住者の末裔が住む。

101　黒潮文明と硫黄の道

奄美群島と琉球王国との関係に触れながら硫黄鳥島について詳述したが、薩摩の硫黄島のことは触れずじまいだった。ところが、歴史関係図書出版が専門の山川出版社から日本史リブレット『日宋貿易と「硫黄の道」』（山内普次著）が、発行されていることを知った。神田の大手書店の店頭にも置いていなかったので、版元に直接注文して入手した。硫黄鳥島の位置を示す地図と上空からの全景と火口の写真を掲載し、「また、一五世紀前半に沖縄に成立した琉球王国からも、その領域内の『硫黄鳥島』で産出される硫黄が中国に向けて大量に輸出され、やはり火薬原料として消費されていた」とまとめている。日本の古代・中世の硫黄主産地だった薩摩の硫黄島に多角的な検討を加えている良書である。まず、日宋貿易において、日本からの輸出品としての金に注目が集まりすぎて過大評価されているために、硫黄貿易のアジアないしは世界史的な意義づけの追求が疎かになっていると指摘している。近年、江戸時代中期の菱垣廻船を復原して航行実験をしたら、船のバラスト重量が総重量の三八パーセントにも及ぶものでなければ安全に航行できないことが分かったので、底荷という観点から、沈船より発見される大量の宋(銅)銭もバラストだったと結論づけ、金が大量に流出したとの説は誤りであり、「日本の金を大量に積み込んだ中国商船が盛んに往来していたというような歴史像はとても描けない」としている。

日本から支那への硫黄の輸出が開始されたのは一〇世紀末だが、宋の時代に至って、火薬兵器の原料としての軍事需要が急増した。遣隋使や遣唐使の時代の史料にも、硫黄の記述は見当たらない。宋が何故わざわざ日本の列島から硫黄を輸入したかという理由については、宋の版図に火山がないこと、チベット、雲南、海南島、満洲などに火山群が僅かながらあったにしても、領域内に火山帯が存在しないことを理由に挙げている。火薬のもう一つの原料である硝石は、四川、山西、山東と、支那には豊富に産出する。一〇八四年に、宋による日本産硫黄の大量買い付け計画があり、「これは当時の西夏との戦闘の中で緊急配備されることになった火薬兵器原料の調達を図ったものであると推定される。その買い付け計画は実行に移され、その使命をおびた五組の海商集団からなる船団が日本に来航したと考えるのである」としているのは興味深い。火薬技術と原料の流出防止の為に、硫黄の私的な取引は一切禁止している。この国家管理は、明の王朝も引き継いだ。

同書は、「日本の主な硫黄鉱山」と題する国内の硫黄鉱山地図を一葉掲載しているが、北海道には斜里、後佐登、幌別の地名があり、渡島半島に鉱山の▲マークを集中させている。東北地方では、松尾、蔵王、沼尻、那須、白根の地名が載せられ、富山県の東部の小川温泉のあたりにも▲印を一つ付けているが、中部地方にも、近畿にも中国にも四国にも硫黄鉱山の印は一つもない。日本列島の中心は硫黄の空白地帯となっている。富士山も硫黄を産出しない。九州の九重山、霧島、そして硫黄島に▲印を付けている。硫黄島は、朝鮮や支那の史料にもその名が頻出する。筆者は、硫黄が薩摩の国力の源泉であり、琉球侵攻と硫黄鳥島を琉球の版図に留めおいた理由を想像する。最盛期の昭和三〇年代には、精錬硫黄一万トンを産出したが、石油精製の過程で産出する硫黄に押され、東京オリンピックの年に閉山した。平家物語と硫黄島の関係についての解説も興味深い。平家物語は、当時の硫黄貿易の状況を探るための重要な手がかりを記述した資料であり、硫黄島と九州本土とを結ぶ航路が薩摩のみで完結することなく、肥前から博多の港を経由して、瀬戸内海とも連絡していることを読み取っている。硫黄は、博多の港から宋の海商によって輸出されたと想定され、杭州あるいは明州などの港で課税された上で需要に供された。朝鮮半島には、北部に白頭山を主峰とする火山帯があるのみで、済州島と鬱陵島を除き、火山はないから、硫黄の産出は極々限られていた。高麗王朝の末期、即ち一四世紀以降は、硫黄の輸入はほとんど日本からであった。

東南アジアと内陸アジアの硫黄流通については、ジャワ島のイジェン火山では、今なお人力で硫黄採集をしていることを紹介している。フィリピンとインドネシアの列島に大火山帯が集中するからだ。筆者は、チャンパやカンボジアやマレーのイスラム教徒が硫黄や火薬技術を、インド洋や紅海を越えて西方へ伝搬させた可能性を想像する。鄭和はアフリカのマリンディまで航海している。ダウ船とアラブのシンドバッドが、北東アフリカにかけての大火山帯から硫黄をペルシア湾のキーシ島に運び、そこからインドに輸出して、その代わりに陶磁器を大量に持ち帰った「海のシルクロード」を成立させていたことは間違いない。東京の出光美術館はエジプトで発掘された支那や日本の陶磁片のコレクションを所蔵する。イスタンブールのトプカピ宮殿所蔵の景徳鎮も著名である。

102　奄美群島日本復帰六〇周年

天皇皇后両陛下をお迎えして、平成一五年一一月一六日に鹿児島県主催で名瀬市で開催された「奄美群島日本復帰五〇周年記念式典」の模様を「黒潮洗う大日本の島々に神は宿る」と題し黒潮文明論を書き始めた。まず「奄美の本土復帰運動は、民族自決運動で、異民族支配に対する抵抗であったことは疑いの余地がない」とも書いた。それから一〇年が経って、東京奄美会主催の奄美群島日本復帰六〇周年の総会・祝賀会と記念式典・文化芸能祭が一〇月六日に渋谷公会堂であった。パンフレットに「時を超えておもいは繋がる！」と、歴史的な民族運動の意義を再確認して、先人の不屈の魂と郷土愛さらには愛国心に敬意を捧げる趣旨が大書されていた。裏表紙は奄美に航空路線を展開していた東亜国内航空を合併した日本航空の新鋭機のグラビア写真を掲げた広告で、表紙裏は医療法人徳洲会の広告で、徳田虎雄理事長の愛郷無限と題する挨拶が載り、国内に六六病院(一万八三一七病床)、介護福祉施設四三〇を展開し、ブルガリアとブラジルに開院し、一六ヶ国に人工透析センターを開設したことを紹介し、「徳洲会の原点は奄美群島にあります。これからも島の皆様とともに歩みを続けてまいります」と、奄美にある三八の施設を一覧表で掲げていた。

奄美復帰運動の父である泉芳朗先生の「島」という詩がある。

私は　島を愛する　黒潮に洗い流された南太平洋のこの一点の島を
一点だから淋しい　淋しいけれども　消え込んではならない

それは創世の大昔そのままの根をかっちりと海底に張っている
しぶきをかけられて　北風にふきさらされても　雨あられに打たれても
春夏秋冬一枚の緑衣をまとったまま　じっと荒海のただ中に突っ立っている
ある夜は　かすかな燈台の波明りに沈み　ある日は　底知れぬ青空をその上に張りつめ
時に思い余ってまっかな花や実を野山にいろどる
そして人々は久しい愍《あわれ》みの歴史の頁々に
かなしく　美しい恋や苦悩のうたを捧げて来た
わたしはこの島を愛する　南太平洋の一点　北半球の一点
ああ　そして世界史のこの一点
わたしはこの一点を愛する　毅然と　己の力一ぱいで黒潮に挑んでいるこの島を
それは二十万の私　私たちの島
わたしはここに生きつがなくてはならない人間の燈台を探ねて

泉芳朗先生は明治三八年徳之島の面縄に生まれ、鹿児島第二師範学校を卒業、奄美大島の赤木名、古仁屋、徳之島の面縄の各小学校で勤務する。昭和三年に上京、小学校の教員を続けながら詩作に励む。昭和一二年に帰郷して、伊仙、神之嶺小学校に勤務。昭和二六年に奄美大島日本復帰協議会を結成して議長に就任、群島民の九九％が署名するという署名運動や断食運動の先頭に立った。昭和二七年には名瀬市長に就任している。昭和二八年一二月に復帰を勝ち取ったが、非暴力を貫いている。昭和三四年に詩集刊行のために上京するも、五四才の若さで死去した。没後、詩友が出版した『泉芳朗詩集』は稀覯本となり、古本で一万四〇〇〇〇円もの値がつけられている。復帰六〇周年記念出版として、泉芳朗の実像を甦らせるかのように、鹿児島市の南方新社から復刻版が刊行された。内容は、Ⅰ詩一六編　Ⅱ詩二六編　Ⅲ詩一〇編「オ天道サマハ逃ゲテユク」抄　詩一〇編「赭土にうたふ」抄　詩九編「光は濡れてゐる」抄Ⅳ詩論八編　付録「泉芳朗の人間と文学」(知人三〇人による寄稿)である。

式典では大島高校吹奏楽部の演奏で国歌が斉唱され、日本復帰の歌が唄われた。文化芸能祭の冒頭では作詞村山家國、作曲山田耕筰の「朝は明けたり」の歌を、島岡稔、元野景一、泉成勲、向井俊郎、田向美春の各氏が唄った。小学六年生の頃、「朝は明けたり」の曲と詞が異民族支配から解放された喜びを噛みしめるよう鼓舞したのだろうか。

くれないのこころにまもり まもり来し 日のもとの旗 日のみはた
今ぞ我が手に 島山の 朝は明けたり さえぎるものなく 朝は明けたり さえぎるものなく
やつ年を こころに懲りて よびて来し はらからの國 日のもとよ 今ぞあきらに くにたみの
みちはとほれり あまみの島ねに みちはとほれり あまみの島ねに 三千歳の 國たみごころ
めぐり来し あらたなる日の この思い 今ぞひとつに あひ起たむ
ときはいたれり 日のまるさやかに ときはいたれり 日のまるさやかに
くろ潮の うなばら北に さだまれる はらからの島 さきはいは
今ぞあまみに 國たての 朝はあけたり こぞりてたたなむ
朝はあけたり こぞりてたたなむ

「朝だ 奄美の朝だ 日に焼けた君らの胸に 盛り上がる復興の熱 そうだ そうだみんなの汗で 生みだそう明るい奄美」という行進曲調の歌が筆者の耳底には今も残るが、もう誰も知らない。大相撲に一五人も奄美からの力士がいて、九人が登壇して相撲甚句を披露した。島唄があり、三沢あけみが「島のブルース」を歌い、艶やかな紬の男女が歌遊びをして見せた。

103 南方の海の人

黒潮文明は、微妙に変形しつつ、朝鮮半島の沿岸にタブノキの林として、あるいは、伝統工芸の螺鈿細工の夜光貝の貝殻の輝きとして入り込んでいることを指摘した。朝鮮半島の沿岸に点々と残る(沖縄の御嶽《うたき》に相当する)堂《タン》の司祭になると、女のシャーマンでなく、いつしか男が司祭する役割になっていることも紹介した。高句麗では、南方からの民である灌奴部が有力な五部族の一つとなっている。灌奴部は、黒潮に乗って、ひとまず済州島に定着して南方から移り住んできた人々が、鴨緑江や洛東江の川筋から朝鮮半島に入り込んで行ったのだ。殷の時代の南方という呼び名が既に、馬、牛、犬、凧、鳥などの動物の名前をかぶせた有力な種族と並んで、南洋からの種族を大括りする名称として存在していた。高句麗の以前の扶余国には、南方の種族がいた気配はない。黒潮文明が国を構成する有力な要素として登場するのは高句麗になってからであり、しかも、鴨緑江や洛東江から回り込むようにしているのは、大陸内部の騎馬民族の支配が強烈で、造船が行なわれ、船を操ることが必要な時代になってようやく、黒潮文明の種族として重要になっていった背景が伺える。朝鮮半島の南部では女性がシャーマンの役割を公式にすることはなく、儒教による徹底した男尊女卑社会になって行ったから、現代に至って住民の反発も激しく、外来のキリスト教が急速に普及して、しかも、熱狂に心身を浸す米国南部の福音派の教会が圧倒的になり、信徒は教会を回ってムーダンならぬ牧師のお告げを聞きに行くかの如き観を呈している。霊歌《ゴスペル》は魂を激しく揺さぶっている。

済州島四・三事件は、昭和二三年四月三日、済州島で起こった武装蜂起にともない、南朝鮮国防警備隊、韓国軍、韓国警察、朝鮮半島本土の右翼青年団などが昭和二九年九月二一日までの期間に起こした島民虐殺事件である。事件に南朝鮮労働党が関与しているとして、政府軍・警察による粛清を行ない、島民の五人に一人、六万人が虐殺され、村の七割が焼かれた。島民の蜂起に対して、韓国本土から鎮圧するために陸軍が派遣され、政府に反抗した部隊による反乱が生じ(麗水・順天事件)韓国本土でも戦闘が行なわれた。島民の処刑・粛清は大韓民国成立後も継続して行なわれた。韓国では、責任の追及が公的になされず、事件を語ることがタブー視されてきたため、事件の詳細は未だに解明されていないが、日本では、金石範著『火山島』などによって、その概要は知られていた。二〇〇三年に至って、盧武鉉韓国大統領は謝罪したが、それまで情報操作が行なわれ、日本軍による虐殺説まで流されたことがあったと言う。朝鮮半島における黒潮文明が色濃く残っている済州島の島民は、陸封の王朝と政府から、激しい差別と弾圧の対象になっていたのであるが、現在は、韓国の経済発展が著しく、交通通信の発達とともに、その感覚は薄まっているとされる。日本に帰化した拓殖大学の呉善花教授は済州島の出身だが、韓国政府が教授の入国を拒否する事件が発生している。済州島民に対する特別な感覚がまだ残っている可能性があるのではないか。大統領選挙の得票率を見ると、全羅道と慶尚道では対照的な結果になっており、依然として地域対立が残り、それが与党野党の政治基盤となっていることが伺える。奄美群島復帰六〇周年のことを書いたが、復帰運動が外国占領軍に対して非暴力を貫いたことも、済州島の悲劇と比べて特筆して良いし、日本でも実行されようとした武装蜂起路線、たとえば、山村工作隊に見られるような国際共産主義運動では、とても奄美と沖縄の祖国復帰は達成されなかったのではないか、などとつらつら考えることである。

南の字は、朝鮮語でNamと読み、漢音ではNanであるが、日本語になるとm音とn音とが両方とも欠落してしまってNaになり、万葉仮名としては那、奈、奈、難などと表記される。南を大陸では奴という文字でも表現している。日本のあちらこちらに那珂、那賀、那加、名嘉、奈賀、名賀の地名があるが、ナが南か波かの意味であり、カが殷の時代に種族を意味した「加」の訓であれば、いずれも南方の海の人という意味になる。サンスクリットのナーガ、すなわち蛇の意味が、二重に付け加えられている可能性もある。徳島県の海部《あま》郡は、昔は那賀郡と言っていたが、そこには、海部郷があり、その隣に良人郷があった。良人をナヒトと訓んでいる。阿波国風土記逸文に、「阿波の国の風土記に云はく、奈佐の浦。奈佐という由は、その浦の波の音、やむ時なし。依りて奈佐という。海部は波をば奈と云ふ」とあるように、海人は波をナと言った。ナは、波や南と共通していることになる。

ちなみに、先述の朝鮮半島の全羅道の主邑である羅州はナチューと発音する。朝鮮半島南部の大河である洛東江の洛は、ラクではなくナクと発音している。日本の川や地域の名前となっているナカ、那珂に通じる音なのではないだろうか。茨城には那珂川、徳島に那賀川がある。埼玉と東京を貫流する中川もある。

104　文明論的北方の視座

富山県が、環日本海の諸国と連携を図り、その中心都市となる構想を思いついたらしく、北の方角を下にして富山を地図の中心に据えるべく、南北を逆にした環日本海の地図を製作した。南半球に位置するオーストラリアが、いつも地球儀の下部にあるダウンアンダーの国ではなく、南極の地軸を上にすると地図の上部に印刷される。南を上にした地図を製作して、土産物屋などで販売している。確かに、日本列島から大陸を眺めるのと、シベリアから日本列島を眺めるのでは、およそ考え方が異なってくるから、興味深い。北から見ると、環日本海のロシア沿岸に、ウラジオストックが扇の要の場所にある。日本列島側で、富山の伏木港がその対置になっている。日本海に留まらず、ロシアの船舶がウラジオストックから出港して太平洋に抜けるためには、対馬海峡はもとより、津軽海峡と宗谷海峡を抜けなければならず、日本列島が大きく立ちはだかっている。日露の関係が良好であれば、いずれも国際海峡であるから、何ら問題は発生しないだろう。ロシアがウラジオストックの不凍港を完成させた時には、日露関係が平和裡に推移することを前提として、駿河台のニコライ堂の鐘が平和を鳴り響かせるかのように、樺太と千島列島とを平和的に交換したはずだったのではないだろうか。後に樺太に石油や天然ガスの資源が見つかったから結果はロシア側に有利になったにせよ、少なくとも当時は、漁業の観点からは千島列島の方が大切であったから、ロシア側は、その点からも領土交渉に鷹揚であったことが想像される。ウラジオストックはヴラジ・ヴォストクで「東方征服」の意味であるから、シベリア鉄道の終点となり、そこでユーラシアの大帝国としてのロシアの終端ができたと考えたらしいことは、日本との友好関係が永続できることを前提とした戦略をとっていた可能性はある。しかし、大艦隊をヨーロッパから、アジアに移動させて本当にヴラジ・ヴォストクの艦隊となる直前に、日英同盟の下で最新鋭の無線技術等を装備した日本の連合艦隊に迎撃された。こうしてロシア帝国の滅亡と革命の引金が引かれた。

ソルジェニツィンが米国に亡命して、ハーバード大学の卒業式で講演したことがあったが、米国の雰囲気よりもパリのカテドラルの方が似合うとした発言もあったことを思い出す。ニコライ・ベルジャーエフの全集が日本語に翻訳され広く読まれたのもその頃だったか。アンドレ・アマルリク氏は、ボストン郊外ケンブリッジの町に夫人共々亡命生活を送っていたが、ハーパーズ社から、オーウェルの『一九八四』の題名をもじってソ連が一九八四年まで生き延びるかどうかの議論を展開する単行本を出版し話題となった。同氏がシベリア追放になった時の収容所は、カムチャッカのマガダンにあったと聞いた時に、ロシアにとって戦略的に最重要な場所は、ウラジオストックではなく、むしろマガダンであったことを想像して然るべきであったが、筆者にその想像力はなかった。

不凍港でありながら、艦艇行動の制約を受けるウラジオストックよりも、地理的に北米に最も近く、しかも日本から奪取した千島列島に入口を守られて、米国艦隊の侵入が困難となったオホーツク海の海底深くに大陸間弾道弾を搭載した原子力潜水艦を配置することにより、米ソの恐怖の均衡を保つことにソ連は成功した。マガダンの地位が既に日本海の不凍港たるウラジオストックの地位を凌駕していることを、アマルリク氏の流刑地がマガダンであることが見事に象徴していたのだ。後に大韓航空の旅客機がソ連の戦闘機によって撃墜される事件が発生したが、これも日本海というよりはオホーツク海がソ連原子力潜水艦が潜伏する米ソ対立のなかでの最も戦略的に重要な海域であることから、ソ連空軍が遠慮手加減することなく民間航空機を撃墜した可能性を想像させる。

現在の日本政府の北方領土についてのロシアに対する要求は、択捉国後は千島列島に含まれないから、歯舞色丹だけではなく四島を返還せよとの要求だが、樺太については、日露戦争の結果として南樺太の領有権を日本が取得したのだから放棄することがあったにしても、カムチャッカ半島までの千島列島は平和裡に日本領になったことであり、サンフランシスコ講和条約で放棄させられたこと自体が不明である。説得力のない四島に限定した領土要求が戦後日本政府の要求になっているが、これは、サンフランシスコで千島列島をソ連に引き渡しオホーツク海の完全支配を容認することで逆にウラジオストックのソ連海軍の行動を制約できると考えていたと見るのは、穿ち過ぎであろうか。当時はノーチラス号建造を間近にして原子力潜水艦の技術がロシアを凌駕しており、北極海を含めて長期にわたって潜行する技術が圧倒的であると考えられ、係争もなく日本領であった千島列島をスターリンに差し出すことにためらいのなかったことは、満洲国を難なくコミンテルンの影響下にあった中国共産党に差し出したことと軌を一にしている。米ソ蜜月の名残りが講和条約に残っている。

105 「環日本海・東アジア諸国図」の特徴

富山県が作った地図には「環日本海・東アジア諸国図」と標題がついているが、日本海ばかりではなく、渤海、黄海、東支那海、沿海も掲載されているのが特徴である。樺太全島を掲載し、オホーツク海は南部だけにとどめ、千島列島は得撫《ウルップ》、新知《シムシル》、計吐夷《ケイト》までを載せる。台湾島全島が載り、ルソン島の北端は、バシー海峡とともに、地図の右端に顔を出す程度だ。富山からほぼ二七〇〇キロの距離になる香港と澳門の特別区が地図の右端になっているから、海南島は載っていない。富山の地図は南支那海には無関心なのである。黒竜江と烏蘇里江の大平原、満洲の大平原、黄河と揚子江の大平原が緑色に彩色されている。黒竜江省北部のシベリア側をユダヤ自治州と明示している。満洲とモンゴルの台地とを画する大興安嶺山脈は茶色に塗られ、真横に走る作図になっている。北京は、渤海に突き出す興安嶺の支線の山陰に位置させている。渤海湾の奥にある天津が、北京の港の役割を果たしていることがわかる。北京から、内モンゴル自治区は至近の距離だ。フホホトや大同、最近騒ぎのあった山西省の州都の太原も、地図上では茶色に塗られた地域にある。北京はもともとは清朝の都であった。紫禁城は漢民族の世界ではない。支那の大陸は緑なす平野と、茶色のはげ山とにくっきりと分かれていることがよくわかる。渤海も、黄海も浅い海だし、東支那海も大半は浅い。渤海には、遼東湾、莱州湾、渤海湾と三つの湾がある。遼東半島には、旅順、大連の良港があるが、富山の地図では、満洲の鉄道がハルピンに向かって真横に延びて、その先でシベリア鉄道に繋がることがわかるように作図されている。日本海は比較的に深いからほとんどが淡青色に塗られ、朝鮮半島右側はほとんどが浅い海として白く塗られているから、そのコントラストがはっきりしている。奄美と沖縄、宮古、八重山、与那国の南西諸島の地図の下部で、東支那海はようやく淡青色になるが、その深みを黒潮が流れているのだ。富山の地図の中央に、朝鮮半島が位置するが、鉞のように日本列島に突き出し、日本海と東支那海とを区分けするかのようだ。海水の温度の比較はわからないが、済州島の海女は朝鮮半島の東海岸や山東半島に出漁したり、日本の伊勢志摩には出稼ぎに往来したが、日本海には出漁しなかったという。何か自然環境が異なるなど大きな理由があったことを想像させる。日本海にある竹島の問題にせよ、磯での漁の方法等を科学的に調査すれば、いずれの帰属か判断できる契機が見つかるのではないだろうか。もともと海女の漁業は、魏志倭人伝に書かれた通りだとすれば、浅海である東支那海に屹立する済州島は日本列島と黒潮で繋がった同一文明圏だった。

田中角栄首相に突っ込まれて周恩来は棚上げ論で逃げたが、いざ天然資源が埋蔵されていると国際機関が発表すると、とってつけたように尖閣列島の領有権を支那は主張するようになった。富山県作成の地図を眺めると、富山から青島までの距離は約一五〇〇キロ。これは富山から那覇、または大連までの距離より少し遠い。北京から九州の方が遙かに近く、沖縄は富山より遠い所にあるのだ。沖縄の真西にある支那南海の勝地は福州である。福州から真横に航海すれば、黒潮の流れに乗って、那覇に楽に着ける。台湾沖の綿花嶼と膨佳嶼も地図に掲載されている。その先に、黒潮を先導するように尖閣列島があり、海の色が変わり、順潮に乗ってまもなく旅の終わりを告げることがわかる。尖閣の尾嶼《びし》で祈る。行きは良いよい、帰りは怖い。那覇から出港してまともに福州に帰ろうとすると、黒潮は逆潮になるから、自然、船は寧波、舟山列島あたりを目指すことになる。また、上海や寧波から琉球に渡航するのは、海中の大河、黒潮を横切ることを考えれば至難の業であるから、寧波はむしろ九州向けの港であったろう。鑑真和尚が難破して薩摩半島南端の坊津に流れ着いたのも当然である。ちなみに、唐の都の長安、今の西安が緯度では、奈良の都とほとんど同じ緯度に位置しているのは偶然であるはずはない。航海の技術が不足するなどしていて、朝鮮半島沿いに船を進めるのであれば、日本列島との中間にある済州島にまず立ち寄るか、あるいは洛東江に船を寄せ、そこから壱岐、対馬と島伝いに航海して、九州北部に上陸することを目的とすることになる。種子島、屋久島まではともかく、トカラ以南の島々に、殊に大陸の北方から旅することは困難至極で、無理難題であった。台湾島ですら化外の地としたのは、要するに交通手段に限界があり、支配を及ぼすことが実際にできなかったことを示している。琉球王国は大陸の帝国に朝貢して、薩摩の間接統治になってからも朝貢を続けているが、北京から来た使節の数よりも、那覇から出かけた使節の数が圧倒的に多かったのは、陸封の帝国と比べて黒潮の民が東支那海を駆け巡る優れた航海術をもち、波濤を越える外航船の運用能力があったからだ。西郷隆盛は二度も奄美に遠島になったが、東支那海をわが庭とするかの如く薩摩に渡海し、江戸に上って維新の立役者となった。

106　各国が領有を相争う黒潮の海

種子島と屋久島は九州に属するが、その先のトカラ、奄美、沖縄、宮古、与那国島を含む八重山までの島の連なりは、黒潮が東支那海から弓形に切り取ったような形で、琉球弧と美しい名前がついた亜熱帯の景勝地である。黒潮は実に瑠璃色に流れて、大陸からの直接の攻勢から防禦している。富山県製作の上下逆さの地図からでも、山東半島の青島の北海艦隊も、寧波を母港とする東海艦隊も、太平洋に進出するためには琉球弧の海峡を抜けなければならない困難があることが容易に分かる。富山県の地図には南支那の三分の一の海岸線は載っていないから、黒潮の源流域に世界最大の環礁がいくつもあり、海中に火山が屹立し海溝が横たわっていることは想像できない。

黒潮は台湾島と与那国島の間を通過して東支那海に入る。その源流はどこにあるだろうか。パプアニューギニアから流れ出て、ルソン島にぶつかり、フィリピンの東部を北に流れる海流が黒潮源流の一つであるが、南支那海からバシー海峡を流れ東に抜ける海流と合流して勢いを増す。台湾島とルソン島との間にあるバシー海峡は、地面に亀裂が入ったような深い海峡である。太平洋戦争中、深く潜行した潜水艦が日本船舶を魚雷の餌食にして海の藻屑にした。バシー海峡は南支那海の海水の干満を太平洋に吐出させる。日本海の干満が、津軽海峡で潮を太平洋に東流させているのと同様である。さらに、バシー海峡の深さはルソン島の北西のマニラ海溝へと繋がる。南支那海も東支那海と同様、大陸側は僅かに二〇〇メートルほどの浅海であるが、フィリピン西側には何と四〇〇〇メートルにも達する深い海溝がある。琉球弧の場合にも、硫黄鳥島や西表島の北に海底火山があったが、フィリピンの場合には、もっと大規模な火山帯となっている。ルソン島南部に壮大なカルデラがあり、その火山帯は四〇〇〇メートルの深海にそそり立つ海山を南支那海で造り、その頂上に珊瑚礁を発達させ、暗礁を無数に造っている。平地のある島がほとんど無いため、漁撈の対象でしかなく、黒潮の民が各地から出漁して、真珠や珊瑚の採集に入り会っていた海域であった。沖縄の島々から出漁することも珍しくなかった。東京帝国大学を卒業し県知事になった西銘《にしめ》順治氏は、南支那海に糸満の魚獲人《ゆーとぅいちゅ》出漁した経験と、珊瑚礁の島《まーりしま》には私有地がなく総有であることを回想している。南支那海は海底図を見るまでもなく、フィリピン側に深い海盆となっている。ボルネオ島の側からインドシナ半島沖にかけては急激な浅瀬となっており、フィリピンからセレベスにかけては、バジャウの漂海民が居住する海域であるが、ブルネイの首都や東マレーシアと呼ばれるようになったボルネオ島の西側にも、海上に杭を打って家屋を建てて快適に生活する源流黒潮の漂海民が数多く居住している。

南支那海は世界交通の大動脈であり、何と世界の原油の半分が油槽船で運ばれてここを通過している。特に日本の場合には、万一この交通の要衝が通れなくなり、代わりにロンボク海峡を通ってフィリピン東海域に油槽船を回すと仮定すると、三日間の航程が余計になり、ましてや、豪州の南を迂回するようなことになれば、二週間は余計な時間の航海を強いられる。南支那海の海底鉱物資源、特に石油や天然ガスの資源発掘の可能性が指摘されるようになってから、尖閣諸島の場合と同様に、支那の新しい帝国主義の主張が顕著となっている。また、南支那海のすべての島の領有権を主張するようになって、領海法という無法を設定してからもう一〇年以上が経っている。

東沙諸島は支那・台湾間で争われているが、日本はもともと大陸に帰属することを認めていた。香港から二〇〇キロほど離れているが、現在は台湾が実効支配している。中沙諸島は南北約七四〇キロ、東西約四三〇キロの海域を占め、マックルズフィールド堆とも呼ばれる。満潮時にも海面上に露出するのはスカボロー礁のみで、島と言うのも憚られる程だが、海域は広大だ。海底に石油や天然ガスの埋蔵が想定されると、俄に支那が軍事力を展開してフィリピンと対峙している。西沙諸島は一九七四年からすべての島が支那の実効支配下にあり、港や港湾施設などを続々と建設し既成事実化を進めている。南沙諸島はフィリピンのパラワン島の西に位置して南支那海で一番島の数が多い諸島であるが、領有権を七ヶ国が主張している。昭和一三年日本が領有権を主張し敗戦まで台湾の高雄市の一部として新南群島と命名したこともある。一番大きな太平島は台湾が実効支配し、一五〇〇メートルの滑走路をもつ飛行場を建設している。ヴェトナムが実効支配している島の数が多い背景には、かつてインド洋からの海洋民族が建てたチャンパ王国と呼ばれる国がカムラン湾あたりにあり、南支那海を自由に往来した歴史がある。支那、ヴェトナム、マレーシア、フィリピンと入り乱れた実効支配の下にあるが、海南島対岸の広東省湛江を基地とする支那南海艦隊は、バシー海峡を出ずに南支那海を陸封の内海にしようと目論む兵力である。

107　与那国島よりスンダランドを望む

デイビッド・リーンの映画は、冒頭に雄大な景色を撮影して大作のテーマを印象づける。『ライアンの娘』は、アイルランドの白亜の海壁をまず空撮して、近くの岬の上で両手を広げる娘を大写しにして迫力を出しているし、『アラビアのロレンス』では、砂山の先をカメラが辿っていくと、突然大型貨物船が登場して、スエズ運河が画面一杯に広がり、砂漠の中を船が横切るように航行する構成で、圧倒する大画面にしている。『インドへの道』のカシミールの美しい山嶺の描写は原作フォースターの文章を越えて心に残る。

筆者は黒潮文明論を反芻するために、一二月の下旬に久しぶりに与那国島に一泊の小旅行を東京から敢行したが、石垣から与那国島への飛行ではリーンの映画のようなパノラマが展開した。那覇から石垣空港までは、ボーイングの737で快適に洋上飛行する。石垣空港は移設されて滑走路を延長したから、旧空港のようにブレーキのきしみ音を引きずりながら着陸して、滑走路の端でようやく停止する危なっかしさは気配もない。ボンバルディア社の小型高翼のプロペラ機に乗り換えて、難なく離陸して与那国島に向かうが、冬の季節風を横風にして、西表島の上空を小刻みに揺れながら飛行する。完全に白色以外に何一つ見えない雲海の中である。雲の上に翼の端が出たかと思うとすぐに下降を始める。島の北側の海岸線に沿うように飛ぶ頃に視界が開けて、東端の高台にある灯台が見える。灯台の周囲は絶壁となっていて、北側の海岸に珊瑚礁がへばりつくように少しばかりあり、そこに白波が砕けているのが見える。石垣のようにコバルトブルーの大珊瑚礁地帯があるわけではないから、観光地としての魅力は乏しい。飛行機は、島の西の端まで飛んでから旋回して南側から侵入して着陸した。与那国空港も滑走路を延長したから、ボーイングの737型機くらいは那覇から直行させることも可能だろうが、採算を考えて石垣空港乗り換えの小型プロペラ機で中継して運航しているのだろう。空港の食堂には、年に僅かに数回与那国島から遠望できる、台湾の三〇〇〇メートルの山々が屏風のように連なっている写真が張り出してあった。それこそ、リーンの映画のような景色であるが、今回も霧と雲が晴れることはなく、現実の雄大な眺望は開けなかった。防空識別圏は領土とは関係ないが、島の半分が台湾の防空識別圏に入っていたし、周辺の航空情報を提供する空域としては今でも台湾の航空当局が担当しており、与那国島と、台湾の北東岸にある花蓮市との距離は僅かに一一一キロである。黒潮がその間の海峡を滔々と北流する。昭和の初期には東洋一と呼ばれる鰹節工場もあった。カジキマグロの水揚げ高は、今でも日本一である。『老人と海』のように、サバニに乗ってマグロを追っかける海人《うみんちゅ》のビデオを見た記憶がある。黒潮の一部は島の東側で南流しているとも言われ、与那国島は黒潮に取り囲まれている。

水温が高い黒潮は水蒸気を発し、それが雲霧となって、冬も夏もいつの季節も、台湾の高山を見えない状態にしているに違いないし、ホテルの窓から見ると岬の先端に打ち付ける波頭は一〇メートルは優に越えていて、冬場は特に荒海であることがわかる。戦前は台湾銀行券の使用が例外的に与那国で認められていたし、戦後の一時期は密貿易ながら国境貿易が盛んに行なわれたように、台湾との間で人と物との往来は絶えたことはなかったから、国税たる関税を石垣まで出かけて銀行に支払うことをしなくても、大正一五年に設置された島の郵便局の窓口に納入できるように改善が行なわれたこともあった。一一一キロの距離であれば、見通し内でマイクロ波の通信回線もきっと設定できるし、今は石垣から西表島を経由して電話も放送の電波も中継されている。光海底ケーブルを設置するとすれば、黒潮を横切る大工事になることは必至であるが、与那国島と花蓮等の台湾東部とを情報通信や経済面で同期させることも可能だ。余談になるが、日本最西端の碑が建立されているが、この碑は国や県、町が建てたものではない。島の学校の卒業生が建てている。与那国小学校は、なんと古くは明治一八年に創立された学校で、創立以来一三〇年になる。島には高校がないから、若者は中学を出て島外に出るしかない残念な状況である。碑は日本の涯にあって、真の防人を自負する島の誇りと団結とを示している。

今回、池間苗さんに再会できた。大正八年生で九四歳になられた。司馬遼太郎が『街道を行く』の中で同氏のことを書いた。沖縄県立第一高等女学校三学年在学中に熊本逓信講習所に入所し、同所終了後に無線通信技師、つまり、日本初の女性無線通信士となり、終戦まで与那国郵便局に勤務した。島で黄色いビートルの車に乗っていたことを聞いて驚いた。『与那国ことば辞典』を出版されたのは平成一一年で、一冊頂戴して大切にしている。南の島陰にはダイビング船を穏やかに錨泊させていた。近年発見された海底遺跡は人類の起源の歴史をも書き換えつつあるが、わが黒潮文明論もいよいよスンダランドの探求に向かう。

108 水没した巨大大陸スンダランド

スンダランドは現在のマレー半島、ボルネオ、スマトラ、ジャワ、ベトナム沖にあった。深さ約一〇〇メートルの海域が太古の氷河期には水面上にあり、その後の海面上昇で水没したとされる広大な沖積平野のことである。インドネシアがオランダ植民地となったことから、今から九〇年前にインドネシアの海域を調査分析したモーレングラーフ博士が名付けた。調査記録はライデン自然史博物館に保存されている。海底にいくつもの谷筋が残り、そこが陸地だったことが明らかになり、東南アジアは陸続きであったことが証明された。スンダランドはインド亜大陸ほどの大きさがあった。オーストラリアとニューギニアの間の海面下に沈んだ平野はサフルランドと呼ばれ、海南島の周辺の約一〇〇メートル水深の海域もナンハイランドと名付けられているが、今の支那と朝鮮半島の間にある黄海も干上がり陸続きだった。最終氷期の末より急激な海面上昇が始まったことが世界各地の海岸地層の研究で明らかになっており、一万四〇〇〇年前には海面が現在より約一〇〇メートル下にあったのだが、一万年前までに五〇メートル上昇した。八五〇〇年前までには今の海面下二〇メートル近くまで上昇した。スンダランドの海面が最も上昇した一万年前までの海面上昇で、今の南シナ海の原形が形成され、海がシャム湾の奥深くまで陥入することになったが、その時点でも、ボルネオとスマトラとは繋がっていた。ボルネオとスマトラが海峡で切り離されたのは八五〇〇年前までの海面上昇の時で、一五〇〇年の時間が経過している。マラッカ海峡が出現したのもこの時だと考えられる。八五〇〇年前までの海面上昇はその後も続き、約八四〇〇年前に一時的に寒冷化し海面が低下したが、八〇〇〇年前からは地球上のすべての地域で急速に海面の上昇が始まった。四五〇〇年前当時の海水面は今の海岸線よりも五メートル高かった。その後は海面が徐々に低下するようになり、今の海岸線になった。アラビア海、カリブ海、マラッカ、それからオーストラリアのグレイトバリアーリーフでの海面の動きをデータで比較すると、海面が上下して微妙に異なる変化を示しながらも、なだらかに上昇したことが分かる。グリーンランドの氷河の研究からも、氷河期終了後に三回の海面上昇があったことを証明している。黒海が地中海と繋がったのも氷河期終了以後の海面上昇の時代だ。黒海は地中海より数十メートル海面が低い内陸湖だったが、七二五〇年前にボスポラス海峡から黒海に海水がなだれ込んだ。黒海の北側は海面が上昇して水没した。一説には、この黒海の海面上昇が「ノアの箱舟」の伝説に反映されたとの見方があるが、洪水伝説が中東に限らず世界中にあるのは海面上昇の反映である。北米先住民の神話にも洪水伝説があるところを見ると、北米大陸を覆っていた氷河が溶け出して大洪水となったからで、五大湖はその名残である。大陸に載った五〇〇〇メートルの厚さの氷の山塊が溶け出し、地面の荷重が減って地殻が上昇を始めたために、今の五大湖よりも大きい面積を占めたアガシズ湖が干上がって、その後に水たまりのように点々と数限りない淡水湖を出現させた。カナダの北方には今も湖が氷雪の中に点在しており、水上飛行機が主な交通手段となっている。原住民の洪水伝説は洪水のなかったマッケンジー川の側にはなく、氷河の溶けた水がなだれ込んだジェームス湾やハドソン湾のティレル海近くの部族の伝説として残ったのは当然の帰結である。北米大陸の氷河が溶け出したことは、大西洋ばかりではなく、太平洋でも急激な海面上昇を招いた。氷河の消失が地殻の歪みを生じさせて、大地震の引金にもなったのではないかと指摘されている。南極大陸の氷が溶ければ地殻の大変動が起きて、大地震を引き起こす可能性があるが、その時には、太平洋ばかりではなく世界中の海に大津波が押し寄せることになる。ちなみに、バルト海のボスニア湾の海底は今だに一〇〇年に一メートルという速度で上昇している。氷河の重みから解放された地殻が上昇するのである。

スンダランドに繋がる氷河期の人類の生活の痕跡がボルネオやマレー半島、タイやカンボジアに至る地域に残っている。ボルネオの町ミリから車で二時間ほど南のニアー国立公園にある巨大な石灰岩洞穴「ニアー洞窟」には四～一万年前の人類の生活の痕跡があり、東京ドーム二つ分の大きさだ。また、当時の気候は現在のような熱帯雨林の気候ではなく、気温が今より五度から七度は低かったとされ、海面が一〇〇メートルも低かったとすれば、気温もさらに低く、乾燥した気候と、食料が容易に採集できる森のある快適な生活環境だったことが推測される。切除用の剥片石器も出土しているが、奄美大島の土浜遺跡でも同じものが見つかっている。食べかすとしての豚、サイ、猿の骨、淡水・海水の貝殻も見つかっている。新石器時代の遺跡が、現在のタイ、カンボジア、スマトラ、モルッカ、チモール、パラワン、ルソン島などに点在しており、スンダランドの遺構として十分な数の遺跡が各地にある。与那国の海底遺跡も加えたいが、自然の岩石だとの異論もあるから、まずは台湾台北県八里郷の大坌坑《ターペンケン》遺跡の名前を挙げておきたい。香港の近くには旧石器時代からの遺跡が残る。ベトナム中部サ・フィン遺跡も注目に値する。チャム王朝があった場所に居住していた先住民遺跡で鉄器を特徴とし、甕棺の葬制も見られる。交易が広範に行なわれていたことが明らかで、ベトナムでは生産されないガラスや、カーネリアン、瑪瑙、橄欖石などの貴石、金が装飾に用いられている。漢鏡も出土している。タイのカンチャナブリの近くのバンカオ洞穴には新石器時代の生活跡があり、タイ南部のクラビの近くには、九三〇〇～七六〇〇年前まで遡るサカイ洞窟がある。サカイ洞窟からはコメが発掘され、稲作の発祥地が支那であるとの通説を覆す可能性が出た。新石器時代の中心地だったとはいえ、わざわざ寒い気候の揚子江や黄河を稲作の発祥地とするよりも、熱帯のインドシナからビルマおよびバングラデッシュにかけての気温の高い地域に発祥を求める方が、すんなりと受け入れられる。稲の栽培は、稲の容器としての陶器とその収穫道具である石器とも関連していると考えるのは理に叶っているが、考古学上でも、稲作の起源について中華思想を裏付ける証拠は何も見当たらない。稲の栽培は第三の洪水で海水面が上昇しスンダランドが海没する以前から、今のインドシナやビルマ、バングラデッシュ地域で行なわれていたと考える方が順当である。近年、タイとビルマの国境近くの内陸にあるスピリット洞窟から紀元前五〇〇〇年前のコメが発見され、この説を裏付けた。マレー半島山間部にはグアチャ洞窟などの一連の洞窟群がある。スマトラ北部のピーブロック遺跡には稲の栽培跡として水稲ばかりでなく陸稲栽培の遺跡が残る。ジャワ島のサンギランには、初期人類の集積場ともいえる大遺跡があり、世界遺産に登録された。ジャワ島の古都ソロの近くである。ジャワ原人の頭蓋骨、歯、大腿骨の化石が発見され、一五〇～一万年前ころまでのメガントロプス、ジャワ原人、ホモ・エレクトゥスなどの初期人類の化石が多数見つかっている。その一部は地元のサンギラン博物館で公開されている。ボルネオのニア洞窟については先述したが、グアシレの洞窟が、マレーシアのサラワク州の州都クチンの西部にある。グアシレの洞窟で発見された壷の中からも紀元前二三三四年のコメが発見されている。ボルネオのサバ州のマハカム川上流の遺跡では、一〇〇〇年以上も前の舟形の棺に入った大量の人骨が発掘された。フィリピンのパラワン島のタホン洞窟では四万五〇〇〇年を遡る甕に入れられた葬制の跡が見つかっている。近くのドゥヨン洞窟ではうつぶせにして葬られた人骨が副葬品と共に発掘されている。ボルネオ島の東北部のマレーシアのサバ州、センポルナの町の一〇キロ南にブキット・テンコラックという遺跡があるが、これは新石器時代の製陶工場の跡としては東南アジア最大規模の遺跡である。

スマトラやジャワやフィリピンには、かつてはスンダランドの高地の一部であったと思われる遺跡が残っているが、それらに共通するのが小動物を射止めるための吹矢である。吹矢は台湾にはないが、インド洋を隔ててマダガスカルにはある。パプアニューギニアの海岸線沿いに点々と残り、日本の南九州にもある。樹皮布はインドネシアに残るが、今ではオセアニアのポリネシア、メラネシア、ミクロネシアで伝統的に作られている。タヒチ語でタパと呼ばれ、またカパ（ハワイ語）、ンガトゥ（トンガ語）、マシ（フィジー語）、シアポ（サモア語）などとも呼ばれているが、樹皮布原料にはクワ科のカジノキ、パンノキ、イチジクなどが使われ、カジノキはポリネシア全域に広がる一般的な原料である。日本でも今では三椏《みつまた》や楮《こうぞ》を和紙の原料とすることが普通になったが、元来カジノキが原料であった。広東省の珠江デルタでも樹皮紙がつくられた遺跡が発掘されている。

筆者はバンコクの日本大使館に勤務したことがあるが、大使公邸が落成して、その玄関に飾られたタイの東北部のバンチェンで発掘された淡いピンク色の渦巻き模様の古陶器を見て驚いたことがある。その陶器がタイ東北部の大平原で生産されたにもかかわらず、教科書で習ったメソポタミアの彩陶に似ていたからだ。バンチェン遺跡は八〇〇〇〜七五〇〇年前に起源があるが、インド洋を隔てたメソポタミアとタイのバンチェンの陶器が似ているとすれば、両者の間に何らかの交流があったとも考えられる。マラッカ海峡が洪水で開かれ、スンダランドの後裔が製陶技術を携えてメソポタミアに渡った可能性も想像できる。アラビア海の海岸線は少し後退したが、紀元前三〇〇〇年ころに最も栄えたウルは当時の海岸線にある港町だった。

109　ヘイトスピーチに堕すなかれ

近ごろヘイトスピーチという言葉が巷間に喧《かまびす》しい。まだ横文字のままだから、日本語になりきっているわけではない。外国語が日本文化に組み込まれてしまう前の段階では、外国語をそのまま片仮名書きにして使って、なじむかどうか時間をかけて吟味彫琢する。試練に耐えた語だけを国語化するのが、日本語の特徴である。漢語もそのまま支那音で読んでいる間は、日本語の血肉とはならない。あからさまに片仮名日本語として区別しながら、相当時間が経って平仮名で訓をつけて初めて国語となったことを宣明する。こうした中間の表現手法を持つことは、外国文化を換骨奪胎して土着化させるための塗炭の苦しみの一つで、外国文化受け入れに際しての選別・濾過過程であり、民族の智恵でもある。慈覚大師円仁が、遣唐使として唐の文明の上澄みを取捨選択して日本に持ち帰ろうとした際の苦心惨憺についてはすでに一章を割いて詳述した。流行のヘイトスピーチは、日本と支那、韓国との間で政治的対立が激しくなり、お互いに悪口を応酬することになったので、日本側が相手の悪口を言う場合の、つまり罵詈雑言を相手国に浴びせる場合の表現を、ヘイトスピーチと言うらしい。相手の悪罵はヘイトスピーチとは定義していない。日本に対して悪罵の限りを尽くした表現ぶりに対抗して使うのだから、いわば売言葉に買言葉の関係である。買言葉の部分である日本側の主張の中にヘイトスピーチが含まれることになる。情報戦の中で言葉の応酬があったときに、日本側は当初、黙殺とか何とか言って黙っていて、相手が段々悪態の度を上げてくるとそれに反撃するために、民族的には慣れない悪態を言葉で表現する無様《ぶざま》を見せることがあるので、外国語でヘイトスピーチと表現して、定義づけを曖昧にしているのかも知れない。もともと日本文化には、罵詈雑言を吐露することはほとんどないから、ヘイトスピーチのように敵方を痛罵して蔑《ないがし》ろにするような強烈な表現はない。「糞味噌に言う」などの下卑た表現があるが、それでもせいぜい悪態をつくことである。隣国の権力者から悪し様に言われて反論するために、日本人の言霊《ことだま》の力を忘れて、別の表現で言えば相手の土俵で反論しているのがヘイトスピーチである。日本語の世界には、悪態をつく表現が恐ろしいほどに少ない。呪詛することはあっても、おどろおどろしいのは、せいぜい闇に紛れ藁人形を釘で打ちつけるぐらいのことである。日本では、墓を暴いて遺骨を打ち砕いてまき散らして恨みを晴らすなどとの怨念を晴らすやり方はあり得ないが、支那では汪兆銘の墓が共産党に暴かれてしまっている。日本に協力したとして先々代くらいまでの族譜を遡って財産を没収して罰することを現代の韓国政府が実行したように、恨みは末代までと固執する文化もある。大陸の文明は情け容赦がない。しかし、その手法と同列で相手に取り込まれてヘイトスピーチをするようでは、慎み深い日本文明の作法に反する。

日本語では、汚い表現というが、ヘイトスピーチは汚らわしいばかりだ。清明さは一切なく、手練手管の要素が強調される。ヘイトスピーチには情け容赦は全くない。最近、雨傘をたたまずに東京の混雑した電車に乗車していた支那人が、通学途上の小学生からやんわりと傘をたたんだらどうかと注意され、滴が垂れて迷惑をかけた筈の乗客からもすみませんと謝られてしまったため、直接文句でも言われようものならメンツをなくしたとして大騒ぎをするのが特徴である支那人であっても、自分の間違いを棚に上げて騒ぐことをしなかったとの話を読んだが、同じ土俵で品のない言葉を使い応酬することは、メンツ民族はいよいよいきり立つので得策ではない。フランスのマンガ展覧会で日本を中傷する謀略が仕掛けられたが、単純で自家中毒に陥るような無骨な反論ではなく、ド・ゴール将軍以来のフランスの、自立・自尊の戦後史を称揚するようなエレガントな反論をして、韓国とフランスを、マンガの分野で離反させることが肝心である。先代の大統領の時代には、マルローの『希望』やオーウェルの著書を税関が没収していたことも指摘するべきだろう。チャプリンのように、独裁者を笑い飛ばすことも必要だ。

冬季オリンピックがロシア黒海沿岸のリゾート都市ソチで開催されている。絶滅危惧種となったユキヒョウがソチの動物園にいるらしく、プーチン大統領は幼獣と戯れるようなマッチョの写真を公開していた。日本が贈呈した秋田犬を連れて安倍総理を出迎え話題になったが、首相が犬の頭を撫でると、プーチン氏は噛みつく可能性もあると注意喚起したと言う。日本犬はキャンキャン鳴かずにここぞの時に噛みつくから、新華社がこの歓迎行事の顛末に敏感に反応したのである。韓国の反日勢力が日本の国鳥の雉を殺《つぶ》して血だらけにしているが、そうした憎悪は日本にはない。黒潮文明は喜怒哀楽を押し殺して哀号の叫びも長くは続けない。しかし黒潮の民は、アモックのように見境なくその怒りを噴出させることがある。ヘイトスピーチが言霊になれば、わが身に反ね返る恐れがある。避けなければならない。

110　ロッキー山脈東麓の街ボルダー

初めて米国に行ったのは、東京オリンピックの五年後、昭和四四年（一九六九）のことだ。さほど昔ではないが、四〇年以上が経って、オリンピックをまた東京で開催することになったのは驚きだ。太平洋路線にはプロペラ機に代わってダグラス社製のジェット機、ＤＣ・８が就航していた。最近の国際線の大型機に比べてうんと小ぶり細身の飛行機で、近く退役する。尾翼が高くてエンジンが主翼になく胴体の最後部にあるのが特徴で、ＤＣ・９と同じくらいの大きさだったか。成田空港は完成しておらず、羽田からの出発で、アラスカのアンカレッジで給油をして、サンフランシスコ近くのサクラメントの飛行場に降り立った。本当の民間航空機ではなく、ベトナムでの戦争がまだ続いていたから兵員輸送のために設立された会社の飛行機で、帰り便の空きを留学生に使わせて、日米間の交流を図ろうとの大目的にも貢献し経費も浮かせられるという一挙両得の航路であったようで、サクラメントに空軍基地があったから着陸したに違いない。ドナルド・キーン先生などが関わった、捕虜の兵士を尋問したり、日記を解析したりした戦争中のトレーシーのプロジェクトがあったのもサンフランシスコ湾の北のはずれだったから、日米間の文化交流の本質を理解する知恵者が、近傍のスタンフォードあたりに住んでいたからだろうか。一ドル三六〇円の為替だったから、格安便と斡旋がなければ学生が海外旅行するなど不可能に近い時代だったし、実際、駐日大使となったライシャワー先生の肝入りと督励で創設された語学教育振興の財団が出した奨学金をもらった学生が多数乗客になっていた。機内では緑茶に砂糖を入れるかミルクを入れましょうかと、スチュワーデスが親切に聞くサービスもあったし、アンカレッジでは空港内にうどん屋があり、免税店の売り子は、ほとんどが戦争花嫁さんになって渡米した日本人女性だったから、日米の往来が急速に増えてきた時代だった。語学教育振興の学生の方はフルブライト留学制度のように厳格ではなく、観光と物見遊山の要素も入った旅程になっていたから、サクラメント着陸後は、サンフランシスコの中華街でランチをしたり、ラスベガス近郊のリノでカジノ体験をしたり、ソルトレイク近くの町でカトリックの人の家に泊まって、モルモンの人はミルクを飲まないなどと教えてもらったりしながら、大陸をバスで横断する旅になって、ロッキー山脈の麓の町のボルダーに向かった。州都デンバーの北方一八〇〇メートルくらいの高地にあったから、ワンマイルハイシティという別名がついていた。乾燥し切ってはいたが快適な場所で大学都市となっていたし、いろいろな研究機関が立地して、世界標準時に関わる米国国家標準局があって原子時計を管理していた。IBMの研究所もあり、障害者がコンピュータの配線の作業をしていたのが印象に残る。日本では弱者に対する配慮がそれほどなかった時代だ。小型航空機を専門とするビーチクラフトの工場がスペースシャトルの先端部を製造していたらしく、高度な機密があったせいか、機関銃をもった警備員が同行し工場見学をするようなところもあった。コロラド大学に英国人経済学者のケネス・ボウルディング氏が所長を務めるエコノミック・インスティチュートなる組織があって、世界中から英語を習いに来る学生の受皿になっていたから、そこに向かった。ボウルディング教授の著書は『二十世紀の意味―偉大なる転換』という題で、岩波新書に邦訳されている。世界が急速に縮小していることが実感できる時代だった。サウジアラビアからの学生などは絹のターバンは脱いではいたが、外交官パスポートで入国させていた位に、積極的な対中東政策が始まっていた。クウェートで働いているというパレスチナ人も英語を習うために学生となって来ていた。ともあれ、ボルダーはロッキー山脈山麓の東側の乾燥地だったから、中東からの学生にとっては快適この上ない場所だったと思う。ケネディ政権が月に人類を送り込んだ日にテレビ中継があって、大学の寮のロビーでマンオンザムーンという文句が飛び交った。コロラド大学は宇宙飛行士の故エリソン・鬼塚氏の母校だった。『グレン・ミラー物語』という映画の舞台となったのはこの町がジャズのグレン・ミラーの出身地だったからだ。リゾート地での夕暮れのコンサートを聴いたり金を掘りまくった鉱山跡地を訪れると、開拓者魂《フロンティア・スピリット》を感じることができた。大陸横断鉄道の建設に従事して倒れた日本人の墓地もあった。リンゴ酢でつくった不思議な味の巻き寿司をご馳走になったことも忘れられない思い出である。

バスの前列に白人以外が座るのは、日本人を除きご法度だった。日露戦争があり、日米戦争があったお蔭だと思う。ジョージア州のマドックス知事が知事公舎で黒人の使用人を殴って非難された頃で、公舎の前のベンチは人種差別がはっきりしていて、どちらに座るか戸惑った。日本海で情報艦プエブロ号が拿捕され、乗組員家族の母親が幼児二人の手を引き大平原の実家に帰る光景を大陸横断のバスの中で見かけた。

111　黒潮文明の漁獲遺構

沢ガニが最も美味しいのは、寒に入った季節だ。沢ガニは産卵に備えて、寒さを逃れるかのように、黒潮の海に向かい山を下る。赤くゆであがった沢ガニは、ハージキ、赤い月という名前に変わった産卵前の卵嚢《かにみそ》を抱えて珍味となる。沢ガニをとるのは、竹で編んだおとりの籠だ。アギというと魚の鰓のことだが、円錐形のアギが竹籠の中に入っていると思えばいい。魚やカニが中に一旦入ると出られないようにする仕掛けだ。谷川をせき止めて一昼夜放って置いて、朝方に籠を上げる。最近は、鉄線を枠にして網を四角に張った魚籠も売られている。南島では、カニと魚を獲る竹籠をアローと言うが、まったく同じ形の小型の籠が、天竜川を遡ったウナギを取る籠として諏訪大社の参道の店に遙か昔から並んでいる。茨城の涸沼では、竹筒が今もウナギのおとりに使われている。一〇〇年いやもっと長い時間水に漬かった古竹の筒がウナギをよくおびき寄せると聞いたので、シジミ採りの知人に一本分けてくれないかと頼んだら、商売道具の家宝らしく丁重に断られた。沖縄の観光地となった万座毛の全日空ホテルの前のサンゴ礁に、網で作った魚籠を放り込んでおいたらタコがかかったことがある。夜通し電燈が点いているから、透明な海中を烏賊が吸い寄せられるように泳ぎ回っているのが桟橋の上から見えるほどであるが、烏賊はこの魚籠とは相性が悪い。紐をつけて河口の橋から投げ入れておいたら、シオマネキとガザミは確かに入った。

海幸と山幸の争いは釣針の貸し借りが発端となっているが、魚をとる方法は、おとりの籠ばかりではない。海岸に石で垣を造ると、満潮には潮に乗って魚が入って来るが、干潮になると出口が狭まっているから逃げられない。こういう構造の魚を獲る石組が太平洋の各地に黒潮文明の遺構として残る。日本の列島では、石干見(いしひみ、いしひび)と呼ばれる。沖縄では、魚垣(ながき、かつ、かち)とも言う。長崎県諫早市高来町湯江に石干見《いわほしみ》が残り、島原には二九基の石干見《すくい》があり、復元されている。カラスミの原料となるボラを獲る。五島の三井楽《みいらく》では底部の幅約一・五メートル、高さ約一メートルの石垣を八〇メートルにわたって築いたスケアンというものがあり、ミズイカやメジナなどを獲っていた。大分県宇佐市の長洲には石ひびがある。沖縄の下地島の西部に広がる佐和田礁湖に魚垣《かっ》が残り、石垣島の白保の海岸には、長さ四〇〇メートルの垣《かち》が復元された。小浜島には、世界最大級の幅一二メートル、長さ一二〇〇メートルに及ぶ、島本海垣《しまんだがきぃ》が残っている。朝鮮半島の全羅道ではトックサル(石の匯)、サルマギと呼ばれ、慶尚南道、南海島ではトルパル、(石の匯)、パル、済州島ではウォン(垣)、ケマ、ウムチと呼ばれる遺構がある。魚をとるための石組は、太平洋の島々と沿岸に展開する。ニュージーランドでは、数は多くないが、この海中の石垣をタプと呼ぶ。タヒチから渡来したとの伝承で、確かに、タヒチのライアテア島には、もっと立派な魚をとるための海中の石垣が残っている。タプとは、聖なるという意味もあり、豊穣の海を寿ほぐ場所でもある。フィリピンでは、アトブ、ヤップ島では、アッチ、トラック諸島ではマアイ、ハワイのモロカイ島では、ロコウメイキ、インドネシアのカイ島では、セロバツ、マッカルでは、ランラ、ニューギニア北部のマヌス島では、カロウ、ポナム島ではパパイ、トレス海峡では、グラズ、サイ、ソロモン諸島では、エレ、アフェアフェ、キリバスでは、テマ、クック諸島ではパー、と呼ばれる。台湾の澎湖諸島には、多くの石滬《シーフ》が残されている。澎湖島ではカマスをとり、橋でつながっている白沙島には昔は二五一の石滬《シーフ》があって、今でも一一四の存在が確認できる。吉貝島には最も多く残っているが、七美島の石滬《シーフ》は二つ重ねの形をしている特徴があり、観光写真で広く紹介されている。台湾と日本が南西諸島を経由して魚垣で繋がる。

わが故郷の奄美大島龍郷町《たつごうちょう》瀬留《せきどめ》の海岸にも魚を獲る石組が残っている。魚をすなどるために、先人が営々と積んできた海中の石垣を眺めて、黒潮の旅人を想像するためには、なかなかいい場所だ。余談ながら、筆者の恩人の山下隆三氏の墓所が、その石組の海岸縁の松林の中にある。山下隆三氏は、奄美大島の名瀬にあった大島中学(現在の大島高校の前身。春の選抜で甲子園に初出場して相当の話題になった)の同窓生(同窓会は安陵会で、父は一二回の卒業生で、同級生に図徹《はかりとおる》という画家がいた)で、名瀬の職業安定所の所長をした。次男坊もちゃんと学校を出すようにと父親に進言してくれた人だから、恩人だ。お墓は奄美空港から中心地の名瀬に行く途中だから、お線香を手向けるために立ち寄ることができる便利な場所だ。すぐ近くの海岸の石組はもう魚獲りのために使われている気配はない。龍郷町の魚垣は、太平洋側ではなく東シナ海側にあるから、冬の季節風をまともに受ける場所を避けて、荒波で壊される可能性が低く魂が鎮まる海岸に造られたことがわかる。

112 南米起源の古代人類は存在するか

モアイ像は、長頭・長耳の人面が彫刻された巨石で作った人像のことで、南太平洋の絶海の孤島であるイースター島にある。モアイ像はマルケサス諸島やオーストラル諸島といった南太平洋の島々の遺跡からも発見されている。日本でもモヤイ像が伊豆の新島の石で創作され、東京の渋谷駅の西口に、待ち合わせの場所の目印として置かれている。ヘイエルダールというノルウェーの冒険家が、南米大陸先住民がイースター島に移住したとする説を証明しようとして、エクアドル沿岸のジャングルからバルサ材を切り出して筏をつくり、ペルーのカヤオの港から出航して南東貿易風に沿う南太平洋を循環する海流に乗りイースター島を目指したことがあった。南米の海岸を北側に流れるフンボルト海流を横切る必要があったので、ペルー海軍の引き船に引っ張られて陸地から八〇キロ離れた所から出発したことが裏目になって、イースター島の北側を通過し違う環礁に着いてしまったが、筏で南米の大陸から南太平洋の島まで航海することが可能であることが実証され大いに話題となり、記録映画『コン・ティキ』も製作されてハリウッドの長編ドキュメンタリー部門の一九五一年度アカデミー賞をとった。筏の名前はインカ帝国の太陽神アプ・コン・ティキ・ピラコチャの名前にちなんでつけられた。ところが、ヘイエルダールは海洋冒険家としての評価は得たものの学者としての評価は定まらなかったので、イースター島の南米起源説を補強しようとして、学術調査隊を編成してモアイ像を発掘したり、イースター島に残るロンゴロンゴ語と呼ばれる古い文字の書かれた木片を収集したり、その他の遺跡や人骨の発掘調査などを行なった。これまた、『アクアク』というドキュメンタリー映像にまとめて評判をとった。探検記は世界的なベストセラーになった。ところが、ヘイエルダールの主張とは逆に、イースター島の文明の起源は南米ではなくポリネシアとする説が学会では有力となり、一九八〇年代に至って遺伝子研究が盛んとなってから一層有力となった。その結果、ヘイエルダールの仮説は退けられるに至った。皮肉なことに、英国の学者が遺伝子分析の試料に使った人骨は、ヘイエルダールが発掘してサンチアゴの博物館に保存していたものだった。

天眼鏡をあてて、骨相を見て人品を判断するだけではなく、世界各国の交流がどんどん進んでくると、髪の色から顔形を見ただけで、どこのお国の人かを推測する技量が必要である。四〇年以上前の米国横断のバス旅行で、前席に座っているのが、日本人なのか支那人か、朝鮮・韓国人であるのか、その他のアジア人であるのか、白人の運転手に皆目見当はつかなかったのであるが、アジア人の間では、頭骨形の微妙に異なる特徴から、何人らしいと言う推測はできる。頭長幅指数とは、頭を上から見た形の長さと幅との比を数値化したもので、超長頭型六四・九以下、過長頭型六五・〇～六九・九、長頭型七〇・〇～七四・九、中頭型七五・〇

〜七九・九、短頭型八〇・〇〜八四・九、過短頭型八五・〇〜八九・九、超短頭型九〇・〇以上の区分がある。現代の日本人は短頭型が主流であり、支那人は中頭型、朝鮮・韓国人は過短頭型が多いとされる。白色人種群では北方人種と地中海人種が長頭から中頭、アルプス人種が短頭、黄色人種群では古モンゴロイドに長頭が多く、新モンゴロイドに短頭が多く、黒色人種群では長頭が多いとされる。人種偏見の根拠にされた時代もあり、同じ白人でもドイツ人は長頭、フランス人は短頭が主流であるから、どちらが優勢か争いがあった。日本人は古墳時代頃からどんどん長頭化して、鎌倉時代に長くなったことが、当時の人骨の計測でわかっている。頭が特に長い人のことを昔は「才槌《さいづち》」と呼んだが、今は死語である。絶壁頭とは短頭化した頭だからだ。徳之島の松原では頭頂の出っ張りを「みにしゅし」と名付けている。

頭の形で分類すると、タスマニア、マレー川、クィーンズランド、ニューサウスウェールズなどに居住する豪州の原住民と、メラネシアに属するバヌアツ、ニューブリテン、セピック川、ビアク島、ニューアイルランド、フィジーの人々が比較的長頭の一群となり、その次が、ポリネシアのトンガ、サモア、ニュージーランドのマオリ、タヒチ、ハワイ、マルケサス、ミクロネシアのグアム、キャロライン群島などが一群となり、ベトナム、小スンダ、ボルネオ、ジャワ、スラベシ、カンボジア、ラオス、フィリピン、スル海の人々が一群をなし、次に比較的短頭の一群が、台湾の原住民、バンチェンの遺跡のあるタイ、そして日本人などを一群にまとめることができる。支那や北アジア住民はより短頭の一群となる。

さて、ヘイエルダールの仮説は遺伝子分析で退けられたが、モアイ像は、東アフリカを出自とする現在の人類の像ではなく、ポリネシアから渡ってくる前にイースター島にいた南米起源の古代人類で、今は死に絶えた超長頭の人々の像と考えることはできないだろうか。

113　忘れまじ吐噶喇の島々

有吉佐和子の小説に『私は忘れない』と題する作品がある。女優の卵が、「忘れられた島」となった黒島に旅立つ。台風で船が来なくなって、台風でやられた後の復旧活動をするために島に残る。「島を忘れないで下さい」という言葉に見送られて帰京する。島のことを忘れず、自らの人生を切り開いていくという筋書きだ。現実には、遠く離れた島を私は忘れないと決意しても、都会の喧騒にまぎれて間々忘れてしまう。ましてや、飛行機の定期便のない島は、なかなか帰ることも難しいから、忘れてしまいがちだ。選挙があっても、船で行くような島に選挙運動でわざわざ渡っていく政治家があれば、奇特な政治家と呼ばれるほどだった。鹿児島の県知事もヘリコプター代を誰が出したかと詮索される始末だ。船で出かける政治家など見たことがない。沖縄でも、連絡船が島伝いに通っていて飛行機の直通便がなかった時代には、北隣の奄美の島々や南の宮古・八重山にも巡航船で出かけるしか方法がなかったから、それなりに親しみを感じる南方同胞の気分が強かったのだが、もう奄美と沖縄とが文化を共有することを知らない若者もいて、言葉が似てますねと平気で言うから、いやティーチムン《同じもの》ですよ、と強弁せざるを得ないことも稀ではない。残念なことだ。沖縄と宮古・石垣との航路は、貨物船ばかりになって客船がなくなったことには驚かされる。台湾航路も、有村運輸の故有村喬社長が、飛龍という名前の大型のフェリーを建造して基隆《きーるん》航路に投入したが、世の中が不景気になって、僅かの額の資金繰りがつかずに倒産した。運輸行政も助けようとしなかったことは、島々のことを忘れてしまえとの無慈悲な力が働いていた可能性が高い。とあるリース会社の社長は、島で食えなければ、東京に出ればいい、東京で食えなければニューヨークに行けばいいと、拝金の下劣を露骨にテレビ画面で説教していたが、僅かに十数年前のことだ。奄美の各島にも、宮古も石垣にも飛行場があるから、東京や那覇や鹿児島との往来は便利になったが、小さな島同士のお互いの往来は却って不便だ。沖縄と台湾も、那覇と台北には行けても、もう与那国や石垣と台湾の花蓮との行き来はほとんどない。

飛行場がないので、村営の定期船によって訪問するか、ヘリコプターをチャーターするかなどの尋常ではない手段でしか行けないのが、馬毛島、口之永良部島、竹島、硫黄島、黒島からなる三島と吐噶喇《ちから》列島の島々である。奄美の隣島の人も、王国の本家であった沖縄の県民も、吐噶喇の島々は上空を通り過ぎるだけになってしまった。

筆者もやはり、「私は忘れない」ことを誓って、わが黒潮文明論には島々の概略を書き留めて措きたい。まず、口之永良部島は、奄美の沖永良部島と対になった呼び名である。口は錦江湾への入口を示しているようだ。島の本村に奥行き二キロの天然の港があり、薩摩藩は異国船番所を置いていた。九州と琉球とを往来する船は必ず寄港した程の良港だ。平成二七年に火山が爆発したことは特記しておきたい。竹島は全島が琉球竹に覆われているから竹の島である。遣唐使の高田首根麻呂《たかだのおびとねまろ》を祭る社もある。硫黄島と大陸の宋との間の硫黄貿易についてすでに書いた。もともと黒島は黒尾嶋と言った。冒頭に紹介した小説の舞台である。吐噶喇列島とは口之島、中之島、臥蛇島、平島、諏訪之瀬島、悪石島、小宝島、宝島、横当島である。横当島は無人島だったし、宝島と子宝島をひとまとめにして数えるから七島と言い、海は七島灘というくらいの急潮であり、特に季節風の時期には難所である。口之島は七島の北端にあり、昭和二一年に日本本土から七島以南が切り離されたときに、密航の中継港となって、ヤミ貿易でにぎわった。七島は、奄美の復帰より二年早く昭和二六年に本土に復帰している。中之島には、見通し外の無線中継局が設置された。トカラ馬は元は喜界島から導入された。臥蛇島は、今は無人島になっているが、犬がいなかったので、島の子が鹿児島に出て初めて犬を見て、猛獣がいると言ったとのまことしやかな話を聞いたことがあった。悪石島には仮面の祭りがある。仮面のボゼが現れて、盆踊りを壊す。ニューギニアの仮面神が渡来の仏教にあらがっているかのようだ。悪石島と宝島の間に「渡瀬線」という、ハブなど九州本土と沖縄・奄美群島との動植物の分布境界線がある。両島の間には水深一〇〇〇メートルの「トカラギャップ」と呼ばれる海裂が横たわっており、これが「渡瀬線」の原因だろう。子宝島には、沖縄の久高島から来た人が夜光貝などを獲ったときに利用した入江が久高泊の名で残る。宝島には、縄文時代の遺跡や黒潮の禊ぎの場所の干瀬《ひせ》がある。異国船打ち払い令が出たのは文政七年(一八二四)の宝島での英国捕鯨船の銃撃事件に対して薩摩の役人が反撃した事件が契機となった。孫崎紀子氏はかつて「世界戦略情報　みち」の誌上で「トカラ国から来たペルシア人ダラとその一行が南島路を通り、熟練の航海士も悩まされる七島灘で遭難、流れ着いた先が宝島つまりトカラ島」という仮説を主張し、七島正月はササン朝ペルシアを偲ばせるゾロアスターの暦に基づく行事と指摘している。

114
韓国大型フェリー沈没事故

二〇一四年四月一六日の午前八時五八分頃、朝鮮半島、全羅南道珍島郡の観梅島沖で、清海鎮《チョンヘジン》海運所属の大型フェリー世越《セウォル》が転覆して後に沈没し、乗員・乗客二九五人の死者・九人行方不明者が出る大惨事が発生した。世越《セウォル》には、修学旅行中の安山市檀園高等学校二年生三二五人と引率教員一四人、一般乗客一〇八人と船の乗組員二九人、計四七六人が乗船していた。現場は水深が二七メートルから五〇メートル程で深海ではないが、目立った暗礁はない海域で、当日の気象も午前中は視界良好、波高は僅かに一メートルで、航行に影響する自然条件ではなかった。救出用のボート等が走り回っている映像を見ても確かに大波・高波はない。本船に設備されているはずの救命筏や救命艇の姿が見られなかったが、水圧で膨らむはずの救命艇が四六艘設置されていたが使われたのは一艘のみだ。テレビキャスターがヨットで太平洋横断に乗り出し、浸水・船体放棄をした後に、海上自衛隊の飛行艇が救出した時の海況よりも、遙かに穏やかであった。海運会社の実質オーナーは、新興邪教を主宰して、信者三二人の集団自殺事件を起こして懲役刑を受けた人物であるという。

韓国ではこれまでにも大海難事故が発生している。二〇年前の一九九三年に、全羅北道扶安郡蝟島《ウィド》付近の海上でフェリー西海《ソヘ》が沈没した。一〇月一〇日、悪天候にもかかわらず出港して、高波のため蝟島に回航しようとして船体が傾き転覆した。航海士は休暇中で同乗していなかった。一九七〇年一二月一四日、済州島の西帰浦港を出発し、同島東端の城山浦港に寄港した後、釜山港に向かう途中で沈没した南営《ナミヨン》の事故もあった。南営は年数が二年の新造船だったが、年末年始を控え定員三〇二人のところに三三八人を乗せ、貨物も積載定量四倍の一六〇トンを積んだ。一五日午前一時過ぎ、対馬西一〇〇キロ付近の海上で転覆した。付近で操業していた日本漁船が乗客六人を救助しただけで、死者三二六人を出した。韓国海洋警察は直前に発信したSOSを受信できなかったという失態があった。死者の数は少ないが、八七年六月に、慶尚南道巨済郡南部面海上で、観光客八六人を乗せた木造遊覧船の極東《ククドン》が火災で沈没し、二七人が死亡し、八人が行方不明となった。バスのエンジンを改造して、機関士は無資格だった。

隣国の海難事件について関心を寄せるのは、沈没した世越が、二〇年前に長崎の林兼船渠で建造され竣工して、鹿児島・沖縄航路に就航していたフェリー「なみのうえ」の後身だからだ。二〇一二年に船主のマルエーフェリー(旧社名は大島運輸)は商社を通じて売却した(初代のフェリーあけぼのも売却)。韓国側で改造して、定員を八〇四人から九二一人に、総排水量を増加させ、二〇一三年の三月から仁川と済州島間で週二往復の定期運行を開始していた。船体上後部への客室増設などは重心位置が高く後部に移動して、バランスを取るのが難しくなった可能性があり、客室の増改築の結果、重心が五一センチ上がり復原力が低下したところに、積載重量の倍以上の貨物を載せていたとの復原性検査の結果を韓国船級協会は公開した。二〇〇九年李明博政権による船舶に関する規制緩和の結果の改造でもあった。船長を含む乗組員多数が逃げたのは、韓国が新羅の航海術の伝統や黒潮文明の精神を蔑ろにして陸封勢力に屈服した結末だ。世越の前身であるフェリー「なみのうえ」は昭和三七年三月に就航した波之上丸（一四〇〇総トン）から数えると四代目で、後継としての第五代目フェリー波之上は、三菱重工業下関造船所で新技術の空気潤滑システムを装備し、二〇一二年に竣工して就航している。

大島運輸の創業者で南海の海運王と呼ばれた有村治峯《ありむらはるみね》翁は、どんな大型船でも愛郷精神で、出身の与論島に寄港させた。東京駅前の丸の内ホテルを定宿にされ、島人《しまんちゅ》の学徒を呼んではご馳走して頑張れ《きばれよ》と激励した。大島運輸の船で印象に残るのは、何と言っても初代あけぼの丸だ。五五〇トンの船でも安定性が抜群で、多少の悪天候でも出港した。甲板《デッキ》を大波が洗うような時に乗船したことがあるが、船長は乗客を操舵室《ブリッジ》に入れて寝かせてくれた。却って安心で、船の帰省を楽しみにした。船体に丸窓がなかったが、安全性を高めるための特別工夫だったのかも知れない。有村翁は大島紬の和服姿で堂々たる恰幅の偉丈夫だったが、日頃から接待宴席を避け、沖縄から駿河の田子浦港まで富士山麓の仏閣への参詣者を大型客船で輸送することにも尽力した。航海安全・奄美繁盛以外は余計だったに違いない。五〇年前の昭和三七年に竣工した初代の波之上丸は東京・沖縄間の航路に就航させたが、有村翁はお披露目として奄美各島に回航して、徳之島では亀徳港に寄港させた。当時、大型船は接岸することができず、珊瑚礁の外に停泊した。港の中とは違ってうねりが高く、艀の伝馬船から沖合の本船に乗り移るため縄梯子でよじ登ったが、艀と本船の隙に少年が転落した。

琉球一宮の波上宮《なみのうえぐう》の名を負う波之上丸の海員は敢然と飛び込んで落水した少年を引き揚げた。少年だった筆者は老いてなお生き永らえている。

115　地球温暖化と黒潮

地球が温暖化すれば黒潮の力が強まって、その北上する流れはいよいよ勢いを増す。黒潮の分流として日本海に入っている対馬海流の海水温度が上がれば、より多量の水蒸気を発散することになり、豪雪地帯と呼ばれる山形の月山などでは、文字通りの深雪地帯になることが予想されている。日本海から津軽海峡を抜けた対馬海流は、北海道の南縁の海水温度を上げ、根釧原野の霧の深さを晴らすことになる。宗谷海峡を抜ける対馬海流は稚内から北見の方へ南流する反流となり、北海道北東のハマナスの岸辺を洗うようになるから、オホーツク海の流氷の接岸は全く無くなる。間宮海峡に入る対馬海流は、樺太島とシベリア大陸との分離をはっきりさせ、シベリアの沿岸流として反流するリマン海流に加わり水温を上げ、ロシア沿海州から朝鮮半島東海岸にかけての気候を和らげる。房総半島沿岸の磯の底に生息している珊瑚は、更にその水域を北上させる。黒潮は、現在は、銚子の沖で東転するが、転回点を那珂湊《なかみなと》沖まで北上させる。鹿島と香取の宮、大洗の磯前神社の結界・創建、原発の立地は、黒潮の流れの移動と関連している。海水温が上がれば、北海道には現在分布していないハマグリも生息するようになり、根室海岸まで到達しているあさりなどは、更に範囲を北上させてオホーツク海沿岸に入り込むに違いない。貝類は生息できる一定の海水の温度幅があり、その上下に応じて移動する。気候が温暖であった縄文時代前期から中期にかけては、海水面が現在よりも二～三メートル高い位置にあったとされ、北海道にも温帯域の貝が生息していたことが、ハマグリの化石が沖積層に大量に残っていることから確かめられている。地球温暖化が進めば、北海道の平野に沖積地が広がって海水が浸入することになるから北海道の食生はいよいよ豊富になる。北海道の気候は、今は本州とは異なる亜寒帯に分類されているが、温暖化が進めば温帯になり、「縄文海進」の時代には、北海道のアイヌ文明が本州の山内丸山遺跡に象徴される文明と同一であったことが容易に想像できる。

二万年から一万八〇〇〇年前の最も寒冷化した時代には、世界的に海水面が現在よりも一二〇メートル下にあった。与那国島の海底遺跡もこの深度にあることを既に指摘して、アラビア海のシュメールのウルの遺跡とも比較しながら議論を進め、スンダランドの文明が現実に存在したことを指摘してきた。地質学で完新世と呼ばれる一万年前頃、即ち縄文時代の初期の約一万五〇〇〇年から九〇〇〇年前までには、現在の海水面から四〇メートル下まで上昇して来た。東京湾の場合、現在の湾奥は陸地で、横須賀と房総半島あたりを結ぶ線が海岸となっていた。海底地図を見ると、峡谷のような川の流れた地形が東京湾口にはある。冷戦時代には、旧ソ連の原子力潜水艦が潜んでいた深みがあり、そこには、奇妙な顎の深海鮫が生息している。縄文時代の中期になると、海水面は一気に三〇メートル程上昇して、東京湾を内海にしている。約六五〇〇年前から五五〇〇年前頃には、今の海面を越えて海水が陸地の奥深くまで浸入した。その現象は、「縄文海進」と呼ばれている。現在の海面より二〜三メートル高い位置に到達したとされる。六三〇〇年前に南九州の鬼界カルデラが噴出した火山灰が全国各地に地層となって残っており、また約九三〇〇年前に日本海西部の鬱陵島から噴出した火山灰も地層に残っているので、二つの地層の資料で年代の特定ができるようになった。その前後の沖積層の貝類の化石の調査を加えて、海水面の上下と、海水温の変化を判定する。三〇〇〇年前の縄文中期に若干の上昇があったが、縄文中期後半に入ると海岸線が再び低下をはじめ、その後は、弥生時代にかけての約二二〇〇年前頃までに海面が低下し、「縄文中期の小海退」と呼ばれている。その後、微動の上下を繰り返しながら現在に至っている。エドワード・モースが大森貝塚を発見したのが、明治一〇年(一八七七)であったが、日本全国の貝塚の調査が進んで、地層に含まれる貝殻の化石と貝塚とを照合することによって、海面上下の規模が判定される。「縄文海進」の時代に関東地方では、今の栃木県や群馬県の一部にまで貝塚が残り、現在の海水面より五〇～六〇キロの内陸まで海岸線が入り込んでいたことが分かっている。東京の目黒区の東山にもその名残りの貝塚がある。鎌倉鶴岡八幡宮も、隼人の鹿児島神宮も、一五〇〇年前の多摩川の古墳も、今は台地上に位置する古社の多くが波打際に築造されたことは間違いない。勿論、地震などによる地盤の隆起や沈下もあり、特に六五〇〇年前の巨大地震による列島の隆起は著しく、小田原・羽根屋遺跡のように海抜二二～二四メートル隆起したものもある。東日本大震災では江戸時代に干拓された沖積地が水没し、東日本の海岸は約一メートル弱の地盤沈下を引き起こしていることを特筆しておきたいが、地球温暖化は、実は黒潮文明が北上して力が加わることで、大日本《おほやまと》の島と民族の発展にとって必ずしも不利な話ばかりではない。

116　北海道神威岬沖玉木海山

ウッズホールの海洋研究所で一夏のサマースクールを過ごしたのは米国が建国二〇〇年を祝った翌年の一九七七年だった。海洋法を制定する為の国連の会議が頻繁に開かれ、米国国際法学会の雑誌は、海洋法に関する記事を繰り返し特集して発行した。国際法の授業の延長線にすることを口実にして、ウッズホールでの夏休みは海岸の保養地で快適に過ごす実利もあった。Oceanographyという教科書が使われ、執筆したご当人のロス教授が授業をした。研究所の岸壁には大型の海洋調査船が係留され、その甲板には、深海に潜れるという潜水艇が搭載されているのが教室の窓から見えた。世界的な大地溝帯の北辺に位置する紅海のシナイ半島の先の海底にある火山の噴気孔の映像が授業で見せられ、モクモクと噴出する高温の海水は重金属を含んでおり、銅や鉛、亜鉛、金、銀、その他のレアメタルが集積しているとの説明がなされた。海底熱水鉱床のことである。マンガン団塊についての解説も初めて聞いた。直径二〜一五センチの球形の酸化物が海底面上に分布したり、堆積物の中に埋没して、マンガンが四〇％から五〇％を占めて、銅やニッケル、コバルトなど三〇種類以上の有用な金属を含む団塊が、大洋の四〇〇〇から七〇〇〇メートルの深海底に存在することが、潜水艇で撮影された画像を使って説明された。大洋の海の中に聳え立つような水深八〇〇から二四〇〇メートルの海山の山頂は平べったいが、コバルト・リッチ・クラスト鉱床があり、海山の岩盤をアスファルトのように数ミリから一〇センチくらいの厚さで覆って、白金が微量含まれているのが特徴であるとの発見も開陳された。ウッズホールの授業でメタンハイドレートが話題になった記憶はない。米国には、西海岸のカリフォルニアにはスクリプス海洋研究所があり、海洋研究の二大聖地のようになっていた。

ソ連潜水艦が大西洋に沈没し、米国の情報機関が秘密裏に引き揚げたのもその頃だった。ヒューズ社がオーシャングローマーという巨大クレーン船を建造してそれで引き揚げたのであるが、フレッチャースクールの国際法の教授は、万一米国の原子力潜水艦がソ連に引き揚げられたときに反対する論拠を失うとして、引き揚げを批判する論陣を張ったのが印象に残る。米ソ潜水艦競争についての軍事小説『レッド・オクトーバーを追え』が映画化された頃で、米国が海洋開発の制度作りのため国際海洋法会議を主導しながら海洋開発の技術の優位を誇示していた時代だった。

日本では深海底の鉱物資源を探査する専用船の「第二白嶺丸」を昭和五五年に建造して、マンガン団塊調査をハワイ東方の公海で行ない、昭和六二年には、深海資源開発(株)が国連の国際海底機構から、鉱区七・五万平方キロを取得している。世界中の約三四〇ヶ所の海底で熱水鉱床が発見されているが、日本では沖縄や伊豆小笠原の海域で相次いで発見されている。世界に先駆けて小型掘削機器を開発し、二〇〇六年六月に小笠原父島東方の水深五八一五メートルの海底で、世界最深記録の堆積物採取に成功している。沖ノ鳥島を起点とする大陸棚延伸申請に貢献することとなったことは間違いない。

東大駒場寮の政治経済研究会というサークルで一緒に生活したことのある筆者の後輩である、玉木賢策大陸棚限界委員会委員(外務省参与)が国連の会議で演説中に背中の痛みを訴えて救急車で搬送、動脈瘤の手術をしたが、現地時間二〇一一年四月五日二二時三七分、ニューヨークの病院にて逝去した。東日本大震災が発生した日の早朝に米国に出立した。昭和二三年一〇月一日、山口県宇部市生まれ、享年六二歳。玉木委員は海洋底変動学の第一人者として、国連海洋法条約に基づく大陸棚限界の設定を通じて海洋秩序の構築と発展に多大な貢献をした。玉木氏は東京大学海洋研究所教授を経て大学院工学系研究科エネルギー・資源フロンティアセンター長、教授となり、二〇〇二年に大陸棚限界委員会の委員に選出され、以降二期九年間委員を務めた。大陸棚限界委員会とは、各国の大陸棚延長申請を審査する目的で、国連海洋法条約により設置された委員会で、海洋地質・地球物理・水路学等を専門分野とする二一名の科学者で構成されるが、委員は同条約締約国会合における選挙で選出される。玉木教授の告別式は四月二五日に東京神田の学士会館で挙行されたが、喪主玉木くに令夫人が「普段、私は夫を『玉木くん』と呼び、夫は私を『くにちゃん』と呼びました」と挨拶されたのが心に滲みて残る。弔問客には福田康夫元総理や深谷憲一元海上保安庁長官なども参列していた。北海道神威岬の西方約一七〇キロの日本海に、規模が南北約五五キロ、東西約三〇キロ、最大水深三六〇〇メートル、最小水深二一〇〇メートル、比高一五〇〇メートルの海山がある。世界の海底地形名の統一を図っている大洋水深総図（ＧＥＢＣＯ）委員会の海底地形名小委員会（ＳＣＵＦＮ）は、この海山に故玉木教授を顕彰し、その名前を冠して「Tamaki Seamount」（玉木海山）と命名することを、国際的に承認・登録した。

117　メタンハイドレートの可能性

二〇一三年一月二七日、掘削調査船「ちきゅう」が世界初のメタンハイドレート海洋産出試験を行なうために駿河湾奥の清水港を出港した。試験の実施地点は、渥美半島から志摩半島の沖合の北緯三三度五六分、東経一三七度一九分の地点で、水深が八五七〜一四〇五メートル。東部南海トラフと呼ばれる海域の一部である。一九九六年から二〇〇四年までの調査で、この地点にメタンハイドレートが濃縮している地層が一六あることが判明していたので、海洋産出試験実施の候補地となった。準備作業が五年がかりで進められ、平成二一年度に基本計画の検討を開始してから、二年後に試験実施地点を決定した。掘削機器やモニタリング装置の製造が行なわれ、平成二四年度末の一月から三月にかけて海底の坑内に機器を下ろし実際に地層を減圧してガスを出す作業が実施された。石油や天然ガスの場合には、地下で液体や気体の流体として存在するから、坑井を掘削して自噴する分をエネルギー資源として使っている。だが、メタンハイドレートの場合は、地下に固体として存在するために、約一トンのハイドレートから取り出せるエネルギーはドラム缶一本分で、経済的に成り立つ生産方法を見つけ出す必要があり、しかも環境・漁業などへの影響を最小限にする必要がある。海底面下で固体のまま採掘するのは費用がかかりすぎるとの指摘があり、水とメタンガスに分離し石油や天然ガス同様に生産できる分解採取の方法がまず追求された。二〇〇二年と二〇〇七〜八年にかけカナダ極地の永久凍土層の下からメタンハイドレートを採取する実験が行なわれ熱刺激法と減圧法の両方の実験を試みた結果、減圧法で継続的にハイドレートを分解することに成功していたから、減圧法が海底面下でも同様にうまくいくのか確認する必要があるというのが、海洋産出試験を実施した理由の一つである。メタンハイドレートの分解は吸熱反応であり、エネルギーを与え続けなければ分解が進まないが、減圧法は人工的に熱エネルギーを供給することなく、ハイドレートの温度と地層の温度の差の熱でハイドレートを分解する方法であるから、そうした熱が効果的に集められるのか、つまり、海面下の地層の中で、熱と流体との動きを制御できるのかとの課題があった。従来は、減圧法の使用は困難であると考えられ、カナダでの陸上実験においては、温水循環による熱刺激法が試みられたが生産量は僅かに留まり、一方で同時に行なわれた小規模な減圧実験で、地層に浸透率があることがわかり、減圧法への期待が高まった。カナダにおける二回の陸上産出試験でも一定の成果があったため、減圧法が採用されたのである。三月一二日に減圧を開始して、最初のフレアに着火して、以降一八日まで、ガスと水とを生産し続けた。三月一八日に至り、ポンプの回転の負荷が高まり、船上でポンプから砂が出て捌ききれなくなり、また当日の夜から大荒れの天気予報であったので、ガスが出てこないように坑内のガスと砂を浚って圧力を回復させる作業を行ない実験を終了した。減圧法で毎日二万立方メートル、六日間連続でメタンガスが生産できることは証明できた。

さて、メタンハイドレートとは、メタンと水分子からなる化合物であり、見た目は氷状で、常温常圧ではメタンと水とに分解する。メタンガスに火をつけると燃えるので、燃える氷と呼ばれる。燃えた後には水が残る。メタンハイドレート一立方メートルには約一六〇〜一七〇倍の体積のメタンガスが含まれているが、低温高圧で安定的な物質であるため、天然のメタンハイドレートが存在できるのは、永久凍土地域の地下や、水深五〇〇メートルより深い海底に限られる。一九三〇年代にシベリアの高圧のパイプラインがメタンハイドレートで詰まる事故の原因として注目されていた。メタンは地下の有機物から生成され、熱熟成起源と微生物起源に大別できる。熱熟成起源のメタンは地下深部の熱によって生成される。これは多くの天然ガス田と同様であり、カナダ陸上試験の時のメタンも、日本海の佐渡沖のメタンも地下深部の熱起源である。今回の東部南海トラフ海域のメタンハイドレートは、メタン生成古細菌によって生成されたもので、水溶性のガス田に多いメタンガスである。一九六五年にメタンハイドレートの生成が理論的に証明され、一九七九年に中米の海溝でサンプルが回収された。日本は、一九八九年に奥尻海嶺で、翌年に四国沖の南海トラフで回収に成功している。

二〇一八年には商業化のための技術を確立し、日産一〇万立方メートル、つまり試験時の五倍の生産があれば、経済的な採算も達成できるという。現在のところ、太平洋側の海域での海底掘削には掘削船の費用だけでも一日当たり五〇〇〇万円の経費が掛かるが、今後は倍増するとの見方もある。原子力から再生エネルギーへ転換するまでの繋ぎのエネルギー資源として考えてもなお、メタンには炭酸ガスの二一～七二倍の温室効果があるとして、地球温暖化防止の観点から採掘に反対する環境活動家の動きもある。

118　急げ独自の深海探査技術開発

メタンハイドレートを真剣に調査するばかりでなく、採掘を目指して技術開発や調査を行なっている国は、今のところ日本だけである。北極海にもメタンハイドレートが存在することは確認されているが、カナダもロシアもメタンハイドレートに対する関心をほとんど見せていない。資源大国であり、他のエネルギー資源が潤沢にあるからという理由だろう。もちろん諸外国は鵜の目鷹の目で日本の動きを注視・観察している。ドイツは、キールに海洋調査のセンターを設けて、メタンハイドレートの埋蔵量予測などを行なうばかりではなく、二酸化炭素を海底に戻す、即ち、二酸化炭素ハイドレートを海底の地層に閉じ込めて、メタンから生じる地球温暖化の副作用を抑制しようとする、シュガー(砂糖)と名付けた実験を今年中にも朝鮮半島沿岸で実行する予定だ。韓国を巻き込んで日本近海のメタンハイドレート開発に関与しようとのドイツの魂胆が窺える。

日本は海底地層の探査技術について、ノルウェー王国の技術に頼っていることをここで特筆しておきたい。たとえば、コングスベルグ社などと契約して調査を行なっているが、調査技術は全くブラックボックスの中にあり、日本は調査船の建造技術は自前になったにしても、海底地層探査技術はノルウェーの企業の技術に遠く及ばず、ノルウェーは契約以外のデータは、当然のことではあるが、決して日本側に提供しない。海底地層の三次元探査の新しい基礎技術を日本は保有していないのだ。ヨーロッパのエネルギー消費はここ数十年先を展望して、ロシアの天然ガス生産に依存し続ける実態にあるが、ノルウェーは、北海油田の天然ガスと産油国の立場を維持する観点から、日本のメタンハイドレートの探査に一定程度協力して、世界的な資源保全を効率的かつ慎重に進めている。ノルウェーは、二〇〇七年に、長期的な協力関係をつくるとして、地震探査船と技術一式を、七万平方キロに及ぶ大陸棚を調査するために二億一三〇〇万ドルの価格で日本側に提供すると発表した。ノルウェーでは、実に八〇〇〇年前には大地滑りが発生して、北ヨーロッパ全体に波及するような大津波が発生したことがあるから、メタンハイドレートが採掘された場合に、大陸棚と深海との境界線にあるメタンハイドレートが接着剤の役割をしなくなって大陸棚の大地滑りを引き起こす可能性についても注意を喚起している。日本とノルウェーの協力で日本に提供された、ノルウェー船籍であった地震探査船ラムフォーム・ビクトリー号が東支那海で調査を行なったとき、支那の海洋警察はスパイ行為として、海洋調査の中止を求め、追尾するなどの威圧行為をしたことは記憶に新しい。この探査船は後に日本の公有船に登録して日本の責任を明らかにしたが、その探査データを基に、当時の故中川昭一経済産業大臣は関係者の面前で、ジュースを入れた一つのコップに二つのストローを差し込み、東支那海の日本側大陸棚資源を支那が横取りしていることに抗議している。

支那は三〇〇〇メートルの深海で天然ガスの採掘を行なう能力を有するが、実は、東支那海よりも南支那海の資源埋蔵量の方が遙かに大きい。南支那海は一番深いところで四五〇〇メートル程度であるので、その深度を目標にして海底掘削技術を開発してきている。二〇一二年六月一五日マリアナ海溝で水深六六七一メートルまで、「蛟竜」という名称の有人潜水艇を潜水させることに成功し、日本の潜水艇「しんかい六五〇〇」が達成した六五二七メートルの記録を抜いた。翌週二四日には、七〇一五メートルまで潜水することに成功しているが、これは、日本の技術を抜いたと誇示するための国威発揚の為の潜水であった。もちろん、実態はロシアの技術協力を受けて開発され、外見もロシアの深海潜水艇ミールと同じように上面だけを赤く、それ以外を白色に塗装している。国産技術が六割になっていると主張しているが、それは、ロシアの技術を国内で製造するために用いたことも含めての数字である。支那の潜水艇の耐圧殻は、側板六枚、反対側六枚、天板、床板一枚ずつの計一四枚の板が手で溶接されており、その技術が、ロシアからの供与なのか、支那の独自技術なのかは判然としない。潜水の記録を超された日本の対応としては、たとえば一万二〇〇〇メートルの深海に潜水できる潜水艇の開発を目指し「しんかい一二〇〇〇」を立ち上げるにしても、これまでの潜水艇のように海底に達するまでに一〇時間近くも時間がかかる潜水艇ではなく、もっと早く潜れる、たとえば電池の推進力で勢いよく深海に突っ込む潜水艇など、新しい概念に基づく開発が必要であり、従来の気球型の潜水艇の開発はそれほど意味がないとの見方がある。無人の海中ロボットを支那はカナダから調達しているが、カナダは国際世論に配慮してわざわざ旧式のロボットを売却している。海底情報については、無人ロボットの発達により、海底に高さ三〇メートルもある煙突状の熱水噴出孔《チムニー》があったり、紅《べに》ズワイガニが集まっていること等、新たな知見が続々ともたらされている。

119　日本海表層型メタンハイドレート

太平洋側の南海トラフと呼ばれる海域で行なわれたメタンハイドレートの掘削には、すでに五〇〇億円以上の費用が投下されている。一〇年で実用化までに至るかどうかについて議論があり、減圧法と呼ばれる採取方式自体に疑問を呈する向きもある。更に、海底油田の採掘方法を応用しているので三次元探査の技術を外国に依存せざるを得ない状況にあり、戦後の安全保障体制同様に、エネルギー資源確保の為の死活的な技術を外国に依存するという怠慢から、海底油田の採掘は、国産技術の開発が遅れるかそもそも欠如しているので、メタンハイドレートを深海底から採取しようとすることは技術的にも得策ではないとの指摘もある。

地球深部への掘削を目的に据えて、掘削深度は、水深二五〇〇メートルの深海域で、地底下七五〇〇メートルまで掘削する世界最高の掘削能力があり、マントル物質や巨大地震発生域の試料を採取することとして、「ちきゅう」と壮大な名前をつけた五万九五〇〇トンの掘削船を建造している。確かに、二〇〇六年から翌年にかけてケニア沖の水深約二二〇〇メートル、海底下二七〇〇メートル、オーストラリア北西沖で水深約五〇〇メートルで、海底下約三七〇〇メートルと水深約一〇〇〇メートルで、海底下約二二〇〇メートルを掘削した実績を残してはいるが、マントルに到達するという更に遠大な目標を達成する情熱に欠けていると の低評価があるのが実態である。現実に、昨年の南海トラフにおけるメタンハイドレート採取のための掘削は一〇〇〇メートルの深度の海底を数百メートル程度掘削しているに過ぎない。福島第一原発が東日本大地震の後の津波で電源を失い、水蒸気爆発があり暴走した後に、原子力燃料を早期に回収して日本海溝に投棄する案が提示された。原子力廃棄物をマントルに封じ込めれば、長い時間をかけて地球の内部に取り込むことができるという案であった。だが、マントルまでの掘削を可能にするような画期的技術開発は国運を賭けて追求すべきであるとの深刻な提案にも拘わらず、また深海底掘削技術に対する期待が高まったにも拘わらず、こうした期待に応えて挑戦するような体制に今はないとの指摘が専らだ。巨額の予算を使って政府主導で試掘を行なっている割には、目標設定が安易すぎるのではないかとの批判もある。そうした批判が図星のように思える実績しかないことは残念なことである。

オホーツク海や日本海では、海底下数メートルの浅い部分にメタンハイドレートが埋まっていることが確認されており、メタンハイドレートの結晶を引き揚げるなどすれば、太平洋側に比べると遥かに低コストで採取できるとの有力な指摘がある。巨額の予算がつく太平洋側の研究に対して、日本海側の研究には、何と数百万円という微小な予算しか配分されて来なかったのは、石油利権にまつわる、メタンハイドレートの採取自体に反対する政治家、学者、企業の勢力があることが原因であるとする見方も根強い。そうした状況の中で、明治大学ガスハイドレート研究所が、昨年の六月初旬から六週間に渡って広域調査を行ない、引き続いて今年も、独立行政法人の産業技術総合研究所とともに、日本海の「表層型」メタンハイドレートの資源量把握のための調査を、芙蓉海洋開発所有の第七開洋丸の船底に装備した音響観測装置を用いて開始したことは注目に値する。ちなみに、第七開洋丸は沖縄水産高校の実習船「海邦丸」を二〇〇〇年に改装した船で、一九八六年に内海造船(広島県尾道市)の瀬戸田工場で進水した長さ五四・二一メートル、幅九・二メートル、総トン数は四九九トンの小型の中古調査船で、明治大学の研究所のホームページには「船の調査の最大の敵は悪天候です。調査船がまっすぐに走れなくなるほど風雨が強くなると観測データの信頼性が落ちるので調査は休止します。最悪の場合、避難入港することもあります」と健気な決意が書かれている。二〇〇四年の夏に、東京大学を中心とするチームが上越沖で初めての集中調査を行ない、メタンハイドレートの塊を多数回収することに成功したことが特筆されるが、その際に、メタンプルームと呼ばれる気泡の柱も多数確認されている。メタンプルーム直下の海底付近にピストンを打つ方法で容易に結晶を採取できることが実証されたとしている。メタンハイドレートは、凸地状に海底の土が盛り上がった「マウンド」と呼ばれる場所に集中して存在する。だから、探査ではマウンドを発見するのが一番重要なのである。このマウンドには、チムニーと呼ばれる地層を通ってガスが海底下一〇〇〇メートルから数十メートルの表層に湧き上がり、それがハイドレートの固い塊となって集積し盛り上がっている。その後、能登半島西方沖、秋田・山形県沖にある最上トラフ、隠岐諸島の周辺海域が有望視され、上越沖、秋田・山形沖では、一昨年就航した大型船「白嶺」(六二八三トン)を使い、海底下一〇〇メートルまで掘削して埋蔵量を把握するとしている。北海道日高沖も、二〇一四年度の広域地質調査の対象としている。

120　燃える氷＝日本海メタンハイドレート

占領軍は直ちに、地質調査に関する資料を押収している。昭和一二年七月の盧溝橋事件を契機とする日華事変以降、支那大陸で泥沼に陥った日本は隘路・限界に至った。四年半の戦闘で一〇〇万を超える人的被害を出す大戦争となった。国家予算の過半を戦費が占めるようになり、蒋介石政権の補給路を遮断すべく南進して、英蘭などと戦火を交えることになった。昭和一五年九月の「仏印進駐を実行しても米国は石油禁輸を実施しない」という安易な判断は、米国との開戦に自らを追い込んだ。伝統的にソ連を仮想敵国とする陸軍は、南進の後に、シンガポール攻略司令官の山下奉文《ともゆき》中将を満洲の方面司令官に転任させている。大平原の地下や渤海海底に油田がある可能性が徹底的に追求され、探査が成功し掘削されておれば、大戦が回避された可能性があるが、日本は探査技術に劣り、満洲で最新の技術はついぞ使用されることなく、メキシコのタンピコ油田からおとりの石油が売却されて徳山製油所が満タンになり、これで戦えると連合艦隊司令長官が豪語して真珠湾に出撃させる巧妙な罠にはまった。緒戦はいざ知らず、結末は歴史に「もし」がないことを裏書きする惨々たるものであった。南満洲鉄道撫順オイルシェール工場で、石炭生産の副産物として人造石油に力が注がれたが、「投入エネルギーより抽出エネルギーの方が少なかった」のが、米国戦略爆撃調査団石油報告が指摘する実態だった。一九六〇年代に至り、旧ソ連の技術で黒竜江省に大慶油田、山東省に勝利油田(その後、探査技術の進展で渤海の海底油田の開発につながる)が発見され、遼河油田などが発見・開発された。東支那海では、日本との中間線の近傍で天然ガスを掘削して生産しており、最近では南支那海で海底油田の掘削プラットホームを建設して国際紛争の焦点となった。日本は探査に劣り、掘削技術を持っていてもためらい、合理的な資金・技術の投下を夜郎自大に怠る傾向がままあることが教訓である。高オクタン価ガソリン、つまり航空機の高性能運用に必須の燃料が製造できなかったこともよく知られており、制裁を加えようとする米国と特許や製造方法の供与について交渉を進めていたことなどは、無謀な茶番劇としか思えない。満洲にウラン資源があることも判っていた。満洲国の中枢にいた高碕達之助は、婦女子の安全確保と引き換えに、日ソ不可侵条約を反故にして雪崩込んだ赤軍の尋問に対してウラン鉱山のありかを教えたと回想している。

メタンハイドレートについて、海からの天然資源の確保という観点から、黒潮文明論の一環として、当代一流の海洋開発専門家の友人にインタビューを行ない知識を得ながら論評を加えてきたが、拙論を読んだ同志から電話があり、日本海にこそ資源開発が比較的に容易なメタンハイドレートがあり、日本を無資源の国であるとするのは事実に反するとの有力な主張があるので、それについて紹介すべきであるとの忠言があった。特に青山繁晴氏の意見に注目すべきだとのことであった。なるほど、二〇一二年二月八日関西テレビの番組が青山繁晴氏の意見をよく纏めており、要旨は次のとおりである。

原子力発電所が停止すると、火力発電の燃料となる石炭、石油、天然ガスの海外からの輸入が増大するので、値段がどんどん上がっていく。日本が資源のない国というのは、真っ赤な嘘である。実は隠された資源大国であると指摘しても、間違っているなら政府や大学から抗議がくるはずだが、勿論来ない。マスコミが取り上げないのは、政府の取り組みが弱いからである。その理由は「日本の敵は日本」で、つまり、日本はいつまでも資源小国でいるべきだと、貶める人々がズラッといる。日本は資源のない国だというのが、日本の常識になっているが、確かに十数年前までは、石油や天然ガスといった従来の埋蔵資源はとても少なかったから資源のない国だったが、今は世界の眼は、燃える氷と呼ばれるメタンハイドレートに注目することで、日本の希望となった。メタンハイドレートのある場所には微生物が沢山あり、紅《ベニ》ズワイガニが寄ってくる。単純にメタンだから環境に悪いという話ではない。地震の多いところに、メタンハイドレートがある。石油や天然ガスのある中東には、むしろない。太平洋側での掘削にはものすごいカネがかかるが、日本海側では鉱床が海底に露出している。戦争に負けた日本が資源大国になったら困るとの見方があり、韓国のメタンハイドレート調査を支援しているのは、米国のエネルギー省と国際石油資本であり、戦後日本の在り様に無難に乗っかって、日本を敗戦直後のままにしておきたい勢力がある。経済産業省や東京大学は既得権益があるから太平洋側以外を調査しないが、水産庁委託で調査をしたら尖閣諸島の上の方にもメタンハイドレートがあった。石油工学の技術で日本海側の掘削はできない。土木工学が重要。清水建設がバイカル湖でメタンハイドレートの回収実験に成功している。

夜郎自大の再発を避ける為にも傾聴に値する意見である。

121　風葬の既視感を誘う高浜神社裏手墓地

涸沼《ひぬま》からの水の流れと那珂川とが合流する地点が、水戸市川又《かわまた》町の地名となっている。大津波で川又の田んぼは潮をかぶった。三〇～四〇センチほど地盤が沈下して、汽水が用水路を逆流するようになった。水門もあるが、満潮の時間にはサシ板を乗り越えるから嵩上げ修理が急がれるが、工事はなかなか進まない。那珂湊と那珂川の境の水門も上下駆動の仕掛けが故障したままだ。涸沼でのシジミ採りなどに影響が出る怖れがあるとして、地元住民はこれまで護岸堤防建設に反対してきたが、これだけ地盤が沈下すれば上流で大雨が降ると大洪水になる怖れも現実味を帯びてきたから、反対論は下火になった、と田畑の見回りに来た農夫の立ち話を聞いた。相馬の野馬追見物を口実に、福島浜通りの海岸線を回ると、江戸時代に干拓した場所はほぼ例外なく津波に洗い流され、防潮林として松林は弱かったことが証明されて、白砂青松がそれほど歴史ある景色ではなく干拓の副産物で、タブの木に劣ることが確認された。相馬市鹿島区に塩崎という地名があり、もう山側と思われるくらいに、海岸から一里以上は内陸に入った場所だが、川を津波が逆流して襲ったとのことで、昔の津波で潮が到達した場所を示す地名だった。豊橋の潮崎や水戸の塩崎町なども、その昔は波打際にあったことの名残に違いない。沖縄の糸満市の潮崎は埋立地だ。汐崎は下北半島の岬の名前にあり、銚子の河口の右岸は波崎という。

日本列島で海面が一番上昇したのが、六〇〇〇年前のいわゆる「縄文海浸」の時代で、現在の海面より五〜七メートルは高かったことが、貝塚の分布や地質調査ではっきりしている。縄文時代には、現在の日本列島の平野は存在していなかったのである。石狩、仙台、関東、濃尾、大阪、筑後などの平野は海の底であった。だから、今は平野となっている当時の浅海はシジミやハマグリなどの食用貝類が湧くように生息する豊饒の海だったことは間違いない。相馬の松川浦も今回の大地震で地盤が沈下して、細波《さざなみ》の立つ立派な内海に変貌していたのは驚きだった。

茨城県の常磐線の高浜駅の近辺は、海面が上昇していた時代には、交通の要衝の地であったろう。霞ヶ浦が文字通りの大湾の浅海であった時代には、その最北の湾奥の港が高浜にあった。高浜から恋瀬川(昔は「信筑《しづく》の川」と称した)を遡って筑波山に至る重要な交通路であった。常陸国風土記によれば、春の花、秋の紅葉の頃には、社郎《むらをとこ》と漁嬢《あまをとめ》とが、濱洲《はま》を逐《おひは》せて集い、舟に乗って商人《あきひと》と農夫《たひと》が行き交う風光明媚な交流の場所だったとする。常磐線の高浜駅を東におりて左側に回り踏切を越えて、丘陵地帯の坂を登り切ったところに舟塚山古墳がある。舟塚山古墳は茨城の古墳の中でも最大級で、新治《にいはり》郡、行方《なめかた》郡、稲敷郡などの地域を領する豪族の墓であろう。急峻な崖の上に築造されているが、その崖は霞ヶ浦の波打ち際がそこまであった証拠の海食崖である。すぐ近くに府中愛宕山古墳もある。少し小ぶりの古墳だ。いずれも前方後円墳である。

舟塚山古墳では後円の部分が南側にあり、愛宕山古墳は逆になっていて、地元の伝承では、港に入る舟の形をしているから舟塚山を入舟といい、愛宕山を出舟の形と言っている。円の部分は、舟で言えば船橋に当たり高さが方の部分より高い。前方後円墳は古墳の一形式であるが、平面が円形と方形の墳丘を組み合わせた形状は日本独特である。規模の巨大さも特徴としている。日本列島の広範囲に分布しており、北は岩手県から南は鹿児島県にまで及び、近年、朝鮮半島西南部にも存在することが確認されているが、伝承の通りその形状が舟の形であるとすれば、黒潮が当時は島であった銚子の岬で大きく太平洋に向かうから、南からの船が霞ヶ浦に入り、その一番奥の港が高浜で、そこに上陸して奥州に向かう拠点になっていたに違いない。二つの大きな古墳の近くには、陪冢《ばいちょう》と呼ばれる小さな墳があちらこちらに残る。先祖の墓が暴かれて畑になったとの嘆きも残り、陪冢という難しい言葉を、地元では誰でも今でも知っている。石岡に国分寺が置かれ、国司がはるばる赴任する際、上陸した港が高浜であったとすれば、筑波山麓に領地を持った伊勢の国司、北畠親房も高浜を経由したのだろうか。

高浜神社の裏手の崖の中腹の墓地に立てば、海岸に風葬の跡がある南島の既視感を誘う。古式の鳥居のような門が結界として立っている。高浜神社には、樹齢数百年になる栗の大木があるが、栗と言えば、食用の実のなる木で縄文時代の代表だ。美濃の中津川の名産は栗きんとんであるが、菓子屋の本店が、工場も店舗も、建屋の木材を全部、栗材で豪勢に建設したことを加子母村の木材会社の社長から聞いて、見物に行ったことがある。三内丸山遺跡の材木の遺物にも栗の木があった。高浜神社はもともと神主のいない神社で、香取神宮から神官が赴いて祭礼を続けてきた。もともとは、霞ヶ浦の風波が荒く、鹿嶋神宮あたりに舟を出すことが難しいときの、国司一行が旅をする際の仮の宿泊あるいは祈祷の施設として建設されたのかも知れない。

122　災害避難所としての前方後円墳

前方後円墳の形は、入舟、出舟の形ではないかとの仮説を提出したが、大方の前方後円墳が豪族などの墓であることは確かだ。ただ、殉死を伴う古墳は皆無であるし、中には、墓ではない古墳もある。古墳の周囲に埋め込まれた埴輪なども、民衆を生き埋めにする代わりに埋め込まれたとの説があるが、それは誤りで、擬人化された焼き物の像は、死後の世界で土木大工事をした指導者としての豪族などを守る、あの世で田畑を守る抽象的で素朴な兵士の像でしかない。だからこそ、秦の始皇帝の兵馬俑のような現実に迫ってくるような塑像が、明の十三陵のような巨大な地下空間の墓の周囲に並ぶような姿はなく、抽象的な人形の素朴な焼き物が土留めの様に並ぶのが、埴輪の特徴である。大陸の王朝の墳墓とは異質で全くかけ離れたものであることを指摘しておきたい。要するに、日本の古墳は荒れ地を開墾して田畑をつくったことで生じた土砂の盛り土でしかなく、豪族が力を誇示するために民衆を酷使して強制的に作らせた墳墓ではない。実際、日本の古墳は、河岸段丘の縁などの少しの高台にあるものは多々あるにしても、深山幽谷には古墳は存在しない。多摩川の下流にあり、東京の私鉄東横線の車窓から多摩川の鉄橋を渡る際に眺めることのできる亀甲山古墳などはその典型である。

巨大古墳の、たとえば仁徳天皇陵などは、全くの平野部につくられており、開墾の残土を計画的に盛り土して出来あがっていることが明らかになっている。畿内の氾濫原野の治水工事として大土木事業が行なわれると、工事の結果、厖大な土砂が盛り上がって残る。自らが指揮して積み上げたその残土の山を、善政を行なったとして最も功労のあった者が墳墓としたのである。朝鮮半島の新羅の都であった慶州などに行くと月明かりの中に大きな円墳が美しいシルエットとなって眺望することができるが、厳然として権力を誇示することを目的として建設されている。日本の前方後円墳のように、円部が森となって木々で覆われ、あるいは方の形の部分が芝生になって周囲の土地を平らかにし、田畑となったただ中にあって、中には、環濠や池を巡らして土砂の流出を防御しているような穏やかな形とは、およそ似て非なるものである。前方後円墳が舟の形をしていると仮定すれば、大水が出たときに舟が浮かんで、被害を避けることを象徴した形ではないだろうかと思うことは当然の成り行きで、近隣の農民は、近くの河川の氾濫から遁れて、前方後円墳の頂きの高みに避難したのではないか。人柱を権力者の墓の周囲に立てた例は日本にはない。倭建命への弟橘媛《おとたちばなひめ》の献身の物語も、愛と犠牲の話で、権力の賛美ではない。

余談ながら、茨城の高浜に河口があり、霞が浦の北浦に流れ込む恋瀬川《こいせ》の名前は小さな伊勢、つまり「こ・いせ」ではないかと想像する。北畠親房は筑波山麓の小田城で書いた神皇正統記に「大日本《おほやまと》は神の国なり」と記したのであるが、恋瀬川はその小田城の北側の谷を流れている。その源流を筑波山とする説もあるが、流れを辿ると加波山《かば》にも至ることができるから、恋瀬川を遡って加波山に至る往来があったことが分かる。加波山は修験道の山であり、海から川を辿って、常陸の原野を開拓していった黒潮の民と山の民との諍《いさか》いもあったに違いないが、加波山神社が小伊勢神社として、伊勢の神徳を久しく仰いで来たとする解説からすれば、吉野の金峯山寺《きんぷせん》のように海と山とが出会う聖地として崇められてきたに違いない。加波山と筑波山とを両方遠望できる八郷盆地の中央を流れる恋瀬川の広大な沖積地の河岸段丘に丸山古墳はある。この古墳は崇神天皇の第一皇子豊城入彦命《とよきいりびこのみこと》の奥津城《おくつき》として伝承され、古墳の近くには佐志能神社が鎮座している。そもそも、遙かに隔たる筑波山麓が伊勢の国司の領地であったことは驚くべきことである。しかし、黒潮の海と川を縦横に往来する頻繁な交通があって伊勢と常陸とが深く結びついていたことが分かれば、筑波山麓が大和朝廷の東国平定の根拠地になり、また南北朝動乱の時代に伊勢国司が小伊勢と称して安寧・隠遁の地としたとしても何ら不思議はない。

大化の改新は西暦六四五年であるが、その翌年、埋葬を簡素にすることを求める薄葬令が出され、火葬も実施されて、墳墓は簡素化されるようになった。火葬された骨と青銅板の墓誌が、特段の副葬品もなく、檜の木棺に入れられるようになったが、その典型が一九七九年に奈良春日大社の東方約七〇〇メートルに位置する比瀬町の通称トンボ山の丘陵南斜面の茶畑から発見された『古事記』の編者太安万侶《おおのやすまろ》の墓である。墓は浅い谷の地形の中央に位置する。墓誌は長さが二九センチ、幅六センチ、厚さ〇・五ないし一ミリ、重さ七五グラムの純銅の板に、太安万侶が平城京の左京四条四坊に住み、そこで養老七年七月に死亡したと、十二月十五日の日付を以て記している。養老五年には竈《かまど》による火葬制度になるが、他の場所に埋葬してはならないとされ、安万侶の木棺は火葬の残りの木炭で覆われていた。権力の近くにあっても墓は簡素を旨としたことがわかる。

123　黒潮の力強さを体感した礼文島往還

礼文島を訪れた。羽田から飛行機で稚内に直行して市内で一泊し、早朝に連絡船に乗り込んだ。宗谷の名前のついた大型フェリーが三隻就航していて、一番の新造船でスタビライザーが装備された船に乗ったが、前日午前中の悪天候とは変わって海は穏やかで、予定の時間通りに香深港に接岸した。隣の利尻島には以前行った。日本に憧れて捕鯨船に乗り組んで、北米から渡ってきた青年が幕末の長崎で英語教師をした話を利尻で知ったが、礼文に寄ることができずに、黒潮の流れの日本海側北端にある島を抜きにしたことが気がかりだった。今回ようやく重くなった腰を上げて、礼文島行きを決行した。

フェリーの発着する香深港は島の南にあるが、島の北辺には船泊湾があり、標高一〇メートルの砂丘が久種湖を仕切っている地形になっているが、その砂丘に船泊遺跡がある。明治時代からここに様々な遺物があることが知られていて、「東京人類学雑誌」に採集品が紹介され、昭和に入って北海道大学の学術調査が行なわれている。北海道を代表する縄文時代の遺跡である。北海道では、最近でこそ、地球温暖化の影響もあるとされ、稲作が徐々に北上していることが話題になっているが、弥生文化の基盤としての稲作が行なわれた痕跡はない。本州の弥生時代以降も北海道では縄文時代が継続して、その間、北方からのいわゆるオホーツク文化が入り、古墳時代の影響を受けた擦文文化があり、近世からのアイヌ文化に繋がっていく。礼文島には五五ヶ所の遺跡が見つかっており、旧石器時代一ヶ所、縄文時代一三ヶ所、続縄文時代一五ヶ所、オホーツク文化期一九ヶ所、擦文時代一二ヶ所、アイヌ文化期七ヶ所となっている。一つの遺跡に複数の時代が重なっているものもある。平成一〇年に礼文町教育委員会が行なった船泊遺跡発掘調査に係る出土品は一六一六点(その内訳は、墓抗群出土七七三点、作業場跡出土一四点、包含層出土七〇九点)にも及び、日本列島最北端の大規模な縄文遺跡として学術的な価値が非常に高く、平成二五年六月一九日に国指定の重要文化財となった。その出土品は香深港のフェリーターミナルから徒歩二分の距離にある礼文町郷土資料館に陳列されている。船泊遺跡には墓抗が二四基みつかっており、宝貝や枕貝の装飾品、翡翠や橄欖岩の垂飾、鳥骨菅玉や石菅玉や平玉が、葬時に遺体に装着された状態で出土している。史料館のパンフレットを見てハッとしたのだが、一五号墓の遺体の口元に円いものが写っているので、よく見ると、円い貝殻である。二三号墓の遺体の鼻口のあたりには、翡翠か橄欖岩の垂飾がおいてあるのが分かる。死者の口に珠玉を含ませる飯含の古来のしきたりが行なわれていたに違いない。イモガイや宝貝、そして枕貝は、北海道には勿論生息していないし、翡翠も新潟産のものであることが分かり、更には礼文島の土でつくられた土器などが道南の奥尻島で見つかったことなどを考えると、黒潮にのって交易が広範に行なわれていたことの証拠が船泊遺跡となっている。

礼文島東海岸の真ん中あたりにある集落の内路(アイヌ語でナイ・オロ、小川のある場所という意味)の漁港には、ブリが水揚げされていた。地球温暖化のせいかと聞いてみたら、確かにその影響もあるかも知れないが、これまでもブリが豊漁になった時代もあったとのこと。今年は黒潮の勢いが強いから、ブリが潮に乗って北の礼文島で海の幸となっていることが実感できた。気候変動は善し悪しの両面で、礼文島では、今年、土砂崩れで死者が出るほどの希有の豪雨があった。厳しい冬の積雪にどうしようかと雪止めの対策を考えるのが常で、大雨が降って川が氾濫し、土砂崩れとなって、家屋を押し流すことなど予想できなかったようだ。大量に出土した縄文後期の土器を見ると、焼成するには燃料となる薪が必要であるが、今の礼文島には森林は殆どなく、船泊遺跡の周辺には、草地で覆われた山しかない。しかも冬場の風の強さのせいか、低木しか見当たらない。北海道に広く植わっていたはずの樫の木などは文明開化と称して伐採され尽くし、英国のウィスキー樽になった気配もあることを、スコットランド独立可否の話題を聞きながら思った。焼尻島にはオンコの原生林が残るが、礼文島に原始の森はない。

アイヌの伝統の形の小舟が海岸にあるので、漁師にこの舟で稚内まで行けるかと聞いたら、とても今の季節には無理だ、隣の利尻島までだったら可能だとの話だったが、アイヌ独特の技術でつくられた、丸木舟の上に波を避けるための板を縄で綴じた「板綴り舟」を「イタオマチプ」と言うが、外洋を航行することも可能で、明治の中頃まで使われていたことが知られている。香深港近くのホテルで一泊して朝一のフェリーで稚内に戻った。宗谷海峡は三メートルを越える高波で、風は北西の強風、宗谷海峡が漏斗の様になって風を吸い込んでいるように思えた。時化の中をフェリーは巧みに操船して難なく稚内港に着いた。宗谷海峡を荒波となって抜ける黒潮の力強さを体感する畏敬の旅となった。

124　支那易姓革命と真珠争奪

『古事記』の序文を書いた太安万侶の墓は昭和五四年の一月に発見されたが、木炭で囲われた檜の棺の中に、火葬された遺骨が入っていた。その中に真珠が四個混じっていて、しかもアコヤ貝真珠で、直径三ミリから、五・四ミリまでの丸い希少性が高いものであった。真珠に焼かれた痕はないので、火葬された遺骨に後で添えられたことが分かった。現在、橿原考古学研究所附属博物館に展示されている。遺骨の鼻と口元に翡翠の玉と南海の珍しい貝をおいた、礼文島の船泊遺跡の情景と同じである。『古事記』が編纂された時代には、もう華美にわたる墳墓を建設することが禁止されていたが、家族が古来のしきたりを守るために、遺骨の鼻か口元に貴重な真珠をそっとおいて、死者の魂の象徴として、また死後の旅の食事の代わりにと添えたに違いない。南島の葬式でも、死者を北枕にして枕元に、茶碗に山盛りにしたご飯を置いていた。島の芋と裸足の時代には、ご飯を出すことがご馳走であり、死者に対する大切な儀礼であった。ご飯の一粒一粒が稲魂であり、死者が黄泉の国への旅をする際の糧として表現されたのではないだろうか。礼文島の遺跡で真珠は見つかっていないが、貴石が玉で、海や湖や川からの真珠貝が生み出すものを珠と、漢字が導入されてから区別して書かれるようになった。支那人にとっては、金銀、珠玉、宝物と言うが、真珠は、金銀についで貴重なものと考えられているようだ。仏典でも、金、銀、瑠璃《るり》、琥珀《こはく》、瑪瑙《めのう》、水晶と共に七宝に数えられている。わが国の「たま」と言う言葉はギョクでもシュでもなく、共通して魂のことに違いない。肉体のことを「し」と言う。今でも豚肉をワーシと言うがそのシである。子供が成長して、智恵がついてくることを、「たまし」が入ると言い、子供の成長は見えない魂が大きくなる体に入ってくることであるが、逆に死は、人間の肉体から魂が出てしまうことになる。鼻と口元におかれた「たま」は、その魂が乗り移るものである。奈良時代の頃から、真珠が魂の乗り移る依代となったのだろうか。

ちなみに真珠という漢字が初めて使用されたのは日本書紀だが、「しらたま」と訓ませている。『古事記』は「斯良多麻」と書く。正倉院の宝物の中に、聖武天皇の礼服の装飾に使われた真珠が大量に残り、また、儀式用の冠などにも真珠が使われている。真珠は魂を表現するものであるから、真珠が地の神を鎮めるためにも使われている。日本書紀には、允恭天皇が淡路島で狩りをしたが、獲物が一匹も獲れなかったので、明石の海の六〇尋の深い海から大鰒《あわび》を海人に獲らせ、その腹を割くと桃の実くらいの真珠があったので、それを島の神に祭ったら、獲物が沢山獲れたという。海に潜った阿波の国の男狭磯《おさし》という海人は人柱のように死んだ。実際、東大寺や興福寺を建立する際に、地の神を鎮める道具、鎮壇具として真珠が使われている。

沖縄の那覇と豊見城の間を流れる国場川にかかる橋に真玉橋《まだんばし》という橋があり、豊見城側の地名にもなっている。首都首里と沖縄南部とを結ぶ重要な街道は真玉道と呼ばれていた。その街道を横切る川の橋の架け替えの際、人柱を立てたことが伝承として残っている。実際には工事の際に真珠を橋桁に掲げ人柱の代わりにしたものと思われるが、それで、真玉道の橋、つまり真珠の橋の名前がついたのであろう。近世の真玉橋も実に美しい石橋だったことが分かっている。琉球王国を支配した薩摩の鹿児島の甲突川《こうつき》には、アーチの石橋が架かっていたが、（先年の大水害でいくつかが流されてしまったが）この石造りの真玉橋との技術の繋がりが想像される。芥川賞作家の大城立裕氏は、新作組踊「真珠道」を書いている。その筋書はこうだ。

身分の違いから結婚がゆるされなかった首里の役人「真刈」と真珠村の娘「コマツ」。年を経て、真刈が公務により、難工事を極めていた建設のため、真珠村にやってきた。巫女となっていたコマツは七色の元結いをした女を人柱に立てることを神託として進言。愛する男のため、村の民衆のため、コマツはみずから七色の元結いを締めて人柱となり、身を犠牲にする。

「珠襦《しゅじゅ》」といえば、珠をちりばめた短い衣のことであり、玉匣《ぎょっこう》とは珠玉を入れた宝石箱のことで、支那の王朝は副葬品として真珠を多用した。大陸にも飯含《はんがん》の風習が伝わっている。権力者が墓を暴いて遺骨を野山にばらまき、副葬品を横取りすることが、支那ではまま見られるが、有名な話は、蔣介石が清朝の西太后の墓を暴いてその遺骸と共に埋められていた黒真珠の首飾りを略奪して新妻の宋美齢に贈った話である。因みに、天津で遊興に浸っていた溥儀がこの暴挙を聞いて再び皇帝に復帰することを決意したとの逸話がある。支那の易姓革命とは、墓を暴いて珠玉を略奪することでもあるらしく、辛亥革命以来の盗掘真珠が欧米に出回って支那は一躍真珠の一大産地になった。ボストンのハーバード大学燕京《イエンチェン》研究所に、西太后が宝貝のネックレスをした油絵が残っているが、耳飾りも髪飾りも黒蝶貝の真珠で、寝室にもぶら下がっていたそうだ。

125 真珠は黒潮文明の特産品

『魏志倭人伝』には、倭国で真珠を産出したことが明記されている。邪馬台国の女王卑弥呼が使節を派遣して「親魏倭王」という称号をもらった際に、魏王は卑弥呼に対し朝貢の礼の品として、金印と紫綬の他に真珠五〇斤等を下賜したと書いている。一一キロに相当するが、もともと大きな真珠は温かい海の産物であり、個数を数えないで重さで表現したのは、川や湖沼の淡水に産する小粒のいわゆる芥子《けし》真珠だから、個数を数えずに重さで五〇斤としたことが想像される。卑弥呼の後を継いだ壱与の時代になって、大陸の王朝に使節を送った際には、倭国から白珠五〇〇〇孔を献上したと魏志倭人伝に書かれている。白珠に加えて、青大句珠二枚等の記載もあるが、これは礼文島の船泊遺跡の副葬品が示しているように、メノウや翡翠の板状の貴石か勾玉であったと思われる。アコヤガイ一万個から一粒か二粒の真珠が獲れる、あるいは一トン以上の貝を開けて三個か四個の真珠を見つけるだけだというのが天然真珠の常識であるから、五〇〇〇個の真珠を採集するには、何と、二五〇〇万個ないし五〇〇〇万個もの膨大な数のアコヤガイを採集して開いたことになる。アコヤガイの採取は、一人の海人が一日に一〇〇〇個を採取する能力があったとの記録もあるから、真珠貝の採取を専門にする海人の何千人もが、寄ってたかるようにして、アコヤガイを採集すれば、一月もあれば五〇〇〇個の真珠を採取できる。アコヤガイはそれほど浅い海に生息する貝ではない。二メートル程度の深さに生息している場合もあるが、一二メートルから、深いところでは四〇メートルに及ぶ場合があった。インド洋、ペルシア湾、紅海、そして、インドとスリランカの間のマンナール湾が潜水による真珠採集の有名な場所である。支那の広西チワン族自治区には珍珠城という地名すらある。フィリピンのスル諸島の真珠が世界最高級だといわれてきたのは、真珠が黒潮文明の源流の特産品であったことを示している。北米大陸の原住民は川や湖の貝から真珠を採集していたから、オハイオ、テネシー、ミシシッピー州では、今なお淡水真珠を特産としている。ちなみに日本の養殖真珠の核となる貝殻はミシシッピー川で採集される淡水産の貝殻を加工しものだ。今でも日本は米国から、真珠の核にする貝殻材料の輸入を続けている。

『日本書紀』には、淡路島でアワビ玉を採取する阿波国から来た海人が住んでいたことが記されているが、肥前国風土記には、速来津姫《はやきつひめ》という、早岐地方の巫女《みこ》がいて、健津三間《たけつみま》という名の弟が、石上の神の木蓮子《いたび》玉という奈良県天理市にある石上神宮の神宝を思わせる、イタビの実と同じように黒い玉を持っていたことを記録している。一つがその木蓮子玉で、もう一つの玉を白珠としている。原文では、玉と珠とを書き分けているから、一方は貴石で、他方が真珠であった。もう一人美しい玉をもつ川岸に住む人がいたが、それを取り上げ都に還って献ったとして、三色《みくさ》の玉があったことを記録している。珠玉が多くそろっているという意味で、具足玉《そなひだま》の国と命名されたが、後に訛って、彼杵《そのき》郡というようになったとの話が書かれている。大村湾の沿岸地域の地名として今でも残っているし、半島もこの名のままで残っているから、風土記が編纂された頃には大村湾が真珠の一大産地であったことは疑いない。肥前国風土記には、遣唐使が福江島の北西突端にある美禰楽《みみらく》の岬から西方に発船《ふなだち》したことを書いているが、遣唐使も日本特産の献上品として真珠を持参したことが支那の資料に残る。福江島の白水郎《あま》は容貌が隼人《はやと》に似て、馬に乗ったまま上手に弓矢を射ることができ、言葉は肥前国の言葉ではなかったと風土記は書いているが、淡路島でアワビを取る阿波の出身の海人と同じように、潜水して真珠貝を採集する漂海民が居着いていたものと思われる。

福江島の縄文時代の遺跡には、真珠そのものは出土していないが、アコヤガイの貝殻が出土している。アコヤガイは世界的に日本列島が生息の北限であるが、錦江湾の沿岸にある貝塚からは大量に出土している。鹿児島市の草野貝塚からは貝殻ばかりでなく、真珠が一三個も出土している。縄文時代後期の産とされ、桃色と青色の真珠も含まれており、貝殻が付いて残ったままの真珠も五個ある。鹿児島湾の東岸、垂水市の柊原《くぬぎばる》遺跡は標高一〇メートルくらいのところにアコヤガイ層が何層もあり、あまりにも量が多く、どのくらいの量が本当にあるのかは不明な程の巨大貝塚である。モクハチアオイガイという貝の殻が半分以上を占める。福岡県の糸島半島の天神山遺跡でもアコヤガイと真珠が発掘されている。孔があけられた真珠として日本最古と言われるのが、北海道の古宇郡泊村出土の真珠二六個のうちの一つである。これはアコヤガイではなく、海水産の二枚貝のエゾヒバリガイからの真珠だと言われている。ちなみに、日本最古の真珠は福井県三方郡三方町の鳥浜貝塚から出土した、約五五〇〇年前の縄文前期のもので、直径一七ミリの半円球の真珠である。

126
真珠と大航海時代

橋の欄干にかぶせた、両手を合わせたような形の部分を、擬宝珠《ぎぼし》という。真珠の代用と思う。人柱を立てるまでもなく、祈りが籠もっていることを示して、大洪水にも橋桁が流れないようにとの意味だ。熊本市内の龍田山泰勝寺跡には細川氏初代藤孝とその妻麝香《じゃこう》、二代忠興とその妻玉子《たまこ》の霊廟があるが、玉子は明智光秀三女で、名前は明智珠。キリシタンとして有名であるが、石田三成に追われ自害した終焉の地が大坂の玉造であったのも、真珠との縁を伺わせる。辞世の歌として

散りぬべき　時知りてこそ　世の中の　花も花なれ　人も人なれ

が伝わっているが、人柱の代わりとなった擬宝珠のように、戦国の世を生きた女の中でも、とりわけ壮絶か

つ気丈な人生であった。

さて、フランシスコ・ザビエルが、真珠を求めて日本に来航したとの説を知り、いよいよ想像力を掻き立てられている。ザビエルはイエズス会創設者の一人として、困難を極めたインド布教を志し西海岸ゴア近くに赴いたが、真珠産地の労働者を改宗させたことが一大功績となった。アラビア海の奥にも真珠の大生産地があったが、そこはイスラムの地であるから、東方の真珠の生産の地を探して、地域住民の改宗の為に布教していくことを目的としたに違いない。フランシスコ・ザビエルが、一五四九年、薩摩の鹿児島に最初に上陸した理由の糸口が理解できるように思うが、錦江湾の周辺に真珠の大生産地があったことは先号に書いた。ゴアの真珠採取の労働の劣悪さについては、色々な記録が残されているが、木を掘って溝を作り、そこに水をためて、真珠貝をほおりこんで腐らせる。蛆が湧いて、貝肉を食べ尽くしたところでそれを洗い流して、残った貝殻の中から真珠を採取するという方法である。腐臭にまみれた劣悪至極な環境であることが想像され、その労働に従事する人々が、解放の神学のような基督教の魅力に容易に引き込まれたことは想像するに難くない。ザビエルは、真珠の労働者の精神的な救済を布教の目的として来日した可能性があるが、そこはまたインドのゴアの状況とは異なる状況にあったことは疑いがない。大日本では山と海の人々の区別があったことは事実であろうが、そもそも、隼人は海の民であって、神武東征以来の朝廷の守り人の役割を担っていたから、インドの真珠労働者のような劣悪な待遇を受ける可能性は低かった。黒潮の民である隼人は勇猛果敢で、薩摩の中でも、反乱を相次いで起こしたことがあるほどだから、ゴアの真珠労働者と異なり、新たな信仰を求めて彼岸に希望を寄せ現世で鬱屈して忍従するような屈辱を潔しとしない人々であった。ザビエルはトーレス神父に後を托して二年後には離日しているが、トーレスが西彼杵《にしそのぎ》半島の横瀬浦に本拠を置いたのも興味深い。イエズス会は、肥前風土記にも書かれた真珠の産地を拠点としたのである。後に禁教令が出されてから、隠れキリシタンとして信仰を維持したのはむしろ長崎の五島の島々などに住む改宗者であって、真珠産地との関係があるとの兆しはない。日本はすでにヨーロッパと比較しても高度の文明水準にあり、その点でザビエルの前時代の大航海時代に中南米を席巻蹂躙したような征服ができる要素はもともとなかったし、布教の対象となる人間の悲惨さがインドや中南米のようにすぐには見当たらなかった。わが国の為政者はヨーロッパの実力の背後に精神ならぬ鉄砲という兵器があることを見ぬいて直ちに火器の模造に着手した。また、琉球王国を含め種子島など「道の島」の連なりを海外情報吸収の先端地とすべく統治を強化している。

コロンブスは、ジパングに辿り着く前に、第三回目の大西洋横断の航海でようやく真珠を手に入れたとされる。真珠の世界的な大生産地がベネズエラの海岸に見つかった。人間狩りがあり、原住民は奴隷にされ強制的に海に潜らされて真珠貝が採取された。奴隷一人の値段は真珠二個だった。真珠採取は原住民を絶滅させたのである。スペイン人がパナマ地峡を越えて、太平洋を「発見」したのが一五一三年であるが、パナマは以来パナマ黒蝶貝の大粒真珠の生産地として、アラビア海と紅海に加わることになる。スペイン無敵艦隊《アルマダ》を撃破した英国のエリザベス一世の肖像画は、六連のパナマ産の大型真珠の首飾り《ネックレス》をつけた絵である。

二〇一四年の秋に、米国アリゾナ州に観光に行った。乾燥地のセドナの峡谷に残された、原住民の洞窟居住地跡を訪ねてみた。貝殻細工が残り、素材は八〇〇キロ離れたメキシコ湾から運ばれてきたという鰒の貝殻を加工したものだった。北米原住民は当時はまだ石器を使うような文明水準にあったから、ヨーロッパからの新参者によっていとも容易に土地を奪われ、略奪され、そして支配されていった。今では政府指定保留地《リザーベーション》という自治権のある保護区に押し込められ居住している。最近は石油などが発見されてカジノを経営したりする部族もあるが、とても豊饒の地とは思えない。伝統工芸の製造も失われたらしく、安物の支那製紛い物を「インディアン土産」と称して露天で売っていたが、買う気もしなかった。

127　真珠と硝石と富の源泉

フランシスコ・ザビエルが、真珠を求めて日本に来航したとの説について縷々書いたら、早速友人から貴重な情報提供があった。ザビエルの後継者らが大量のチリ硝石を持ち込み、戦国大名に火薬原料として売りつけたのではないかという情報である。徳富蘇峰の『近世日本国民史』に色々書いてあり、硝石一樽と女三人が相場で取引されたことなど、とても正史には出てこない話があるとの情報だ。硫黄が火薬の重要な原料の一つで、鎌倉幕府の全盛の頃には宋への輸出品の主品目であったことや、薩摩の硫黄島や、今は沖縄県に所属するが元々は奄美の一部で、徳之島の西方沖の活火山の島である硫黄鳥島および、西表島沖の海底火山については書いた。だが、南米チリから硝石をイエズス会が持ち込んだ話などはそもそも知らなかったし、さらには、アフリカ黒人を奴隷として新大陸に送り出した海岸を黄金海岸と言うように、日本の女性を海外に送り出した海岸を白銀海岸と呼んでいたなどという話も浅学にして知らないので、友人からの情報の真贋について判断することができないでいる。硝石はマカオで樽詰めにされたために、硝石がマカオで生産されるものと戦国大名は誤認していたのではないかとの説も、カジノの本拠あるいは胴元がマカオにあると誤認するような現代の誤謬に通じる話ではある。確かに日本では、爆薬の原料としての硝酸カリウムが鉱物として産出しなかったために、火縄銃伝来と共に硝石が輸入された後には、煙硝、焔硝、塩硝、硝石などと名付けられ、各藩で秘中の秘としての製造組織が編成され、火薬奉行という職まで創って、色々な製法で国内生産に努めたのだった。

床下表面の黒土を大量に集め、水を加え、硝酸カルシウムを水溶液として抽出し、大鍋で加熱し、これを木灰を入れた桶に注ぎ、高濃度の硝酸カリ水溶液にして濾過し、煮詰めて乾燥する方法がある。硝化バクテリアの存在は分からなかったが、経験的に生産性の良い土があって、その土に原料となる草や土、糞尿等と混ぜ合わせれば、硝石の純度が上がることが分かっていた。腐敗物や尿から出たアンモニアは硝化バクテリアの働きによって亜硝酸に変化し、それが酸化されて硝酸となり、土中のカルシウムと結合させ、灰汁(炭酸カルシウム)が作用して硝酸カリウム(硝石)となる工程である。興味深いことに、富山の五箇山や岐阜の白川郷の合掌造りの大家族制の家屋の床下の「鼠土」が、硝化バクテリアを大量に含んでおり、また立山連峰の鉱山から硫黄も産出したから、加賀百万石の富の源泉は火薬製造方法にあったのである。それにつけても、合掌造りの家が、大家族を住まわせアンモニアと硝酸バクテリアの取得を容易にするための構造であったとの研究があるのは興味深い。尿を南島では「しばい」と言うし、日本語では「いばり」とも言うが、威張り腐ったというのもアンモニアの話に繋がり、爆薬の話に成ってくるとすれば、権力の源泉について考えさせられる臭い話になる。サトウキビを搾って大きな甕に入れておくと酢酸菌が作用して濃度の高い酢になり、その中に酢玉と呼ばれるオリのような物質が発生することが知られている。乾燥させると、爆発的に燃える物質である。これが天然のセルロイドで、その中に硝酸が含まれている。サトウキビが、黒潮の洗うフィリピンや台湾、琉球は元より、日本各地でも単に甘味料ではなく火薬の原料として栽培された可能性についても言及しておきたい。最近、絞り滓のバガスから航空機胴体の素材になるような炭素繊維を製造しようとする動きがあるのは慶賀すべきである。真珠を採取するために腐らせた後の土が爆薬を生産するために好適な腐敗土だったのではなかったのかと想像すると、もう妄想になるので書くことを控えるが、魑魅を「すだま」と和語で訓むことは記しておきたい。

慧眼の読者からはエルミタージュの秘宝について次のような教えを頂いた。

美の対象でしかなかった真珠が、こんなにも色んなところに関わっているのかと驚いており、真珠と日本へのキリスト教の上陸地が関わっていたことは興味津々、今までに見た真珠の中で一番「凄い！」のはエルミタージュの宝石庫の中にあった小箱の蓋を飾る、エカテリーナ女帝の横顔の形をした真珠で、ヨットの形をした真珠もあり、女帝の横顔の真珠には、大きさもさることながら、自然の造形の不思議とそれがみつかることの背後にある富と力の底知れなさを感じたものでした。

真珠が真円として日常化したのは御木本の養殖真珠からで、パールの語源自体が大腿か洋梨の形をした二枚貝のラテン語からである。ロシア河川からの淡水真珠は尚更貴重な生産物だから、ロマノフの財宝の壮大さが窺えよう。ギリシア語で真珠をマルグリトと言い、これがテキーラを混ぜたマルガリータはもとより、マーガレットやメグなど女性や花の名の元となった。三種神器の勾玉《まがたま》が貴石を示す玉を用い、海からの起源である勾珠ではないことを明確にするのは、陸封の勢力に対して格別の意味があると思う。

128

ルービン先生の思い出

ルービン先生がお亡くなりになり、ボストンの代表的日刊新聞であるボストングローブ紙に訃報が出た。

アルフレッド・P・ルービン、八三歳、一一月三〇日ベルモントの自宅で安らかに逝去。五四年連れ添ったスザンヌ夫人との間にコンラッド、アンナ、ナオミの三人の子供があり、孫五人と兄弟のサンダーの遺族。ルービン氏は二〇〇二年までフレッチャー外交法律大学院の国際公法担当の教授を務めた。コロンビア大学を一九五二年に卒業、法律修士号を一九五七年に取得。コロンビア大学ではフェンシングの競技に秀でていた。朝鮮戦争で海軍に従軍したために学業を三年間中断している。コロンビア大学を終えてから、英国のケンブリッジ大学ジーザスカレッジで研究をさらに継続した後に、国防総省国防次官補付の法律顧問として就職して、後に貿易管理担当の管理職に就任している。一九六七年にオレゴン大学ロースクールの教授に就任、一九七三年にボストンのフレッチャースクールに異動している。

追悼文をささやかに英文に纏めて、ボストングローブ紙に設けられた「お悔やみ」の欄に投稿した。その要旨は次の通りである。

ルービン教授のご逝去の報に接し、深い哀悼の意を表します。三〇年の長きにわたってフレッチャースクールの国際法の教授として活躍された先生の授業に出席した学生の一人として、しかも優秀とは言えない不肖の学生として、国際社会における法の支配と執行の重要性について教えていただいたことに深甚なる感謝を申し上げます。英国の大法官のトーマス・モアの故事を引用しながら、悪魔が攻めてくることを予想して、文明の海岸線に、法の林や森を創るために法の木を植えて万一の時にはその林の中に身を隠さなければならないと格調高く説明されたことを忘れません。ロバートボルトの戯曲「我が命つきるとも」(邦題)の名場面の解説もありました。あるときに、国際法は通説主義ではなく、説得力が必須で有ると力説されましたが、英語力がなくしかも試験での成績が劣悪であったこの日本からの留学生に対してもっと主張して論陣を張るようにとの叱咤激励であったように記憶しています。仁義のない国際社会では、雄弁に相手を説得して、意見を明確に主張することが大切だと教えようとの意図がありました。首都ワシントンでの米国国際法学会の年次大会にも引率して頂きました。模擬の国際法廷を傍聴させて、その経過を勉強する機会を与えて頂きました。あるとき、fungitive という言葉の意味が分かりますかと突然学生に聞かれて、誰も分からなかったので、それはラテン語の fungus（キノコ）から派生した単語だと説明して、クラスが大笑いになって、英語に困っていた当方も一緒になって大笑いして溜飲を下げ、それ以来、外国語としての英語に対する劣等感が全くなくなったことを記憶しています。ルービン先生は、朝鮮戦争の間は日本の基地にも勤務された経験があるらしく、日本の基地で発生した殺人事件についても関与した気配で、当方が日本からの留学生だったので殊更に管轄権の問題について詳しく授業されたのではないかと思われますが、今となっては、先生と徹底的に議論を尽くしておくべきだったと悔やまれます。毎年五月の同窓会には、近年は毎年参加するようにしていて、ボストン郊外にある先生のご自宅に電話をいつも入れていました。先生は病の床に伏せられ、もう電話口に出る事も不可能でしたが、日本からのそれほど優秀でもなかった昔の生徒が電話を寄越したことは分かって下さったと思います。数ヶ月前に、ルービン先生のご著書で海賊についての論文集が出版されたので、アマゾンの通信販売で入手したばかりでしたが、先生のことを思い出しながら、これからの数ヶ月をかけて読破することにします。ルービン先生は問題提起に優れた学者で、同時に熱心な教育者でした。

ルービン先生が裁判管轄権の問題について執拗なまでに議論を展開されたのは、ジラード事件で国防省が日本に管轄権があることを明示したにも拘わらず、密約で刑が不当に減じられ放免になったことを詰《なじ》るためだったのかも知れない。当時は、浅学にして先生の真意を推し量ることができなかったのは残念である。また、ニュルンベルグと東京裁判の違いや事後法の欠缺を当時から問題にされていたが、すっかり洗脳され切っていた日本人の一人として、ルービン先生の危機感は理解できなかった。ソ連の原子力潜水艦が大西洋で沈没して、CIAがヒューズ航空機に特注したオーシャングローマーという起重機船で深海底から引揚げた時にも、先生は、米国の国益を守る為にも引き揚げ反対との論考をクリスチャンサイエンスモニター紙に寄稿した。日本の函館にソ連の戦闘機が着陸して、百里基地に移送し分解して調べ上げたときも、国際法に従って機体は返還すべきだと解説したことを思い出す。日本では、最高裁判所裁判官となった東大の国際法教授などが通説主義に追従することで幅を利かせていた時代だった。さて、その日本人学生は、非才のまま老いを重ねている。

129　消えたベルギー人神父の謎

米大陸原住民が白人にいとも易々と支配されたのは鉄砲という武器に脅され、馬と弓矢でしか白人に対抗する術がなく、自ら鉄砲を生産できなかったからではないのかと推測していたが、アマゾンを探検した日本人学者が書いた探検記を読んで、密林の原住民は最近まで、鉄の刀やナイフやその他の製品を、カトリック修道会から買い付けるばかりの交易に頼っており、自ら鉄製の道具を生産する技術はついぞなかったと書いている下りを見つけて、わが意を得たりである。日本には、砂鉄を原料にして鋼をつくる踏鞴《たたら》製鉄の技術があり、西洋文明が渡来しても直ちに鉄砲を生産したから、武力で征服される可能性は少なかった。九十九里浜にはいまも砂鉄が溜まる、海辺の鉄鉱山ともいうべき砂浜が残っているし、出雲や安来の玉鋼《たまはがね》も日本海の美しい浜や川砂から採集される砂鉄を抜きにしては考えられない。文明開化の時代になっても、蒸気機関などは、政府が手がける前に、越後の農民によってエンジンが早速製造されて排水作業の為に使われ、それまでは人間が深みにはまってしまって河童に引きずり込まれたと嘆くばかりであった沼の水を抜いて美田にした。潟が平野となって一挙に穀倉地帯が出現したのだ。底無沼や河口の湿地帯を豊かな水田に変えたのは、八幡製鉄所に先駆けて、砂鉄を鞴《ふいご》で溶かしそれを鍛える技術があったことが基本にある。鉄砲ばかりではなく蒸気機関をも自ら製造する基礎技術を持っていた。新潟はそうした干拓の歴史の中で成立した大都市の典型である。越後の加治川の土手の桜並木は江戸時代も有名だったが、「新潟」という文字の通り、新しい潟に出来た寒村にすぎなかった新潟は、西洋の技術と邂逅することで、大都市へと発展したのである。関東地方も、埼玉に至るまで、利根川水系を開発したことで成立しているし、むろん、大阪も名古屋も福岡も、広島も仙台も札幌も、日本の大都市は大概そうだ。関東地方の地下四〇〇〇メートルには水溜まりがあって、その上に関東ローム層が島のように浮いている。江戸が東京になって発展しているとすれば、世界最大級の天然ガス田が地下にあっても何の不思議もない。時を遡れば潟のあるところは海と簡単に繋がることから、港としての機能を持ち、舟形の前方後円墳が立地していることがしばしばである。また、製鉄遺跡と連動していることも、確認されている。潟の近辺にはその地方を代表する「一の宮」があったり、奈良時代には「国分寺」が建立されたりするが、潟との関係は歴然としている。

アマゾンで、鉄の鍋釜やナイフ等の道具を取り扱っているのがサレジオ会だと知ったことに促されたので、大橋義輝著『消えた神父を追え！』(共栄書房)という単行本を紹介したい。迷宮入りとなった戦後のある怪事件に松本清張が挑んで『黒い福音』という小説を書いている。英国海外航空のスチュワーデスだった武川知子さん(当時二七歳)が扼殺され、昭和三四年三月一〇日に杉並区の善福寺川で発見された殺人事件で、犯人の特定・逮捕に至らないまま昭和四九年に公訴時効が成立した。この未解決殺人事件について書いた本である。取調べの最中に突如帰国した重要参考人のベルギー人神父ベルメルシュがカナダに存命していることを知り、追跡して本人に会った顛末を記録したものだ。そのベルギー人の神父もサレジオ会に所属する司祭だったが、三省堂から『翻訳』という大題の新書を書いてベストセラーになった程の碩学であったグロータス神父もベルギー人で、ベルギーの旅券には「本人が外国にある間はベルギー政府はいかなる責任も負わない」と書いてあると紹介して、日本との文化の違いを説明する文章があったのを記憶している。ちなみに、日本旅券には表紙の裏に、日本国外務大臣と押印があり、「日本国民である本旅券の所持人を通路故障なく旅行させ、かつ、同人に必要な保護扶助を与えられるよう、関係の諸官に要請する」と書かれている。同書では「時効が成立した事件の重要参考人だから」との理由で神父の名前を出さずに、「V××」ともったいをつけているが、Louis Vermeersch神父であることは、戦後の怪事件を扱った英文図書や外国通信社の報道ばどで明らかになっている。グーグルで検索すると、セント・ジョンの聖フランシスコ・サレジオ教会の前で二〇〇四年に撮影された写真が掲載されており、ネットには大司教区名簿が公開されているが、そこには、Rev. Louis Vermeersch 310 Woodward Ave Apt 1114 Saint John, New Brunswick E2K 2L1 Phone:506-214-2166と、神父の名前、住所、そして電話番号まで載っている。セント・ジョンには神父の氏名を冠した劇場もある。ベルメルシュ神父は一九二〇年七月生まれだから、すでに九四歳を越えているはず。何故にバチカンもカナダも逃亡者を匿い、日本の官憲は黒白を追求しないのか。神父が「私はガンです。まもなく死にます」と嘯《うそぶ》き、袖をまくって右腕を見せたというのも気になる。というのも、黒潮の民は、両手の手指で男女の首を絞めることが普通で、言わば押し相撲の世界だが、大陸で牛羊馬を屠る時の首の締め方は、腕っ節に絡めて相手を倒して首を絞める。大日本《おおやまと》にはこんな扼殺作法はない。真犯人の可能性大だと直感する所以である。

130　アイヌの高倉と縄文製鉄

アイヌの織機は脚のない地機《ぢはた》で、紡錘車と一体であるが、同じ機《はた》が八丈島や沖縄本島に残っている、八丈ではカッペタ織とよばれ、カッペタの言葉そのものがアイヌ語由来で、紡錘車の形がアイヌの刀の形をしていることから名付けられている、与那国島や西表島にもアイヌ語に繋がる地名が残っていて、筆者のふるさと徳之島ではフクロウのことをチクフを言い、アイヌ語でも全く同じであることを先に紹介した。『異民族へのまなざし』（東京大学総合研究史料館、一九九二年）に掲載された写真を見て、アイヌの集落にも奄美や八丈と同じような高倉の穀物倉庫があったことには驚かされた。東京から小田急線で多摩川を渡った登戸近くの川崎市立民家園には、沖永良部島から移設された高倉があり、ふるさとを懐かしく思い出して心を休ませる憩いの場所となっている。アイヌの高倉の写真は、狩猟を専門にする漂泊の民ではなく、農耕民そのものであったことを歴然と証明しているのではないかと思うのだ。アイヌは北海道や樺太から八丈に、そして奄美から沖縄、与那国に連なり、遙か南の今のインドネシアの多島海の海底に沈んでいるに違いないスンダランドに繋がる黒潮の民の一員ではないか。ちなみに、愛知県犬山市にあるリトルワールドという野外の博物館には、沖永良部とアイヌの高倉の両方が展示されている。奄美が祖国復帰した昭和二八年の数年前にも、徳之島の西北の岡前小学校の校庭には御真影を安置する奉安殿が壊されずに残っていた。裏手に島の言葉でいうクァンジャク屋があった。クァンは金属の缶、ジャクは釋で、缶釋といえば、鍛冶屋のことである。ギッコンバッタンと両方から棒を引いたり押したりするフイゴがあって、木炭が赤々と燃えさかるなかで鍋釜が造られていた。ガンドウという、トタンをまいて半田《ハンダ》で接着して缶にして、ジミとよぶ芯を上下させる構造の石油ランプも造られていた。薪を割るための斧《よき》や鎌はもとより、鉋や鑿の刃の類も造られていたと思う。校庭の南側が崖になっていて、その下に、米軍の落とした爆弾が丸い噴火口のような穴を掘って水が溜まっていたので、にわか作りの筏に乗って子供たちは遊んだ。クァンジャク屋は不発弾や、大型爆弾の薬莢を加工して鍋釜にしていたし、硬すぎたり溶かせないので加工できない金属はそのまま水瓶などに利用されていた。クァンジャク屋の息子が、戦後初めて出来た幼稚園での同級生だったから、村の鍛冶屋の光景を鮮やかに憶えている。薩摩の軍事侵攻があったときに、島人は鍋鎌を振りかざして戦ったとされるが、鉄砲を造ることはなかったにせよ、もともと島に農機具くらいの鉄器を造る能力はあった。だから、戦後に本土から隔絶されても、村の鍛冶屋で鋤鍬《とおぐぅぃー》を生産できたのだ。

米大陸の原住民が鉄を生産しなかったことで、白人に容易に征服されていった悲哀を考えながら、日本の列島には古くから鉄を生産する技術があったから自立自尊が保てたのではないかと自問自答するうちに、三冊の本に出会うことになった。いずれも彩流社から出版された単行本である。

柴田武弘『鉄と俘囚の古代史――蝦夷「征伐」と別所』(一九八九年)

百瀬高子『御柱祭　火と鉄と神と　縄文時代を科学する』(二〇〇六)

浅井壮一郎『古代製鉄物語　「葦原中津国《あしはらなかつくに》」の謎」(二〇〇八)

第一の『鉄と俘囚の古代史』は「全国に残る別所という地名は蝦夷征伐によって捕虜となった蝦夷《えみし》が、俘囚と呼ばれて移配された場所のことである」と主張した在野の歴史家菊池山哉《きくちさんさい》の説に導かれて、別所が同時に鉄をはじめとする金属の加工地だったことを明らかにして、蝦夷征伐の目的が、奥州の鉄をはじめとする鉱物資源の獲得と鉄の生産・加工能力の確保だったことを追求している。第二の『御柱祭』の著者は長野県出身で東京都の公務員を退職後に古代史研究に入り、諏訪で褐鉄鉱を原料とした製鉄が古代から行なわれていたとする。水に溶けた質の悪い鉄成分が硫黄などとともに葦や草木の根に付着して筒状になっている褐鉄鉱を使用して製鉄が行なわれたとする。諏訪湖や諏訪湖周辺の河川の水は、鉄含有量が日本一だとも言う。だから、諏訪では縄文時代から製鉄が行なわれ、それは縄文土器の生成過程から発見されたと主張する。諏訪で発見されている縄文土器や埴輪が製鉄炉だったとして、製鉄が可能であることを実験・実証している。諏訪湖の葦原の植物の根についた高師小僧という褐鉄鉱の塊は神事に使われた鉄鐸と酷似している。鉄鐸とは諏訪大社の威光と領土の範囲を示すためにジャラジャラ鳴らして触れ回る道具だった。その鉄鐸が後に銅鐸や鈴鏡に発展したとする。だから、信濃の枕詞「みすずかる」の実鈴《みすず》は鉄のことだ。第三の『古代製鉄物語』は日本建国神話の神武東征の跡をたどると、立ち寄り先が全て汽水域の葦原であり、塩害があり農耕には適さないが、水草の根につく湖沼鉄を追っていたのではないか、だから「記紀」は、日本を葦原中津国と呼び、稲原中津国とは呼ばないと解説する。

131　高師小僧と蕨手刀

高師小僧《たかしこぞう》は、褐鉄鉱の塊である。その名の元となった高師原を訪ねた。愛知県の豊橋駅から、豊橋鉄道の電車に乗り換えると、上海にあった東亜同文書院の関係者が戦後に設立した愛知大学の前に駅があり、その次が高師駅だ。そもそも愛知大学のキャンパスは、陸軍の第一五師団の司令部が置かれていたところだ。愛知大学駅のホームには巨樹がある。屋根を突き抜けて聳えるさまは、まるで丸太の柱のようである。高師駅で降りると、近くに高師緑地という公園があり、一帯が昔の陸軍の演習場だったことを思わせる。緑地の周りを回っても、高師小僧があたりにゴロゴロ転がっているわけではなく、見つけることはできなかった。現物は豊橋市の地下資源館や自然史博物館に展示されている。自然史博物館では、高師小僧が地中にある状態を、地層を垂直に削って面を出して分かりやすく展示しているが、確かに植物の根から生じたように小僧が垂直に立っているかのような姿になっている。高師小僧という名称は、地元で呼んでいた名前を東大の先生が踏襲した、新たに命名したという説や、地質学者が命名した、などの説があり、また、元は高師童とよばれ、別名に「無名異」と呼ばれることが江戸末期の三河名所図絵に載っているという。高師の地名自体が元々は高蘆《たかあし》で、背の高い葦が茂っていた土地を示しているとの説もある。

高師原には管石という地名もあるが、なるほど、高師小僧は植物の根の回りに鉄の酸化物が付着して成長したことを示すかのように、中央に穴が空いて貫通している管があり、その回りに年輪のように同心円の模様があるのが特徴である。成因を酸化鉄が植物の根や茎の周りに沈着したのではなく、枯れた根や茎を通じて鉄イオンを含む水が水中に広がって鉄分が沈殿したという説もある。高師駅の次の駅が芦原駅であるが。高師原は台地になっているが、高師駅から芦原駅まではその台地の崖を降りて行くように、下り坂を電車は走る。芦原の駅あたりは、海水面が高い時代には湾になっていて、今の台地にも湿地帯があって葦が繁茂していたことが想像される。高師原の高師小僧は愛知県の天然記念物であり、山梨県韮崎市の釜無川右岸の高師小僧は市の天然記念物として指定され、北海道名寄市の名寄高師小僧と滋賀県日野町の別所高師小僧が国の天然記念物である。滋賀県の高師小僧は滋賀県立琵琶湖博物館で展示されている。『鉄と俘囚の古代史』は「全国に残る別所と言う地名は、蝦夷《えみし》征伐によって捕虜となった蝦夷が俘囚として移配された場所を別所と称したのではないかという説に導かれて、鉄をはじめとした金属の加工地だったことを明らかにし、蝦夷征伐の目的が奥州の鉄をはじめとする鉱物資源の獲得と鉄の生産・加工能力の確保であったことを追求している」と先に紹介したが、滋賀県日野町別所が製鉄の原料となる大型の高師小僧を産出して国の天然記念物となっているのは、偶然ではない。

同じ褐鉄鉱で板状になっているのが、鬼板《おにいた》である。酸化鉄であるから、赤錆の塊である。鬼板は湿地帯の沼の底に沈殿した鉄分が板状になったもので、高師小僧の方は水底に根を張った植物の周りに鉄分が沈着してできたものだと考えれば分かりやすい。愛知県瀬戸市あたりで産出する鬼板は鉄分を四〇％も含んでいて、焼き物の赤色を発色させる釉薬として使われてきた。名人の陶工は、鬼板の硫化鉄の含み具合で発色温度の加減までしていたという。瀬戸の猿投山《さなげやま》を訪問したことがあるが、サヌキやサナギは鉄鐸を意味する古語であるから、猿投山とは鉄を生産する結界の山であったに違いない。

陸奥国は古代から製鉄の地だった。日本刀の発祥の地は、東北本線平泉駅の東方約三キロのところにある観音山(別名吉祥山)およびその東方の白山岳に至る一帯であるとされる。舞草(もくさ、まいくさ)神社はいま観音山山頂の杉木立のなかに鎮座するが、元は白山岳にあった。正倉院にある奈良時代の無荘刀《むそうとう》の中心に「舞草」と隠し銘が入っているとの指摘がある。天武天皇の武器庫であった石上神宮に残された多数の刀剣にも陸奥や常陸国の刀鍛冶の銘が彫られているとのことである。日本刀の源流は蕨手刀《わらびてとう》と呼ばれ、これまでに後期の古墳から二八五振り発見されているが、その大多数は東北の古墳から見つかっている。

「世界戦略情報　みち」の編集人の天童竺丸氏から、世阿弥の謡曲「芦刈」や説経節「芦刈明神のこと」が何をテーマにしたのか、古代の製鉄の事実が隠されているのではないのか、黒田官兵衛が薬売りだったことは大河ドラマで出てきたが、隻眼ゆえに播磨の製鉄従事者たちから絶大な支援を受けたことはすっぽりと抜けている、との指摘を頂戴した。また落合莞爾氏からは、厳密には「葦」ではなく「アセ＝暖竹」ではないか、「紀伊国名草郡の安原荘は光明皇后の湯沐邑で、昔は「アビの七原」と呼ばれる大きな沼沢地で、ここに暖竹が自生しており、大海人皇子の湯沐邑の美濃国安八郡も昔時は入江の奥の沼沢地で、暖竹が多く、つまり製鉄地だった、との御指摘も得た。記して感謝する。

132　金輪と藤蔓——洩矢神対建御名方神

関西の知人から、高師小僧が愛知県豊橋の高師原の地名にちなんだ褐鉄鉱の名前であるのであれば、大阪府高石市から北の堺市西区の浜寺にかけての高師浜《たかしのはま》もまた古代製鉄の故地を示しているのではないか、との便りがあった。高師浜は白砂青松の景勝地で古来名高い「歌枕」だった。古今集は紀貫之の歌「沖つ波おほともの高師濱の松が根を枕きぬれど家し偲ばゆ」を載せ、万葉集には「おほともの高師濱の松が根を枕きぬれど家し偲ばゆ」（置始東人《おきそめのあずまびと》）とあり、小倉百人一首第七二番目にも、「音に聞く高師の浜のあだ波はかけじや袖のぬれもこそすれ」（祐子内親王家紀伊《ゆうしないしんのうけのきい》）とある。昭和三〇年頃までは東洋一の海水浴場などと言われたが、沖合に臨海工業地帯が造成され、元の海岸線沿いが浜寺水路として残っているだけで景観を一変させてしまった。確かに、近くに江戸時代の鉄砲鍛冶の屋敷跡が現在まで残っているのを見ても、戦国時代の鉄砲生産と所縁のある土地柄である。種子島に鉄砲が伝来するや、直ぐさま堺で鉄砲を製造できたのも、豊橋の高師原や高石・堺の高師浜で古代より湖沼鉄を原料にして古代製鉄が行なわれてきたからに相違ない。百済系の渡来人高志《こし》氏の祖といわれる王仁《わに》を祀った高石《たかいし》神社も近くにある。王仁一族は工芸に秀でて高石市大工村（高師浜の一部）の村民の大半は大工を家業とし、明治維新までは京都御所の内匠《たくみ》寮の支配下にあったという由緒ある町である。

『諏訪大明神絵詞《すはだいみょうじんえことば》』などの伝承では、諏訪大社に祀られる建御名方神《たけみなかた》は諏訪地方の外から来訪した神であり、土着の洩矢神《もりや》を降して諏訪の祭神になったとされるが、このとき洩矢神は鉄輪《かなわ》を、建御名方神は藤蔓《ふじつる》を持って闘ったとされ、製鉄技術の対決を表わしているのではないかという説があることも最近になって知った。つまり、湖沼鉄を使う古代からの芦刈《あしかり》製鉄と踏鞴《たたら》製鉄という新しい製鉄方法の抗争があって、踏鞴製鉄側が勝利したとの説である。洩矢神とは長野県諏訪地方を中心に信仰を集めた土着の神様のことであるが、建御名方神が諏訪に侵入した時に、洩矢神は鉄輪を武具として迎え撃つが、建御名方神の持つ藤の枝により鉄輪が朽ちてしまい敗北したので、洩矢神は諏訪地方の祭神の地位を建御名方神に譲り支配下に入ることとなったという伝承である。藤蔓が武器とは訝《いぶ》かしいが、藤の枝で編んだ笊《ざる》が砂鉄を集める道具だったことから、踏鞴製鉄の象徴と考えられる。中世・近世においては建御名方神末裔とされる諏訪氏が諏訪大社上社の大祝を務め、洩矢神の末裔とされる守矢《もりや》氏は筆頭神官を務めた。建御名方神は風の神ともされ、元寇の際には諏訪の神が神風を起こしたと伝えるが、「水潟《みなかた》」の意ともなり、また南方《みなかた》、宗像《むなかた》にも通じることを連想する。葦原の中国の国譲りの争いにも建御名方神は登場するが、建御雷神《たけみかづち》との力比べで、科野の国の州羽《すは》の海まで追い詰められ遂には服従することになる。この神話が『古事記』にのみ残り『日本書紀』に記されないことは、湖沼鉄の勢力に勝利した建御名方神が鹿島や香取を中心とする建御雷神の勢力に敗北し権力を奪われながらも、正統性の継承だけは主張しているかのようである。製鉄原料の葦原の支配をめぐる抗争は文字通り「国譲り」の争いだった。

　湖沼鉄の広がりは日本列島ばかりではない。古代のエジプト等にも湖沼鉄の使用が確認されているが、スウェーデン鋼の製鉄方法が湖沼鉄による典型と考えてよい。スウェーデン鋼とはスウェーデンで造られる鋼と言うだけのことであるが、包丁や刃物は一般的にスウェーデン鋼と銘打っただけで売れ行きが伸びるほど名声と実績を伴っている。元々は、農民が鉄の鍋釜を製造するのと同じように、錆びる鉄である炭素鋼を湖沼鉄を原料に製造したものであり、バイキングがヨーロッパ世界に進出する原動力ともなったことが指摘されている。特にスウェーデン鋼の原料の鉄は、硫黄分が少ないという点では日本の砂鉄と似ており、鋏や刀といった切れ味を大事にする鉄製品に好都合である。湖沼鉄は比較的低温で溶融するが、だからといって、その製品が劣っているわけではない。明治時代に釜石で磁鉄鉱を高温で精錬しようとして試行錯誤を重ねたとき、逆に古い時代の製鉄手法に戻って温度を低めに設定して鉄の純度を下げたら成功したという逸話も残されている。

日本刀などは、鉄の純度が高いので土に埋められたりすると容易に錆びて原形を失ってしまう。純度の低い鉄で造られた大陸渡来の刀が、埋められて後で掘り出されたとしても原形を留めていることがあるのは、石上神宮の七支刀などに例がある。三種の神器の草薙の剣も錆びずに今に伝わることから、舶来刀である可能性が高い。ちなみに、日本の郵便局で、日本語の文字を読み取りながら、郵便番号を併用して郵便物を区分したり配達のための順番を組み立てたりする自動機械が開発され採用されているが、機械そのものは日本の会社の製品であっても、肝心要の印字部分の日付印には、摩耗が少なく耐久性のあるスウェーデン鋼が使用されていることをここに記しておきたい。

133　征服された者の悲哀とその克服

列島の東北から南西の各地へと蝦夷が移住を余儀なくされた俘囚郷こそ、全国に散在する別所村だと菊池山哉は大著『別所と特殊部落の研究』（東京史談会、一九六六）で結論づけた。柴田弘武『鉄と俘囚の古代史・増補版』は菊池山哉の実地調査を更に補充して全国の四九三ヶ所の別所村のほぼ半数を踏査し菊池説を支持している。別所村の多くに製鉄・鍛冶などの伝説を見出し、大和朝廷の蝦夷征伐の目的が鉱物資源の獲得にあって、製鉄技術と労働力の確保が大和朝廷の全国統一の原動力となったと結論づけているのは新鮮な驚きである。金属に対する知識・技術の伝統が後の大航海時代に至って、西洋の強圧に立ち向かって直ちに鉄砲を生産できる基本になったと想像したが、単に生産の優越と保持を愉快とするのではなく、列島の原住民でありながら、日本刀の鍛冶が可能であったからこそ逆に被差別の対象となったとすれば、防人が西国に赴く出陣の哀愁を超える悲哀の克服を祈るものである。慈覚大師円仁所縁の寺名が、東の光、東光寺となっているのは、おそらく故なしとはしない。俘囚の村は隼人の邦にはなかったとするが、事実であれば、黒潮の民の隼人と原住民としての蝦夷との並立共存は、また山幸と海幸との鉄製の釣針の入手・喪失の物語として、日本版カインとアベルの神話の新たな解釈可能性を惹起する。

また菊池山哉は旧辞《ふるごと》と本辞《もとつごと》という『古事記』序文に出てくる用語に着目して、旧辞は通訳が必要であった列島の原住民の言葉ではなかったかと推論する。日本民族は、命《みこと》民族、神民族、原住民である日高民族の三派からなるとしているから、この論理を貫徹すれば、命民族と神民族が本辞という共通する言語に至ったことになる。片山龍峰『日本語とアイヌ語』を引用して両者の共通性について理解を深め、智恵の鳥フクロウ《ミネルヴァ》を「チクフ」と呼ぶ南島と北方との名前の共通性について追論したが、最近列島の民のルーツを科学的に探求する議論が高まってきたのは喜ばしいことである。

ハワイの島々にはサトウキビの生産輸送用の軽便鉄道が残って観光資源となっている。沖縄本島や大東島にサトウキビ輸送のための軽便鉄道があったことと同じである。蒸気機関が日本海側の潟の干拓のポンプに使用されて、新潟などの都市が出現するに至ったのであるが、逆にハワイあたりでは白人が単一農業の大農園の支配者として登場して、原住民は単純労働者として追いやられてしまった。島々の観光地の脇に集落があり、そこにはハワイ原住民がちゃんと暮らしていることを発見するが、観光地の華美とは無縁の世界である。軽便鉄道の観光会社の原住民の従業員が、海岸線の風光明媚な場所が白人資本に買い占められて、祈りの場所であった浜辺すらもプライベートビーチになってしまって原住民が立ち入ることを制限されているとの嘆き節を聞くのであるが、現実は一顧もされていない。併合されたハワイに僅かに独立運動が残るが、宜《むべ》なるかなである。

沖縄でも、戦後の米軍住宅は高嶺の花であった。最近では沖縄の高速道路から米軍基地内の住宅を眺めることができるから、芝生の緑が広がる住宅街を見ても、那覇の小禄あたりの住宅地では米軍住宅よりも遙かに高級な造りのコンクリート住宅が沢山あり、マンションでも大型の台風が来てもアルミサッシがぎしぎし音をたてるくらいの堅牢な建物が増えたからもう米軍住宅を羨ましいとは思わなくなったのである。最近では、その外国軍隊の兵舎や住宅が日本国民の税金で建設されて、さらに、地域の住民の住宅より豪華な内装の施設が供与されるようになり、しかも、その事実が本国で喧伝されることなく既得権となり、片務的な地位協定が維持されたままで、なかには、基地内に住まず町中のアパートを借りて住む軍人が増加すれば、それが沖縄の住民の反感を呼ぶのは当然である。外国軍隊のための基地を日本側の経費負担で拡張することに対する怨嗟は相当なものがある。軍隊費用を日本に負担させることを潔しとしない心ある米国民も多いのではないだろうか。思いやり予算は確かに同盟国の財政が苦しいときの配慮ではあったが、自らの国防を怠って外国軍隊に安全保障を依存し、国の経費として平成二七年度予算で特別協定分一四一六億円を含め一九一二億円を支出するのは、とても対等な日米関係とはいえず、この倒錯した状況は速やかに打破すべきである。

台湾の李登輝元総統が司馬遼太郎との対談で「台湾の悲哀」について発言したことを思い出すが、さらには台湾の山岳高地に住む台湾原住民の悲哀にも思いを致さずにはいられない。阿里山の山岳登山鉄道がサトウキビの輸送や木材切り出しのためばかりではなく、幼児の玩具となるほど原住民が誇りに思うように設計されたのは総督府の志の高さを規《はか》る標である。終点のホテルは今も立派な近代的宿泊施設であり、炎が映像となったストーブで暖をとる。甲子園で準優勝した嘉義農林学校野球部を題材にした「KANO」が日本でも上映開始されたが、台湾の悲哀を克服させる契機となった。

134 「南京大虐殺」は国民党の謀略宣伝

ヘンリー・S・ストークス著『英国人記者が見た連合国戦勝国史観の虚妄』(祥伝社新書)は、平成二五年十二月に発刊され大ベストセラーとなった。この本は、支那が執拗に主張している「大虐殺」は「事実ではない」と断じ、「歴史の史実として「南京大虐殺」はなかった。中華民国政府が捏造したプロパガンダ(謀略宣伝)だった」と強調する。一二二ページには、

国際委員会の報告によれば、南京に残っていた人口は、南京戦の時点で二十万人だった。しかし、南

京が陥落してから人口がふえはじめ、翌一月には、二十五万人に膨れ上がった。戦闘が終わって治安が回復されて、人々が南京に戻ってきたのだ。このことからも「南京大虐殺」など無かったことは明白だ。歴史の事実として「南京大虐殺」は、なかった。それは、中華民国政府が捏造した、プロパガンダだった

と要点をまとめている。共同通信は、平成二六年五月八日に、まさにこの記述を、「著者に無断で翻訳者が書き加えた」と配信したが、翌日、著者ストークス氏は、共同通信の記事が著者の意見を反映しておらず誤りであり、また本書に記載されたことは全て著者の見解であり、訂正する必要は無いとの声明を発表した。翻訳者は、国際ジャーナリストの藤田裕行氏である。筆者は、外国特派員協会の準会員であり、有楽町にある同協会のレストランや図書館で両氏が話し込んでいるところを頻繁に見かけてきただけに、共同通信の報道は、両氏を分断して貶める為ではないかとピンときて、両氏を早速わざわざ訪ねて配信記事について感想を直接確かめたところ、ストークス氏からは、「怒っている」との答えで、翻訳した藤田氏との間に齟齬はないとはっきり述べられたので安堵したことだった。要すれば、共同通信の記事は、意図的な捏造で悪意のある虚報であることを両氏から確認した。残念なことに、一部の地方新聞社が共同通信の配信を大きく伝えたにもかかわらず、共同通信は反論するばかりで捏造が維持され、訂正は行われていないので、地方新聞社が掲載した記事の訂正もそのままだ。ちなみに、捏造記事を書いたひとりの外国人記者は、現在北京に駐在している由で、背後関係の有無などについては今後の推移を見守りたい。

ストークス氏は、一九三八年生生まれの英国人で、オックスフォード大学修士を終了してフィナンシャルタイムズに入社、一九六二年に初代の東京支局長に就任した。六七年には、ザ・タイムズ、七八年からニューヨークタイムズの東京支局長を歴任して、三島由紀夫と親しかった記者としても知られる。外国特派員協

会の最古参である。パーキンソン氏病を患っておられ、往年の精悍な風貌は影を潜めたが、日本にいる英国知識人を代表する一人として、この著作は、残された力を振り絞るかのように執筆されたことを想像させる力作である。前書きはほぼ次のように書かれていて、特に圧巻である。

イギリスで生まれ育った私は、日本人は野蛮で残酷だと教え込まれた。来日当初は東京裁判が裁いた日本＝戦争犯罪国家論や南京大虐殺を信じ込んだ。しかし、日本に滞在するうちに、第三者の視点、つまり、連合国側でもなく、日本からの視点でもなく、二〇世紀のアジアと日本の歴史を俯瞰したときに、そうした味方が大きな誤りであると気づいた。大東亜戦争は日本の自衛の為の戦いだった。東京裁判は、無法の復讐劇だった。南京大虐殺にしても、信用できる証言は何一つないどころか、外国人記者や企業人を使って世界に発信した謀略（プロパガンダ）であることが明らかだ。日本側からも、抗議したり糺していく動きはほとんど見られないが、歴史事実として確定されないためには、世界に向けて、慎重に訴え続ける必要がある。日本は相手の都合を考えて、阿諛追従する必要はない。物わかりのいい顔をしていればつけこまれてしまうのが、世界の現実だ。しかも、日本人の側から、中国や韓国にけしかけて問題にしたこともまた事実だ。それは日本人が自分で考えることであるが、本書が、日本人が連合国がでっち上げた戦勝国史観の呪いから抜け出す一助となれば幸いである。

氏は「南京大虐殺」が事実ではないと断定する。虐殺より事件と呼ばれるべきもので、その責任は南京の日本占領によって治安を回復したにほんにではなく、敵前逃亡をした蒋介石にこそ問われるべきだ。中国国民党が国際情報戦に力を入れていた関係で、中華民国政府は情報戦を発動し、中央宣伝部が巧みに欧米のジャーナリストを取り込んで、「大虐殺」が捏造されたと結論している。

天皇皇后両陛下が、南洋群島のパラオに慰霊の行幸をされることが発表され、それに呼応するかのように、海中に沈む日本海軍の給油艦「石廊」の船尾付近に五紅星旗が結び付けられているのを平成二七年三月二一日に取材で潜った共同通信記者が見つけたとして、支那人ダイバーの仕業かとの報道があった。ストーク氏を貶めようとした共同の配信記事とどこかで繋がっていないかと想像を逞しくさせるが、西表島の海中の珊瑚破壊を自作自演した朝日新聞の捏造記事をふと思いだした。

135　遺伝子殲滅文明と遺伝子融合文明

ＤＮＡは「デオキシリボ核酸」の略称である。遺伝子の本体であり、分子は二重らせんの立体構造である。人間のＤＮＡには個性があり、同一である可能性は極めて低いので、人間一人一人を特定することができるのではないかと、急速に研究が進展した。人それぞれに異なる指紋に加えて、ＤＮＡを鑑定することが、個人個人を特定する切札となったのだ。人間の細胞はたった一個の受精卵から出発して誕生までに約三兆、成長して約六〇兆にもなるが、細胞一個にＤＮＡは六〇億対があるという。同じ型の別人が現れる確率は、四兆七〇〇〇億人に一人とされているが、鑑定の種類はいくつかあり、しかも、現在の技術ではＤＮＡすべてを調べるわけにいかないから、他人であってもＤＮＡの型が一致することがある。つまり、依然として明確でない部分があり、誤判定になる可能性も否定できない。日本で犯罪捜査に実用化されたのは、一九八五年からである。一九九九年に発生した足利事件はすでにＤＮＡ鑑定により有罪が確定していたが、再審請求を受けて再鑑定をしたところ、ＤＮＡ型不一致との結果が出たために、翌年二〇一〇年には再審で無罪が確定している。飯塚事件でも、再審請求が出されている。いわゆる東電ＯＬ殺人事件ではＤＮＡ鑑定の有効性が裁判で争われ、一審では反対解釈の余地もあるとして無罪となったが、二審では決定的な証拠であるとして無期懲役の判決が出て最高裁で確定した。ところが、二〇一二年に東京高裁にて再審が開始され、DNA鑑定を決め手として一転無罪判決が下されている。このように、DNA鑑定の盲信が冤罪をつくる原因となる事件も多々発生するので、科学万能主義をとることはできない。また、その鑑定の周辺で起きる間違いのために、誤判定があった事例も報告されている。ヨーロッパでは、研究所で試料を攪拌するための綿棒に、工場の労働者のDNAが付着していたため誤鑑定になった事例や、日本国内でも、鑑定試料の取り違えで誤認逮捕を招いた事例も発生している。また、北朝鮮から拉致被害者の遺骨が返還されたとき、それが他人の遺骨であって偽物であることはDNA鑑定で発覚したのだった。拉致被害者の係累の本人確認を行なうためのDNA鑑定用の試料としての毛髪や汗を、訪朝した有能な外交官が握手等をして密かに採取したことも漏れ聞いている。

DNAについて縷々述べたのは、文藝春秋の編集者から、平成二七年四月号に掲載された「DNAで日本文化の起源が分かった」と題する記事を薦められたからである。古い人骨に残ったDNAを解析することで日本人の起源に迫ることができる可能性が高まったとする記事である。北陸新幹線の建設中に、富山県の小竹貝塚から六〇〇〇年前の縄文前期の遺物が大量に出土した。その中の九一体の人骨について、ミトコンドリアDNA分析をしてみると、現代日本人が三人に一人の割合でもっている「D4型」がまったくなく、南方系の型と北方系の型とが混在していた。南方系とはいっても、台湾にはない型で（朝鮮半島には日本列島から入った末裔の印として二、三パーセントの人口がある）、日本列島に限定される型であったことが分かった。D4型はaからnまで細かく分類され、たとえば、D4bはシベリア先住民に多いなど、まだルーツが解明されているわけではないが、縄文時代にも南方系と北方系の人が混在していたことが判明して、「弥生人が来る前に日本に住んでいたのは、「均一な縄文人」であると想定することには無理があるとしている。縄文人は世界のどの時代の誰とも似ていないところがあり、別の見方をするとアジアの広範な地域の人々に少しずつ似たところがあるが、南北の様々な集団が日本列島で融合したことが想像される。急速に精度が上がってきたＤＮＡ解析によれば、縄文人の特徴はその来歴よりはむしろ多様さにあることが分かった。こうした南北の異なる地域、すなわち北方的な垂直的世界観と、南方的な水平的世界観とが混じり合った神話を記録したのが『古事記』ではないか、などと論じられている。

ミトコンドリアＤＮＡは母系に遺伝するが、Ｙ染色体は父から息子にのみ遺伝する。Ｙ染色体はＤ型が日本列島に三割いるが、これは、縄文人の遺伝子がそのまま残っている証拠であり、日本の列島で融合がうまくいった結果であって、大規模な征服と虐殺がなかったことが原因ではないかとしている。征服されると男は殺され、女は奴隷にされて、特にＹ染色体は途絶えてしまうのが大陸での常であるが、日本ではそれがなかった。縄文と弥生の文化が混じり合い、非常に多様で多元的な文化が引き継がれたのだ。敗者を祀ることで、「祟らない」、「鎮まる」と和解を求めたことは『古事記』にあるとおりだ。日本人のルーツを遺伝的にみると融合の繰り返しで、新しい者に対する排除を最小限にする仕組みを創って集団を維持し、争わずに共に生きていこうとする傾向が強い、と「文藝春秋」の記事は結んでいる。沖縄の故川平朝申《かびらちょうしん》先生は常々「島々ではイチャリバチョーデ（来たら兄弟）だ」と言っておられた。

あとがき

ばーちゃんの思い出

祖母は気丈な人だった。村の夏祭りの浜降りの行事の時には拡声器を使って詩吟を高唱した。琵琶歌が得意中の得意。しかも筑前琵琶。日本髪を結って琵琶を片手に抱いた色白の記念写真を大事にしていた。「そもそも荒木又右衛門ヤスカズは、伊賀の上野の鍵屋の辻云々と……」と講談の類に詳しく、どうも講談本あたりも若い時に読み耽っていたらしく、雑学の教養人だった。宮津の天橋立や安芸の宮島旅行で撮った記念写真をこっそりみせてくれたことや、フグの刺身は長門の浦の春帆楼でいただきなさいなどと、田舎の片隅で孫に大それた説教をしていたところをみると、破格の旅も重ねたらしい。

同郷の柔術家で、もうそれだけで歴史に残る武道家の徳三宝先生などとも知己の間柄だったらしく、長らく東京は芝の白金で生活していたと言い、大正の関東大震災の時には有馬候のお屋敷の松の木の上に、娘を背負ってよじ登っていたというから、気丈であったには違いない。易が得意で高島の暦をとりよせて八白土星だの九紫火星など、もういつでも方違えをしかねない勢いであったから、風水の理には厳格で、新築の家屋をどうするか、村人の相談相手にもなっていた。

姓名判断は、字画云々に加えて歴史上の人物の所業にやかましいことで、孫の名前は、もう将来を勝手に決めこんでしまったから、先祖の武宣《たけのぶ》しゅう(しゅうは酋長ではなく、老のような敬称)から一字をとり、博武、博武は医者になり、次男は自分の養子にした挙げ句に難しい名前をつけてしまったから、公務員になった。明治の元勲西園寺公は開明の士で、暗殺されなかったし、今は明治村に移された興津の坐漁荘などちゃんと格子に鉄棒がはいっていることなど見ておきなさいとロンドン会議のことまで詳しいのが口ぐせで、付けられた名前の方は、その重さに三歩歩まずの重圧である。妹は、瑞穂、八千代、翠(みどり)で、難しい名前だが、詮議しての上だから、それぞれ家庭には恵まれていると思う。希有の執念であった。

アメリカでは、大学院の夫を妻が支えることが多いので、Ｐｈ・Ｄ(博士号)をPush husband Doctorともいうが、祖母も同様、夫の学資を支えていたらしい。代用教員だった人を、東京高校に出し、帝国大学に入れ、ハーバードに留学させ、近衛兵にもしたというのに、夫が台湾に赴任する時には、自分はさっさと子供を連れて故郷の島に引き籠もってしまった。

二・二六事件の前のことであるが、暁光と号する元の夫の達筆の手紙を大事にしまってあったから、孫の筆の手ほどきには多少厳しかったのかも知れない。その元夫君が戦後の第一回の参議院議員に立候補して落選して、まだ閣下と呼ぶ人が生き残っていた頃に、島を訪ねてきたことがあるが、祖母は居ずまいを正して、迎え出たことがある。子供心に思い出すのは、「いろいろ苦労をかけましたね」ともう禿げ上がった祖父が言い、祖母はうなずいたようにも記憶するが、縁側から上の座敷にあげることはしなかった。障子だけの明かりとりを、ガラスの障子に変えることを自慢していただけに、何とも暑苦しい情景であった。南の島の伝説では、舟が沈んだときには妹が、妹というのは女であり、恋人であり、娘であり、今の意味での妹でもかまわないが、兄弟を支え浮かせるという。そんなことだったのかも知れない。立身出世の道を歩んだ祖父も、台湾台南州と台北州の知事、南洋群島の司政長官などの経歴を積んだにしても、その心遠き都に帰るばかりではなかったのかも知れない。

ばーちゃんは樹木を植えることが趣味であった。植えた月下美人は八重葎のようになっていたし、真夏の夕に香る香りは、化粧の色よりも濃厚な具合であったし、柑橘類も土着の小蜜柑から温州、はては橘、ゆずまで一通りは揃えてあった。最近ではグァバと呼ぶが、バンジローやパッションフルーツの時計草なども所狭しと植えてあった。琉球の桜は葉桜であるが、枝に脱脂綿をまいて気根のはえた頃に切って挿木で殖やすことも教わった。米海軍の毛布で、洋服を作り、ネイビーブルーで東京の私学の幼稚園生のように驚くほどしゃれた制服を仕立て、洋服を作り、孫に着せた。

祖母は、箪笥の上部の開き戸の中、先祖の位牌に、毎朝毎朝「チャンハチ」(島のことばで、茶の初)を供えた。茶柱で、日々の吉凶を占った節もあるが、朝の冷気の中に、湯気でガラス障子を流れ出るように見えたのは、不思議であったし、月下美人を眺める満月の下でも、お茶の香気が、ブリキ筒の石油灯《ガンドゥ》に照らされ魔除けとなった。端目には貧しかった土地の、しかし至福な一灯一茶ではあった。(「月刊遠州」一九九六年七月号)

「世界戦略情報　みち」に平成二一年の二月から、月に二回、黒潮の流れが洗う島々の光景を思い出しながら、旅をしている気分で短文を書いてきた。ネタ切れになるかと思ったこともあったが、締め切り近くになって何とか字数を埋めることができたのもあるし、勢いよく、月夜の白砂の浜辺で三味線を弾きながら踊り出すように、調子にのって書けることも少しはあった。題名は「黒潮文明論」と壮語しているが、黒潮とその大自然と、その中で生きる人間が作り出す文化と伝統に味と力があることを、しかもその一端を何とか表現しようとしているだけである。学術論文でもなんでもない。誤解を避けたい。

還暦ならぬ六〇回を越えたところで、まとめておこうと思い立った。思い出話や感想文を冊子にしてお世話になった方々に配るのを半分趣味にしてきたこともあり、出版は、本当に多くの人の世話になって生きていることを実感することになるからである。

「ばーちゃんの思い出　祖母は気丈な人だった。村の夏祭りの浜降りの行事の時には拡声器を使って詩吟を高唱した。琵琶歌が得意中の得意。しかも筑前琵琶。髪を結って琵琶を片手に抱いた記念写真を大事にしていた」であったが、どこにも、名前を書き残さなかった。道の島の歴史の先達だった松田清《きよし》大先輩から、活字にしてちゃんと書かないと残らないと指摘されて気になっていたので、ばーちゃんの名前が稲村清美《きよみ》であることと、自慢だった写真をこの際明示することにした。美しくたくましい黒潮の女の写真一葉が加わり、「妹の力」を授けてくれることを祈念《とうと》する。

刀自《とうじ》の稲村啓子のお陰で拙文にも魂《たまし》が入り、今日《きゅう》の幸福《ふくらさ》を永らえている。いちいち名前は挙げることはできないが、お世話になった多くの皆様に心から感謝を申し上げる。

平成二七年八月吉日

稲村公望《こうぼう》

【著者】
稲村公望
（いなむら・こうぼう）

昭和22（1947）年生まれ。奄美・徳之島出身。
現在中央大学大学院公共政策研究科客員教授。
東京大学法学部卒。1972年、郵政省入省、フレッチャースクール修士、
八女郵便局長、1980年、在タイ王国日本大使館一等書記官。
通信政策局国際協力課長、郵務局国際課長、中央省庁再編により総務大臣官房審議官、
総務省政策統括官（情報通信担当）、日本郵政公社常務理事を歴任。
郵政民営化に反対して退任。
2012年10月1日に誕生した「日本郵便」副会長に就任。
2014年3月、同社常任顧問を辞任。

黒潮文明論《くろしおぶんめいろん》　民族《みんぞく》の基層《きそう》と源流《げんりゅう》を想《おも》う

二〇一五年八月三十一日　初版第一刷

著者――稲村公望
発行者――竹内淳夫
発行所――株式会社 彩流社
〒102-0071
東京都千代田区富士見2-2-2
電話：03-3234-5931
ファックス：03-3234-5932
E-mail：sairyusha@sairyusha.co.jp
印刷――モリモト印刷（株）
製本――（株）難波製本所
装丁――長澤 均（papier collé）

ISBN978-4-7791-2160-9 C0039
http://www.sairyusha.co.jp